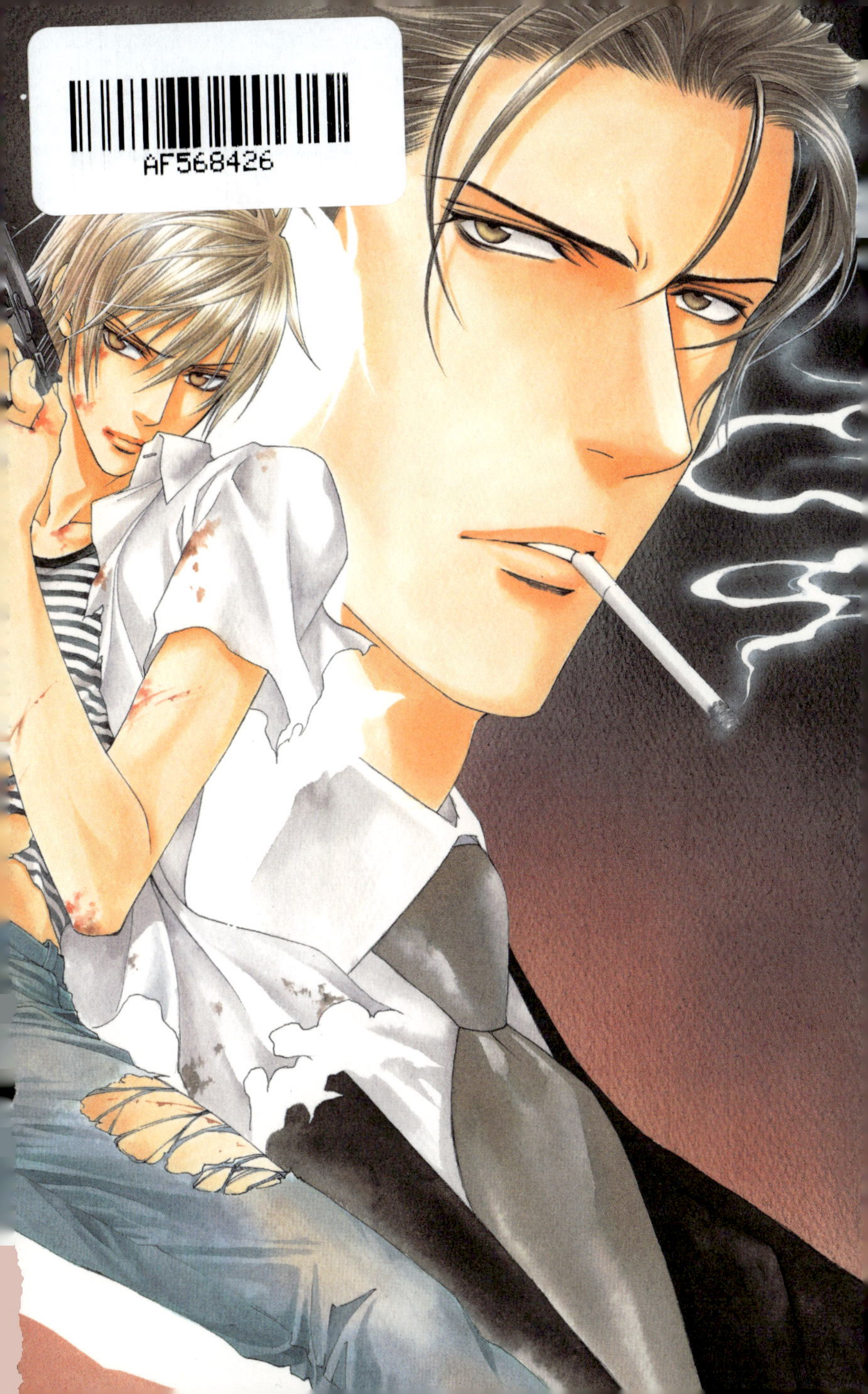

AF568426

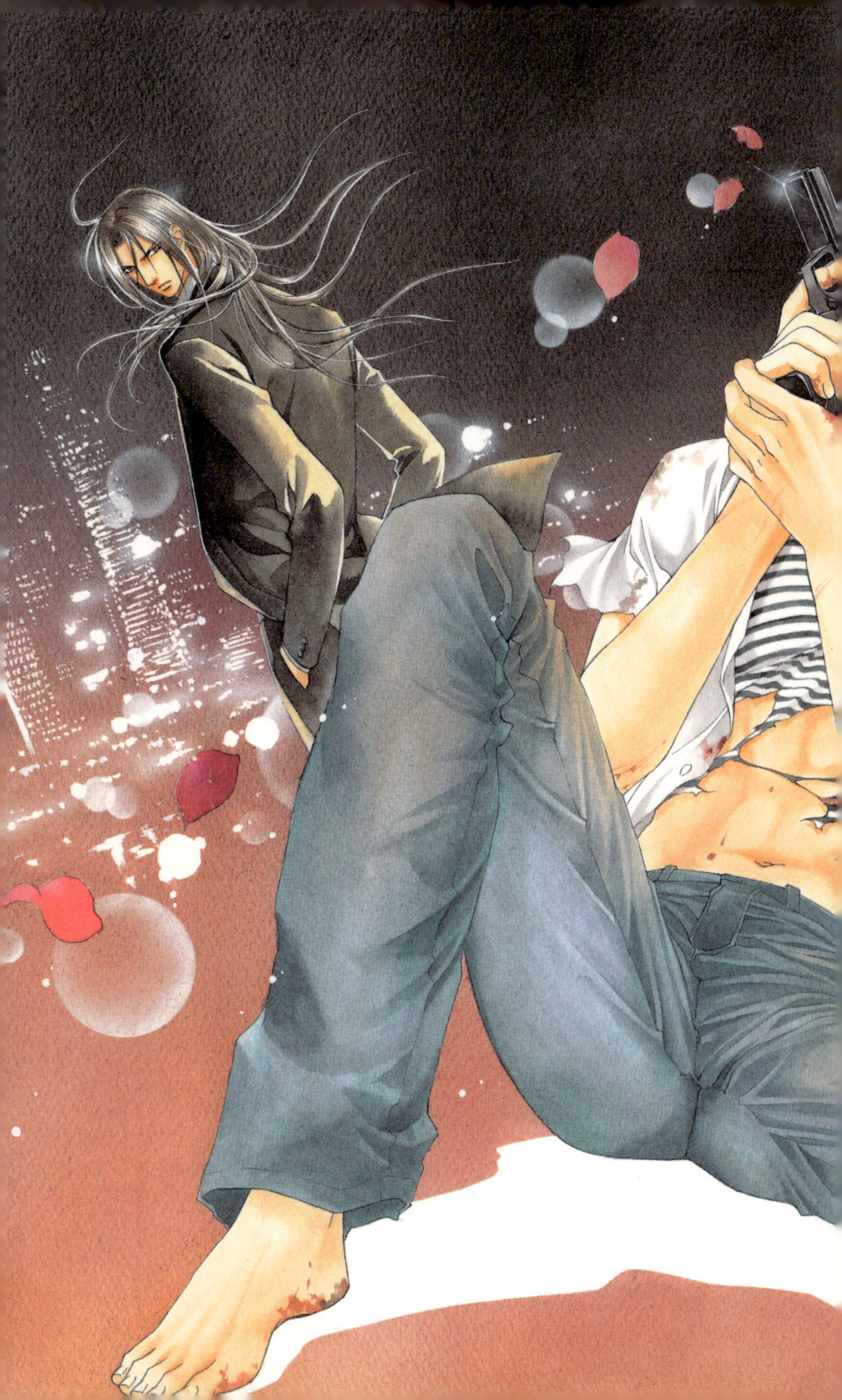

Die nackte Wahrheit

FINDER

5

Ayano Yamane

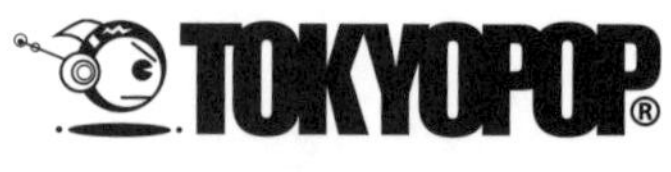

TOKYOPOP GmbH
Hamburg

TOKYOPOP
4. Auflage, 2019
Deutsche Ausgabe/German Edition
© TOKYOPOP GmbH, Hamburg 2010
Aus dem Japanischen von Josef Shanel und Matthias Wissnet
Rechtschreibung gemäß DUDEN, 25. Auflage

Redaktion: Joachim Kaps
Lettering: MPS Ad-Studio
Herstellung: Martina Stellbrink
Druck und buchbinderische Verarbeitung:
CPI–Clausen & Bosse GmbH, Leck
Printed in Germany

libre

© AYANO YAMANE 2009
Originally published in Japan in 2009 by
Libre Publishing Co., Ltd.
German translation rights arranged with
Libre Inc.

Alle deutschen Rechte vorbehalten. Nachdruck, auch auszugsweise, verboten. Kein Teil dieses Werkes darf ohne schriftliche Genehmigung des Verlages in irgendeiner Form reproduziert oder unter Verwendung elektronischer Systeme verarbeitet, vervielfältigt oder verbreitet werden.

ISBN 978-3-86719-771-7

www.tokyopop.de

Die nackte Wahrheit

FINDER

5

Ayano Yamane

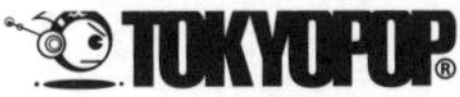

Inhaltsverzeichnis

Die Hauptcharaktere

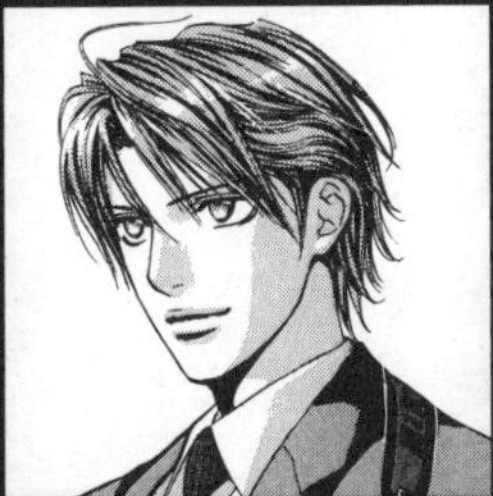

Akihito Takaba

verdient sein Geld als freischaffender Medienfotograf und nimmt jeden Auftrag an, den er kriegen kann. Auf den ersten Blick wirkt er eher wie ein unschuldiger und naiver Sonnyboy, doch als er zwischen die Fronten der japanischen und chinesischen Mafia gerät, wird seine Charakterstärke sichtbar!

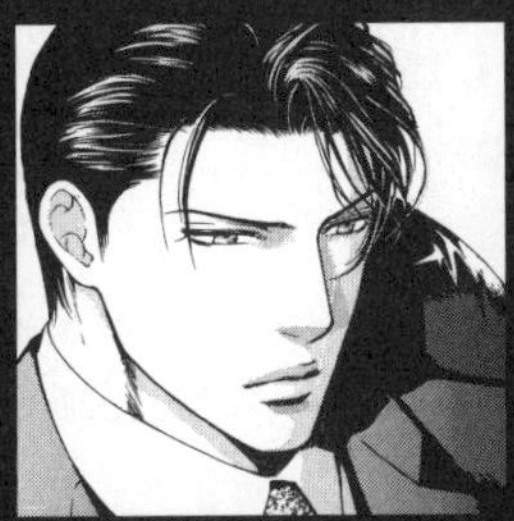

Ryuichi Asami

Der Besitzer des Klubs Shion ist gut aussehend und smart. Doch hinter der Maske des seriösen Geschäftsmannes verbirgt er nicht nur seine unlauteren Tätigkeiten als berühmt-berüchtigte Größe der japanischen Mafia, sondern auch seine fast schon krankhaft anmutende Faszination für das männliche Geschlecht.

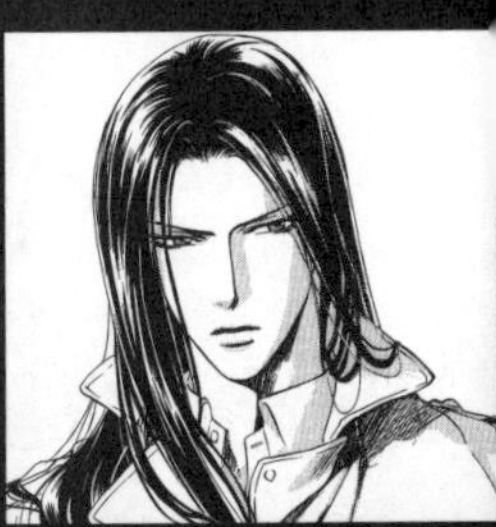

Feilong Liu

Der androgyne Chinese mit dem rabenschwarzen langen Haar treibt als Teil der chinesischen Mafia in Japan sein Unwesen. Sein Verhältnis zu Ryuichi Asami ist undurchsichtig, doch in einem sind sich die beiden Mafiagrößen einig: in ihrem sexuellen Verlangen nach Akihito.

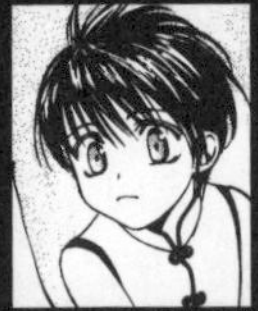

Tao

Ein fröhlicher und gehorsamer Junge, der zu Feilongs Bediensteten gehört. Tao hat seinem Retter Feilong bedingungslose Treue geschworen.

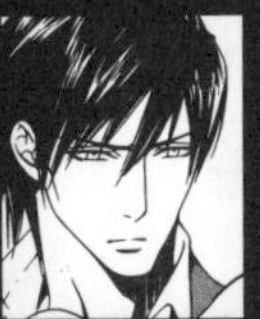

Yoh

Mitglied der chinesischen Baishe-Mafia und ein Untergebener von Feilong, dessen volles Vertrauen er genießt. In Wahrheit ist er jedoch ein Spion, der von Asami beauftragt wurde, so nahe wie möglich an Feilong heranzukommen.

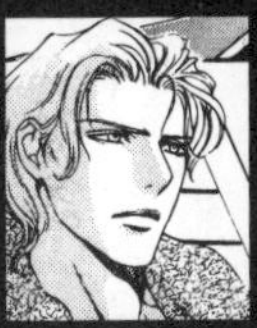

Michel Albatof

Mitglied der Russenmafia. Die Russen operieren von Macau aus und haben es auf die Kasinorechte der Baishe-Mafia abgesehen.

Naked Truth – Was bisher geschah ...

Feilong hat sich mit Akihito als Geisel nach Hongkong abgesetzt. Nach und nach öffnet Feilong dem stets fröhlichen Jungen sein Herz. Dann kommt es zum Eklat: Dokumente aus Feilongs Besitz gelangen in Asamis Hände. Der schlägt Feilong einen Tausch vor: Akihito gegen die Papiere. Zu allem Überfluss schaltet sich mit den Russen noch eine dritte Partei in dieses Machtgerangel ein! Schließlich treffen auf dem Kasino-Schiff von Feilong alle Gruppen zusammen ...

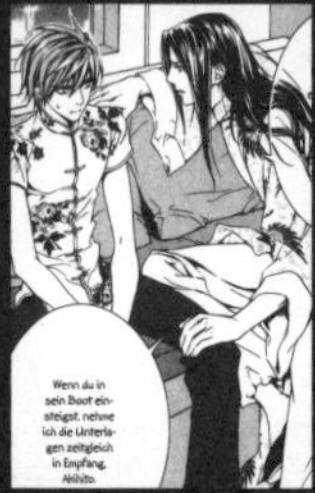

Feilong erklärt Akihito, wie der Austausch vonstattengehen soll. Er versichert ihm, dass alles nach Plan verlaufen wird.

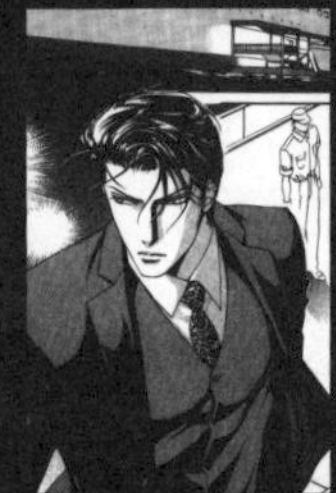
Asami ignoriert seine schwere Verletzung und begibt sich an Bord des Kasino-Schiffs.

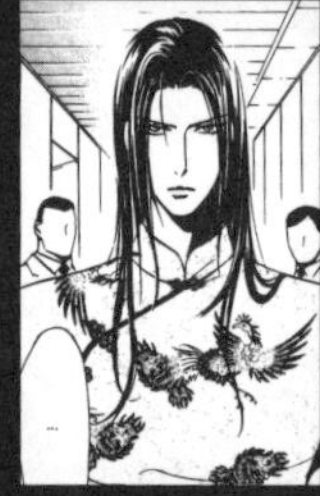

Feilong schickt Akihito in die Lobby des Schiffes, obwohl er sich Sorgen um dessen Sicherheit macht.

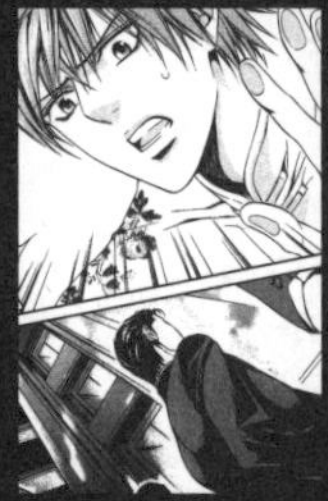
Akihito begibt sich zur Lobby. Da erspäht er aus dem Aufzug heraus Asami!

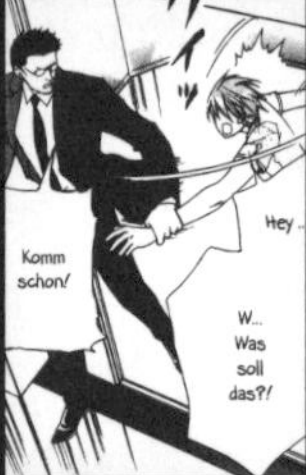

Einer von Feilongs Männern wendet sich gegen seinen Boss, erschießt seinen Kollegen und zerrt Akihito fort.

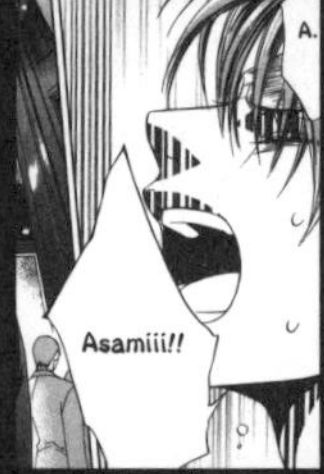

Akihito ruft verzweifelt Asamis Namen ...! Doch dringen seine Schreie zu ihm durch?

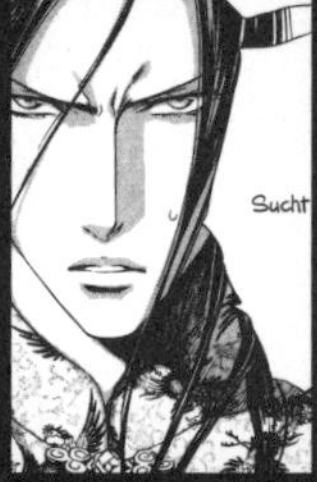

Feilong schreibt den Komplott Asami zu. Er weiß, dass eine direkte Auseinandersetzung unvermeidlich ist.

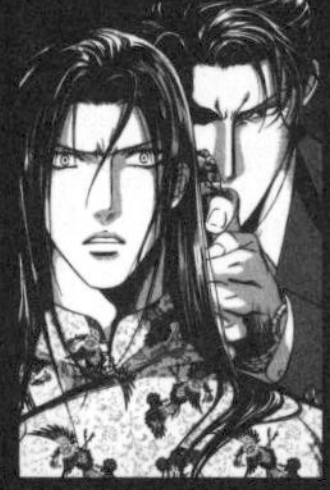
Beide verdächtigen sich gegenseitig, ihre Vereinbarungen gebrochen zu haben.

Endlich stehen sich Asami und Feilong in diesem Showdown direkt gegenüber!

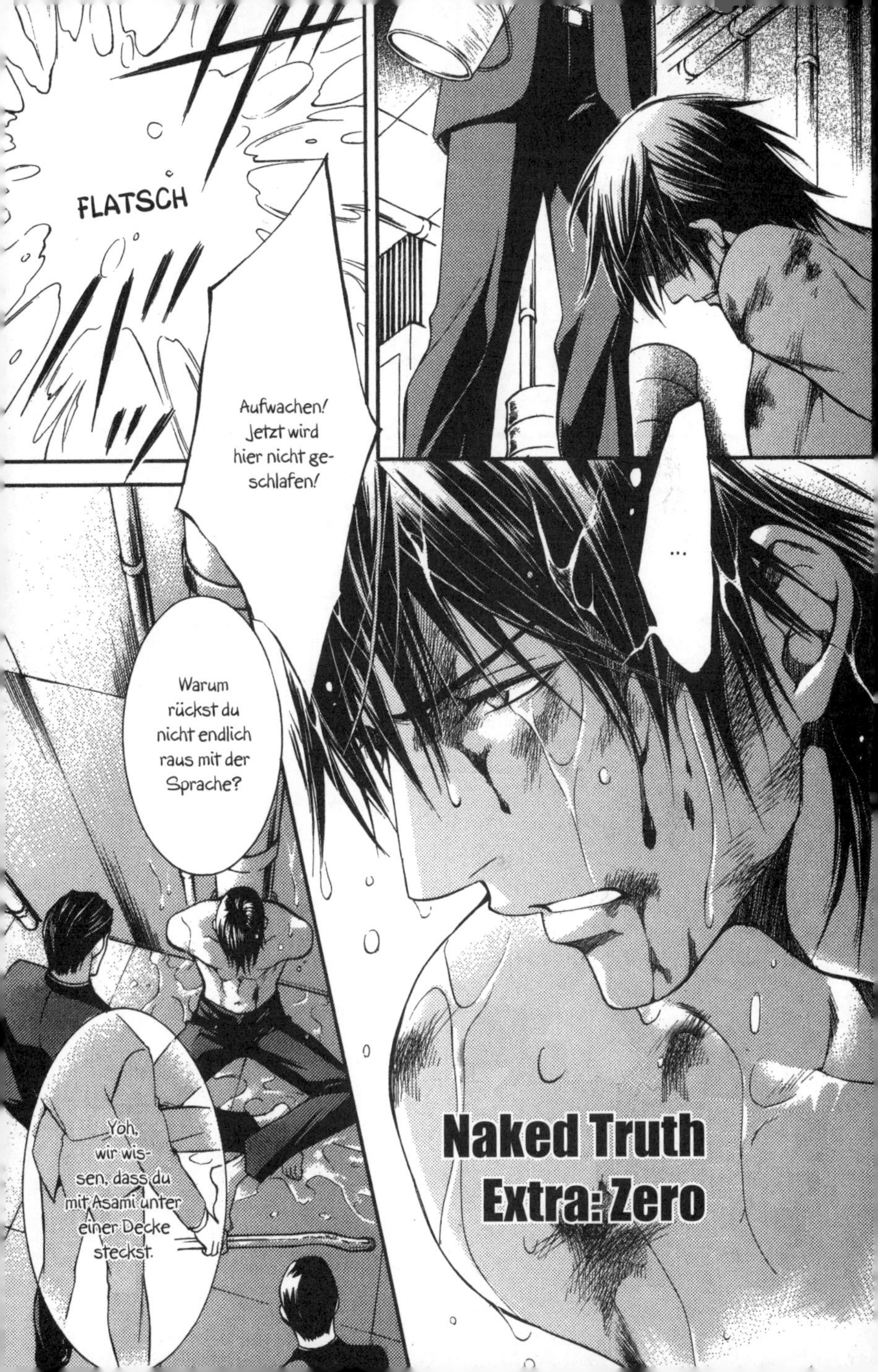
FLATSCH
Aufwachen! Jetzt wird hier nicht geschlafen!
...
Naked Truth
Extra: Zero
Warum rückst du nicht endlich raus mit der Sprache?
Yoh, wir wissen, dass du mit Asami unter einer Decke steckst.

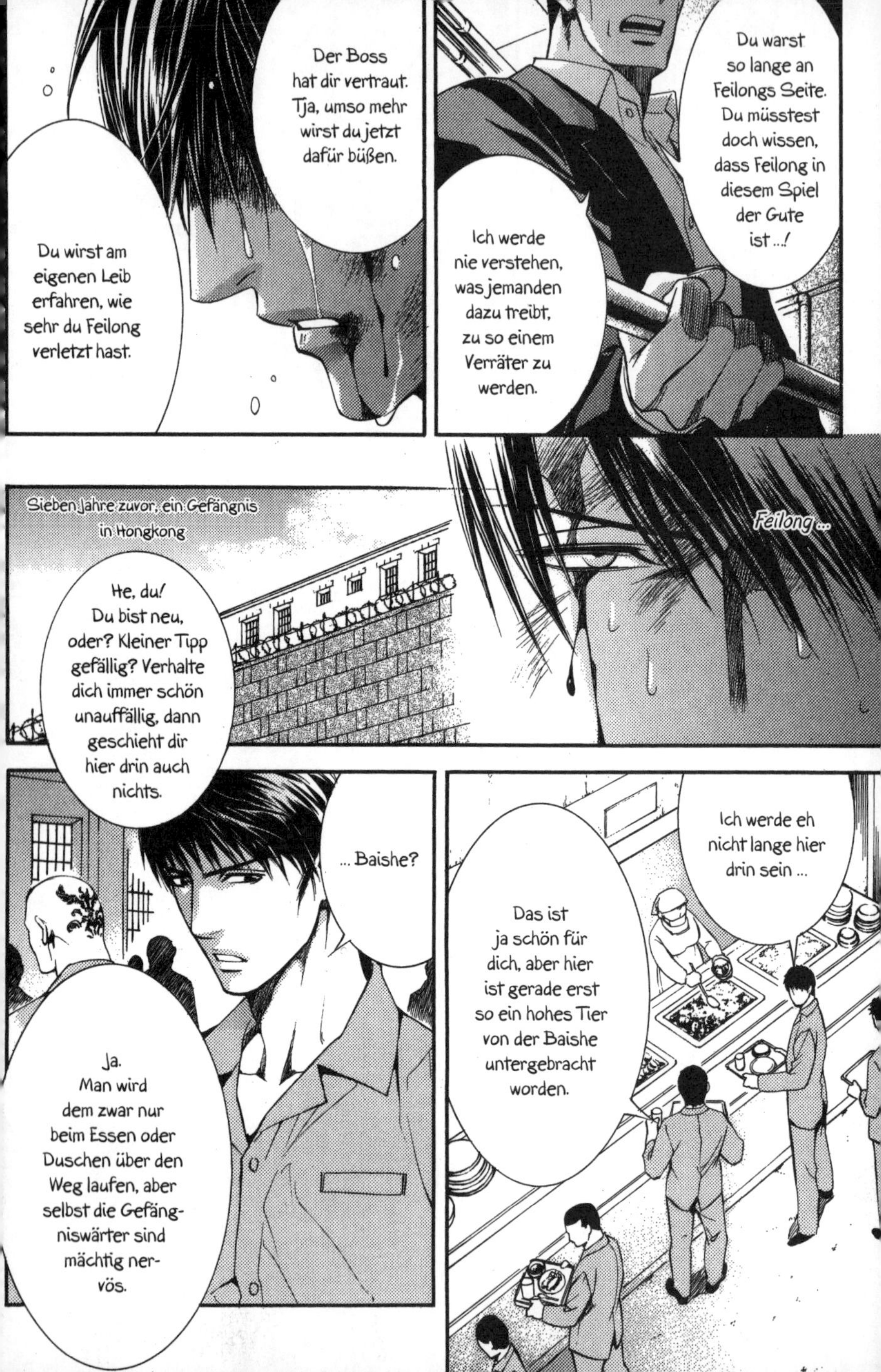
Du warst so lange an Feilongs Seite. Du müsstest doch wissen, dass Feilong in diesem Spiel der Gute ist ...!
Ich werde nie verstehen, was jemanden dazu treibt, zu so einem Verräter zu werden.
Der Boss hat dir vertraut. Tja, umso mehr wirst du jetzt dafür büßen.
Du wirst am eigenen Leib erfahren, wie sehr du Feilong verletzt hast.
Feilong ...
Sieben Jahre zuvor, ein Gefängnis in Hongkong
He, du! Du bist neu, oder? Kleiner Tipp gefällig? Verhalte dich immer schön unauffällig, dann geschieht dir hier drin auch nichts.
Ich werde eh nicht lange hier drin sein ...
Das ist ja schön für dich, aber hier ist gerade erst so ein hohes Tier von der Baishe untergebracht worden.
... Baishe?
Ja. Man wird dem zwar nur beim Essen oder Duschen über den Weg laufen, aber selbst die Gefängniswärter sind mächtig nervös.

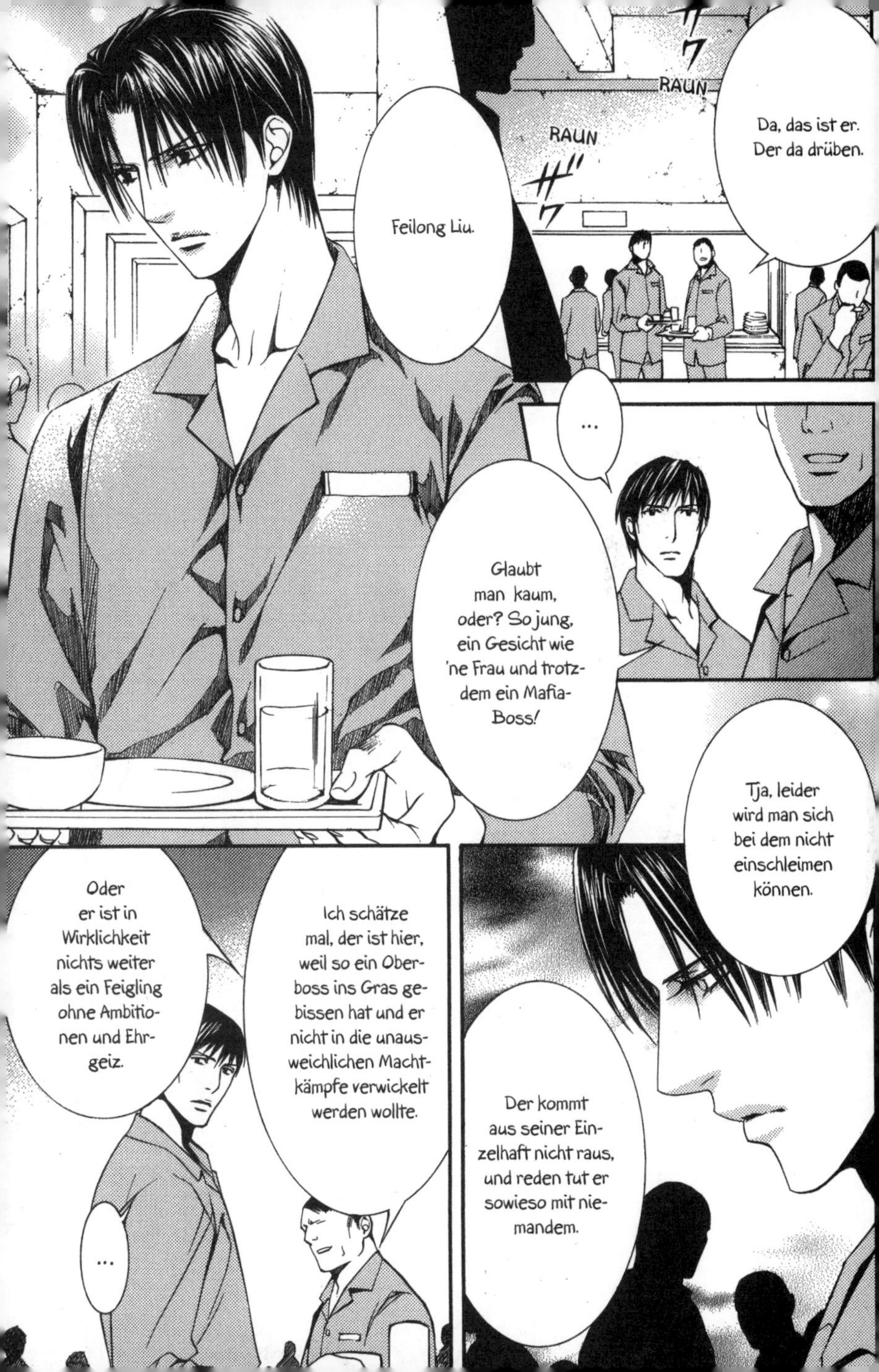
Da, das ist er. Der da drüben.
RAUN
RAUN
Feilong Liu.
...
Glaubt man kaum, oder? So jung, ein Gesicht wie 'ne Frau und trotzdem ein Mafia-Boss!
Tja, leider wird man sich bei dem nicht einschleimen können.
Der kommt aus seiner Einzelhaft nicht raus, und reden tut er sowieso mit niemandem.
Ich schätze mal, der ist hier, weil so ein Oberboss ins Gras gebissen hat und er nicht in die unausweichlichen Machtkämpfe verwickelt werden wollte.
Oder er ist in Wirklichkeit nichts weiter als ein Feigling ohne Ambitionen und Ehrgeiz.
...

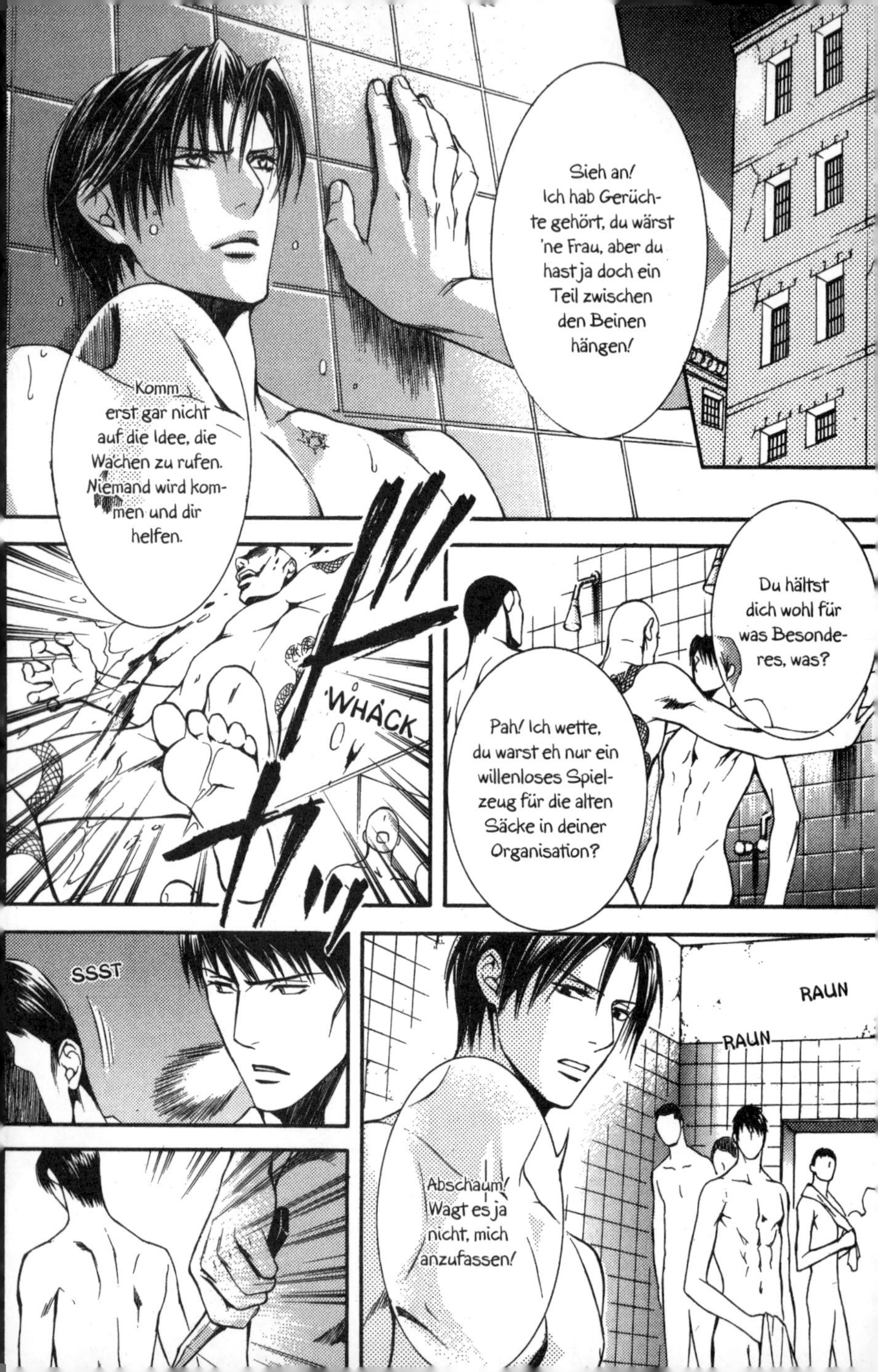
Sieh an! Ich hab Gerüchte gehört, du wärst 'ne Frau, aber du hast ja doch ein Teil zwischen den Beinen hängen!
Komm erst gar nicht auf die Idee, die Wachen zu rufen. Niemand wird kommen und dir helfen.
Du hältst dich wohl für was Besonderes, was?
Pah! Ich wette, du warst eh nur ein willenloses Spielzeug für die alten Säcke in deiner Organisation?
WHACK
RAUN
RAUN
Abschaum! Wagt es ja nicht, mich anzufassen!
SSST

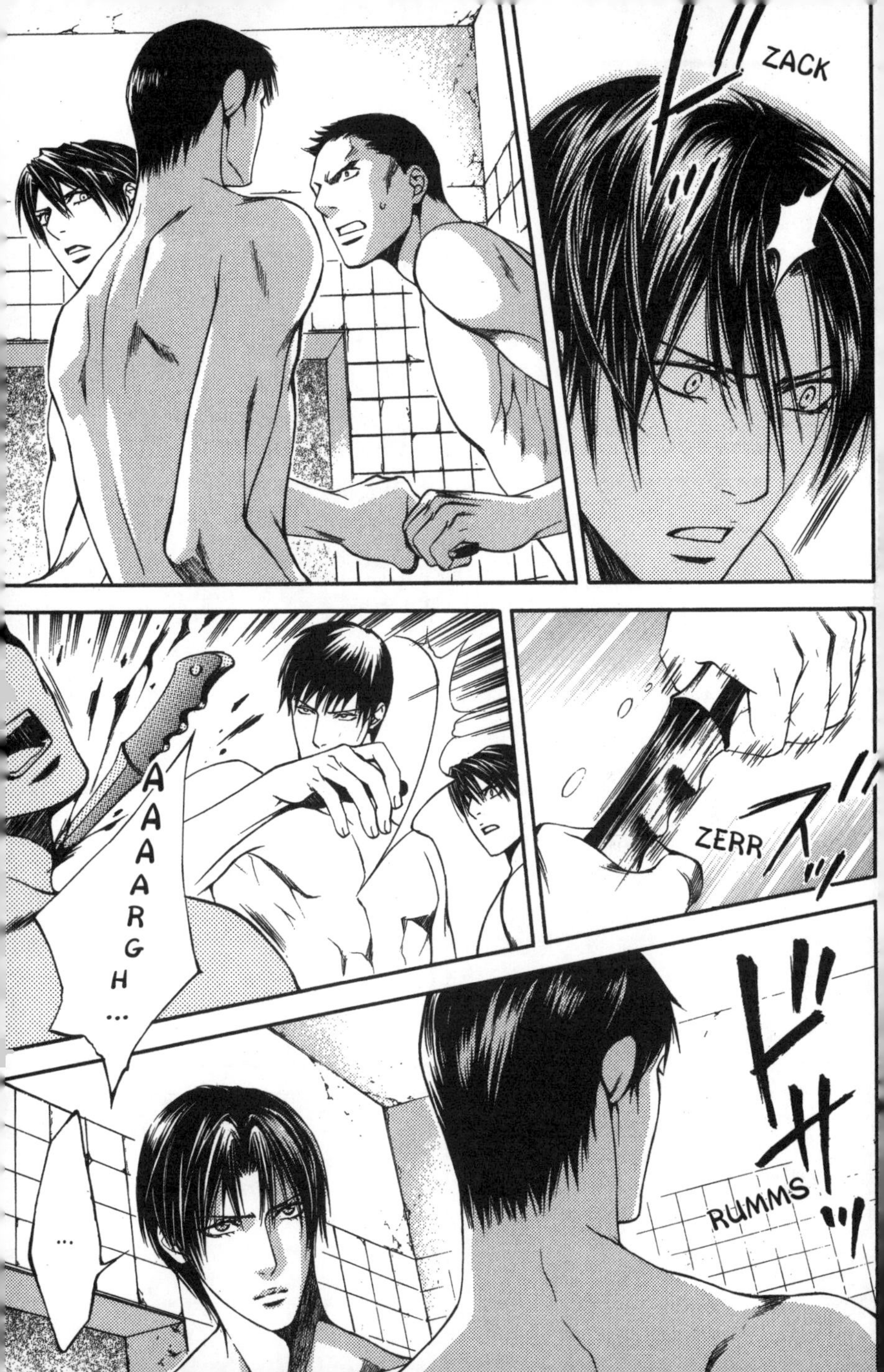
ZACK
ZERR
AAAARGH ...
RUMMS
...

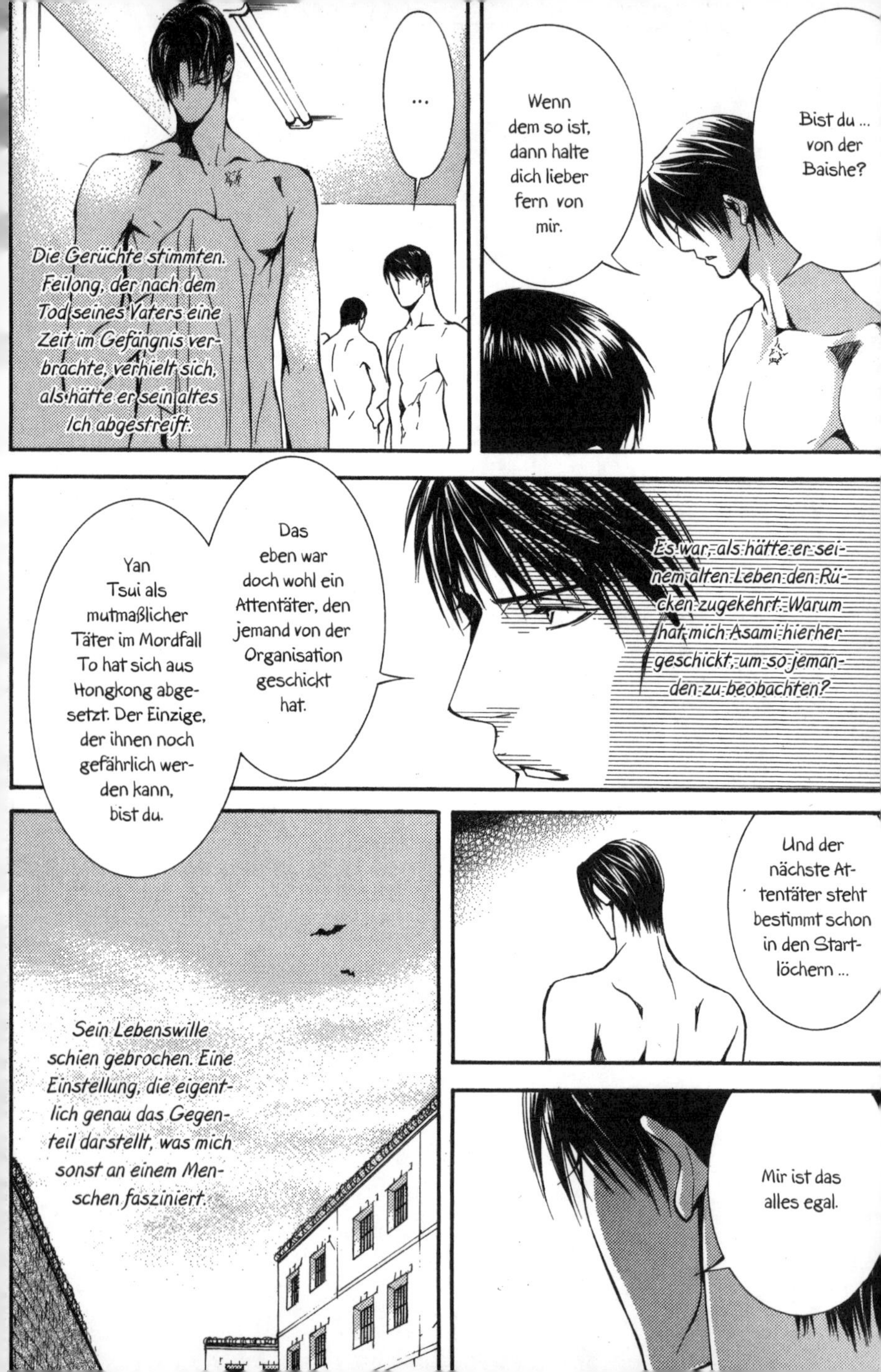
Bist du ... von der Baishe?
Wenn dem so ist, dann halte dich lieber fern von mir.
...
Die Gerüchte stimmten. Feilong, der nach dem Tod seines Vaters eine Zeit im Gefängnis verbrachte, verhielt sich, als hätte er sein altes Ich abgestreift.
Es war, als hätte er seinem alten Leben den Rücken zugekehrt. Warum hat mich Asami hierher geschickt, um so jemanden zu beobachten?
Das eben war doch wohl ein Attentäter, den jemand von der Organisation geschickt hat.
Yan Tsui als mutmaßlicher Täter im Mordfall To hat sich aus Hongkong abgesetzt. Der Einzige, der ihnen noch gefährlich werden kann, bist du.
Und der nächste Attentäter steht bestimmt schon in den Startlöchern ...
Mir ist das alles egal.
Sein Lebenswille schien gebrochen. Eine Einstellung, die eigentlich genau das Gegenteil darstellt, was mich sonst an einem Menschen fasziniert.

Doch so sehr sich Feilong auch von seinem bisherigen Leben abgewandt hatte, Informationen über die Vorgänge in der Unterwelt schienen ihn immer noch zu erreichen.

So etwa die Tatsache, dass die Nummer drei bei der Baishe zum Zweck des Wiederaufbaus der Organisation versuchte, mit Asami in Kontakt zu treten ...

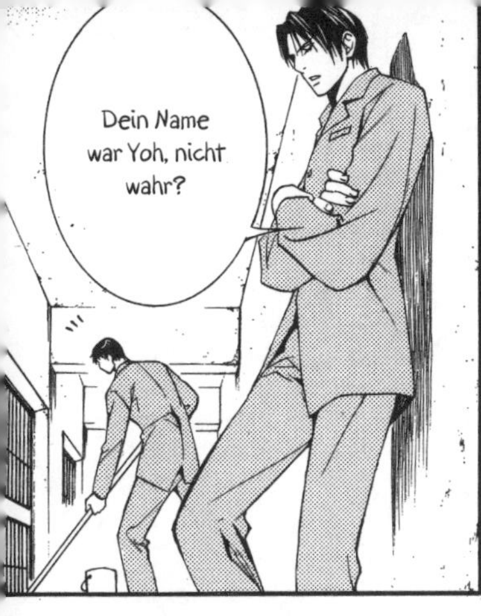

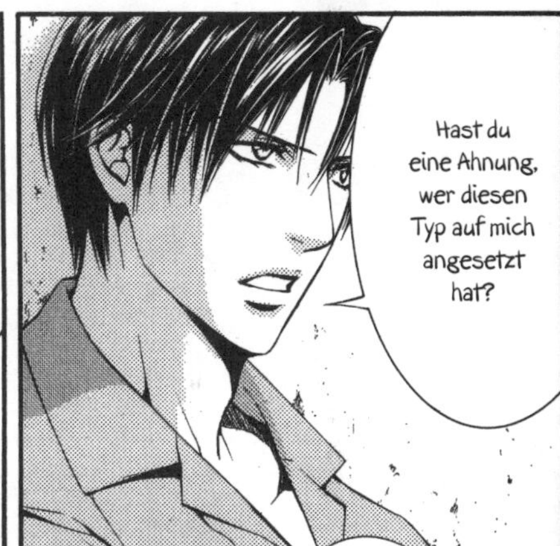

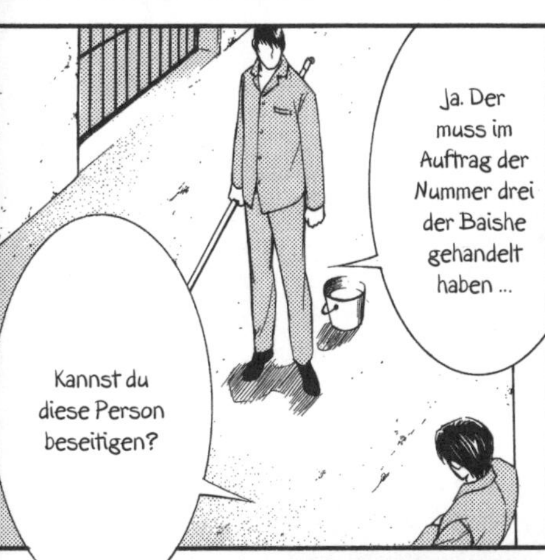

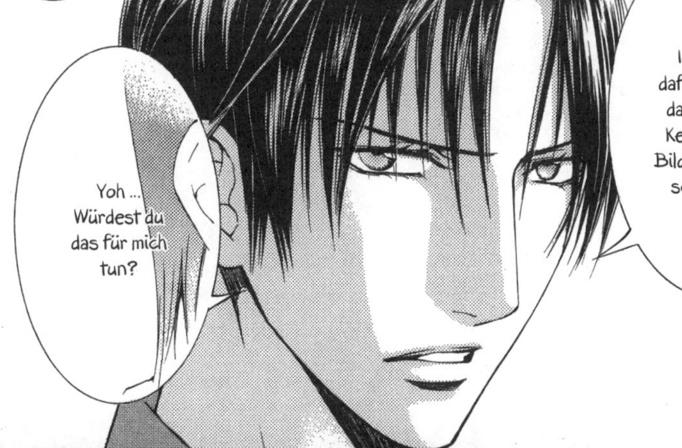

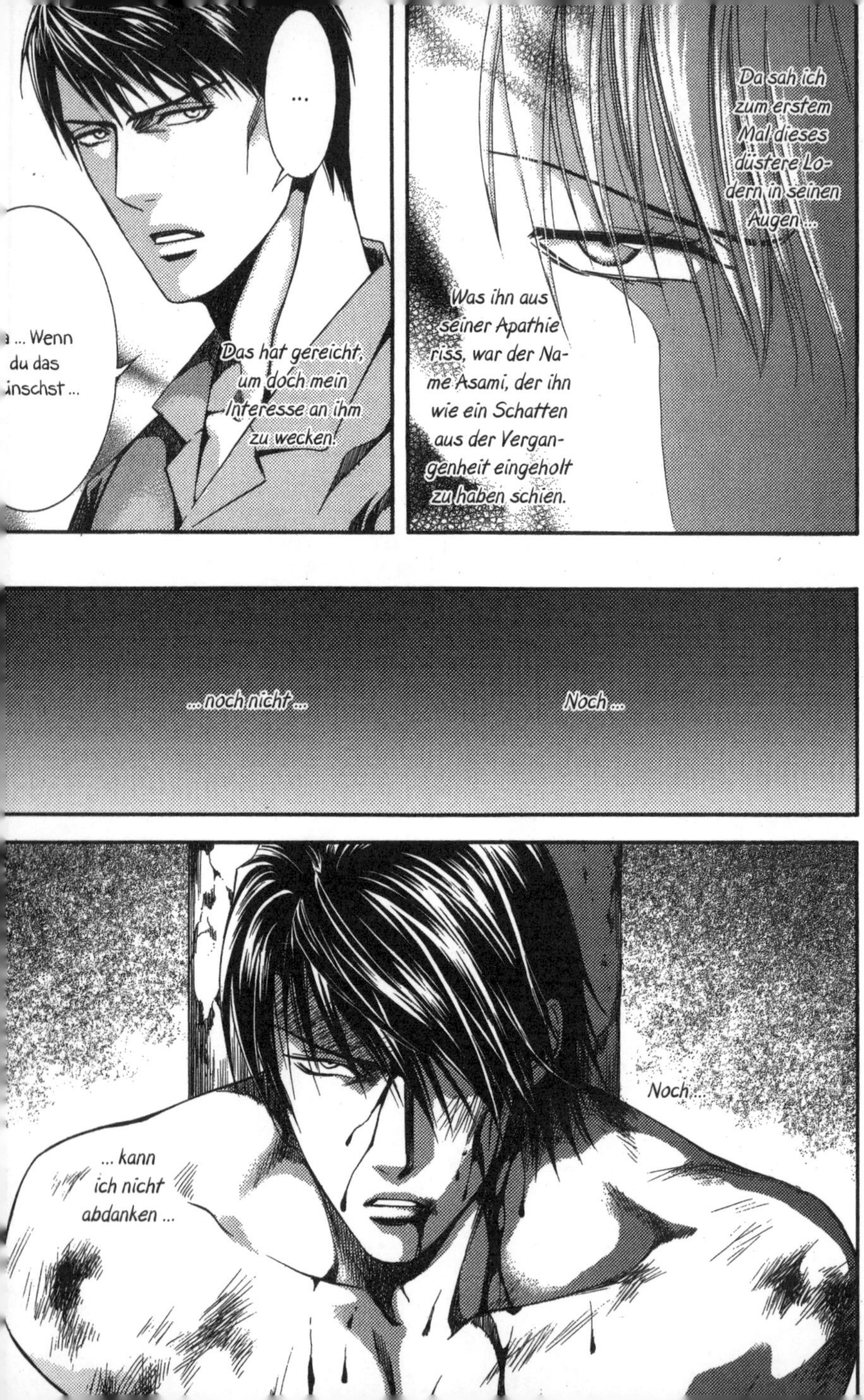

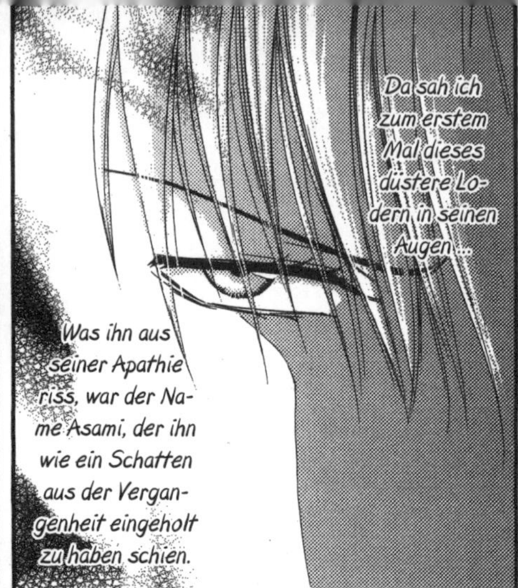

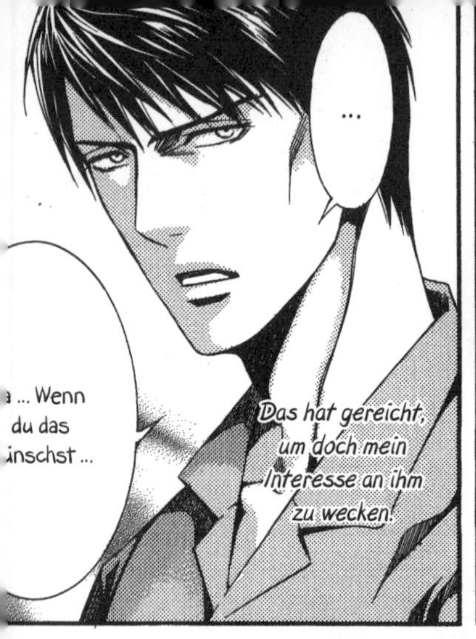

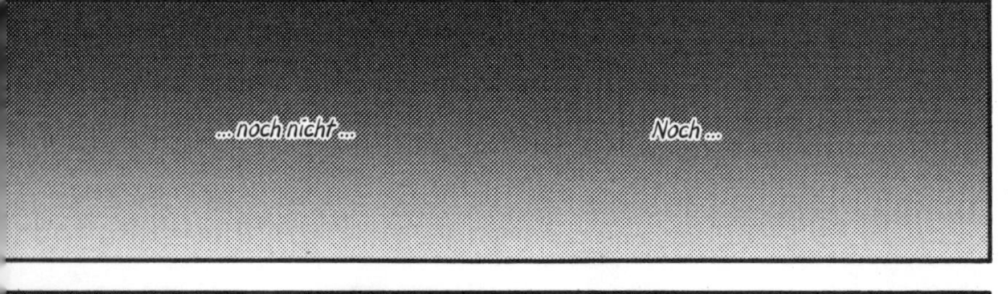

Noch ...

... kann ich nicht abdanken ...

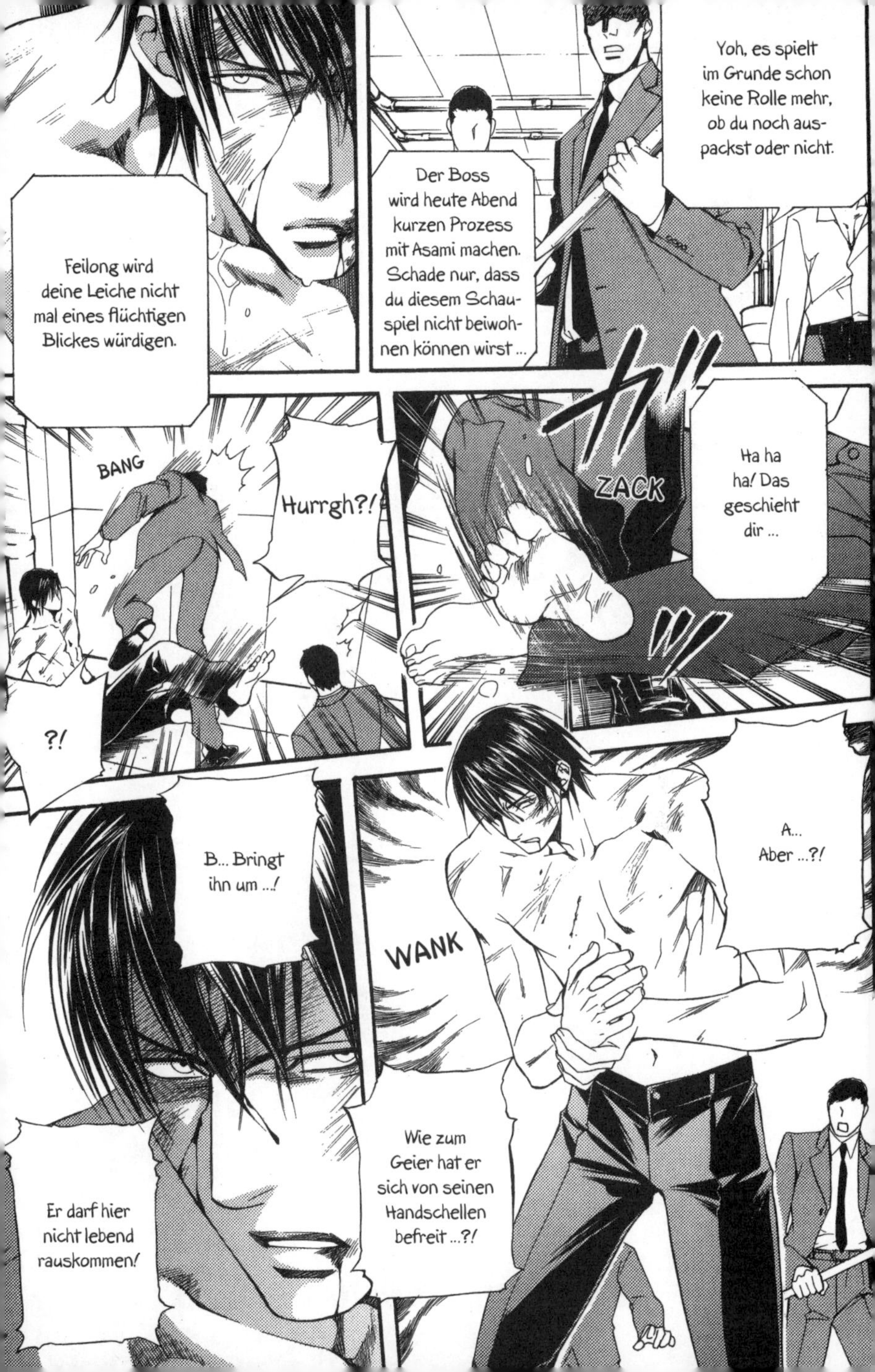
Yoh, es spielt im Grunde schon keine Rolle mehr, ob du noch auspackst oder nicht.
Der Boss wird heute Abend kurzen Prozess mit Asami machen. Schade nur, dass du diesem Schauspiel nicht beiwohnen können wirst ...
Feilong wird deine Leiche nicht mal eines flüchtigen Blickes würdigen.
Ha ha ha! Das geschieht dir ...
ZACK
Hurrgh?!
BANG
?!
A... Aber ...?!
WANK
Wie zum Geier hat er sich von seinen Handschellen befreit ...?!
B... Bringt ihn um ...!
Er darf hier nicht lebend rauskommen!

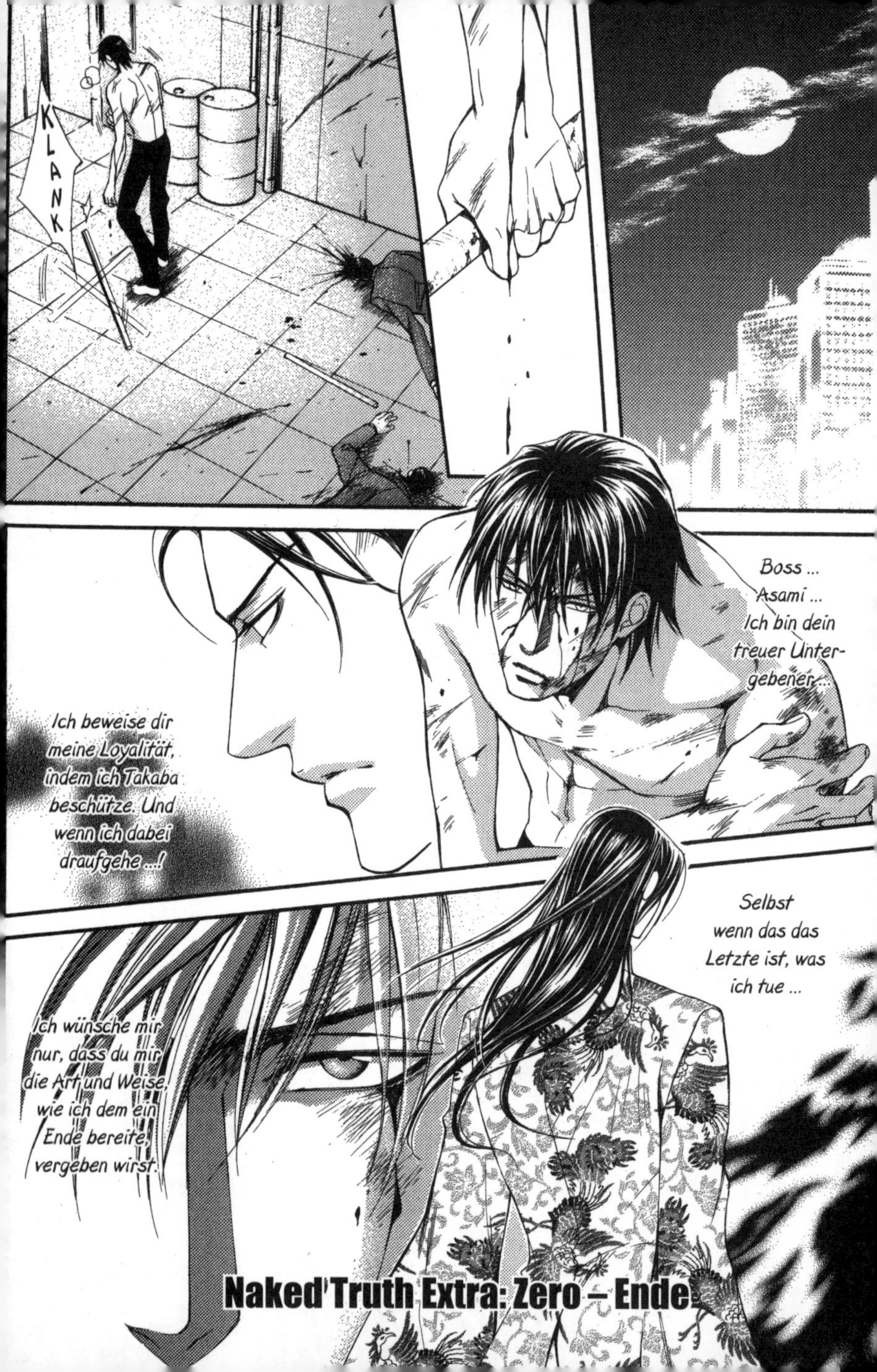
KLANK
Boss ...
Asami ...
Ich bin dein treuer Untergebener ...
Ich beweise dir meine Loyalität, indem ich Takaba beschütze. Und wenn ich dabei draufgehe ...!
Selbst wenn das das Letzte ist, was ich tue ...
Ich wünsche mir nur, dass du mir die Art und Weise, wie ich dem ein Ende bereite, vergeben wirst.
Naked Truth Extra: Zero – Ende

Naked Truth

Naked Truth

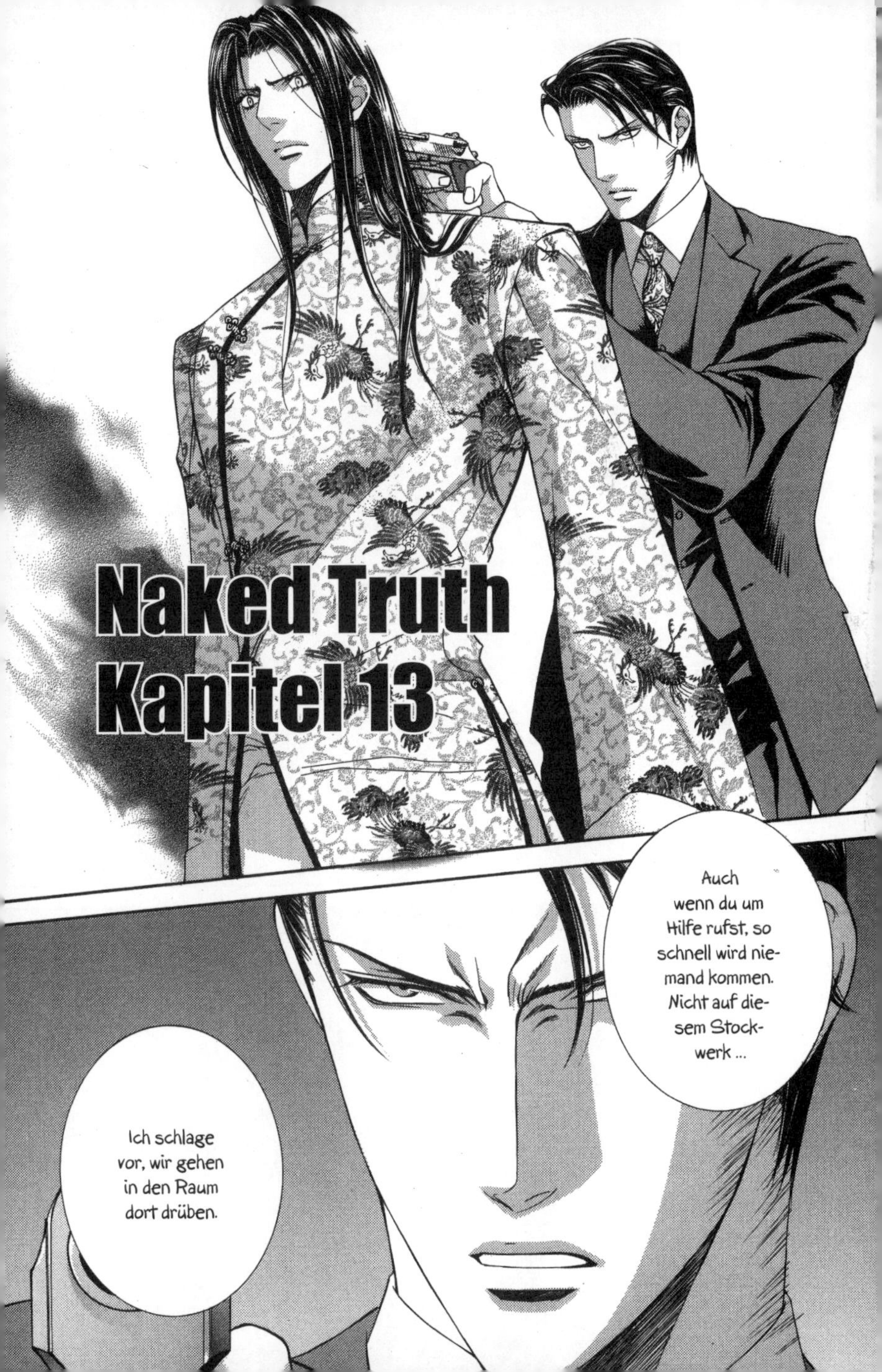
Naked Truth
Kapitel 13
Auch wenn du um Hilfe rufst, so schnell wird niemand kommen. Nicht auf diesem Stockwerk ...
Ich schlage vor, wir gehen in den Raum dort drüben.

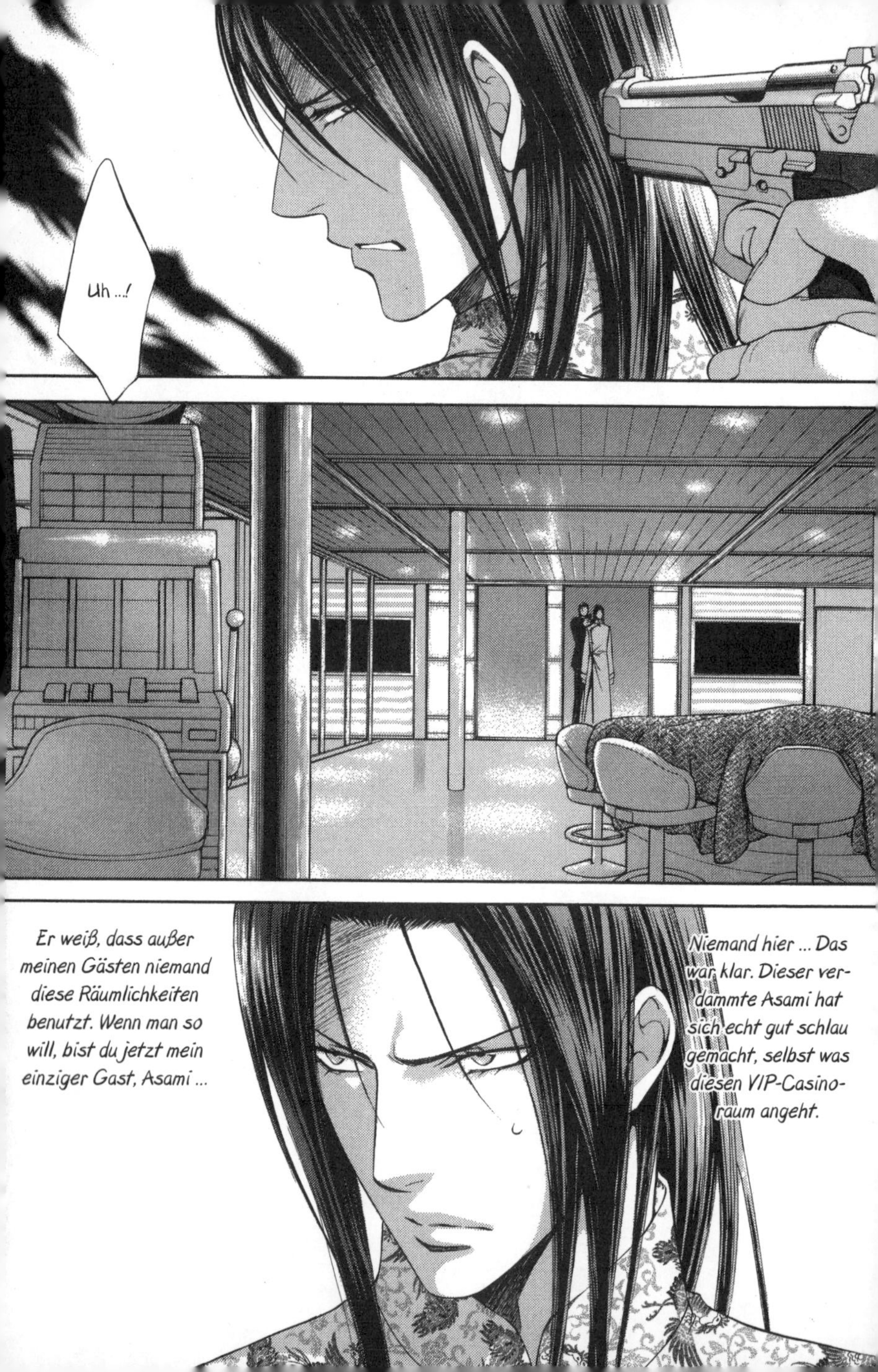
Uh ...!
Niemand hier ... Das war klar. Dieser verdammte Asami hat sich echt gut schlau gemacht, selbst was diesen VIP-Casinoraum angeht.
Er weiß, dass außer meinen Gästen niemand diese Räumlichkeiten benutzt. Wenn man so will, bist du jetzt mein einziger Gast, Asami ...

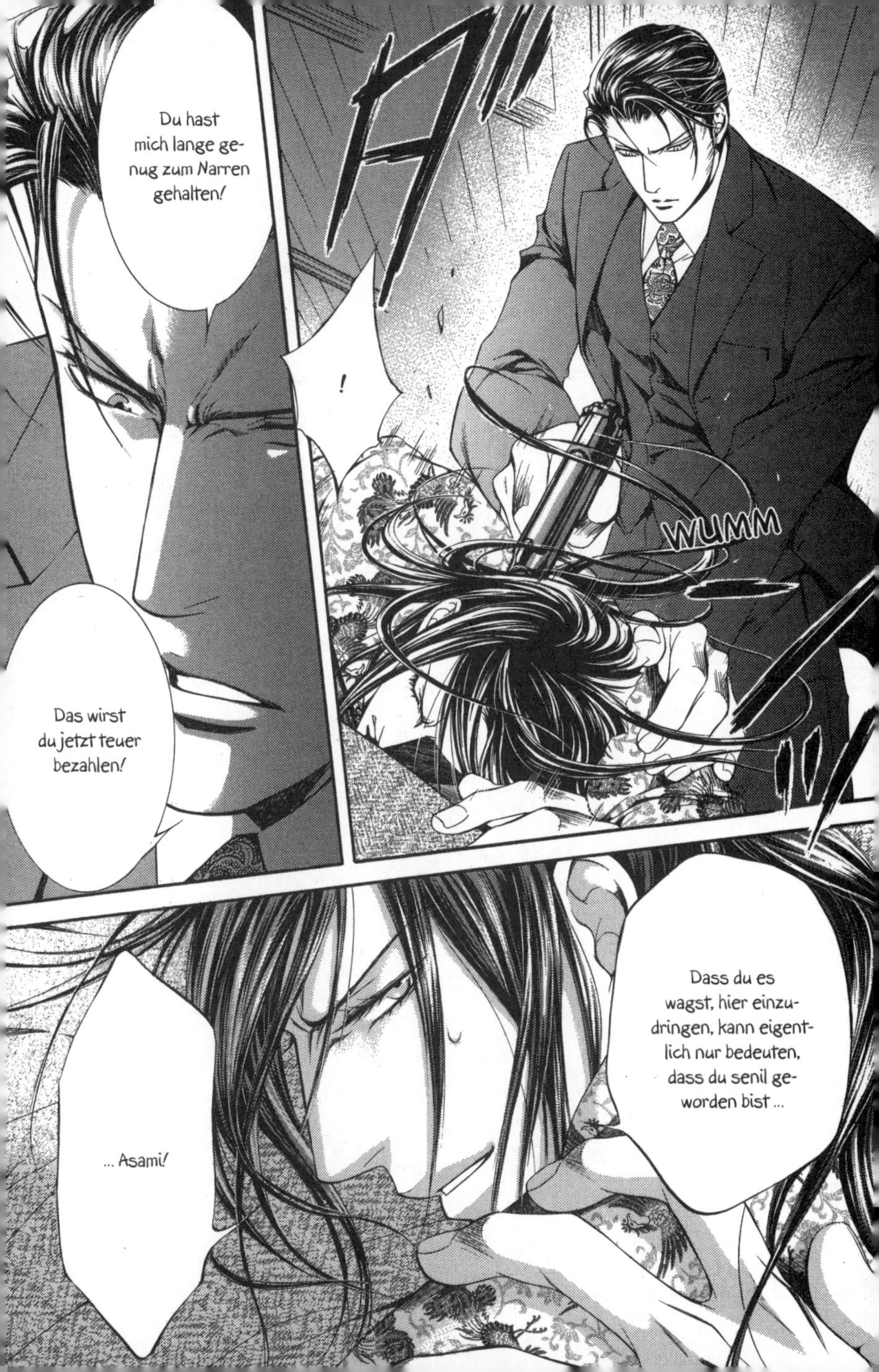
Du hast mich lange genug zum Narren gehalten!
Das wirst du jetzt teuer bezahlen!
!
WUMM
Dass du es wagst, hier einzudringen, kann eigentlich nur bedeuten, dass du senil geworden bist ...
... Asami!

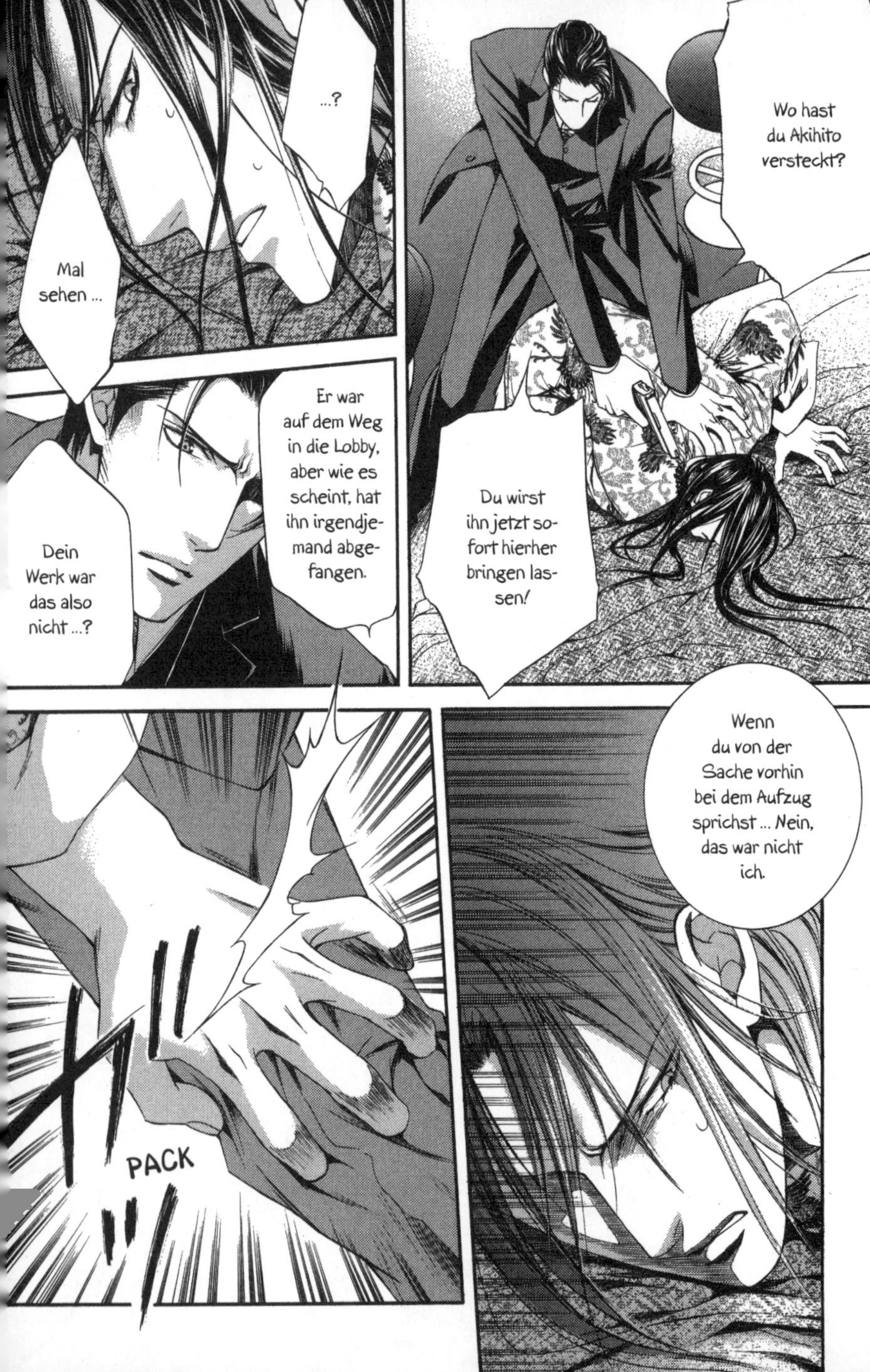
Wo hast du Akihito versteckt?
Du wirst ihn jetzt sofort hierher bringen lassen!
...?
Mal sehen ...
Er war auf dem Weg in die Lobby, aber wie es scheint, hat ihn irgendjemand abgefangen.
Dein Werk war das also nicht ...?
Wenn du von der Sache vorhin bei dem Aufzug sprichst ... Nein, das war nicht ich.
PACK

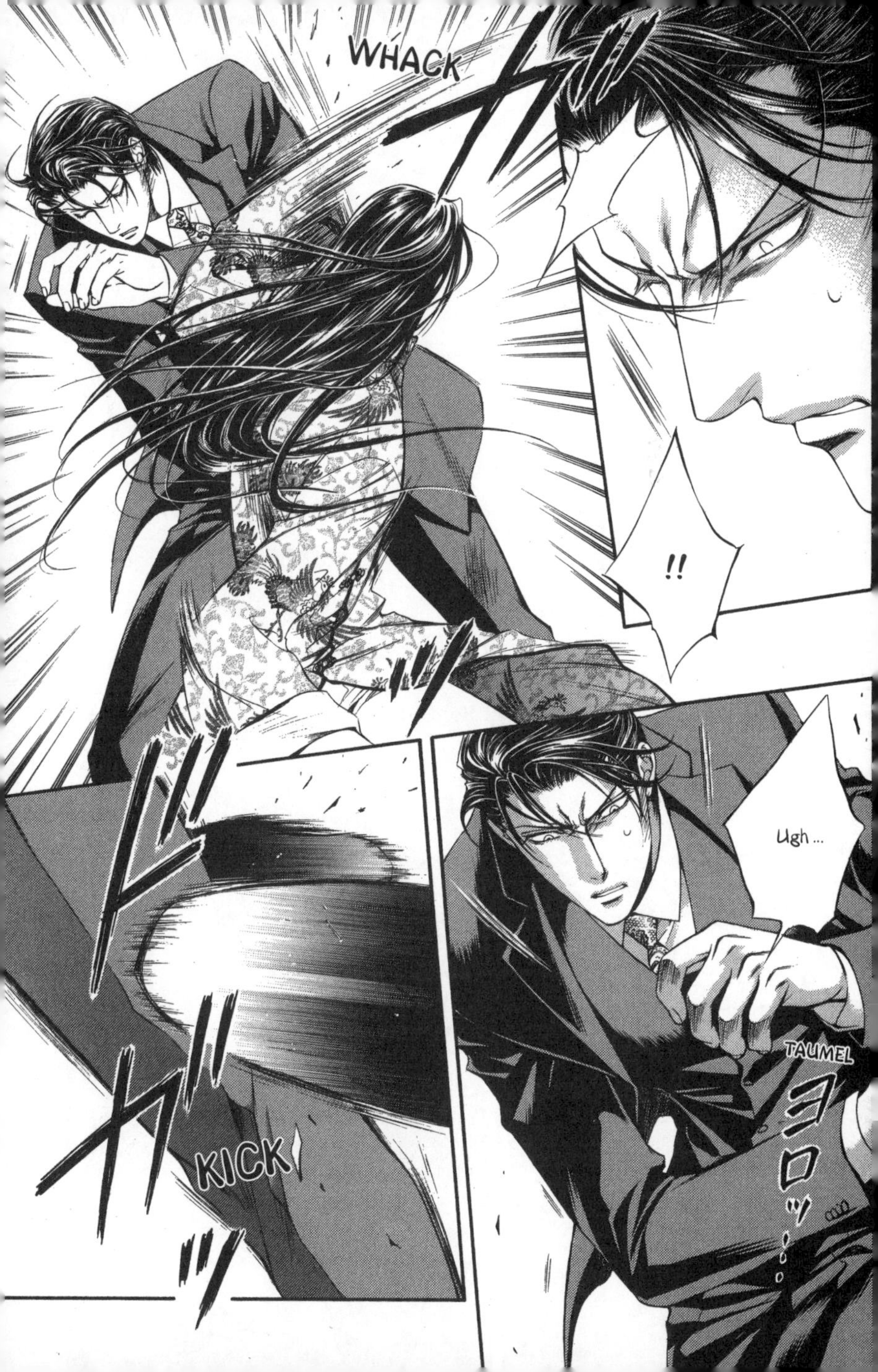
WHACK
!!
Ugh ...
TAUMEL
ヨロッ…
KICK

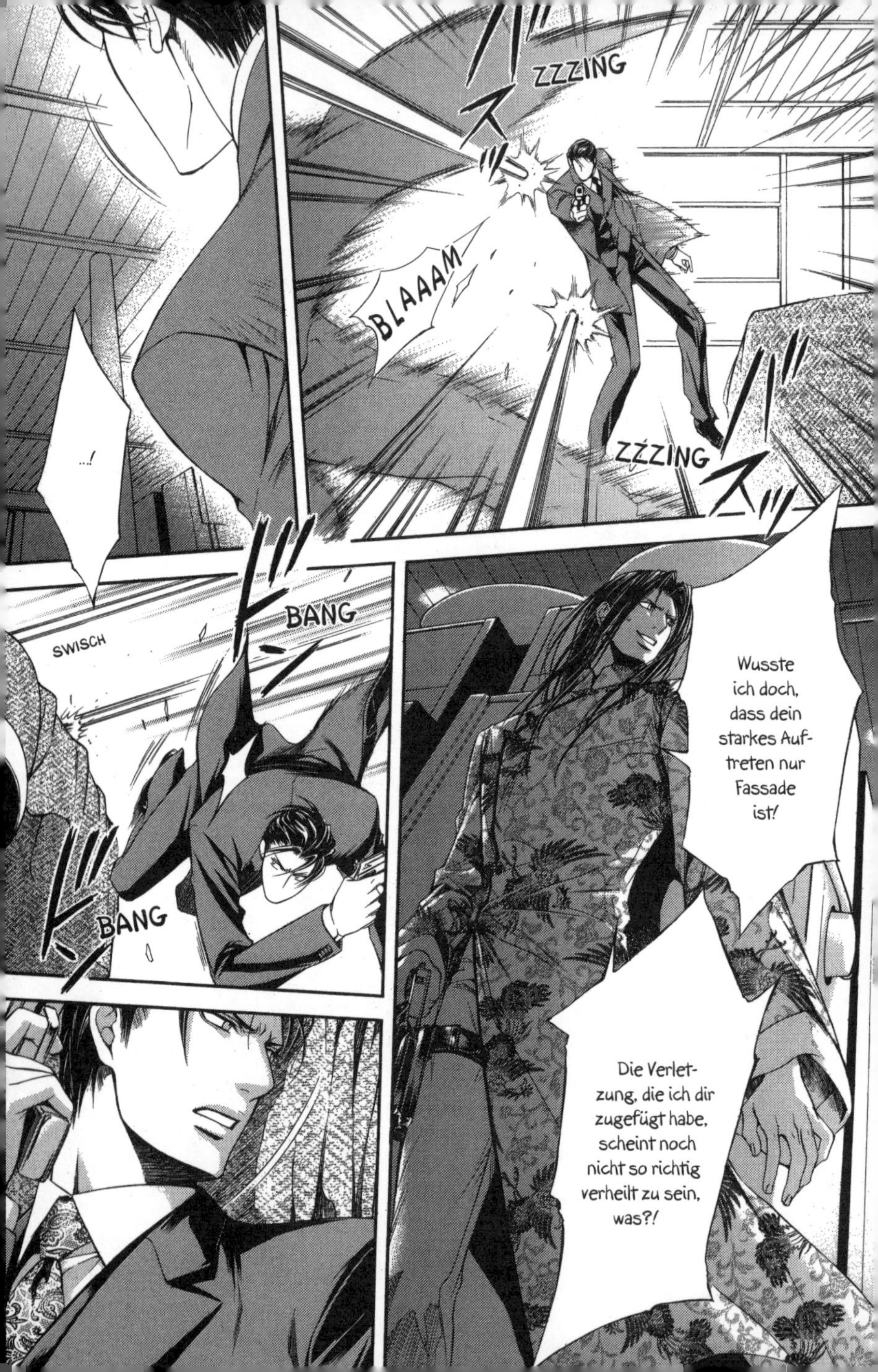
ZZZING
BLAAAM
ZZZING
...!
BANG
SWISCH
BANG
Wusste ich doch, dass dein starkes Auftreten nur Fassade ist!
Die Verletzung, die ich dir zugefügt habe, scheint noch nicht so richtig verheilt zu sein, was?!

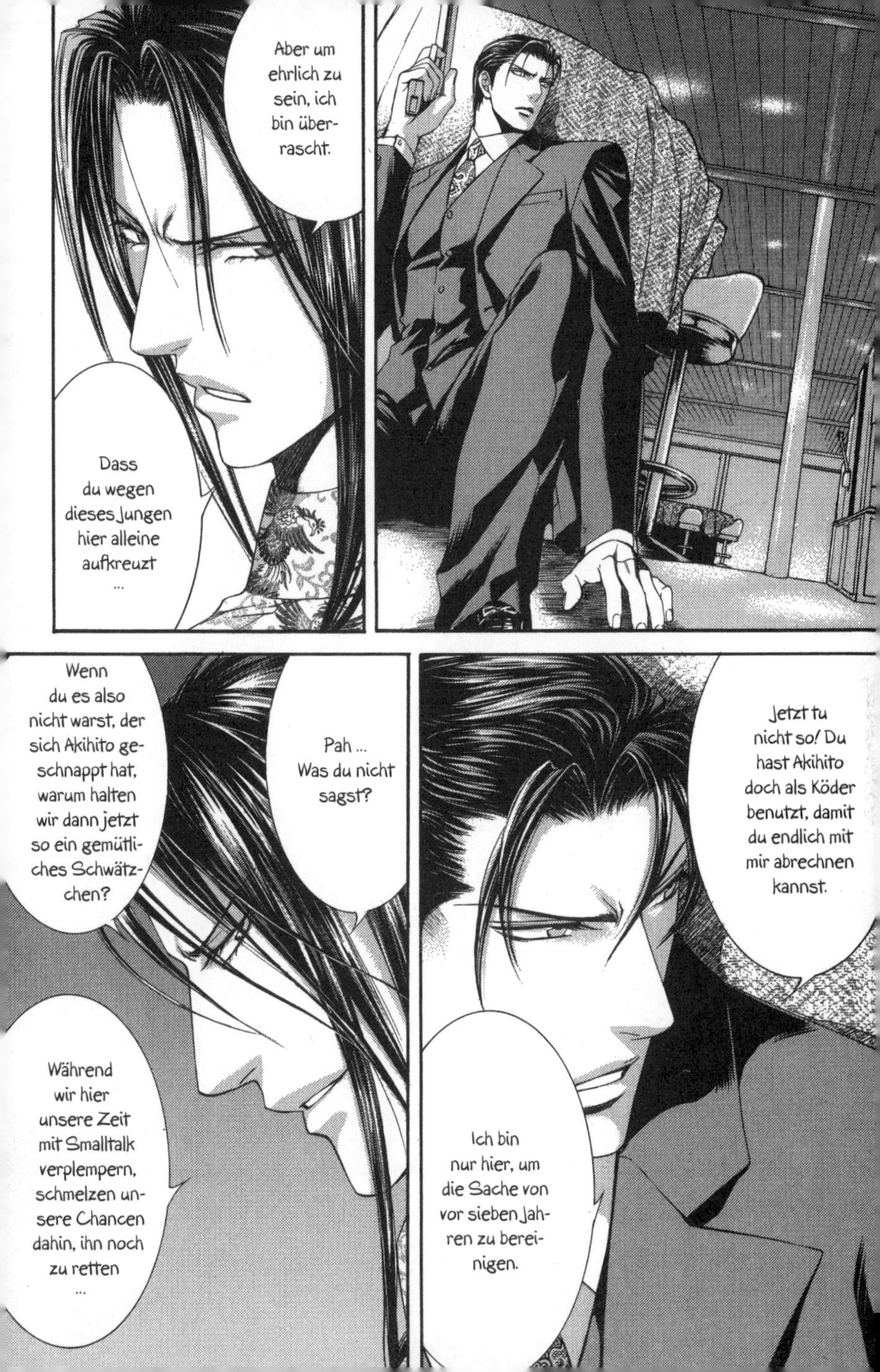

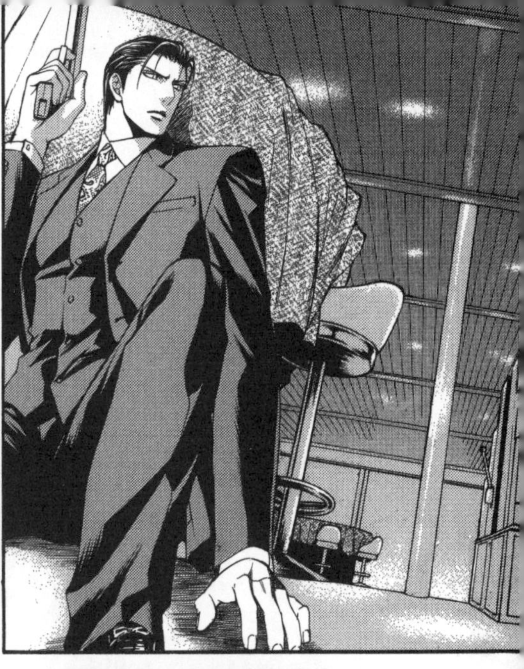

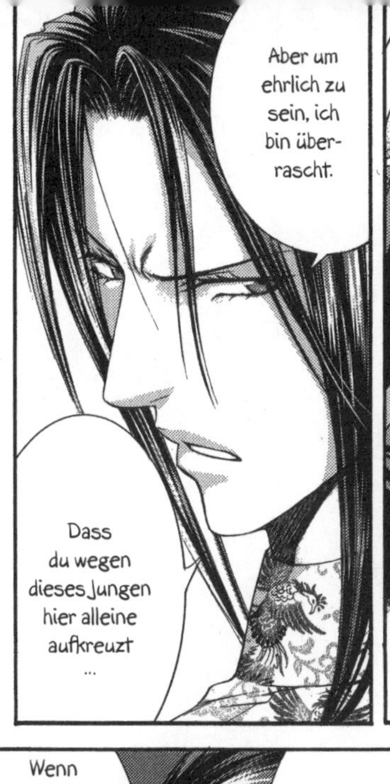
Aber um ehrlich zu sein, ich bin überrascht.
Dass du wegen dieses Jungen hier alleine aufkreuzt ...

Jetzt tu nicht so! Du hast Akihito doch als Köder benutzt, damit du endlich mit mir abrechnen kannst.
Ich bin nur hier, um die Sache von vor sieben Jahren zu bereinigen.
Pah ... Was du nicht sagst?
Wenn du es also nicht warst, der sich Akihito geschnappt hat, warum halten wir dann jetzt so ein gemütliches Schwätzchen?
Während wir hier unsere Zeit mit Smalltalk verplempern, schmelzen unsere Chancen dahin, ihn noch zu retten ...

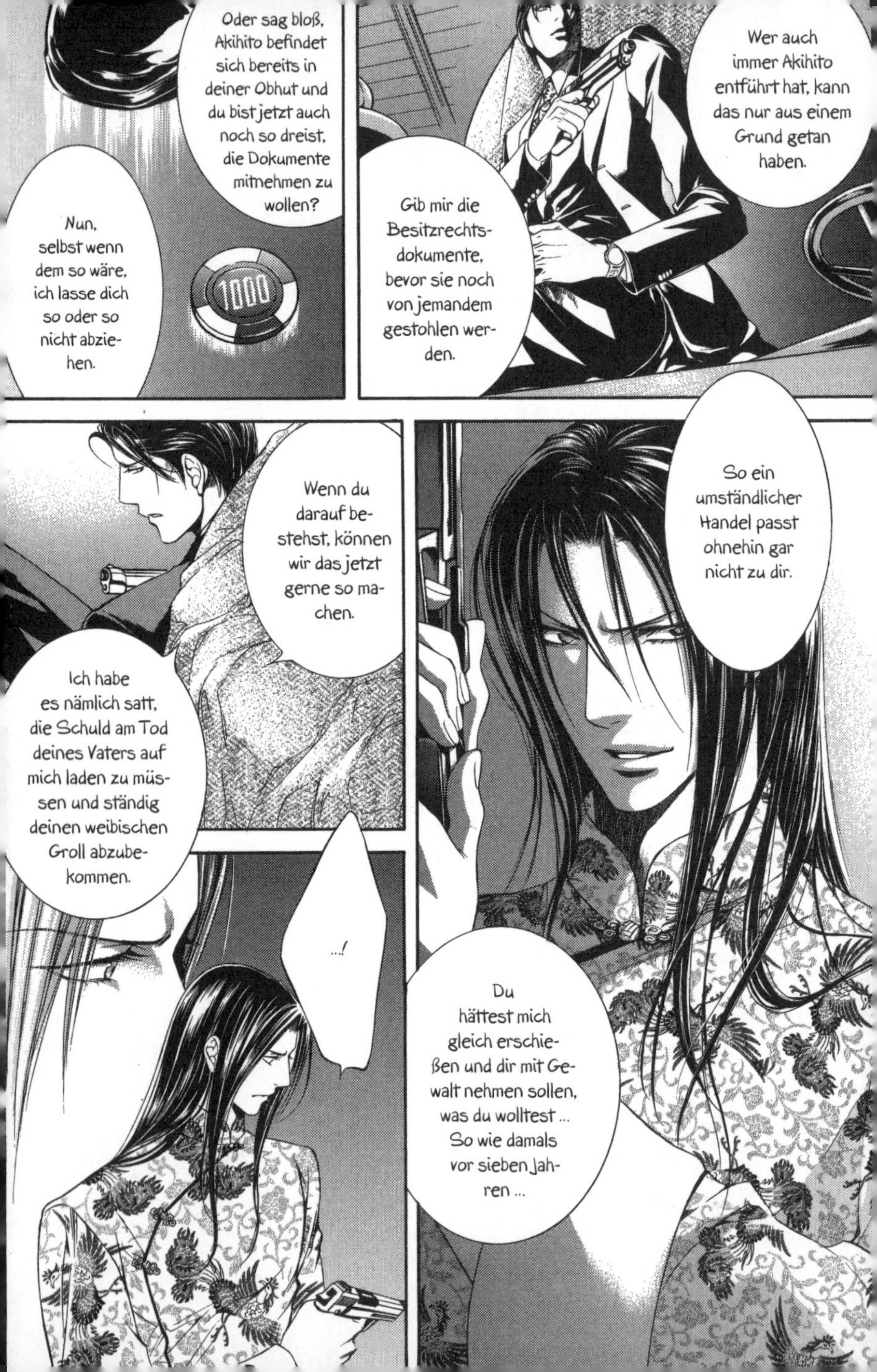

Wer auch immer Akihito entführt hat, kann das nur aus einem Grund getan haben.

Gib mir die Besitzrechts-dokumente, bevor sie noch von jemandem gestohlen werden.

Oder sag bloß, Akihito befindet sich bereits in deiner Obhut und du bist jetzt auch noch so dreist, die Dokumente mitnehmen zu wollen?

Nun, selbst wenn dem so wäre, ich lasse dich so oder so nicht abziehen.

So ein umständlicher Handel passt ohnehin gar nicht zu dir.

Du hättest mich gleich erschießen und dir mit Gewalt nehmen sollen, was du wolltest ... So wie damals vor sieben Jahren ...

Wenn du darauf bestehst, können wir das jetzt gerne so machen.

Ich habe es nämlich satt, die Schuld am Tod deines Vaters auf mich laden zu müssen und ständig deinen weibischen Groll abzubekommen.

...!

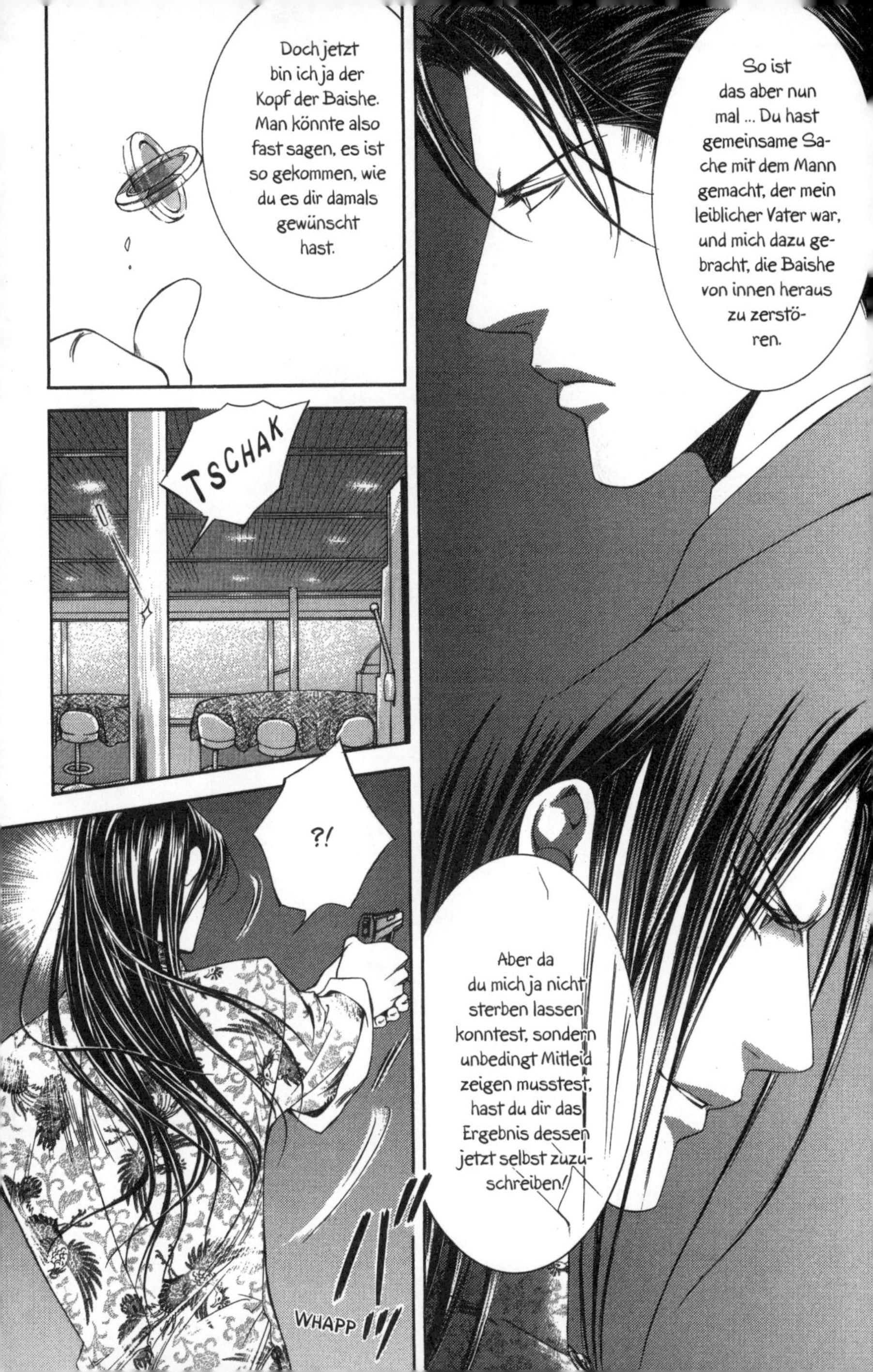
So ist das aber nun mal ... Du hast gemeinsame Sache mit dem Mann gemacht, der mein leiblicher Vater war, und mich dazu gebracht, die Baishe von innen heraus zu zerstören.
Doch jetzt bin ich ja der Kopf der Baishe. Man könnte also fast sagen, es ist so gekommen, wie du es dir damals gewünscht hast.
TSCHAK
Aber da du mich ja nicht sterben lassen konntest, sondern unbedingt Mitleid zeigen musstest, hast du dir das Ergebnis dessen jetzt selbst zuzuschreiben!
?!
WHAPP

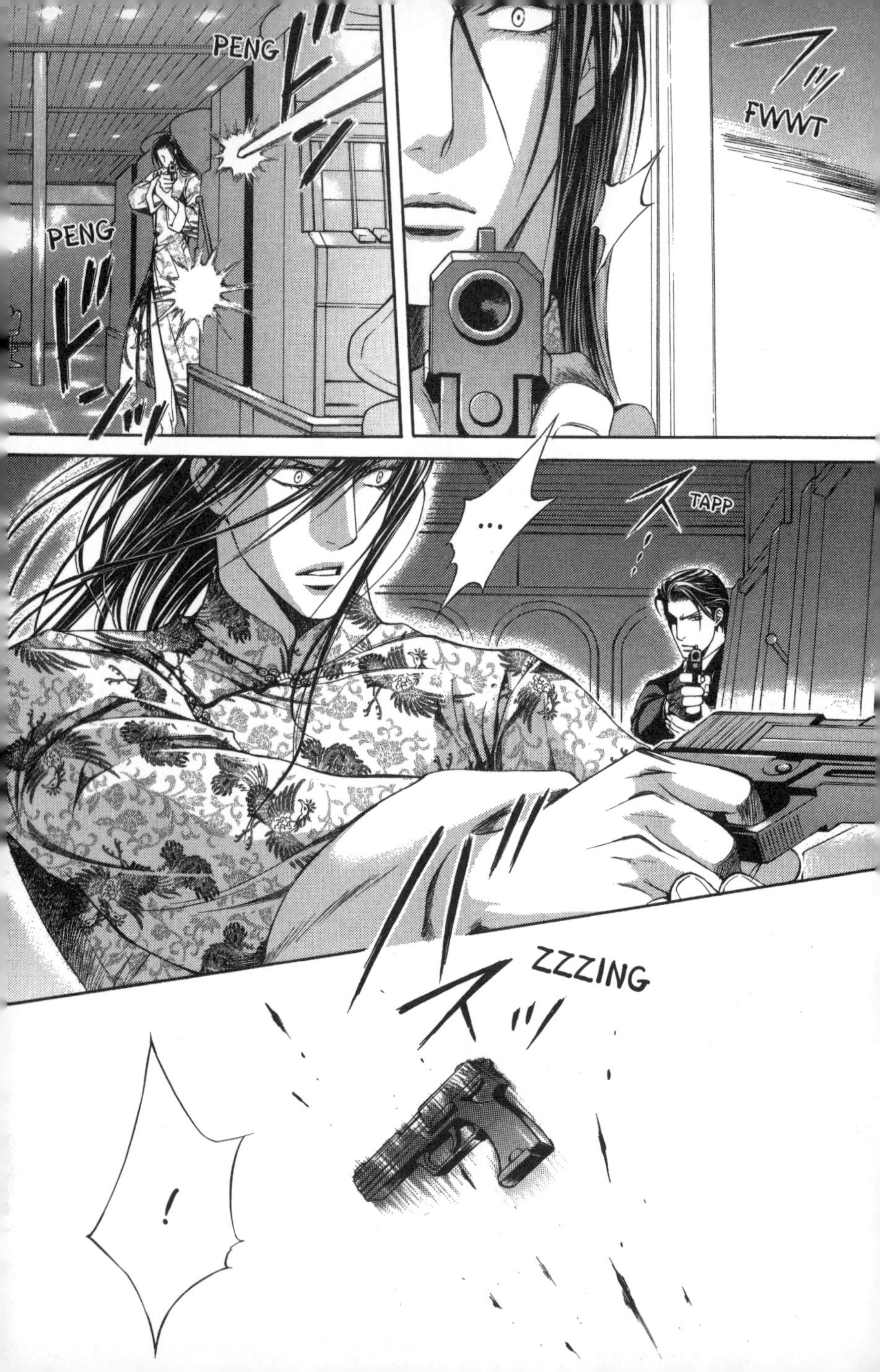
FWWT
PENG
PENG
TAPP
...
ZZZING
!

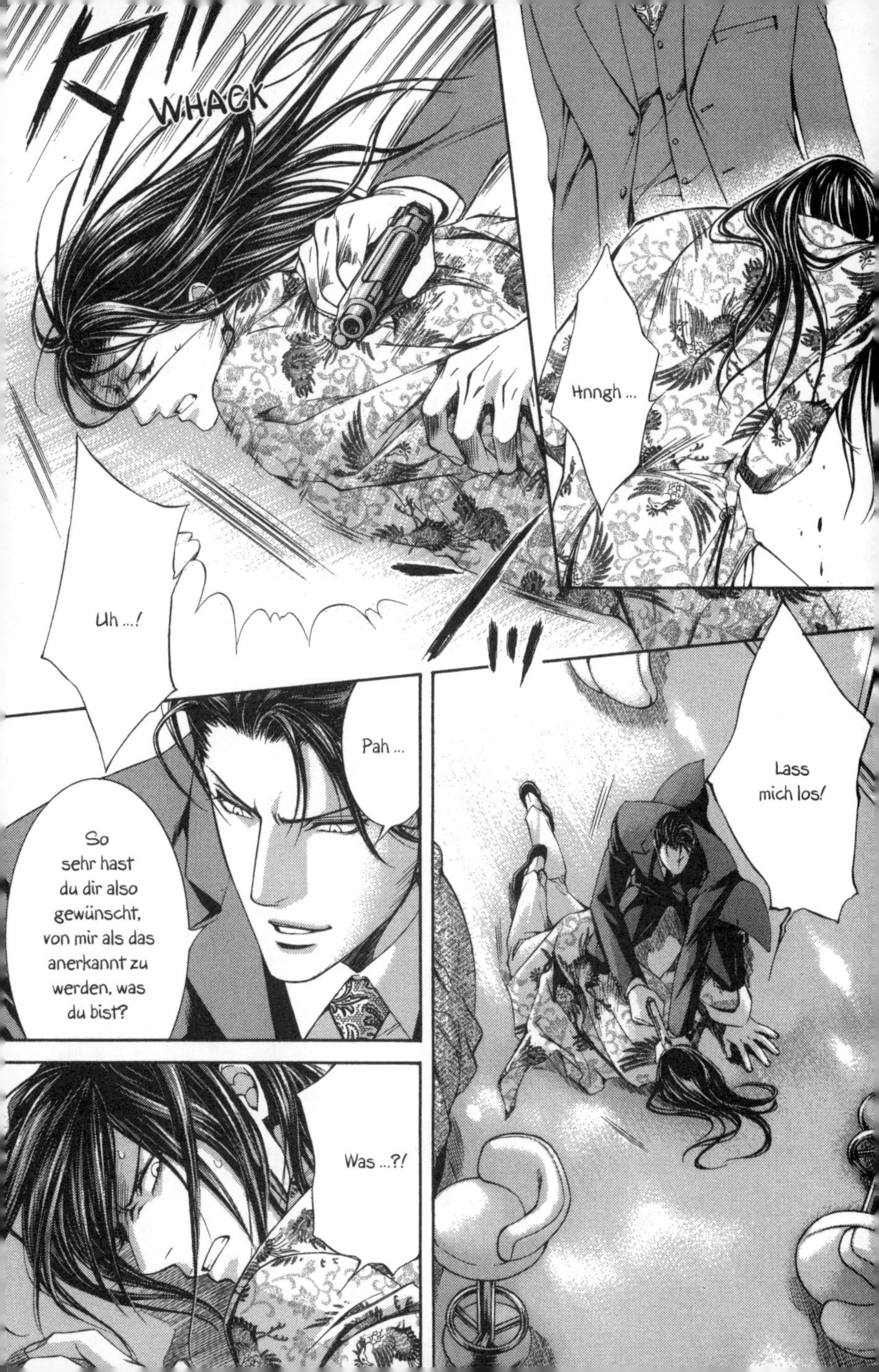
Hnngh ...
WHACK
Uh ...!
Lass mich los!
Pah ...
So sehr hast du dir also gewünscht, von mir als das anerkannt zu werden, was du bist?
Was ...?!

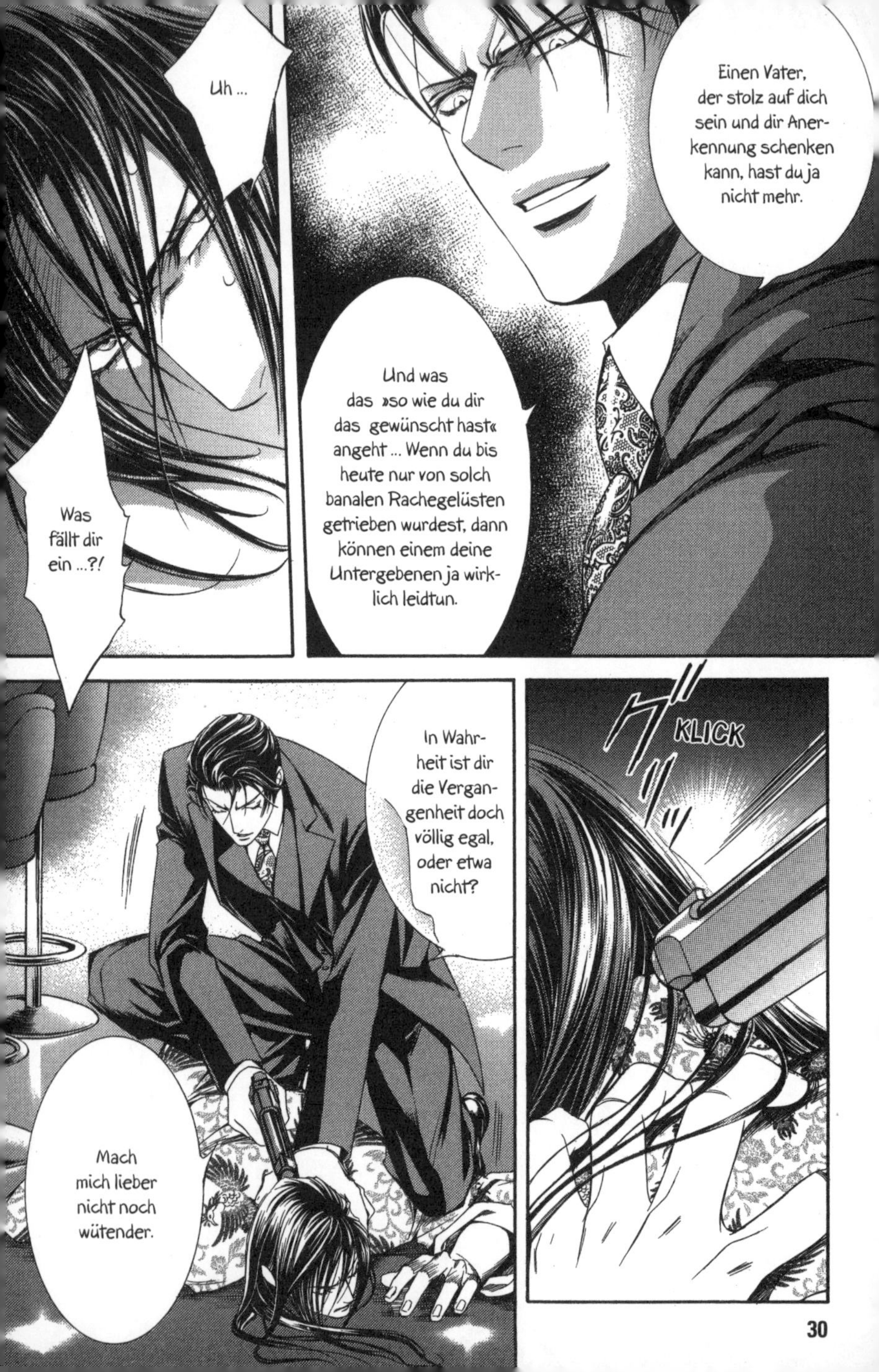

Einen Vater, der stolz auf dich sein und dir Anerkennung schenken kann, hast du ja nicht mehr.

Und was das »so wie du dir das gewünscht hast« angeht ... Wenn du bis heute nur von solch banalen Rachegelüsten getrieben wurdest, dann können einem deine Untergebenen ja wirklich leidtun.

Uh ...

Was fällt dir ein ...?!

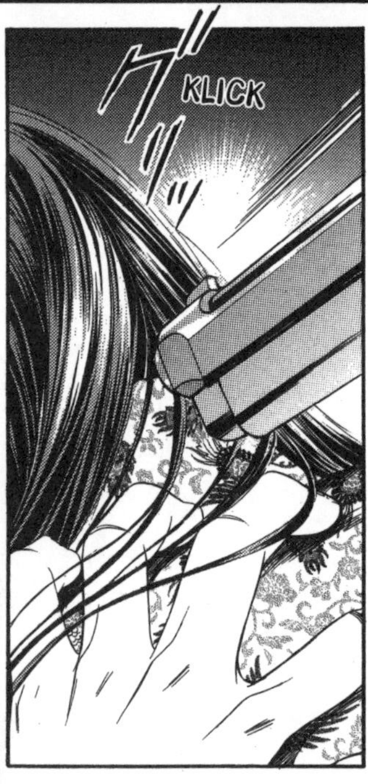

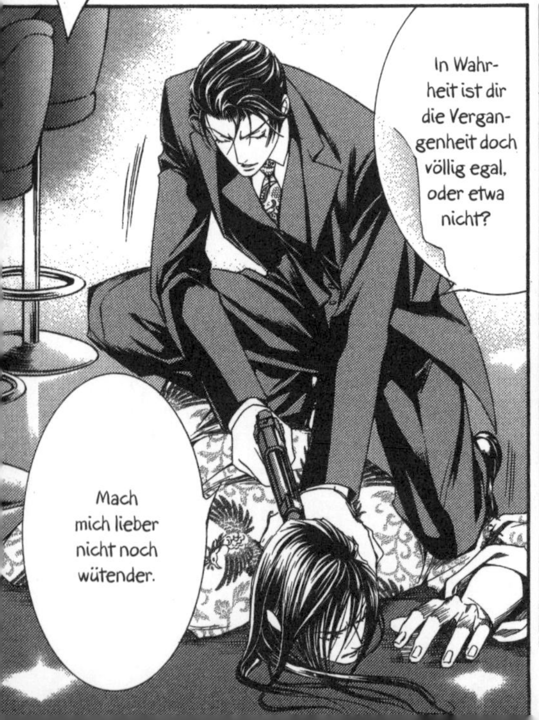

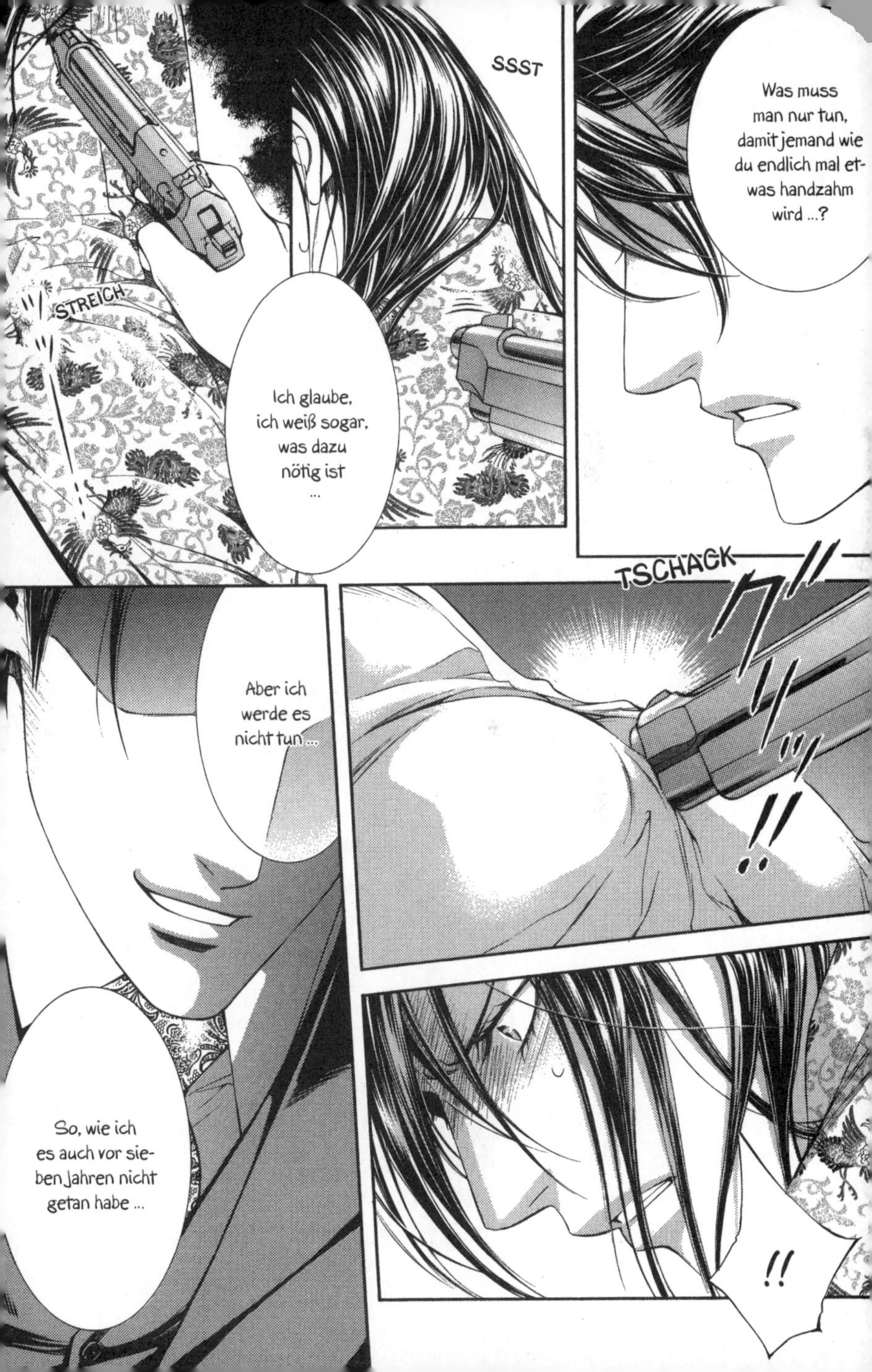
SSST
Was muss man nur tun, damit jemand wie du endlich mal etwas handzahm wird ...?
STREICH
Ich glaube, ich weiß sogar, was dazu nötig ist ...
TSCHACK
!!
Aber ich werde es nicht tun ...
So, wie ich es auch vor sieben Jahren nicht getan habe ...
!!

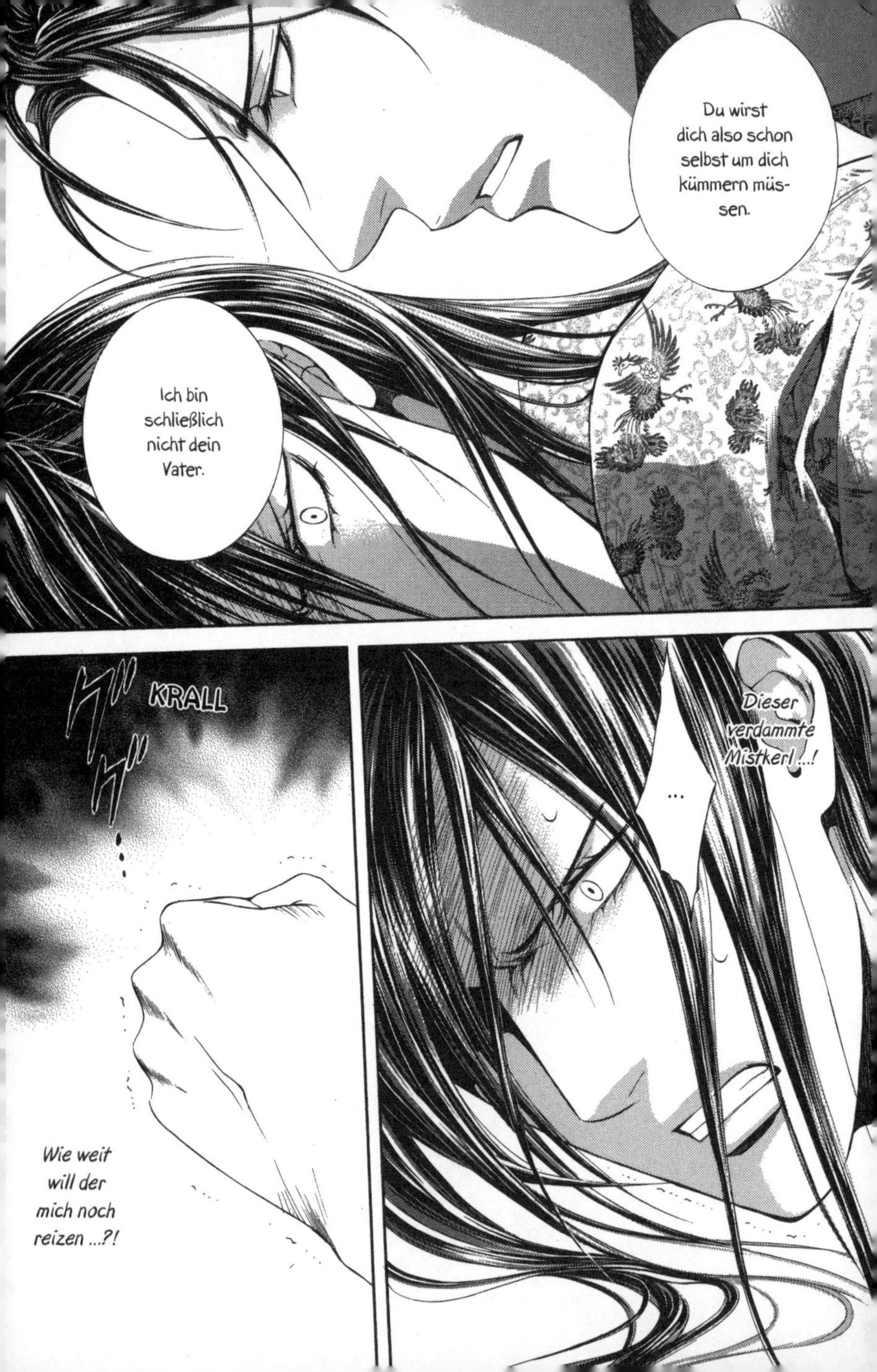

Du wirst dich also schon selbst um dich kümmern müssen.

Ich bin schließlich nicht dein Vater.

Dieser verdammte Mistkerl ...!

...

KRALL

Wie weit will der mich noch reizen ...?!

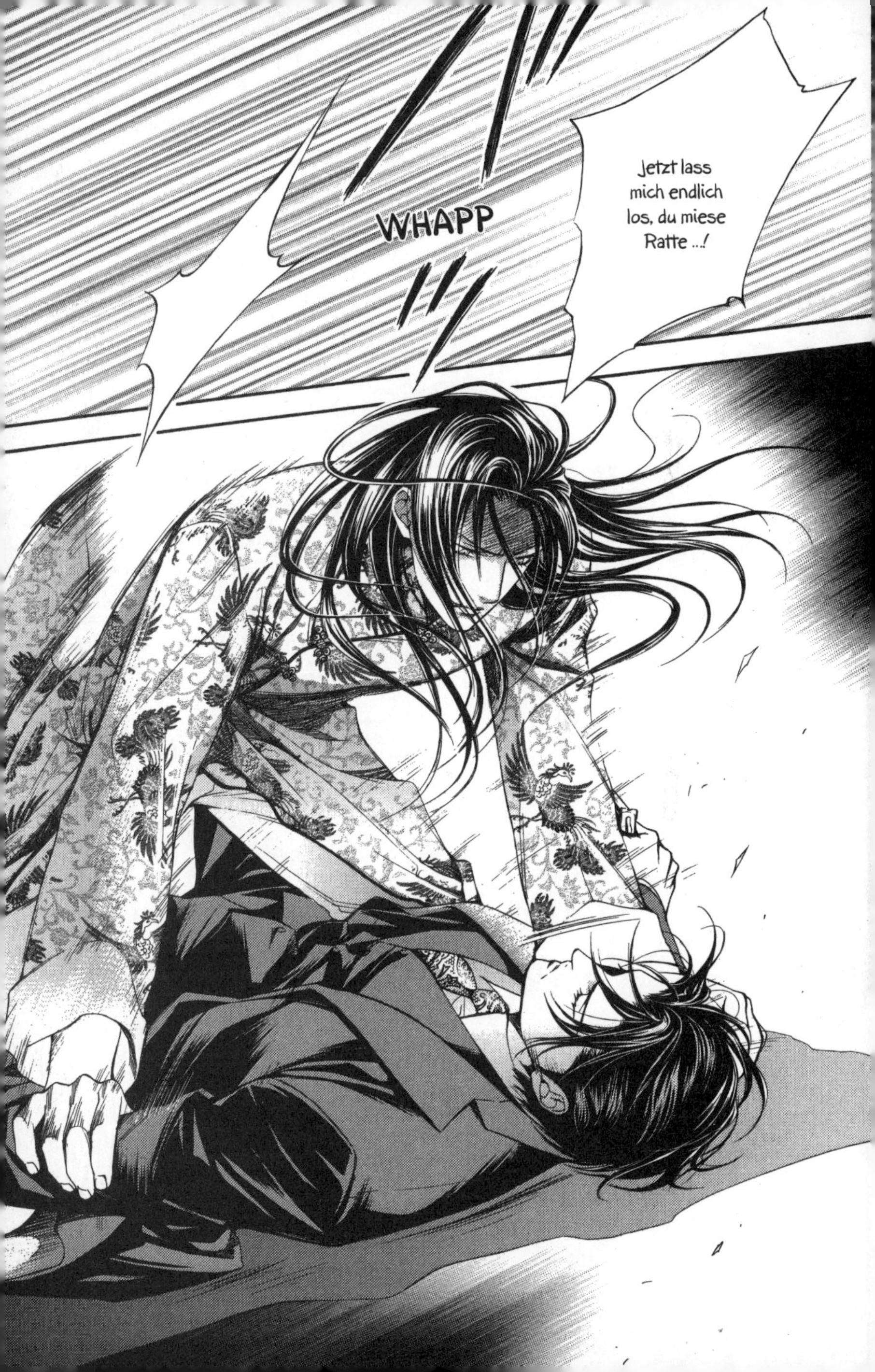
WHAPP
Jetzt lass mich endlich los, du miese Ratte ...!

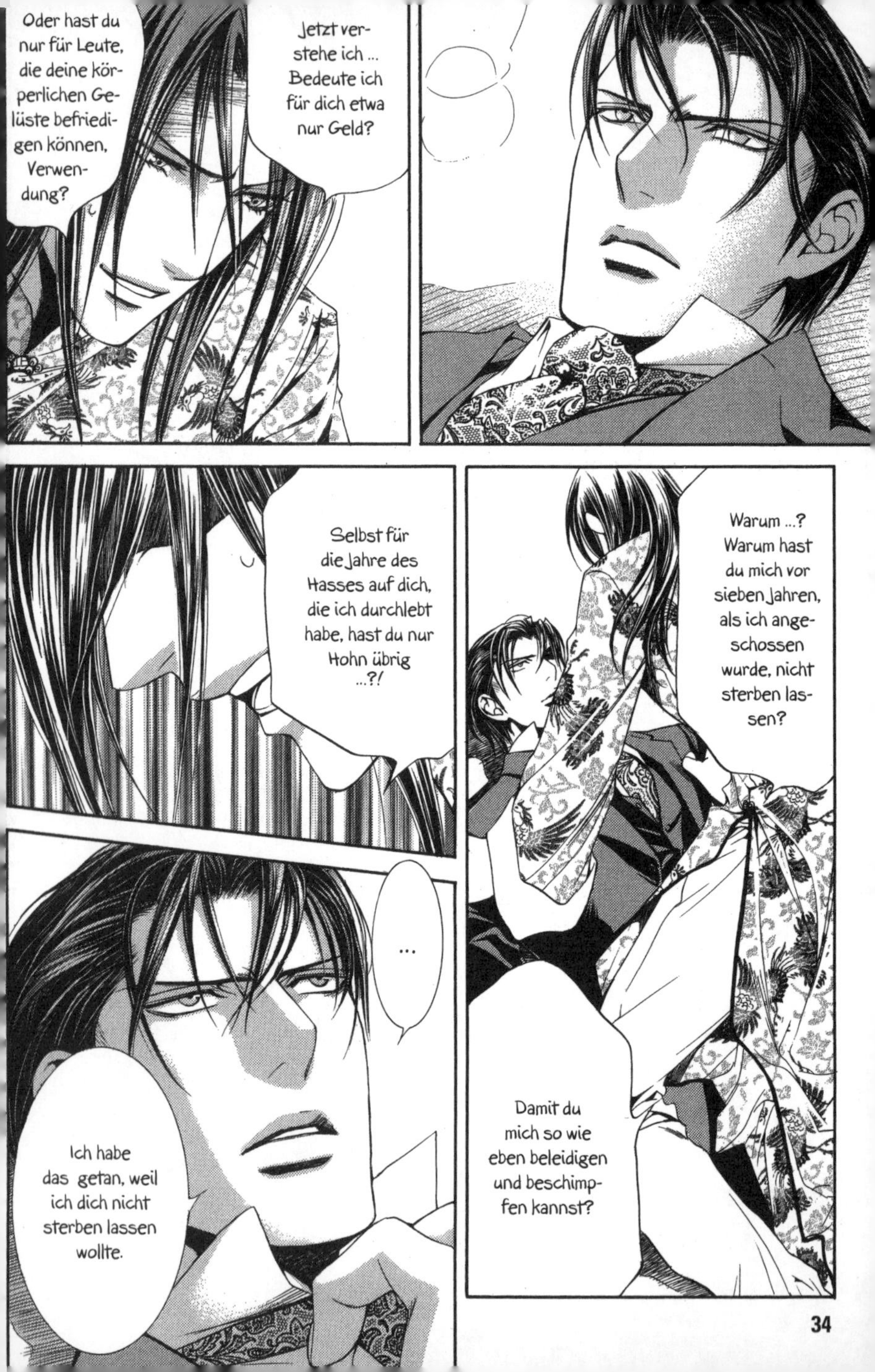

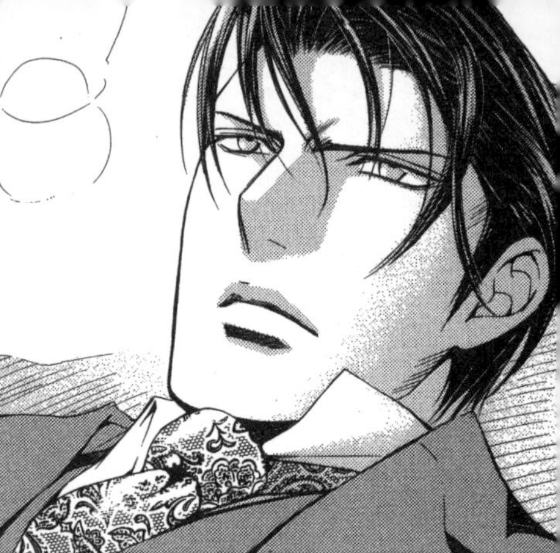

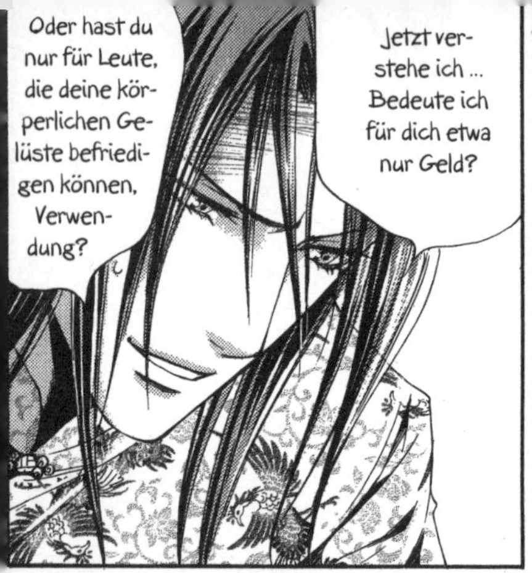

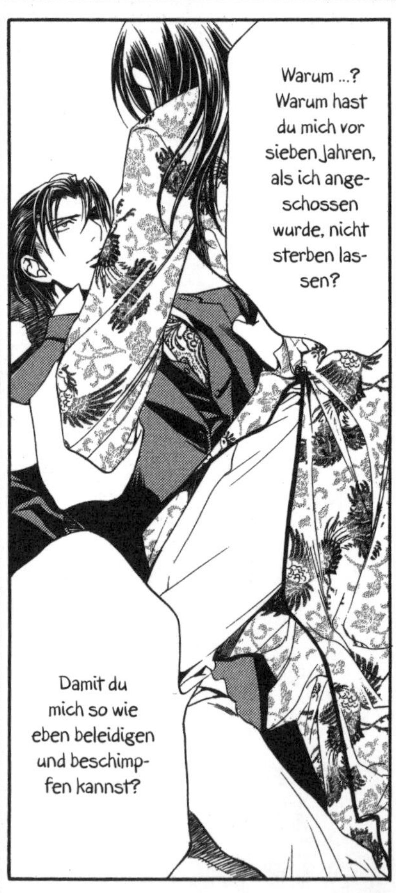

Selbst für die Jahre des Hasses auf dich, die ich durchlebt habe, hast du nur Hohn übrig ...?!

...

Ich habe das getan, weil ich dich nicht sterben lassen wollte.

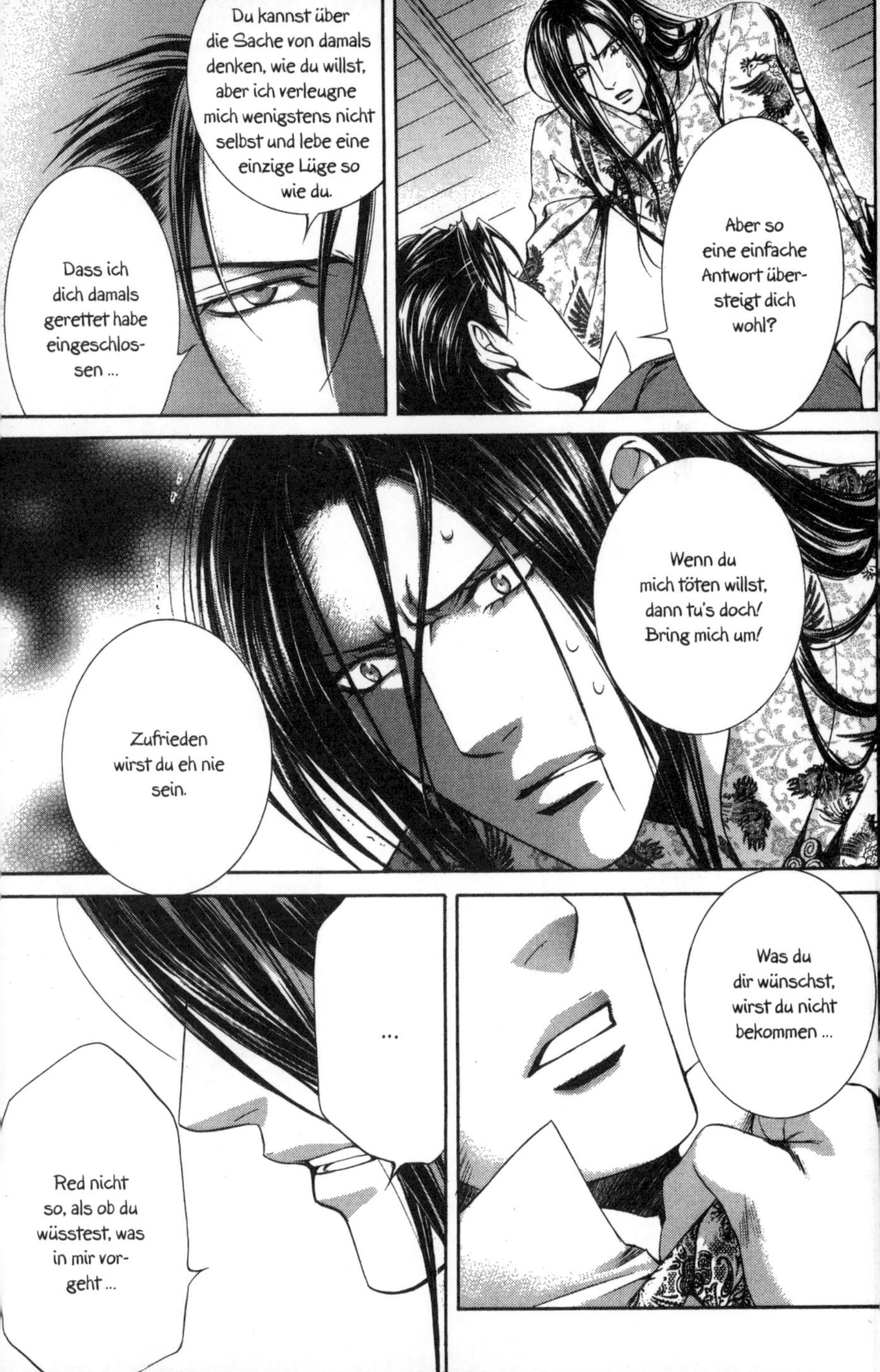
Aber so eine einfache Antwort übersteigt dich wohl?
Du kannst über die Sache von damals denken, wie du willst, aber ich verleugne mich wenigstens nicht selbst und lebe eine einzige Lüge so wie du.
Dass ich dich damals gerettet habe eingeschlossen ...
Wenn du mich töten willst, dann tu's doch! Bring mich um!
Zufrieden wirst du eh nie sein.
Was du dir wünschst, wirst du nicht bekommen ...
...
Red nicht so, als ob du wüsstest, was in mir vorgeht ...

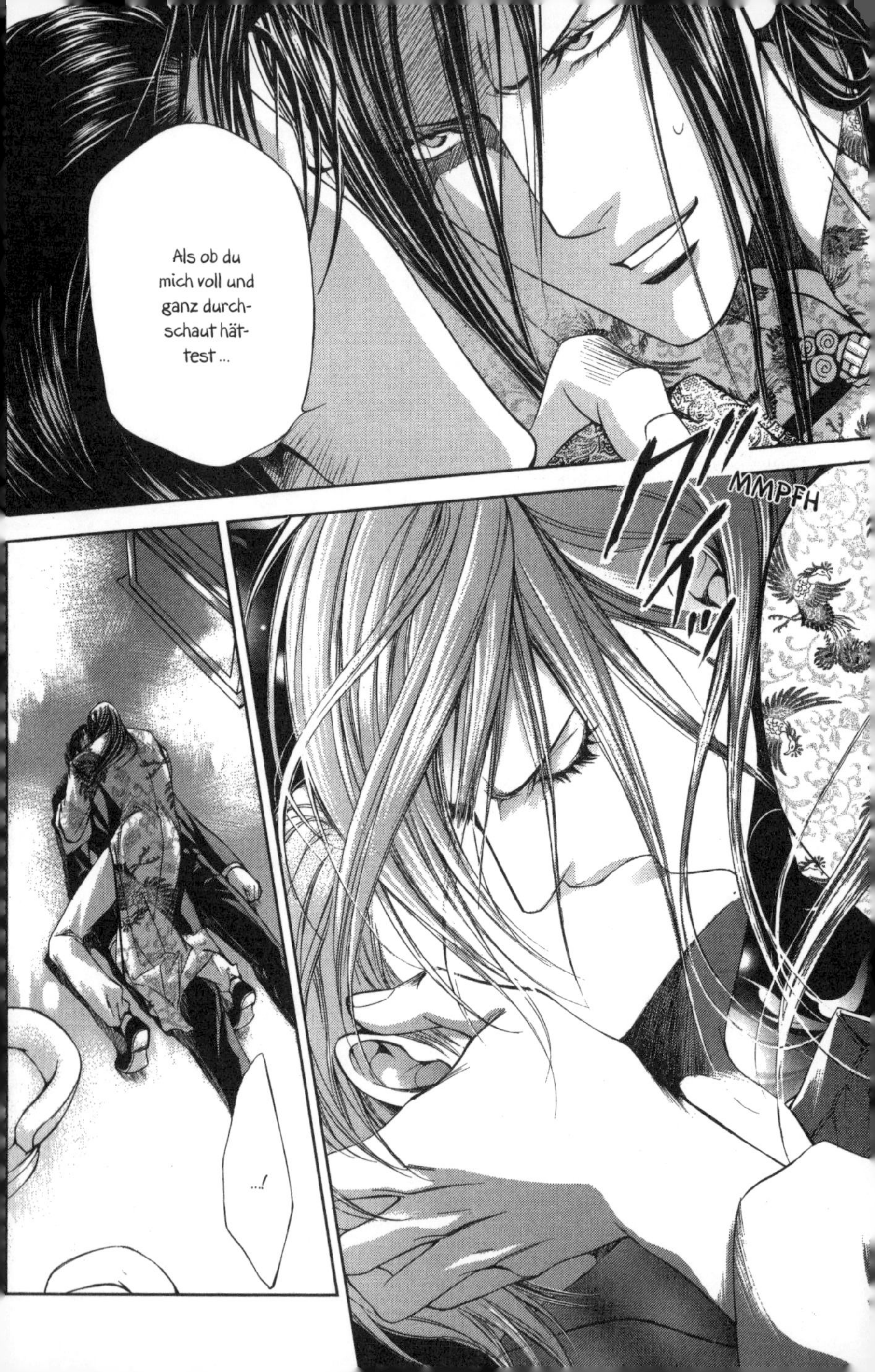
Als ob du mich voll und ganz durchschaut hättest ...
MMPFH
...!

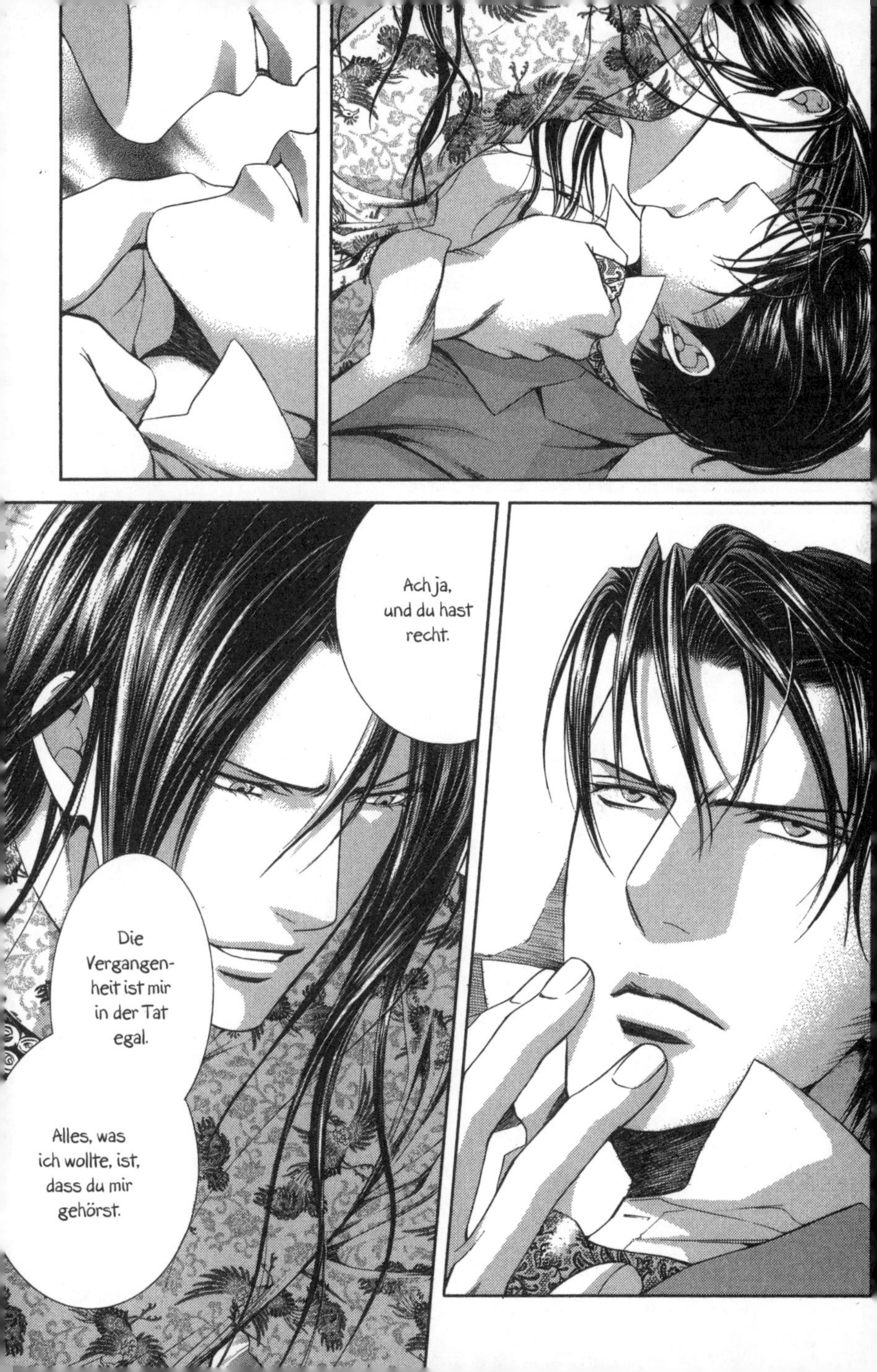

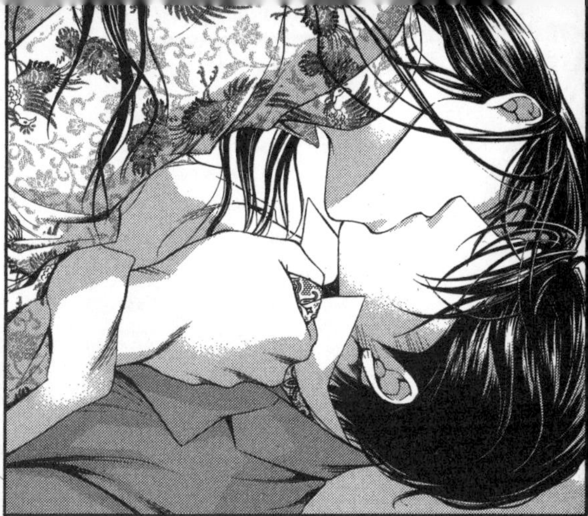

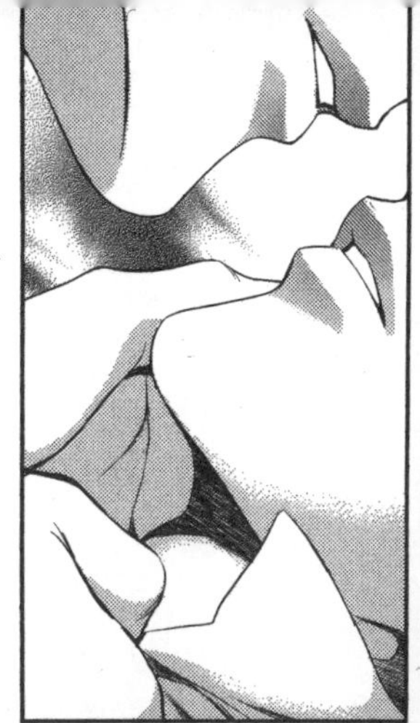

Ach ja, und du hast recht.

Die Vergangenheit ist mir in der Tat egal.

Alles, was ich wollte, ist, dass du mir gehörst.

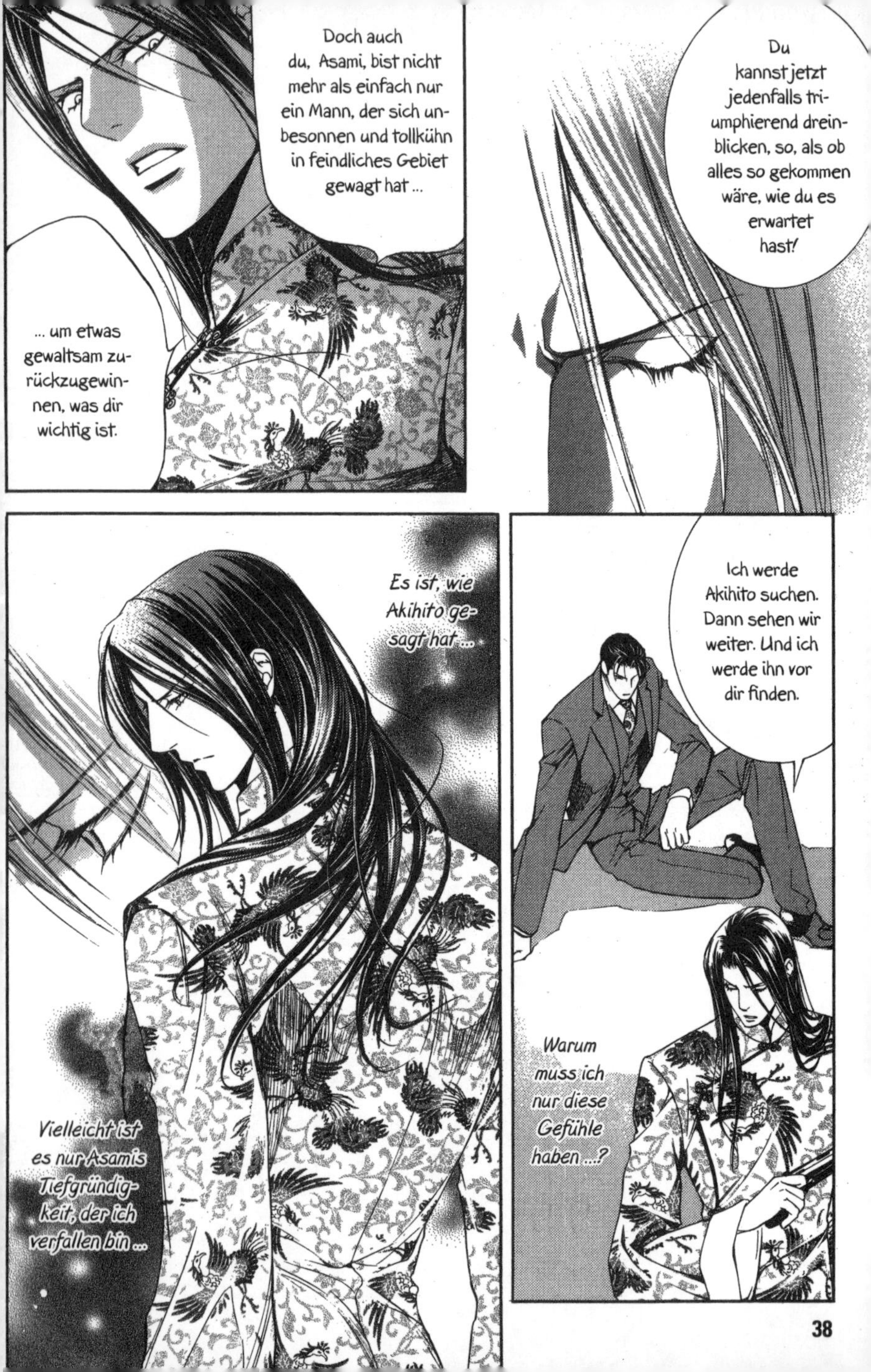

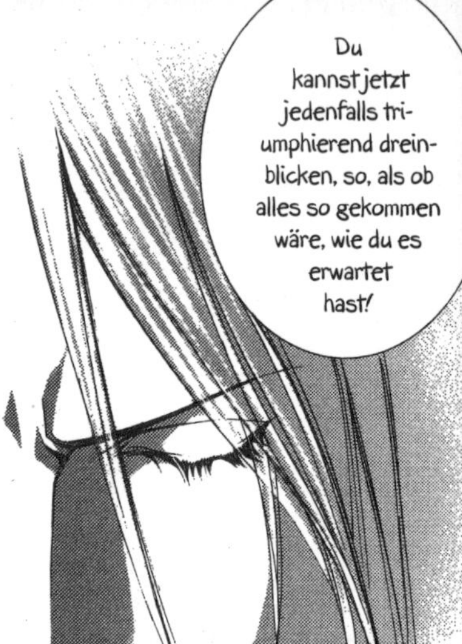

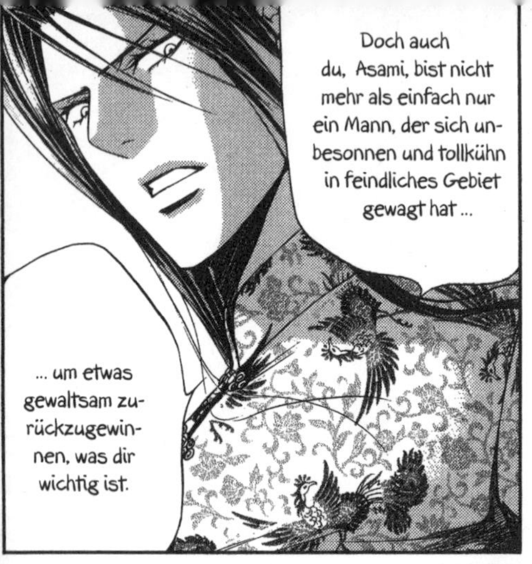

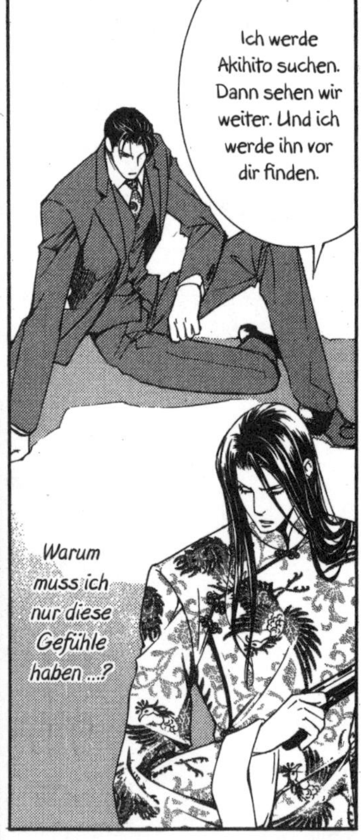

Es ist, wie Akihito gesagt hat ...

Vielleicht ist es nur Asamis Tiefgründigkeit, der ich verfallen bin ...

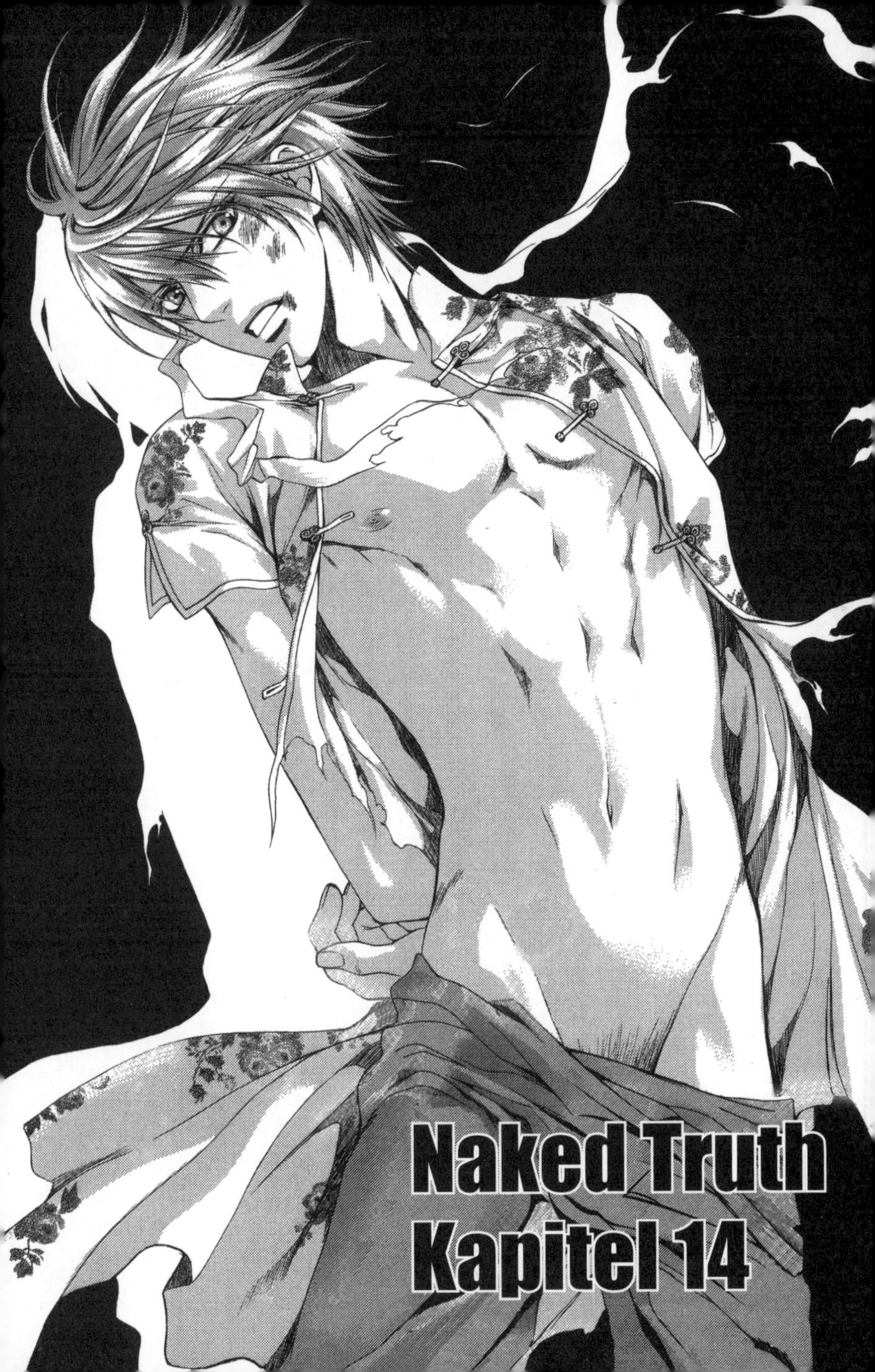
Naked Truth
Kapitel 14

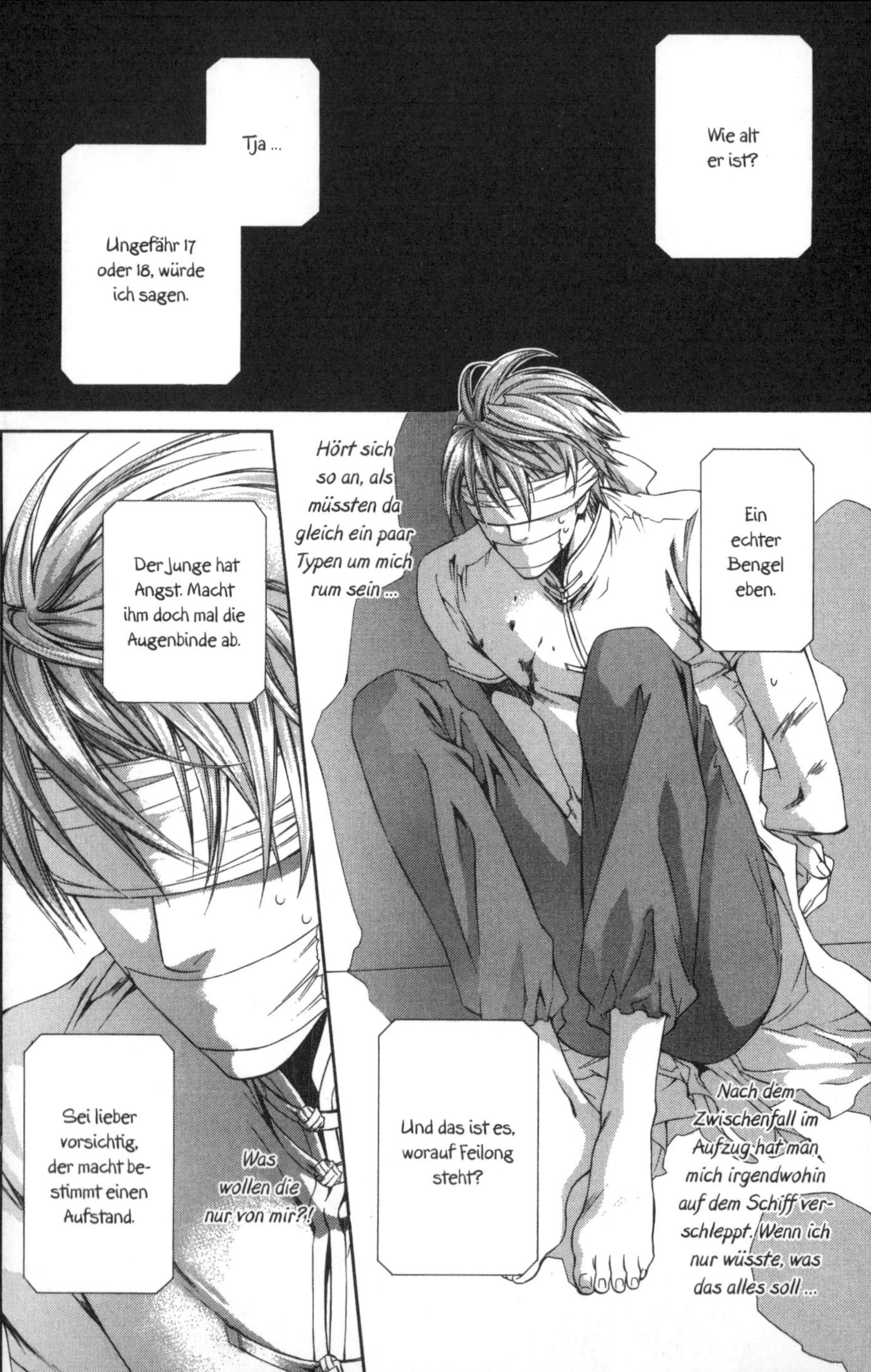
Wie alt er ist?
Tja ...
Ungefähr 17 oder 18, würde ich sagen.
Ein echter Bengel eben.
Hört sich so an, als müssten da gleich ein paar Typen um mich rum sein ...
Nach dem Zwischenfall im Aufzug hat man mich irgendwohin auf dem Schiff verschleppt. Wenn ich nur wüsste, was das alles soll ...
Und das ist es, worauf Feilong steht?
Der Junge hat Angst. Macht ihm doch mal die Augenbinde ab.
Sei lieber vorsichtig, der macht bestimmt einen Aufstand.
Was wollen die nur von mir?!

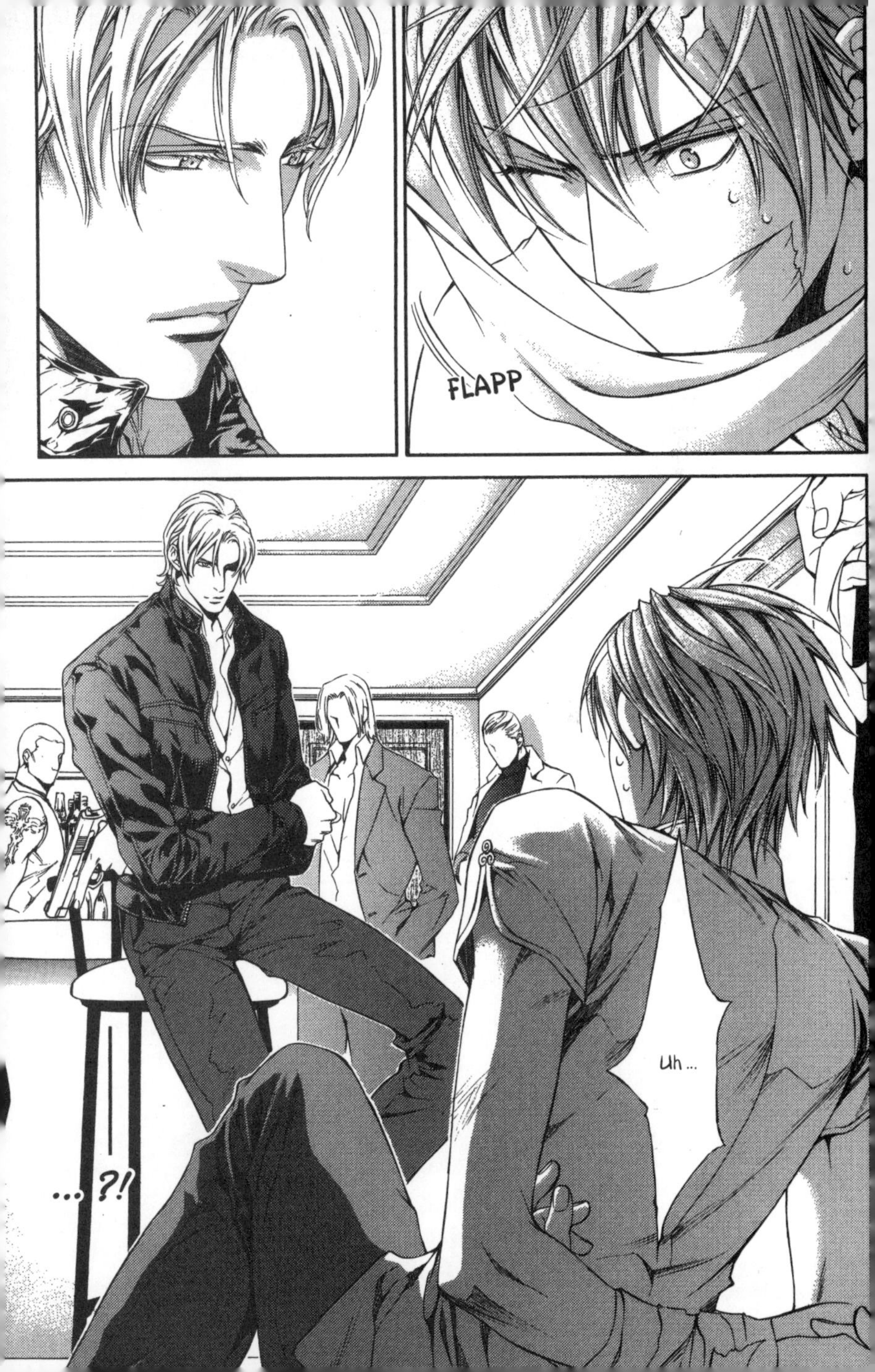

FLAPP

Uh...

... ?!

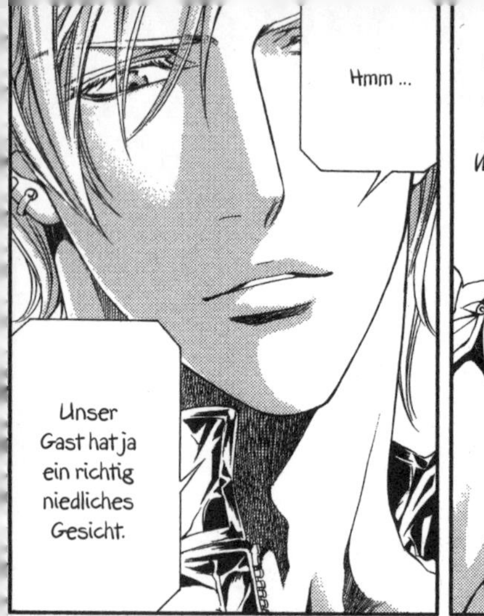
Hmm ...
Unser Gast hat ja ein richtig niedliches Gesicht.

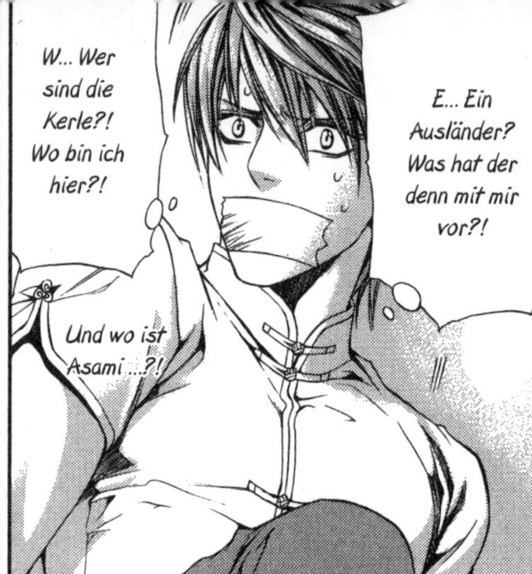
W... Wer sind die Kerle?! Wo bin ich hier?!
E... Ein Ausländer? Was hat der denn mit mir vor?!
Und wo ist Asami ...?!

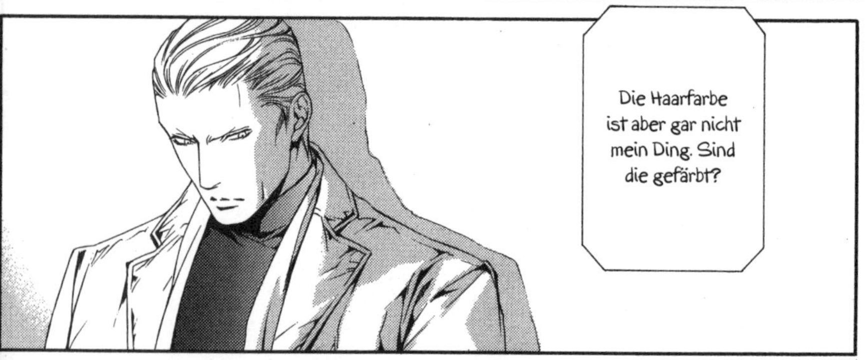
Die Haarfarbe ist aber gar nicht mein Ding. Sind die gefärbt?

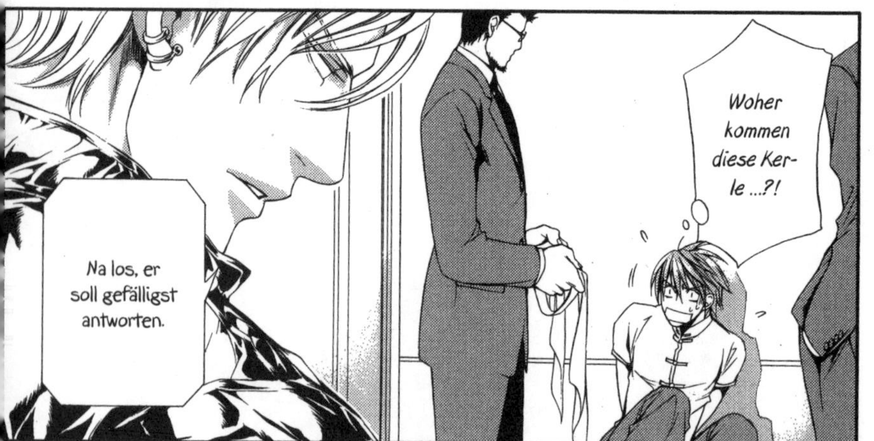
Woher kommen diese Ker-le ...?!
Na los, er soll gefälligst antworten.

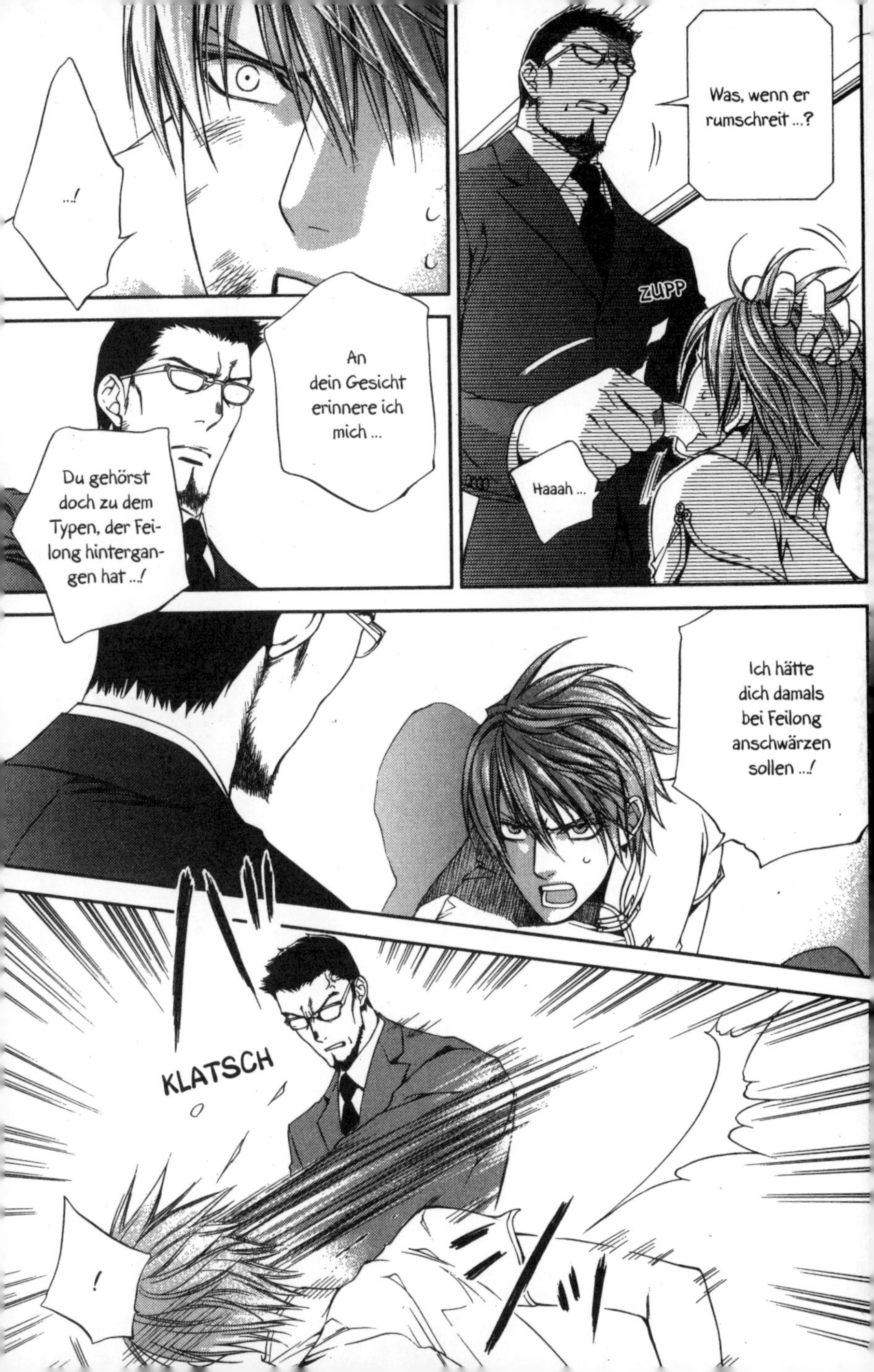
Was, wenn er rumschreit ...?
ZUPP
Haaah ...
...!
An dein Gesicht erinnere ich mich ...
Du gehörst doch zu dem Typen, der Feilong hintergangen hat ...!
Ich hätte dich damals bei Feilong anschwärzen sollen ...!
KLATSCH
!

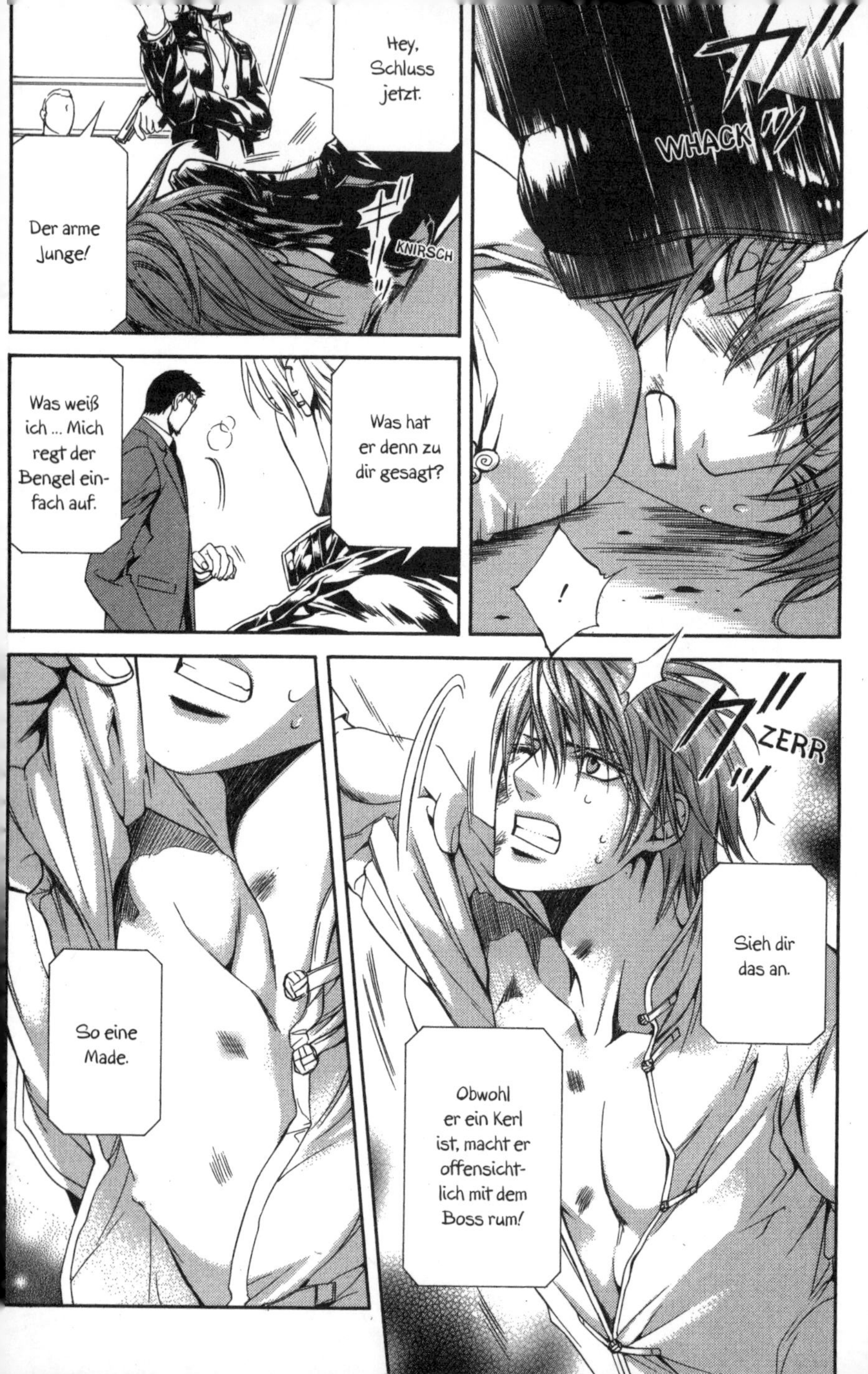
WHACK
!
Hey, Schluss jetzt.
Der arme Junge!
KNIRSCH
Was hat er denn zu dir gesagt?
Was weiß ich ... Mich regt der Bengel einfach auf.
ZERR
Sieh dir das an.
Obwohl er ein Kerl ist, macht er offensichtlich mit dem Boss rum!
So eine Made.

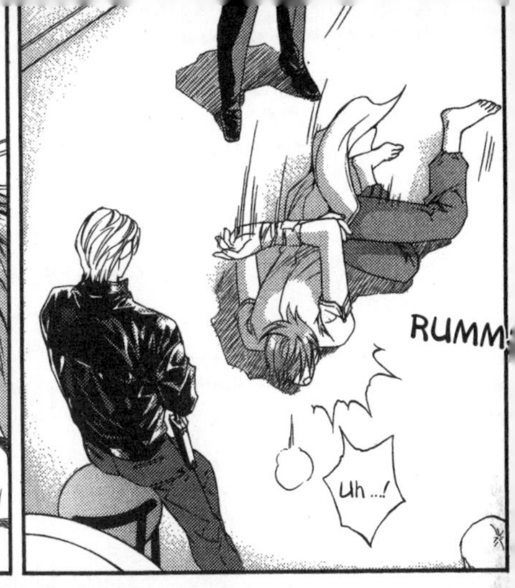
RUMM!
Uh ...!

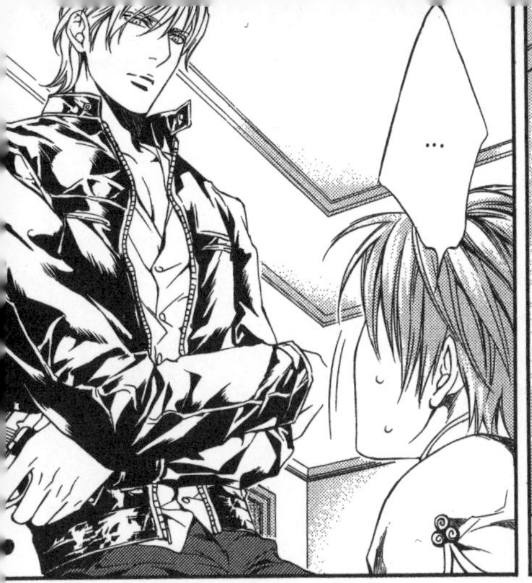
...

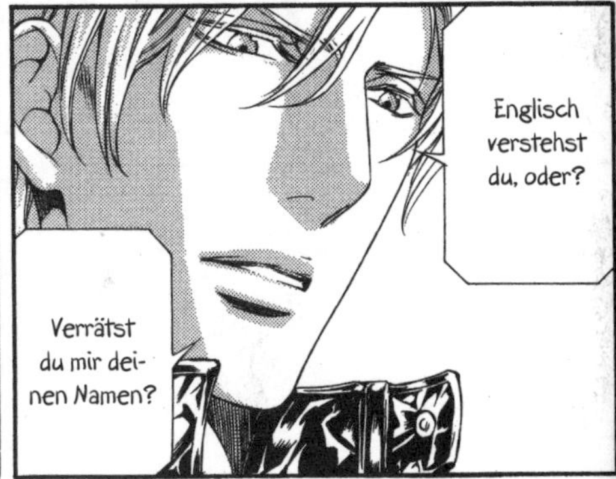
Englisch versteht du, oder?
Verrätst du mir deinen Namen?

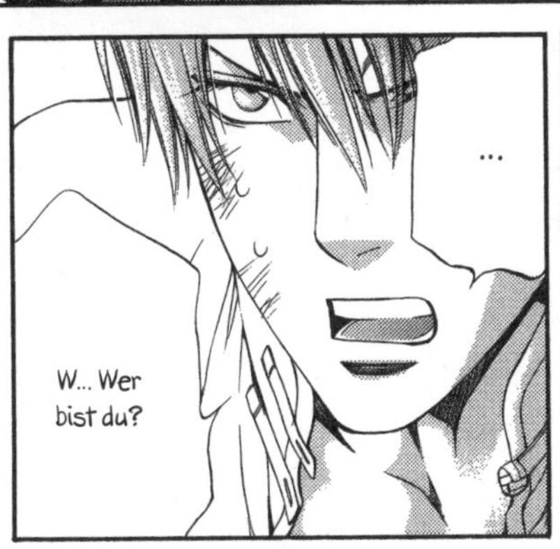
...
W... Wer bist du?

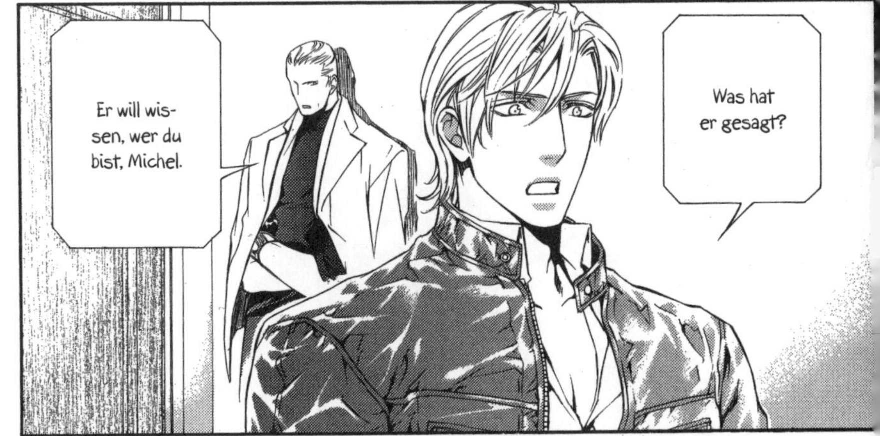
Was hat er gesagt?
Er will wissen, wer du bist, Michel.

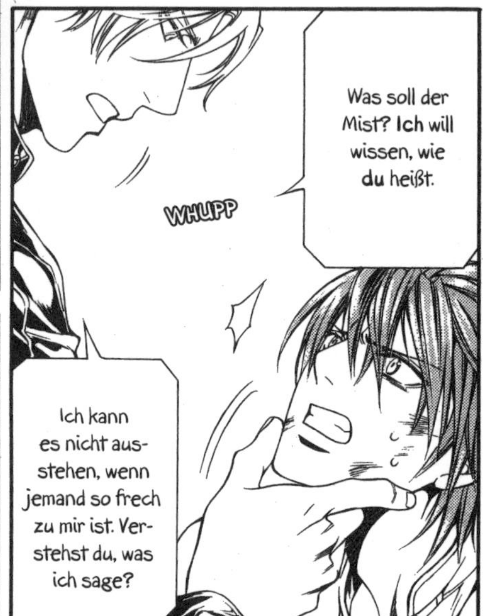
Was soll der Mist? Ich will wissen, wie du heißt.
WHUPP
Ich kann es nicht ausstehen, wenn jemand so frech zu mir ist. Verstehst du, was ich sage?

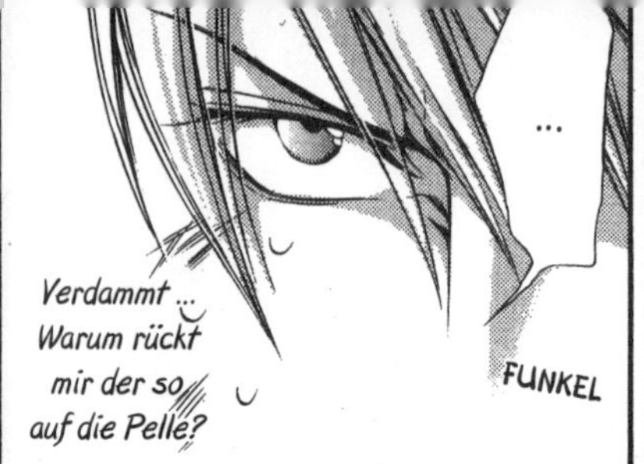
...
FUNKEL
Verdammt ... Warum rückt mir der so auf die Pelle?

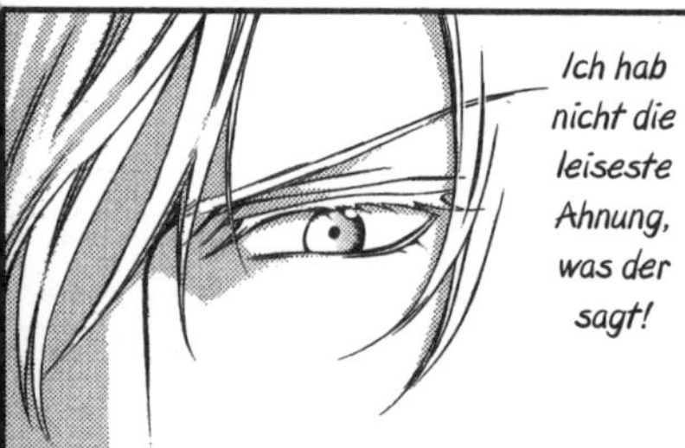
Ich hab nicht die leiseste Ahnung, was der sagt!

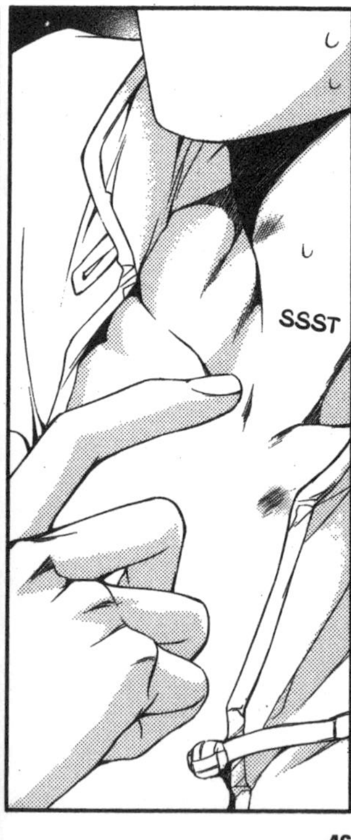
SSST

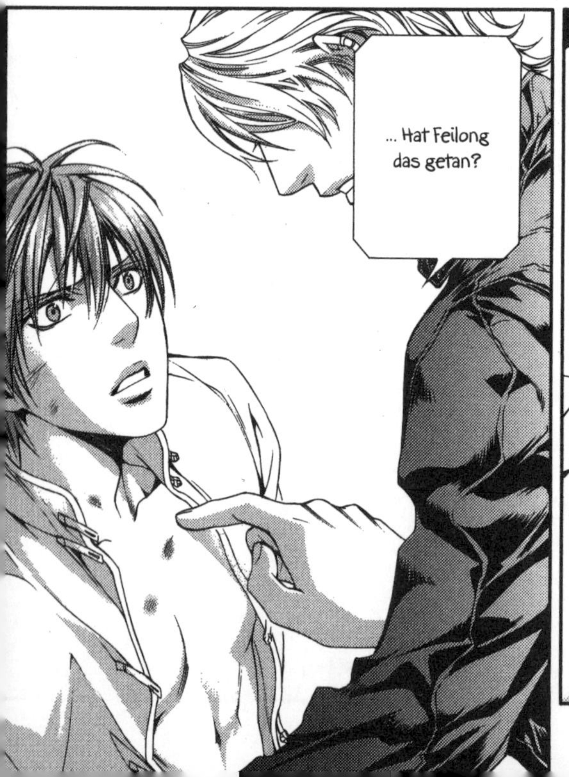
... Hat Feilong das getan?

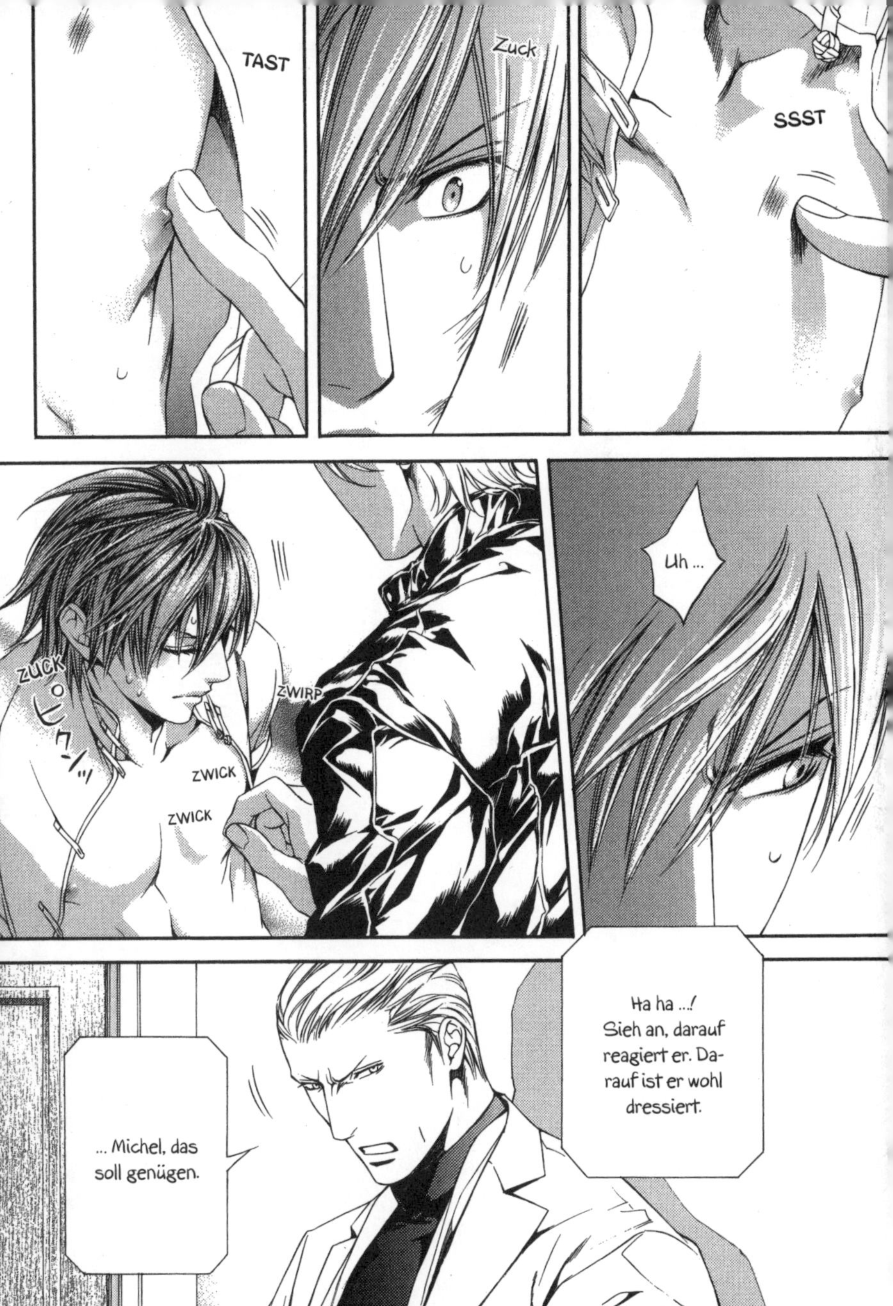
SSST
Zuck
TAST
Uh ...
ZWIRP
ZWICK
ZWICK
ZUCK
Ha ha ...! Sieh an, darauf reagiert er. Darauf ist er wohl dressiert.
... Michel, das soll genügen.

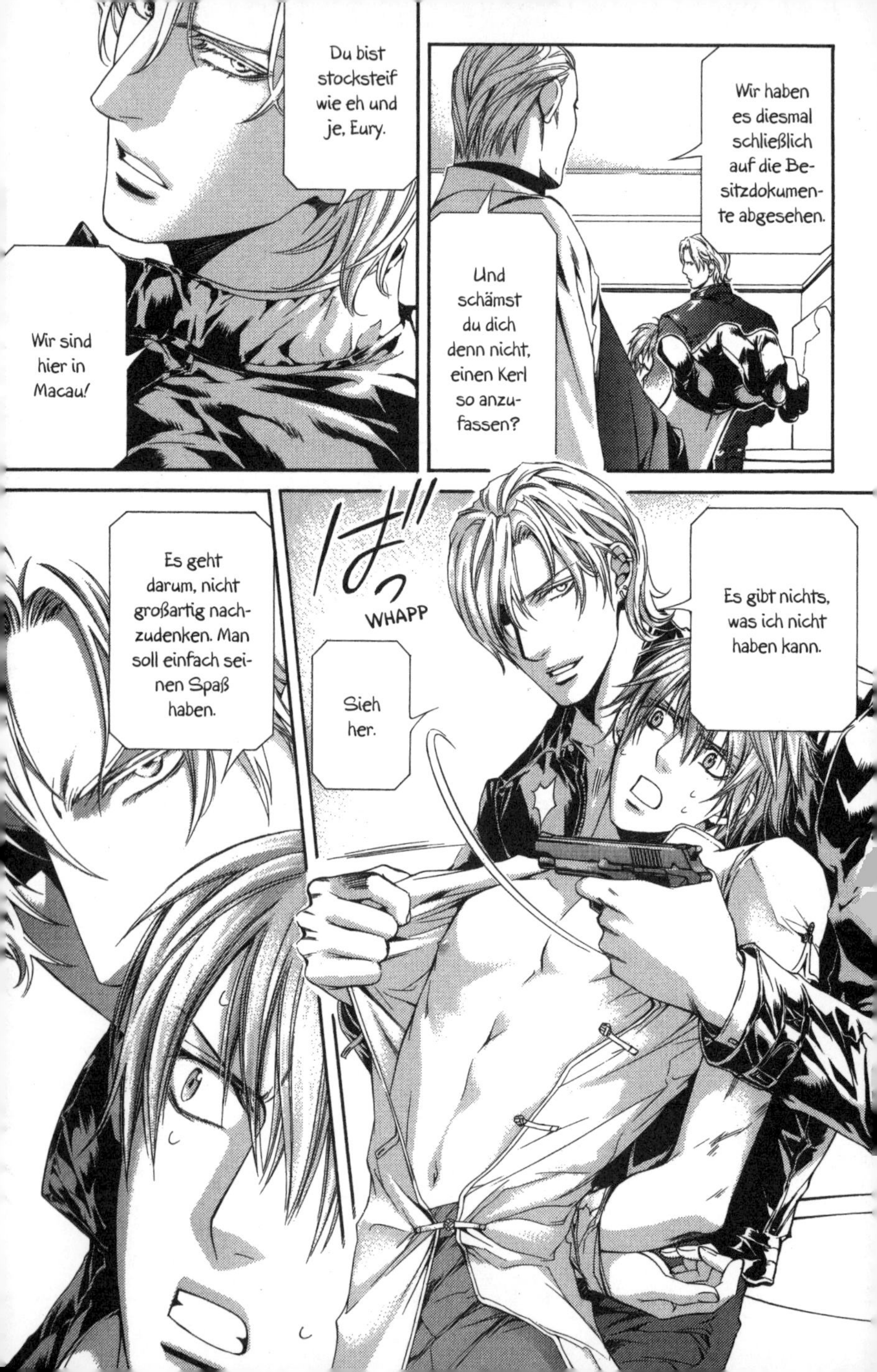
Wir haben es diesmal schließlich auf die Besitzdokumente abgesehen.
Und schämst du dich denn nicht, einen Kerl so anzufassen?
Du bist stocksteif wie eh und je, Eury.
Wir sind hier in Macau!
Es gibt nichts, was ich nicht haben kann.
WHAPP
Sieh her.
Es geht darum, nicht großartig nachzudenken. Man soll einfach seinen Spaß haben.

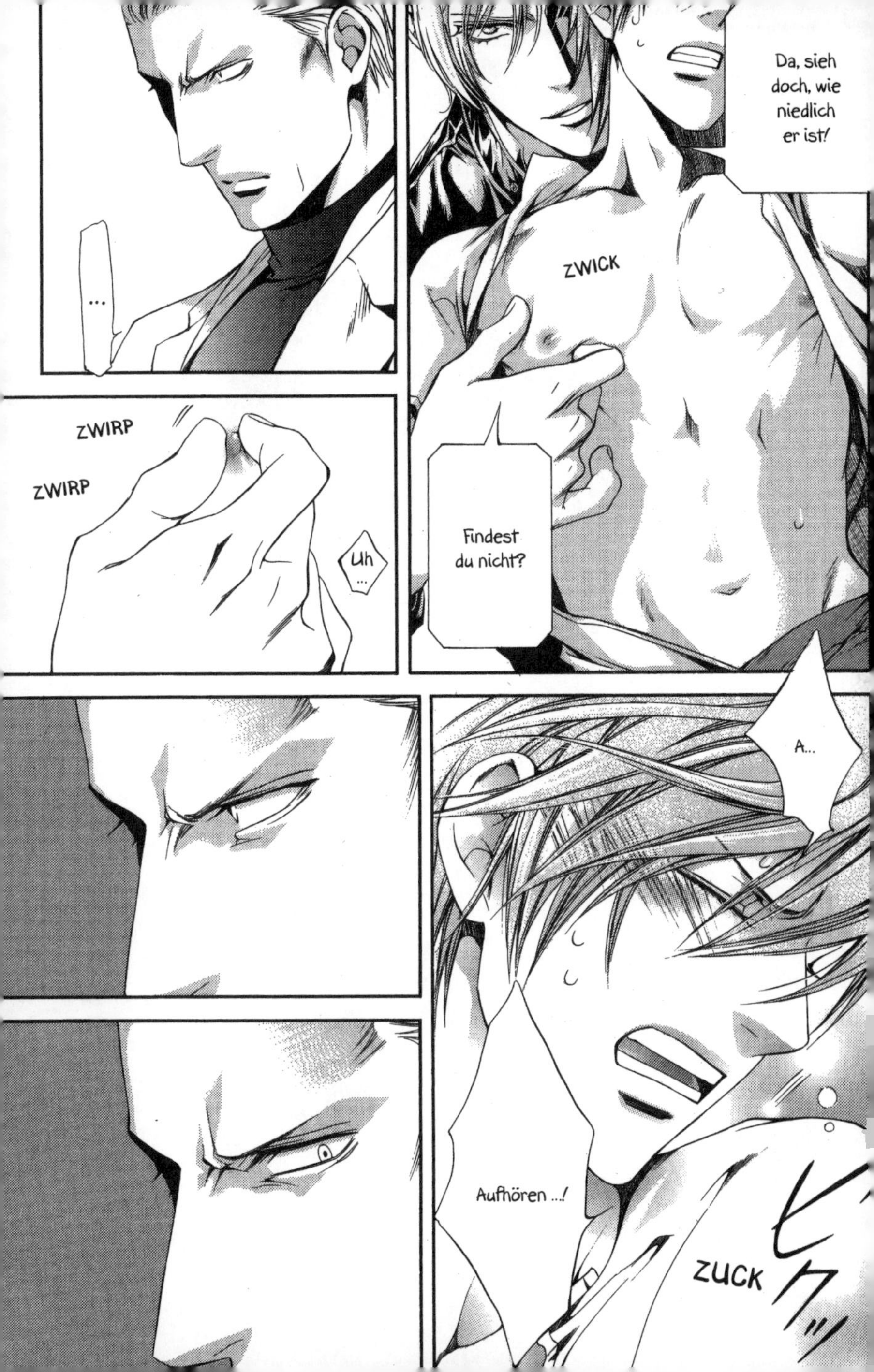
Da, sieh doch, wie niedlich er ist!
ZWICK
Findest du nicht?
...
ZWIRP
ZWIRP
Uh ...
A...
Aufhören ...!
ZUCK

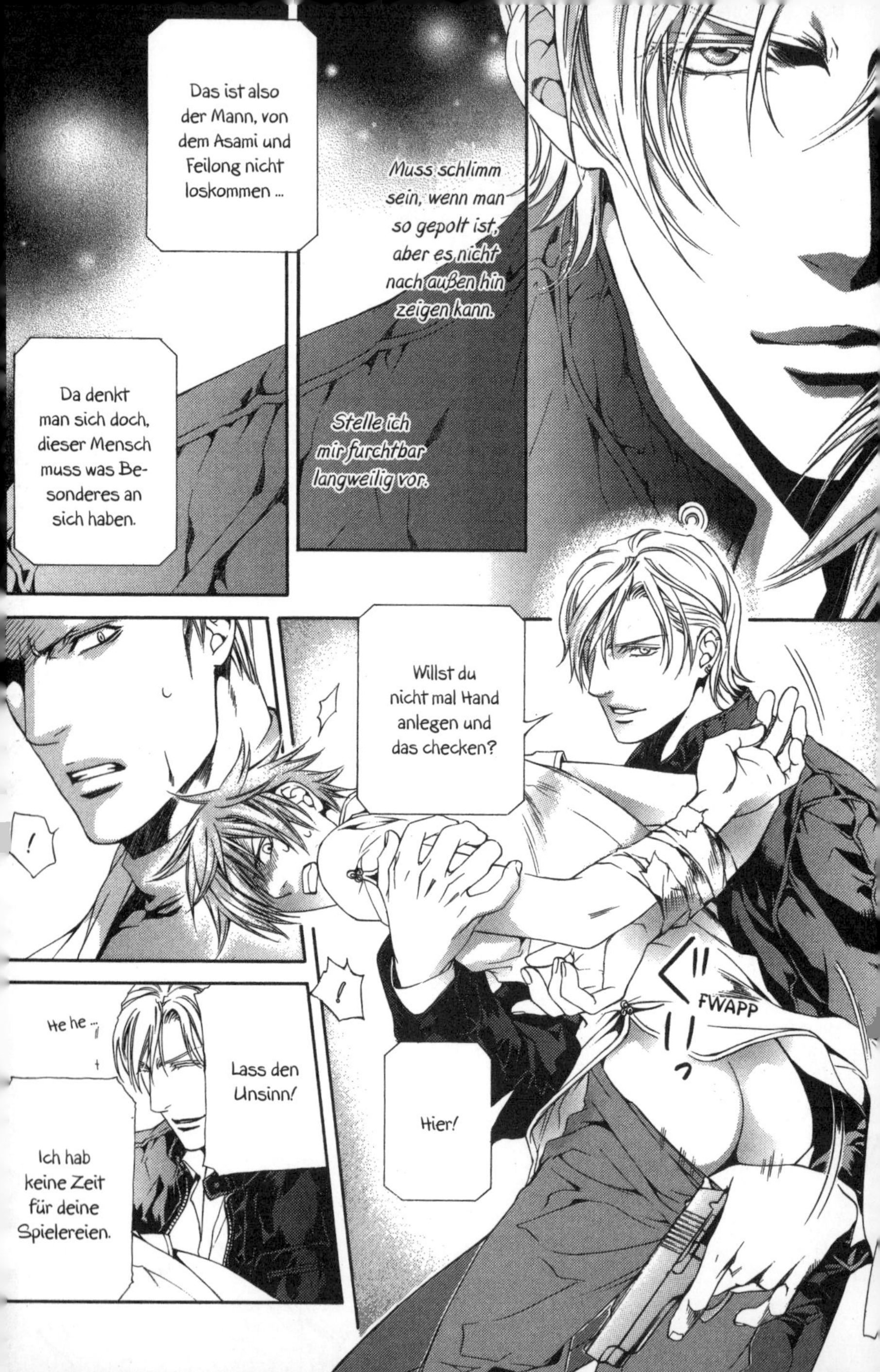

Das ist also der Mann, von dem Asami und Feilong nicht loskommen ...
Da denkt man sich doch, dieser Mensch muss was Besonderes an sich haben.
Muss schlimm sein, wenn man so gepolt ist, aber es nicht nach außen hin zeigen kann.
Stelle ich mir furchtbar langweilig vor.
Willst du nicht mal Hand anlegen und das checken?
!
!
FWAPP
Hier!
Lass den Unsinn!
Ich hab keine Zeit für deine Spielereien.
He he ...

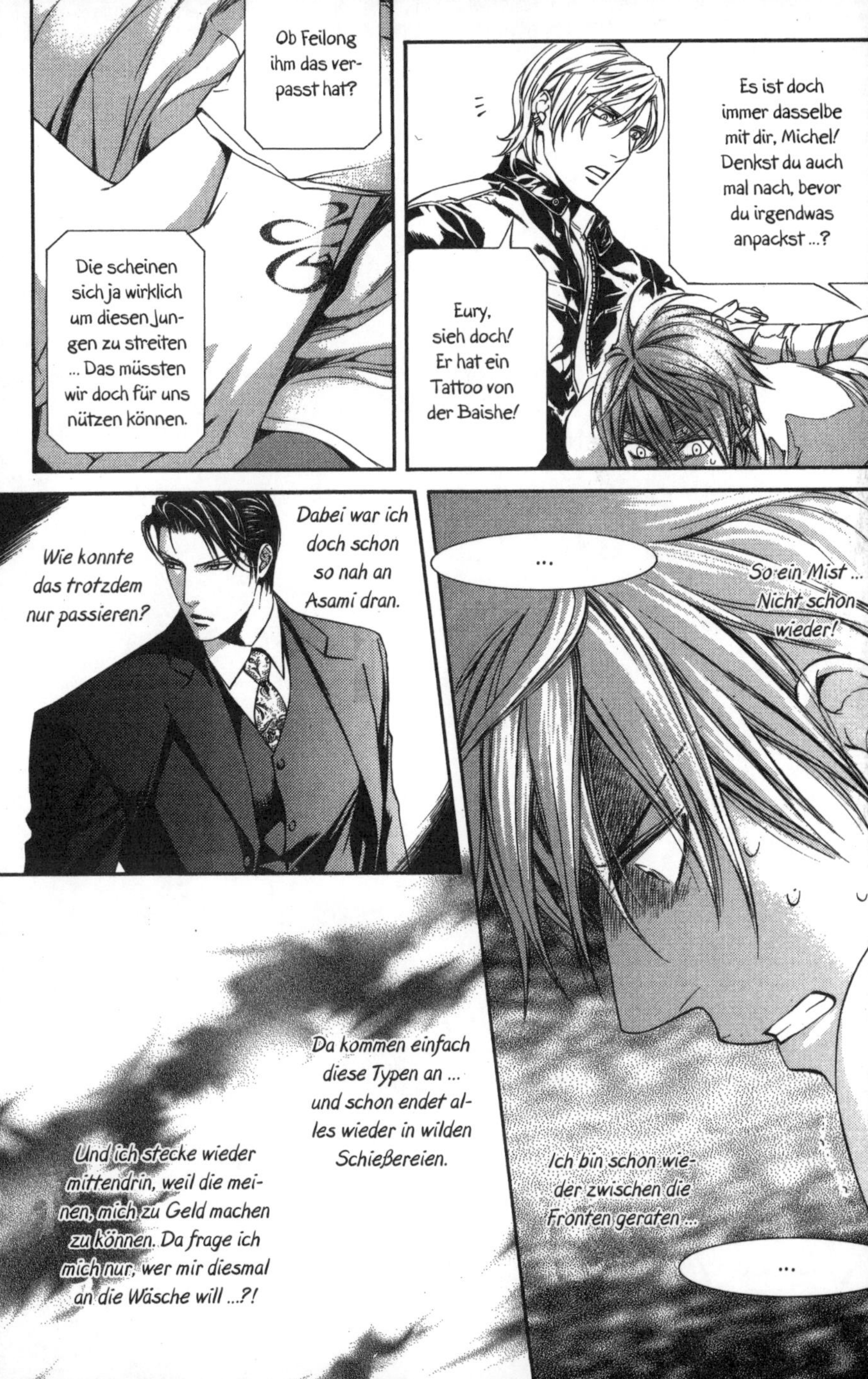

Es ist doch immer dasselbe mit dir, Michel! Denkst du auch mal nach, bevor du irgendwas anpackst ...?
Eury, sieh doch! Er hat ein Tattoo von der Baishe!
Ob Feilong ihm das verpasst hat?
Die scheinen sich ja wirklich um diesen Jungen zu streiten ... Das müssten wir doch für uns nützen können.
...
So ein Mist ... Nicht schon wieder!
Dabei war ich doch schon so nah an Asami dran.
Wie konnte das trotzdem nur passieren?
...
Ich bin schon wieder zwischen die Fronten geraten ...
Da kommen einfach diese Typen an ... und schon endet alles wieder in wilden Schießereien.
Und ich stecke wieder mittendrin, weil die meinen, mich zu Geld machen zu können. Da frage ich mich nur, wer mir diesmal an die Wäsche will ...?!

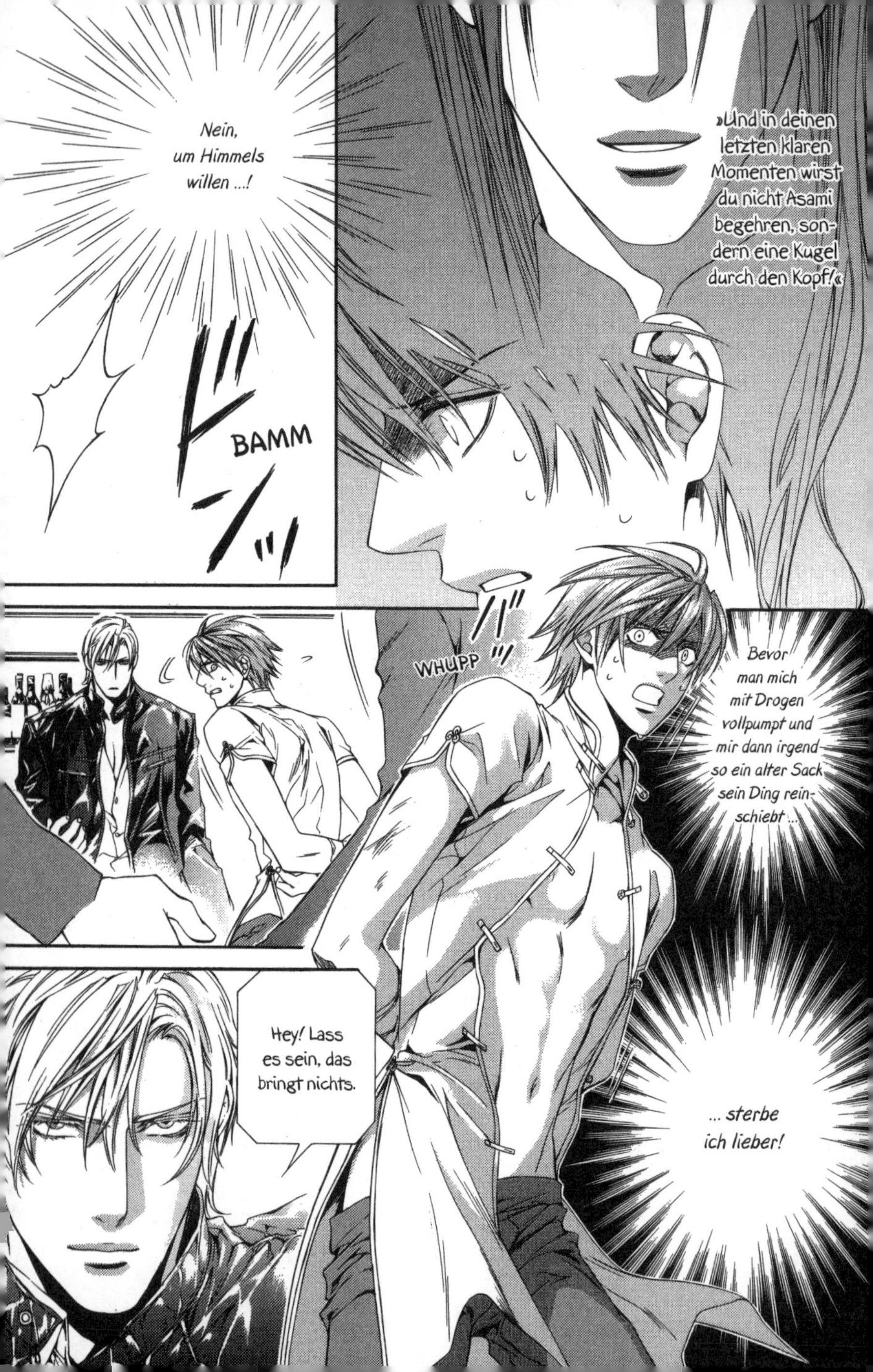
»Und in deinen letzten klaren Momenten wirst du nicht Asami begehren, sondern eine Kugel durch den Kopf!«
Nein, um Himmels willen ...!
BAMM
WHUPP
Bevor man mich mit Drogen vollpumpt und mir dann irgend so ein alter Sack sein Ding reinschiebt ...
... sterbe ich lieber!
Hey! Lass es sein, das bringt nichts.

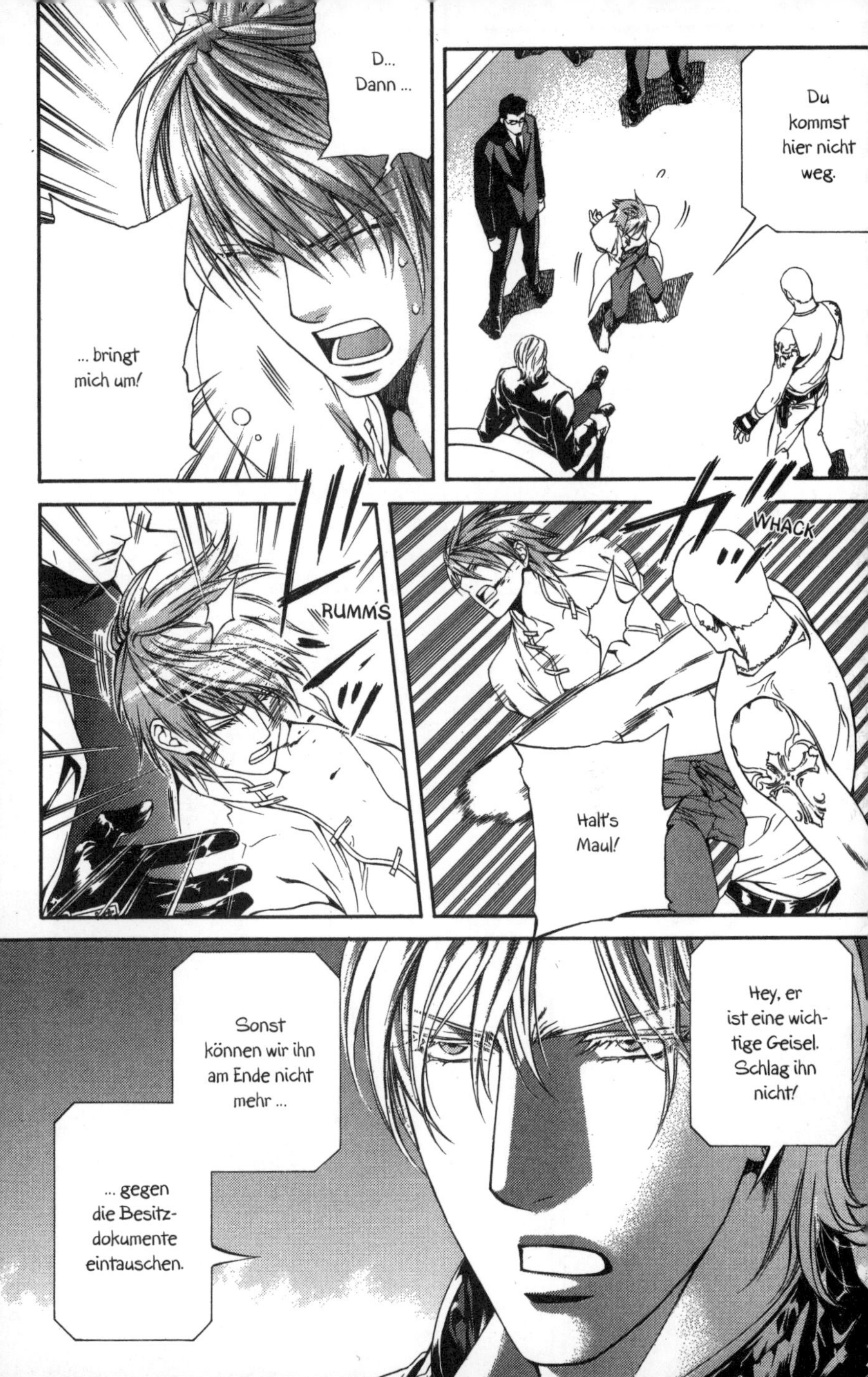
Du kommst hier nicht weg.
D... Dann ...
... bringt mich um!
WHACK
Halt's Maul!
RUMMS
Hey, er ist eine wichtige Geisel. Schlag ihn nicht!
Sonst können wir ihn am Ende nicht mehr ...
... gegen die Besitzdokumente eintauschen.

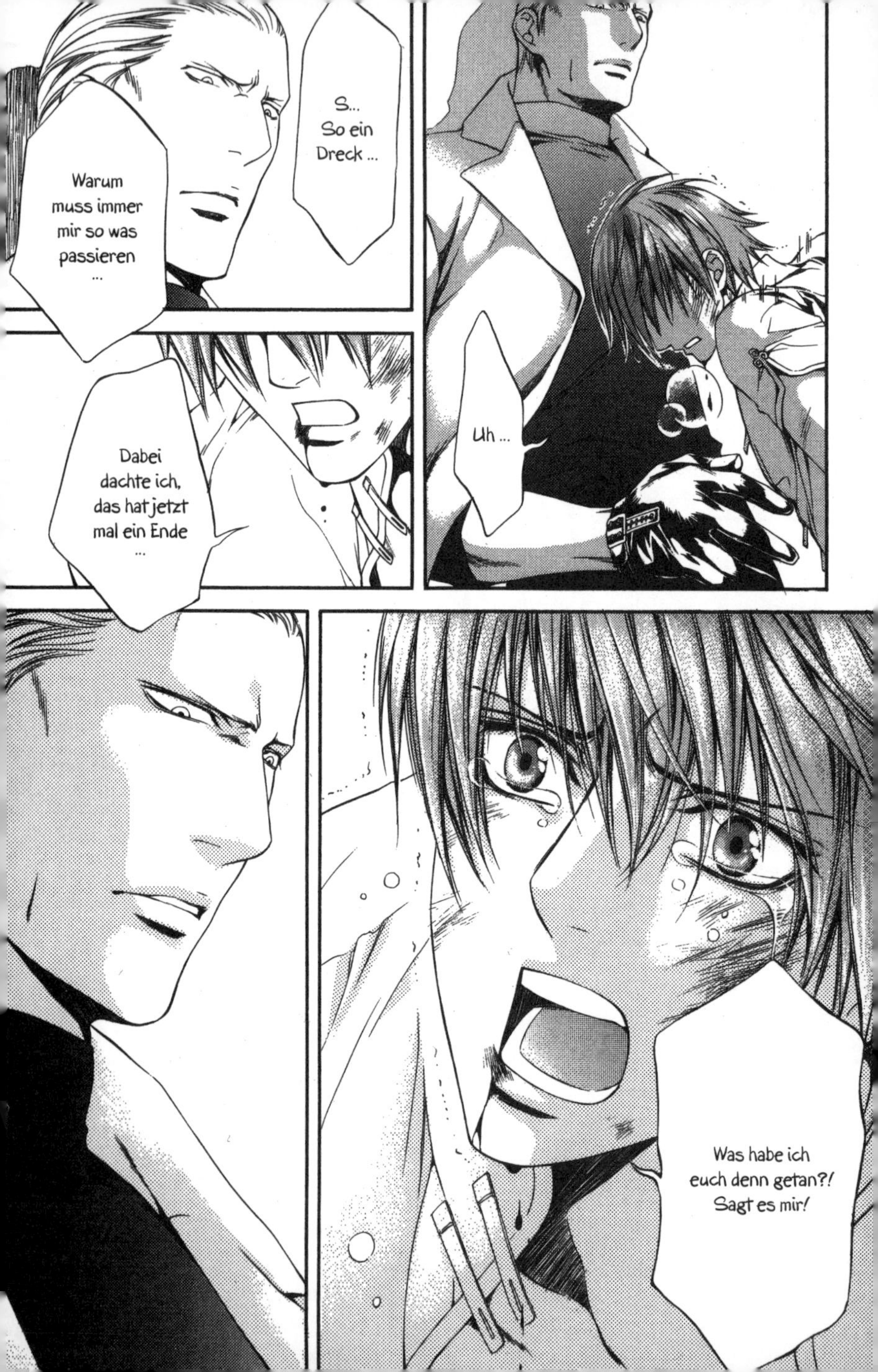
Uh ...
S...
So ein Dreck ...
Warum muss immer mir so was passieren ...
Dabei dachte ich, das hat jetzt mal ein Ende ...
Was habe ich euch denn getan?! Sagt es mir!

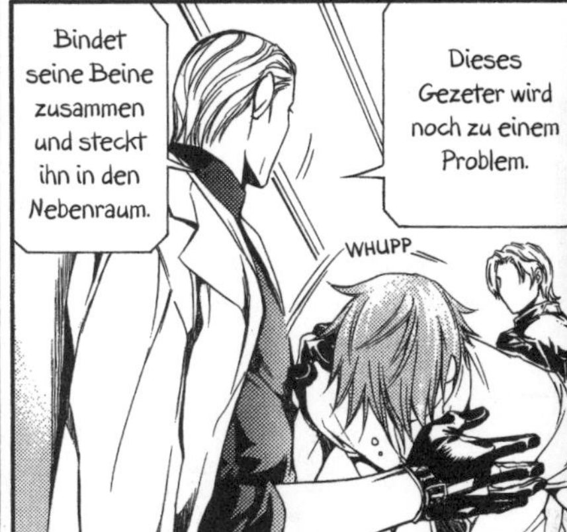
Dieses Gezeter wird noch zu einem Problem.
Bindet seine Beine zusammen und steckt ihn in den Nebenraum.
WHUPP

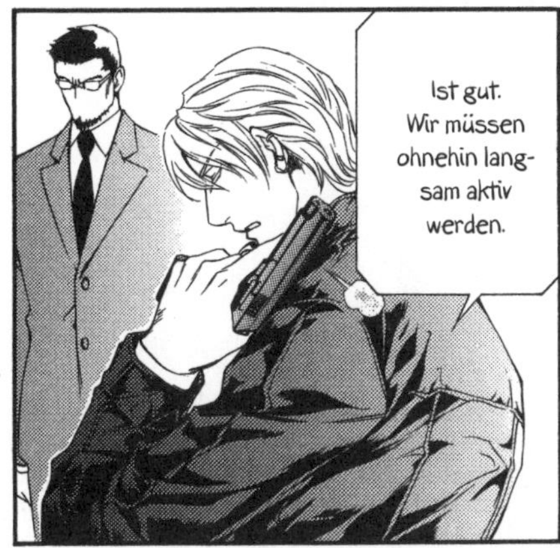
Ist gut. Wir müssen ohnehin langsam aktiv werden.

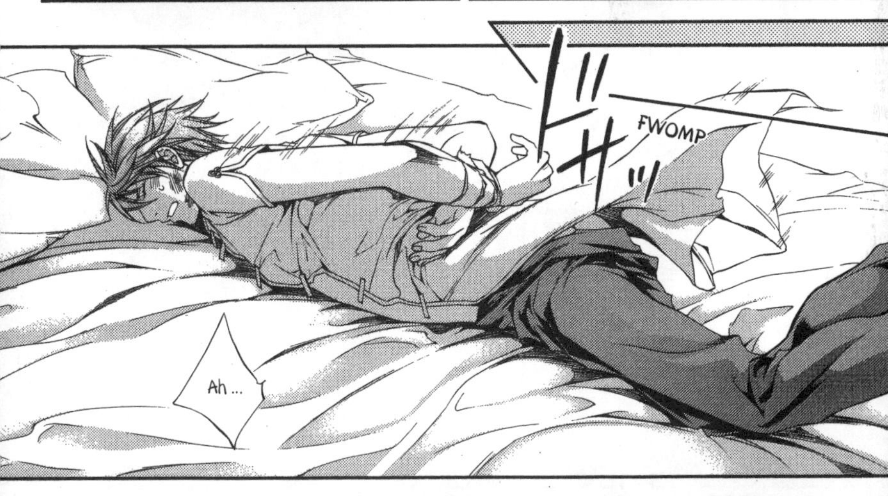
ドサッ
FWOMP
Ah ...

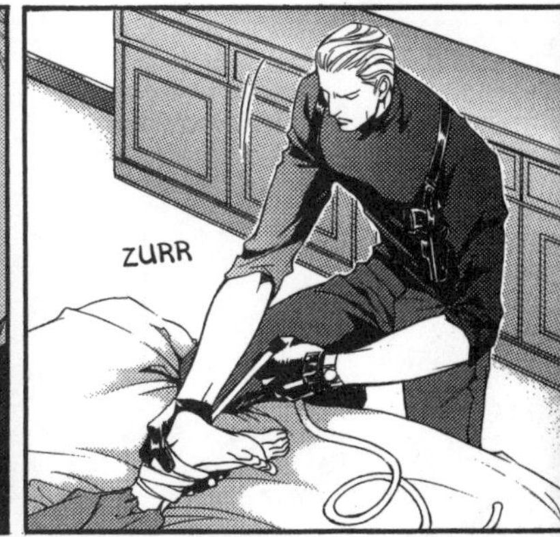
ZURR

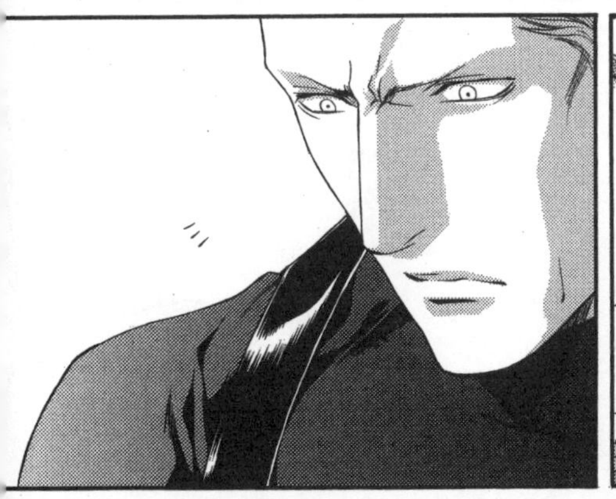

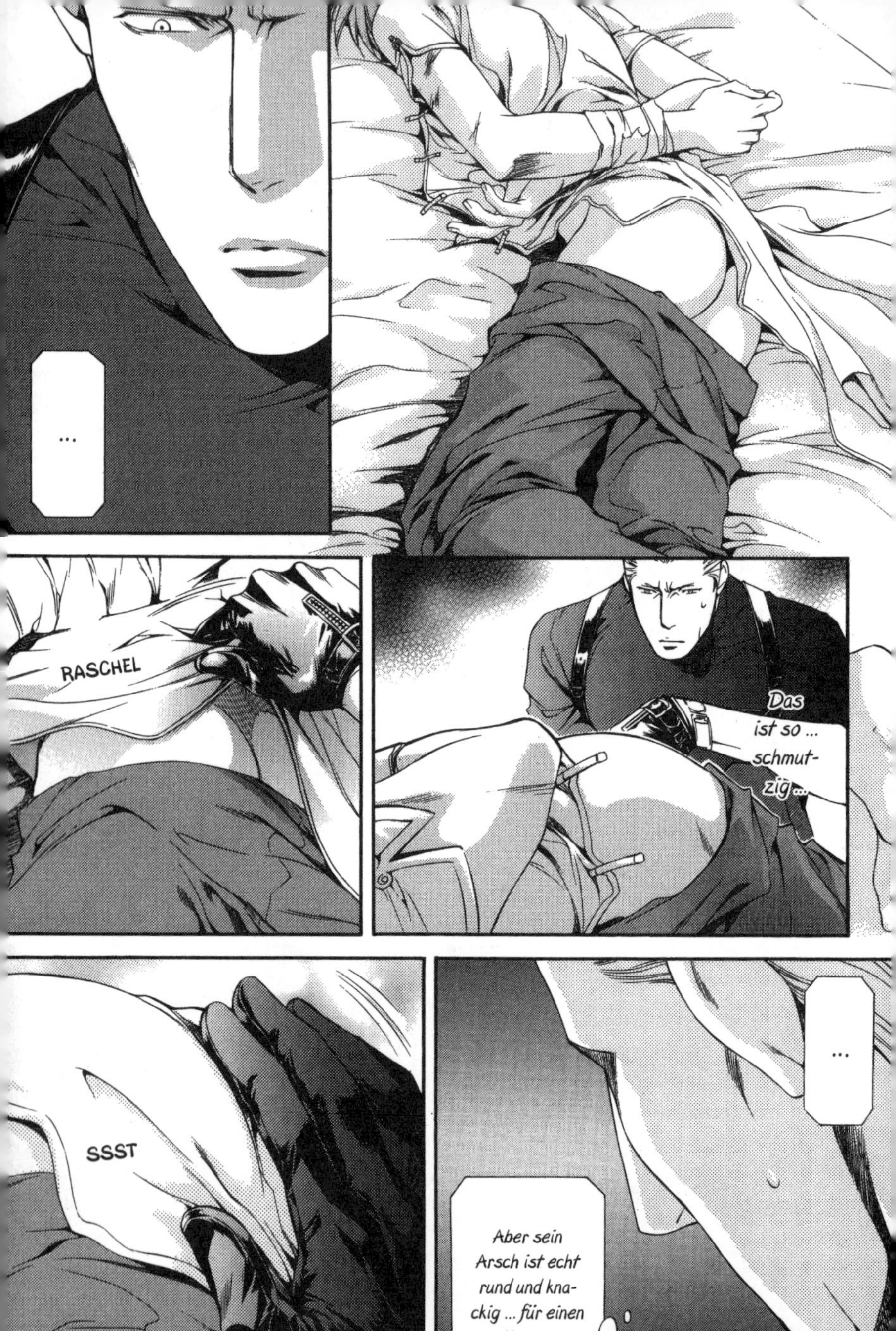
...
RASCHEL
Das ist so ... schmutzig ...
SSST
...
Aber sein Arsch ist echt rund und knackig ... für einen Mann ...

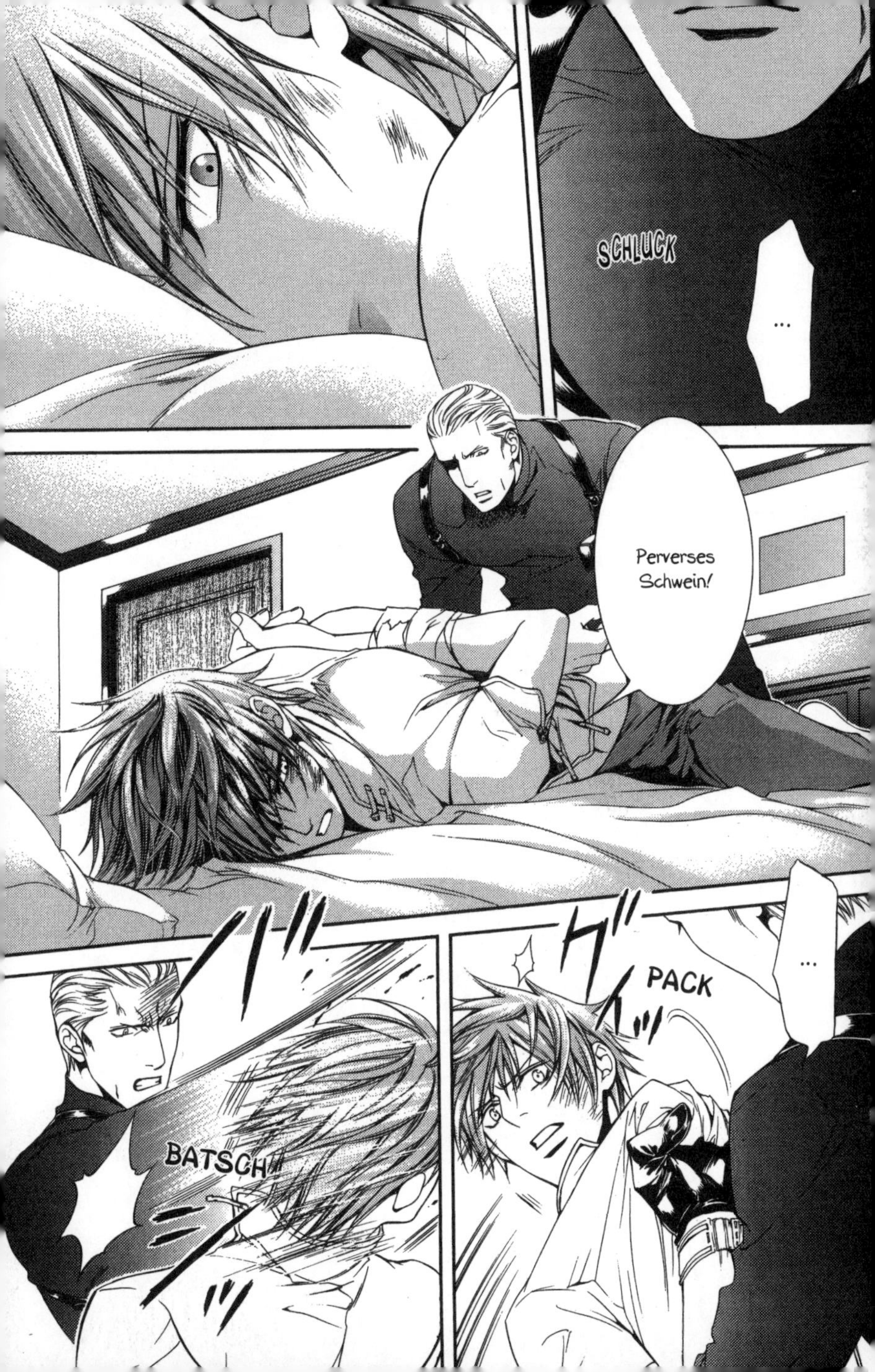
SCHLUCK
...
Perverses Schwein!
...
PACK
BATSCH

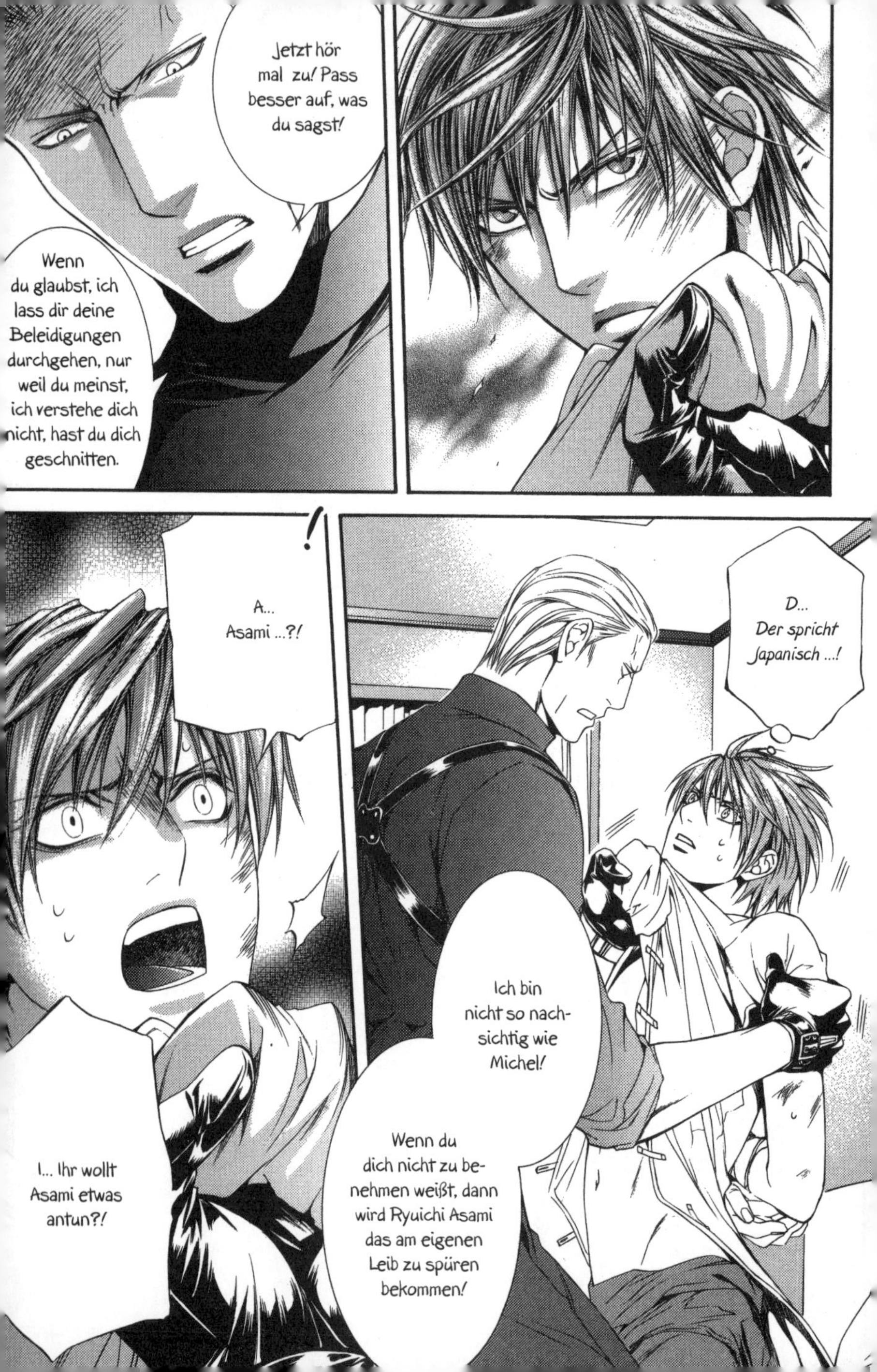

Jetzt hör mal zu! Pass besser auf, was du sagst!

Wenn du glaubst, ich lass dir deine Beleidigungen durchgehen, nur weil du meinst, ich verstehe dich nicht, hast du dich geschnitten.

D... Der spricht Japanisch ...!

Ich bin nicht so nachsichtig wie Michel!

Wenn du dich nicht zu benehmen weißt, dann wird Ryuichi Asami das am eigenen Leib zu spüren bekommen!

!

A... Asami ...?!

I... Ihr wollt Asami etwas antun?!

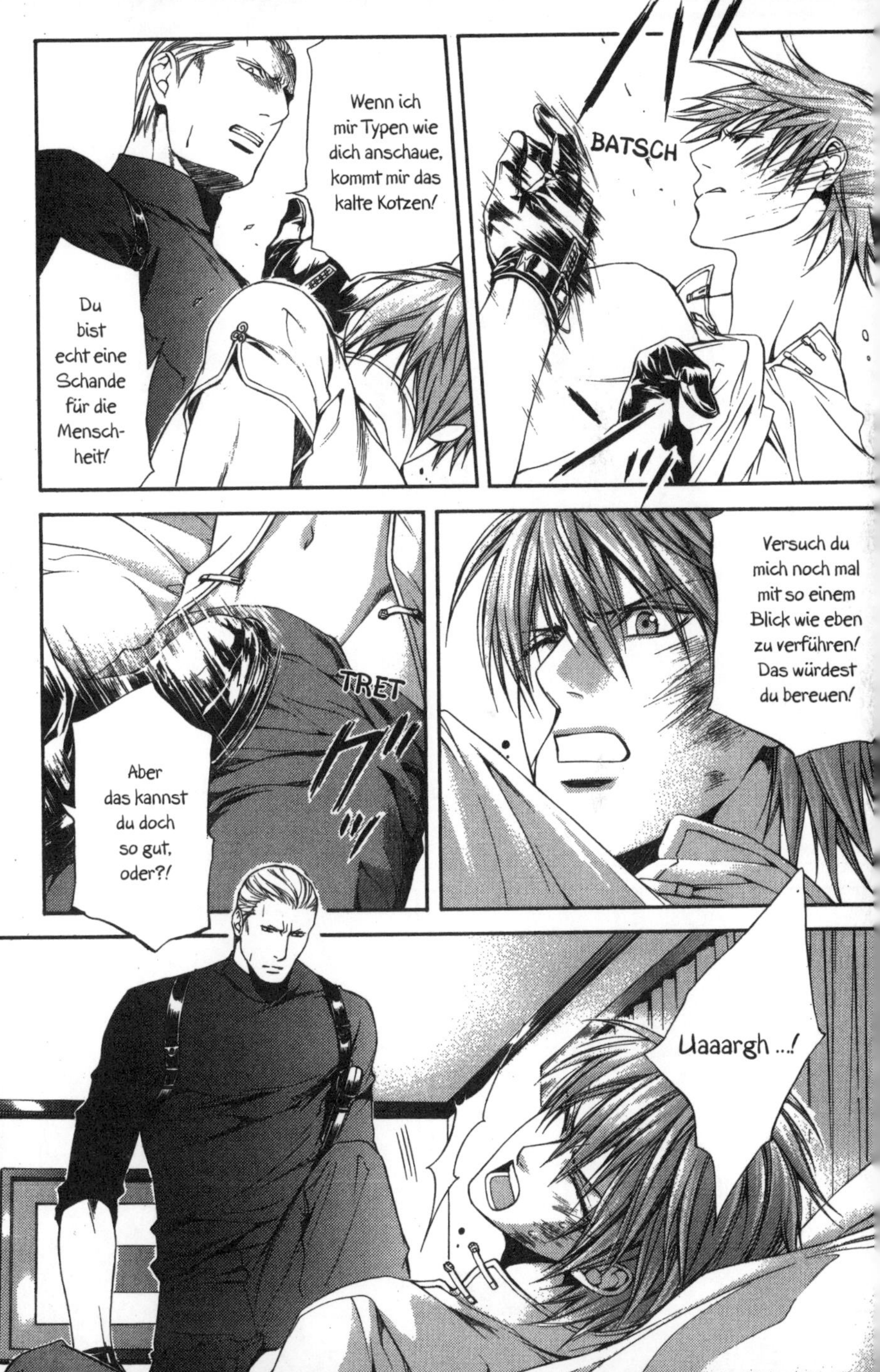
BATSCH
Wenn ich mir Typen wie dich anschaue, kommt mir das kalte Kotzen!
Du bist echt eine Schande für die Mensch-heit!
Versuch du mich noch mal mit so einem Blick wie eben zu verführen! Das würdest du bereuen!
TRET
Aber das kannst du doch so gut, oder?!
Uaaargh ...!

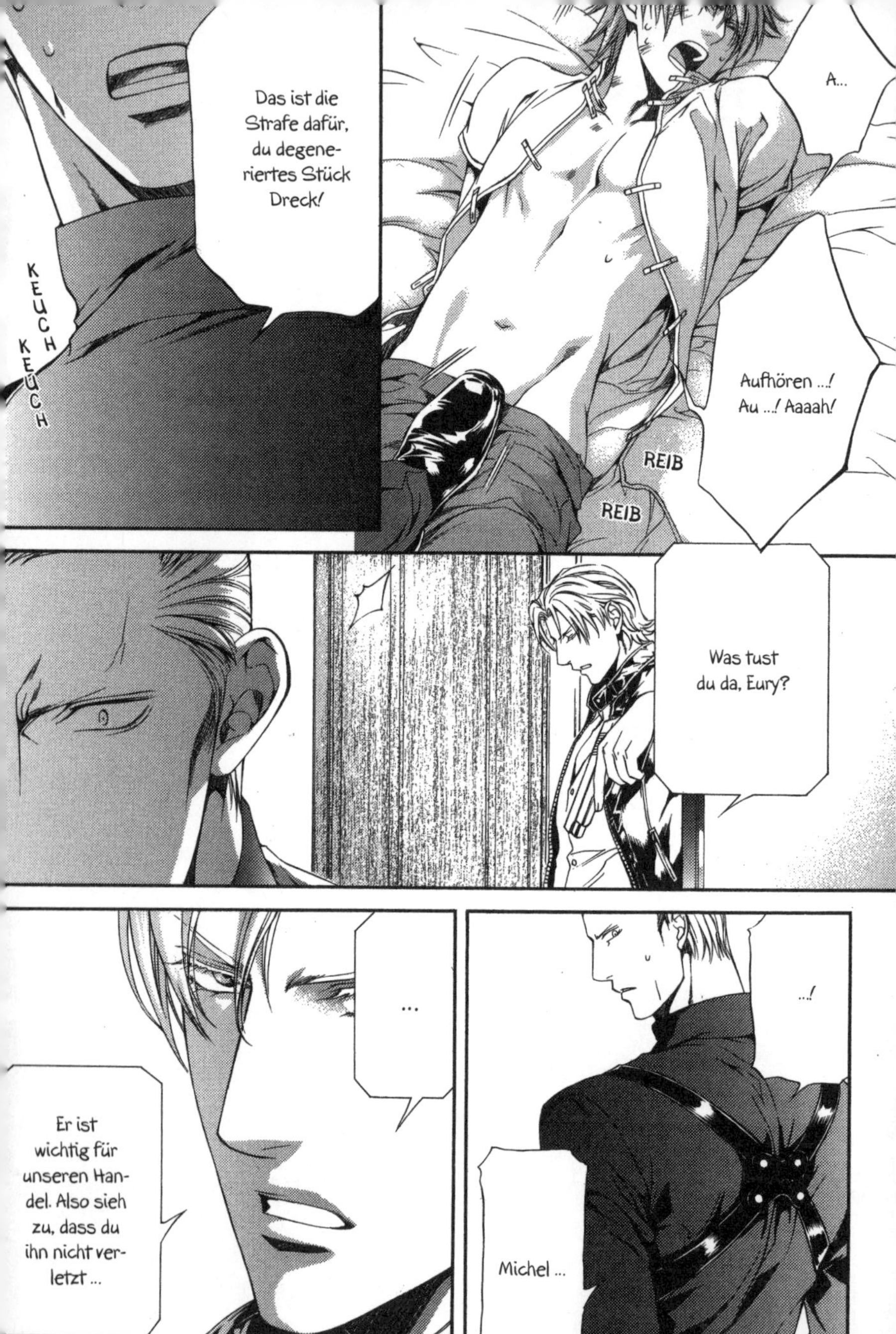
A...
Aufhören ...! Au ...! Aaaah!
REIB
REIB
Das ist die Strafe dafür, du degeneriertes Stück Dreck!
KEUCH
KEUCH
Was tust du da, Eury?
...!
Michel ...
...
Er ist wichtig für unseren Handel. Also sieh zu, dass du ihn nicht verletzt ...

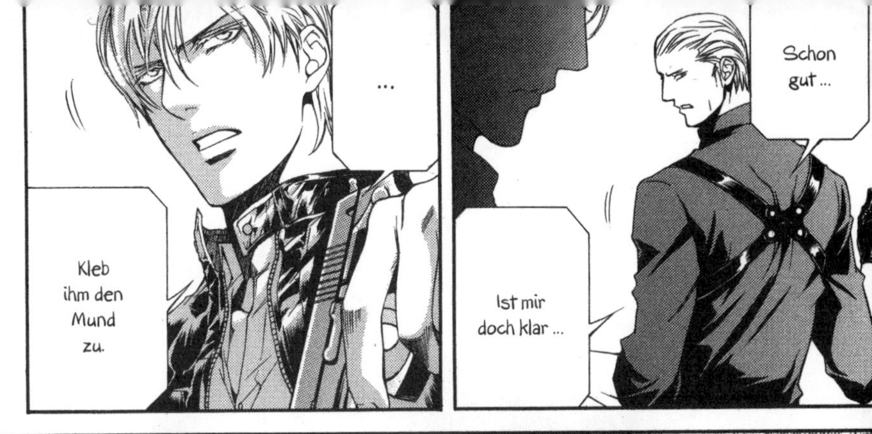
Schon gut ...
Ist mir doch klar ...
...
Kleb ihm den Mund zu.

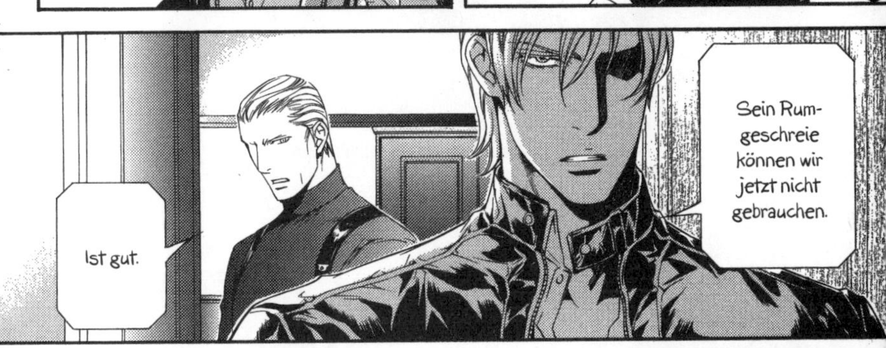
Sein Rumgeschreie können wir jetzt nicht gebrauchen.
Ist gut.

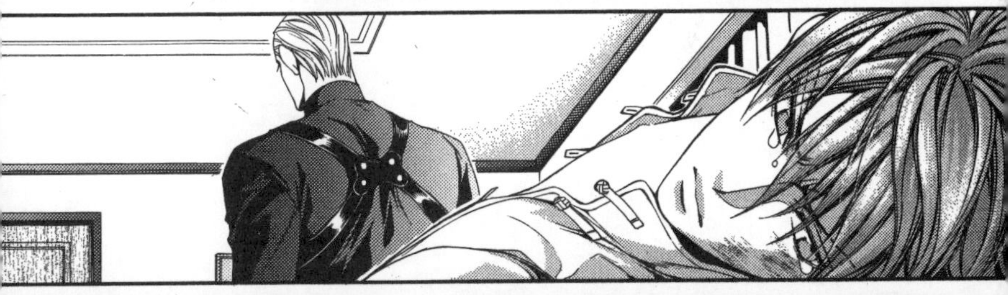

PLÄTSCHER

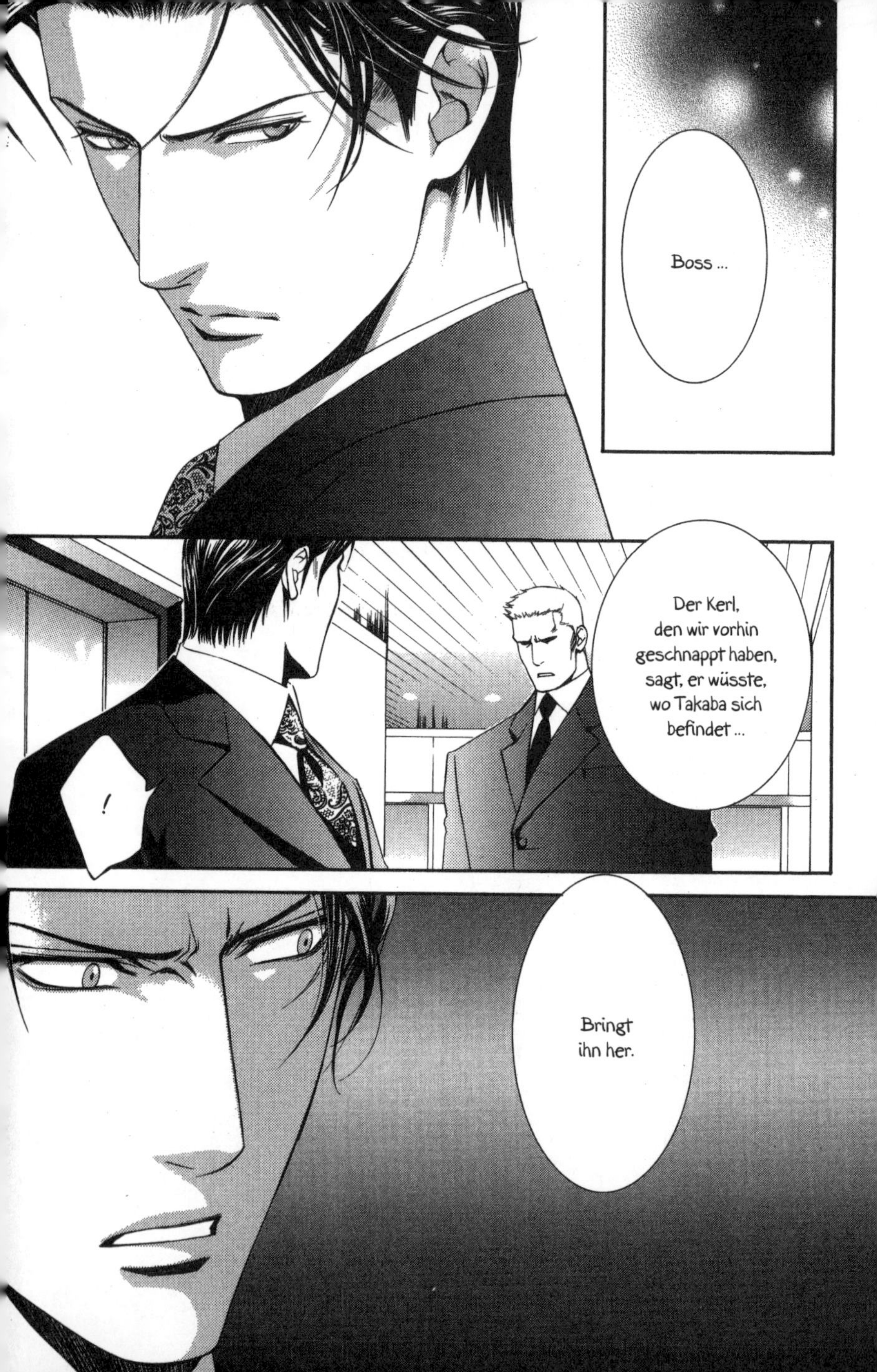
Boss ...
Der Kerl, den wir vorhin geschnappt haben, sagt, er wüsste, wo Takaba sich befindet ...
!
Bringt ihn her.

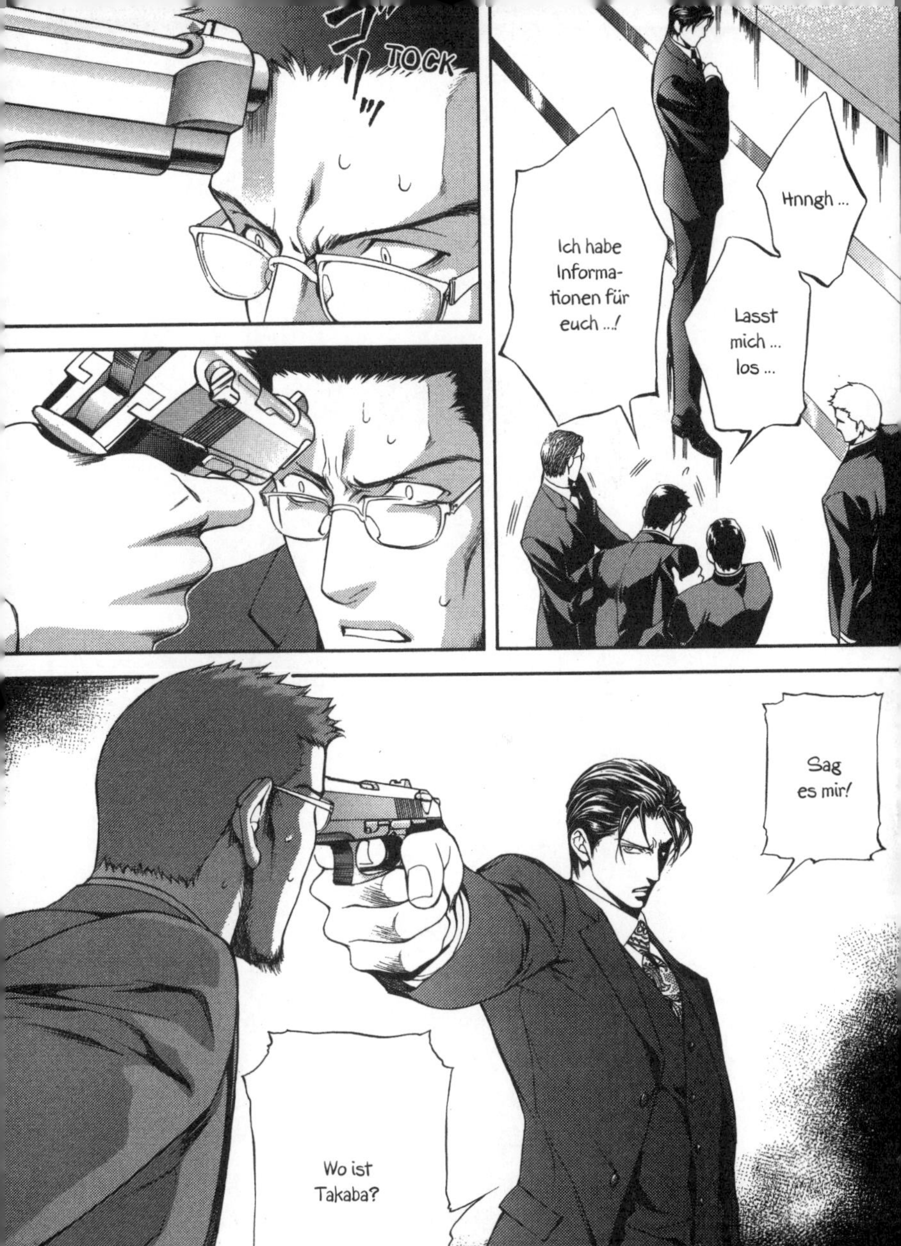
Hnngh ...
Ich habe Informationen für euch ...!
Lasst mich ... los ...
TOCK
Sag es mir!
Wo ist Takaba?

Naked Truth

Naked Truth
Kapitel 15

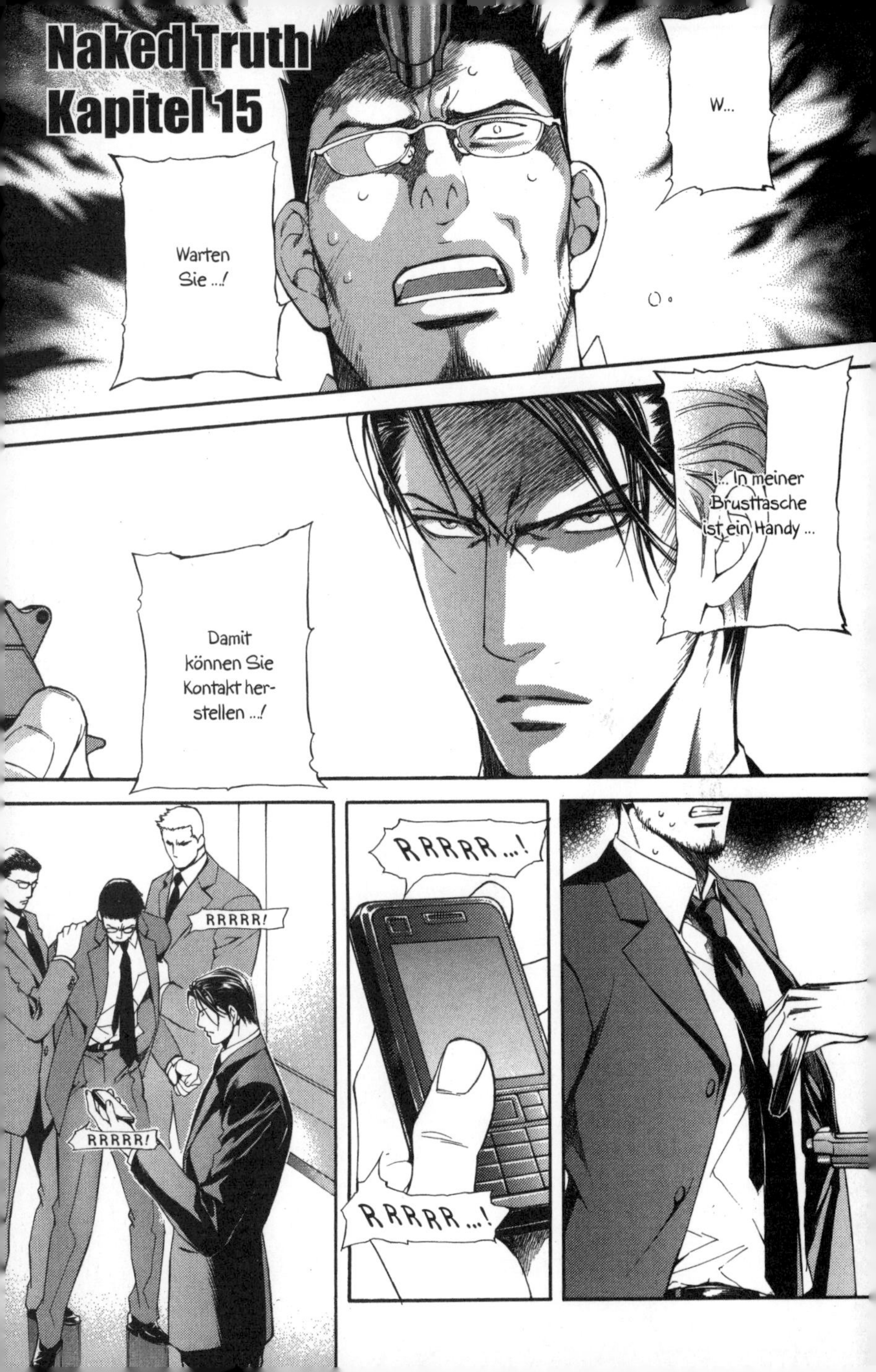

W...

Warten Sie ...!

I... In meiner Brusttasche ist ein Handy ...

Damit können Sie Kontakt herstellen ...!

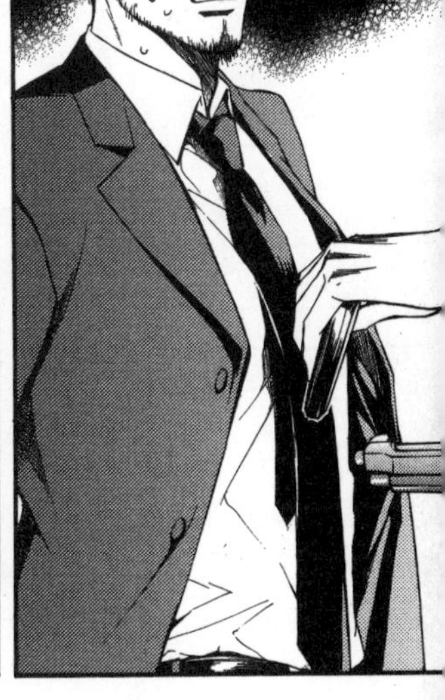

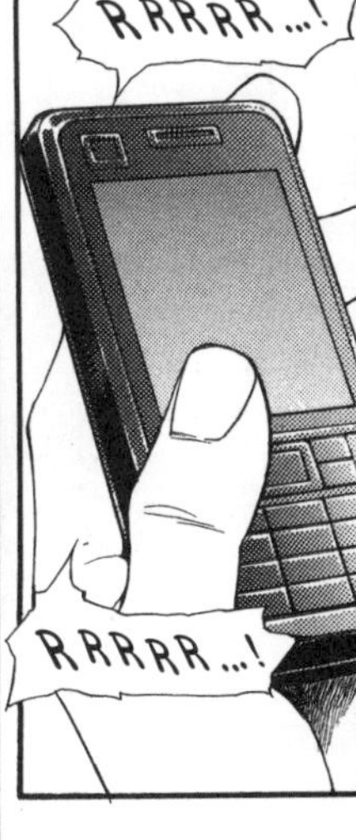

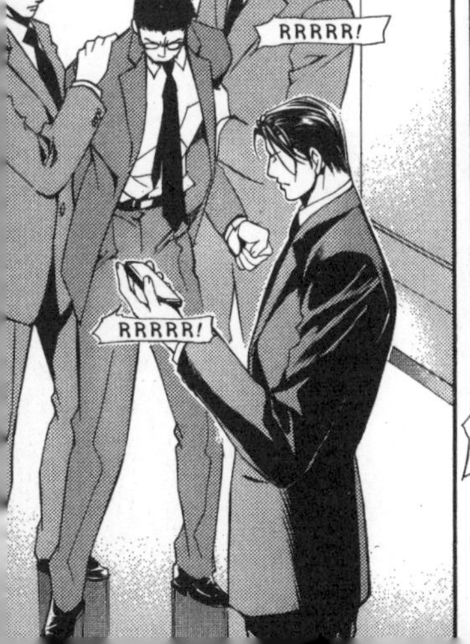

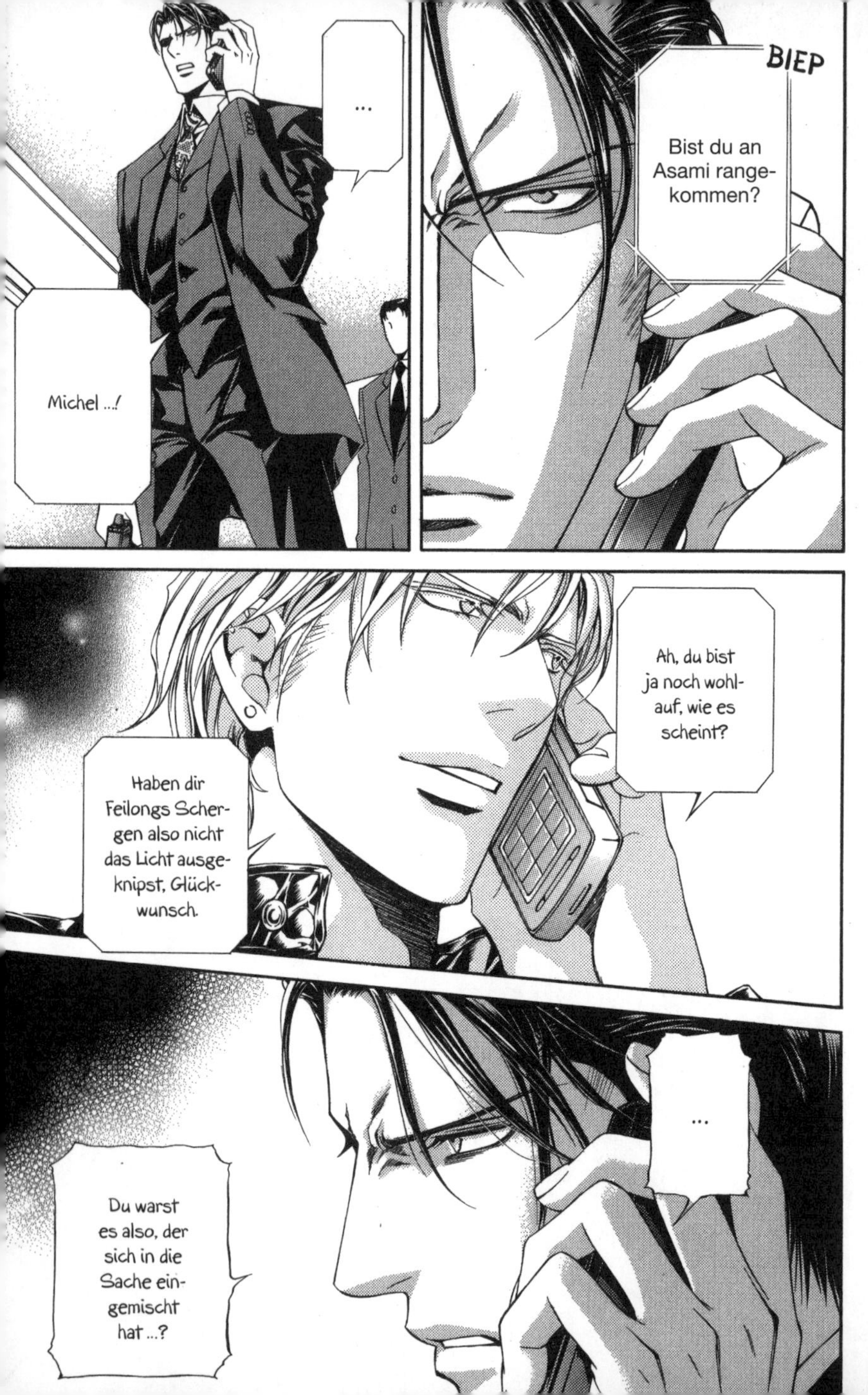
BIEP
Bist du an Asami rangekommen?
...
Michel ...!
Ah, du bist ja noch wohlauf, wie es scheint?
Haben dir Feilongs Schergen also nicht das Licht ausgeknipst, Glückwunsch.
...
Du warst es also, der sich in die Sache eingemischt hat ...?

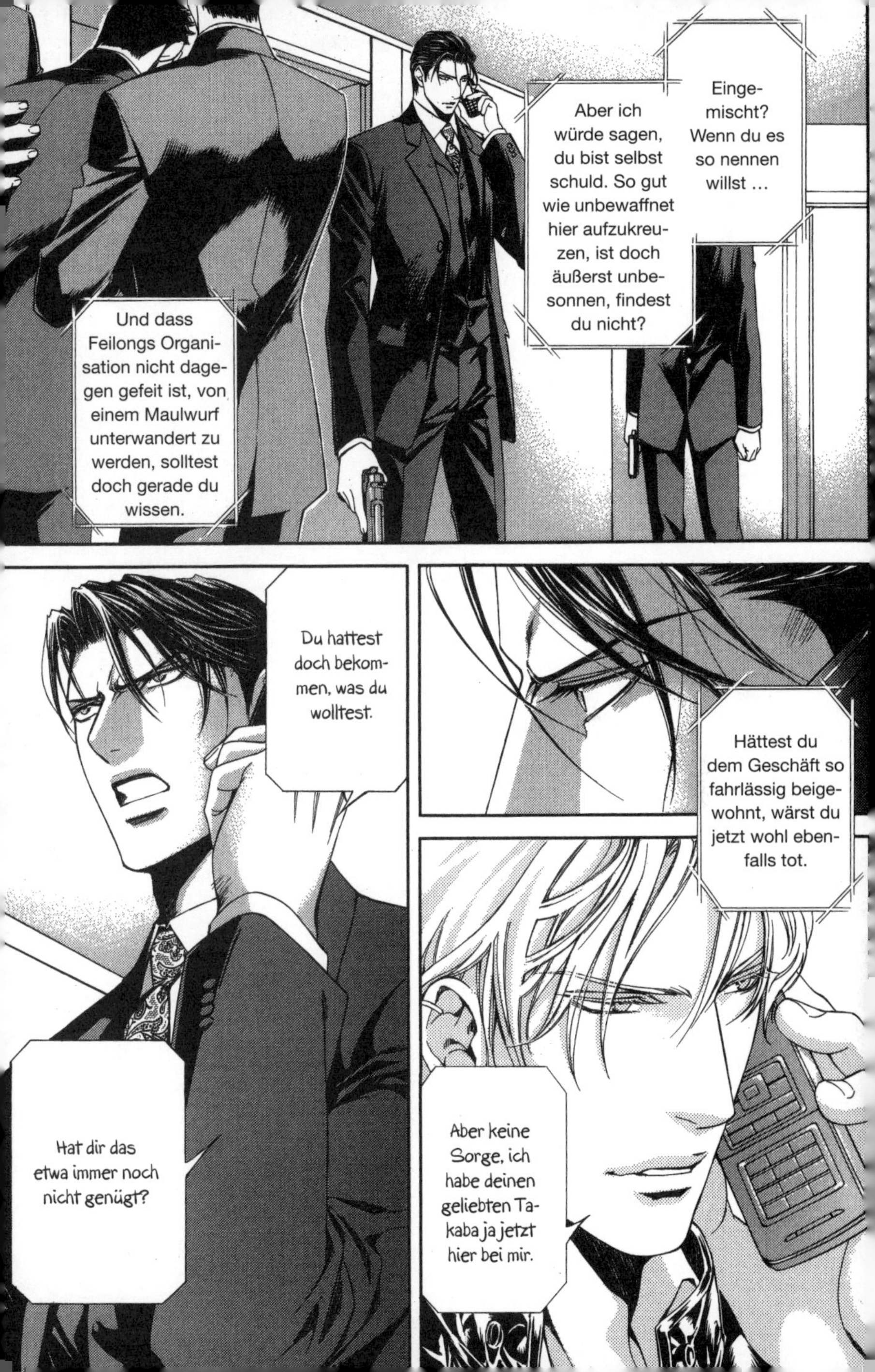

Eingemischt? Wenn du es so nennen willst …

Aber ich würde sagen, du bist selbst schuld. So gut wie unbewaffnet hier aufzukreuzen, ist doch äußerst unbesonnen, findest du nicht?

Und dass Feilongs Organisation nicht dagegen gefeit ist, von einem Maulwurf unterwandert zu werden, solltest doch gerade du wissen.

Hättest du dem Geschäft so fahrlässig beigewohnt, wärst du jetzt wohl ebenfalls tot.

Aber keine Sorge, ich habe deinen geliebten Takaba ja jetzt hier bei mir.

Du hattest doch bekommen, was du wolltest.

Hat dir das etwa immer noch nicht genügt?

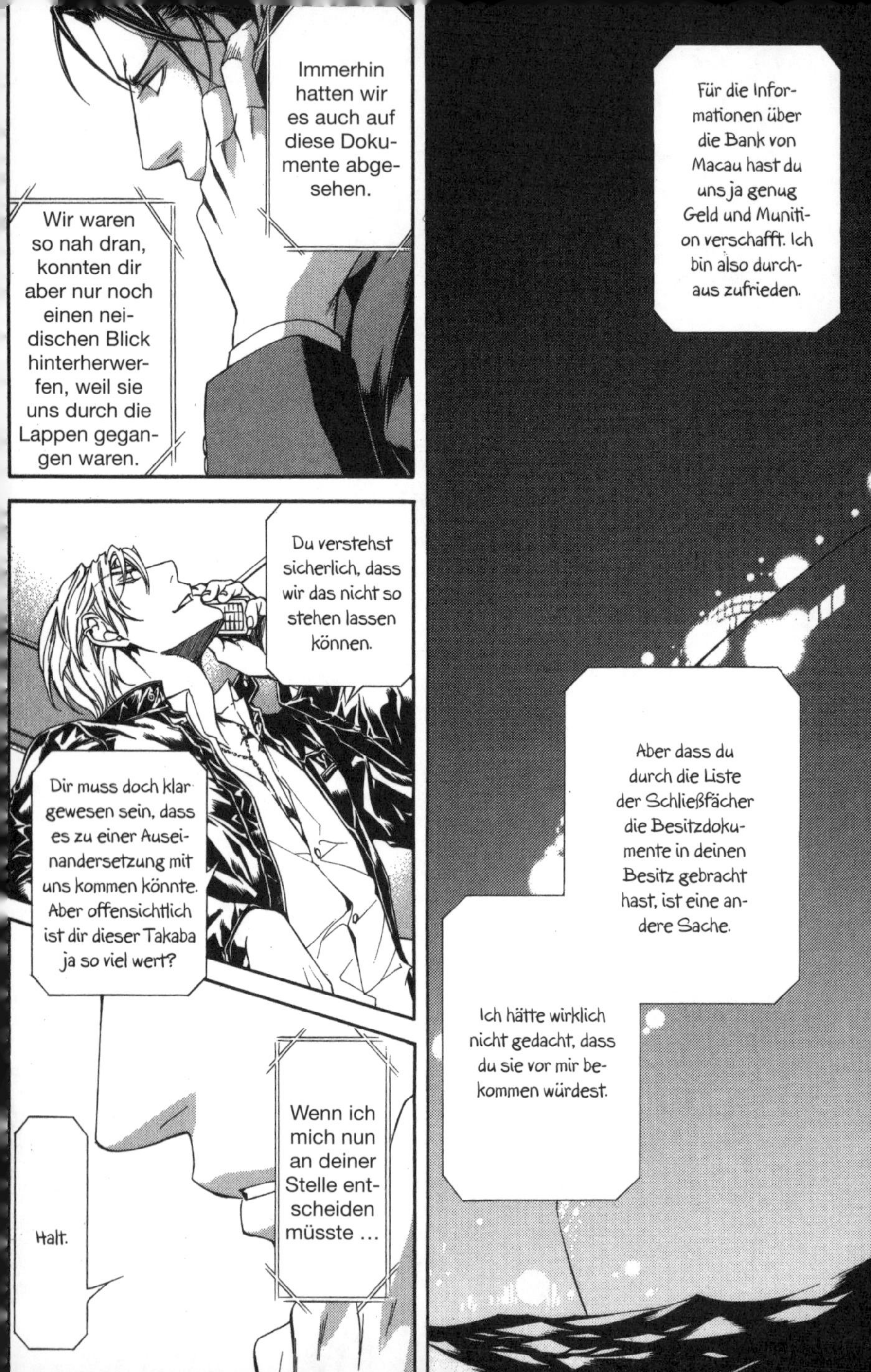
Für die Informationen über die Bank von Macau hast du uns ja genug Geld und Munition verschafft. Ich bin also durchaus zufrieden.
Aber dass du durch die Liste der Schließfächer die Besitzdokumente in deinen Besitz gebracht hast, ist eine andere Sache.
Ich hätte wirklich nicht gedacht, dass du sie vor mir bekommen würdest.
Immerhin hatten wir es auch auf diese Dokumente abgesehen.
Wir waren so nah dran, konnten dir aber nur noch einen neidischen Blick hinterherwerfen, weil sie uns durch die Lappen gegangen waren.
Du verstehst sicherlich, dass wir das nicht so stehen lassen können.
Dir muss doch klar gewesen sein, dass es zu einer Auseinandersetzung mit uns kommen könnte. Aber offensichtlich ist dir dieser Takaba ja so viel wert?
Wenn ich mich nun an deiner Stelle entscheiden müsste …
Halt.

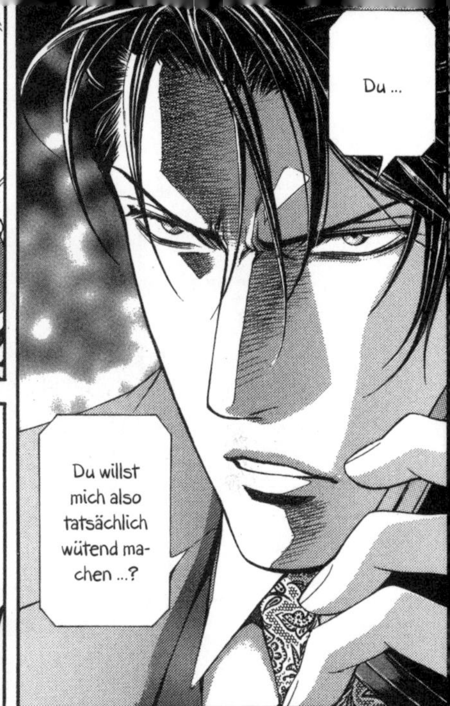
Du ...
Du willst mich also tatsächlich wütend machen ...?

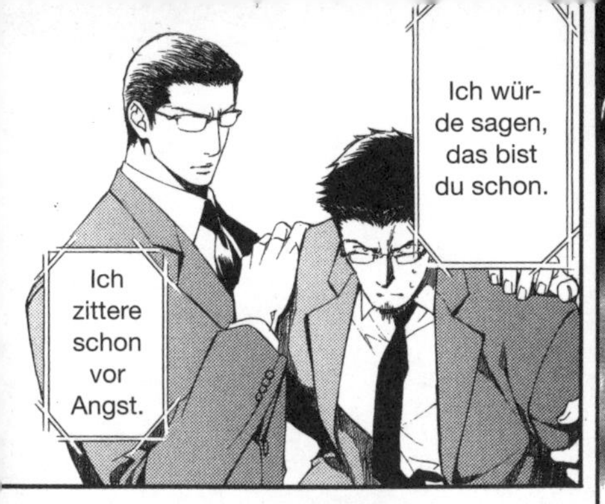
Ich würde sagen, das bist du schon.
Ich zittere schon vor Angst.

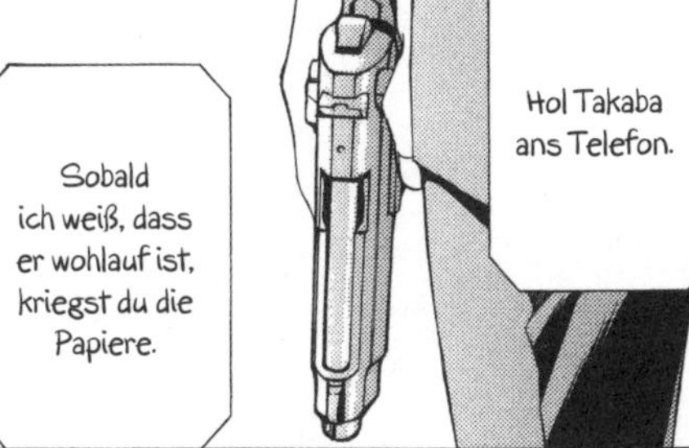
Hol Takaba ans Telefon.
Sobald ich weiß, dass er wohlauf ist, kriegst du die Papiere.

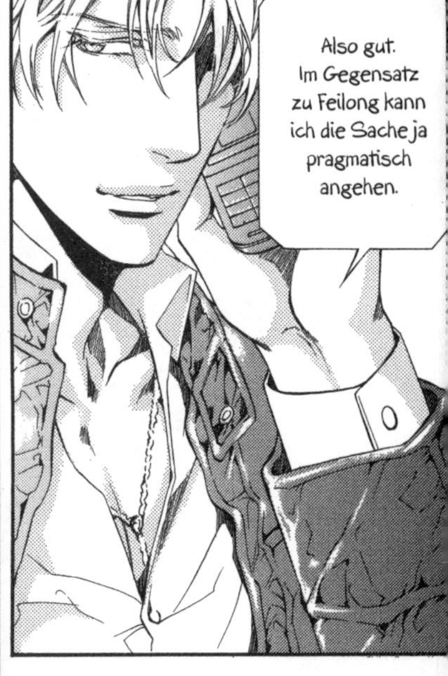
Also gut. Im Gegensatz zu Feilong kann ich die Sache ja pragmatisch angehen.

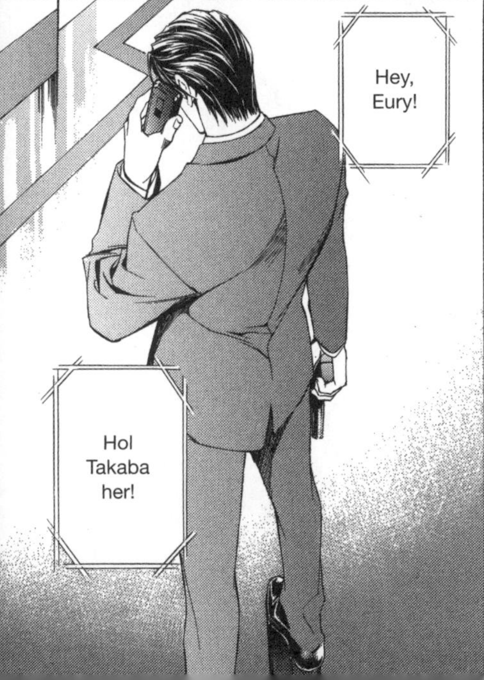
Hey, Eury!
Hol Takaba her!

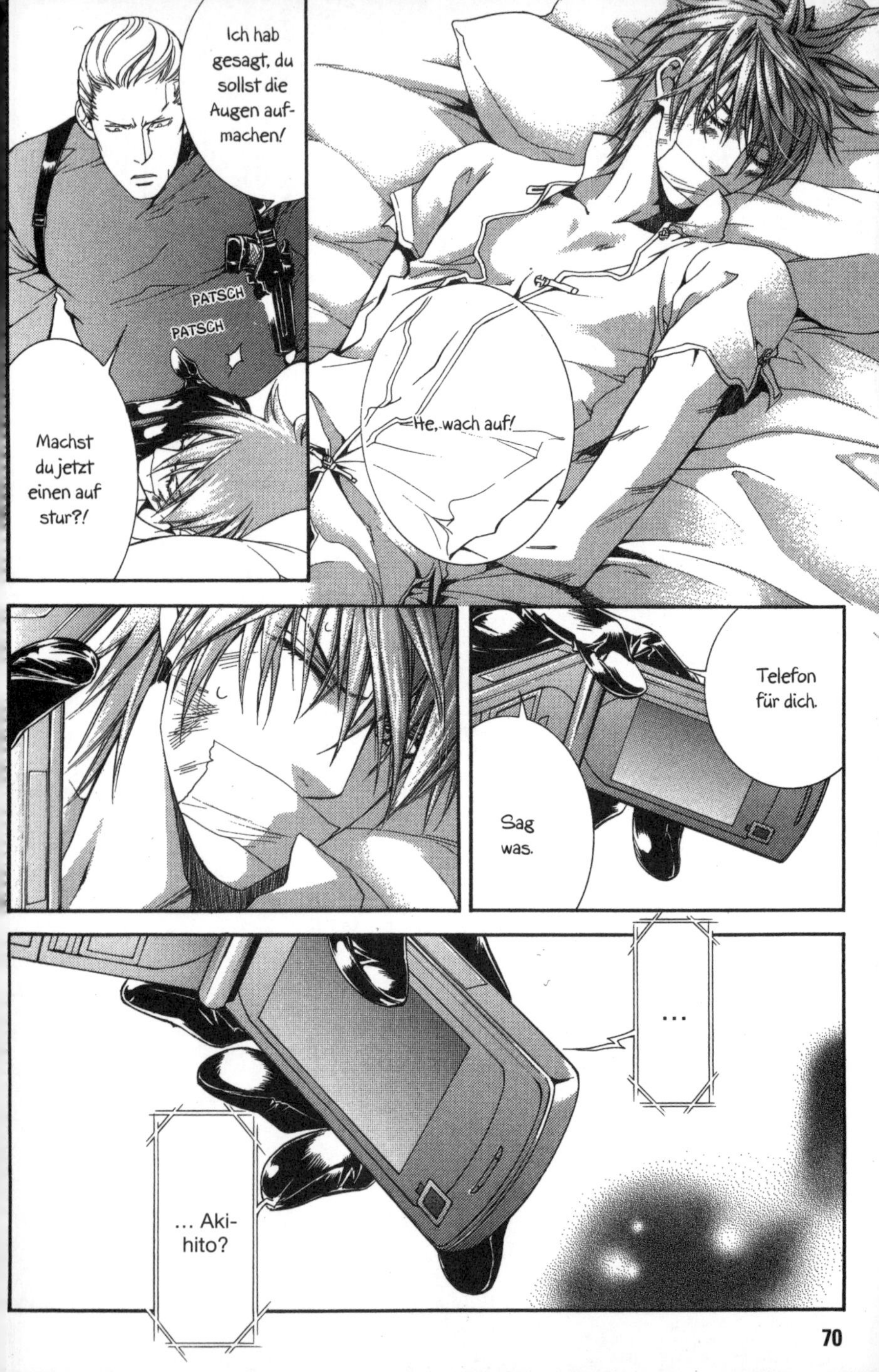
He, wach auf!
PATSCH
PATSCH
Ich hab gesagt, du sollst die Augen auf-machen!
Machst du jetzt einen auf stur?!
Telefon für dich.
Sag was.
…
… Aki-hito?

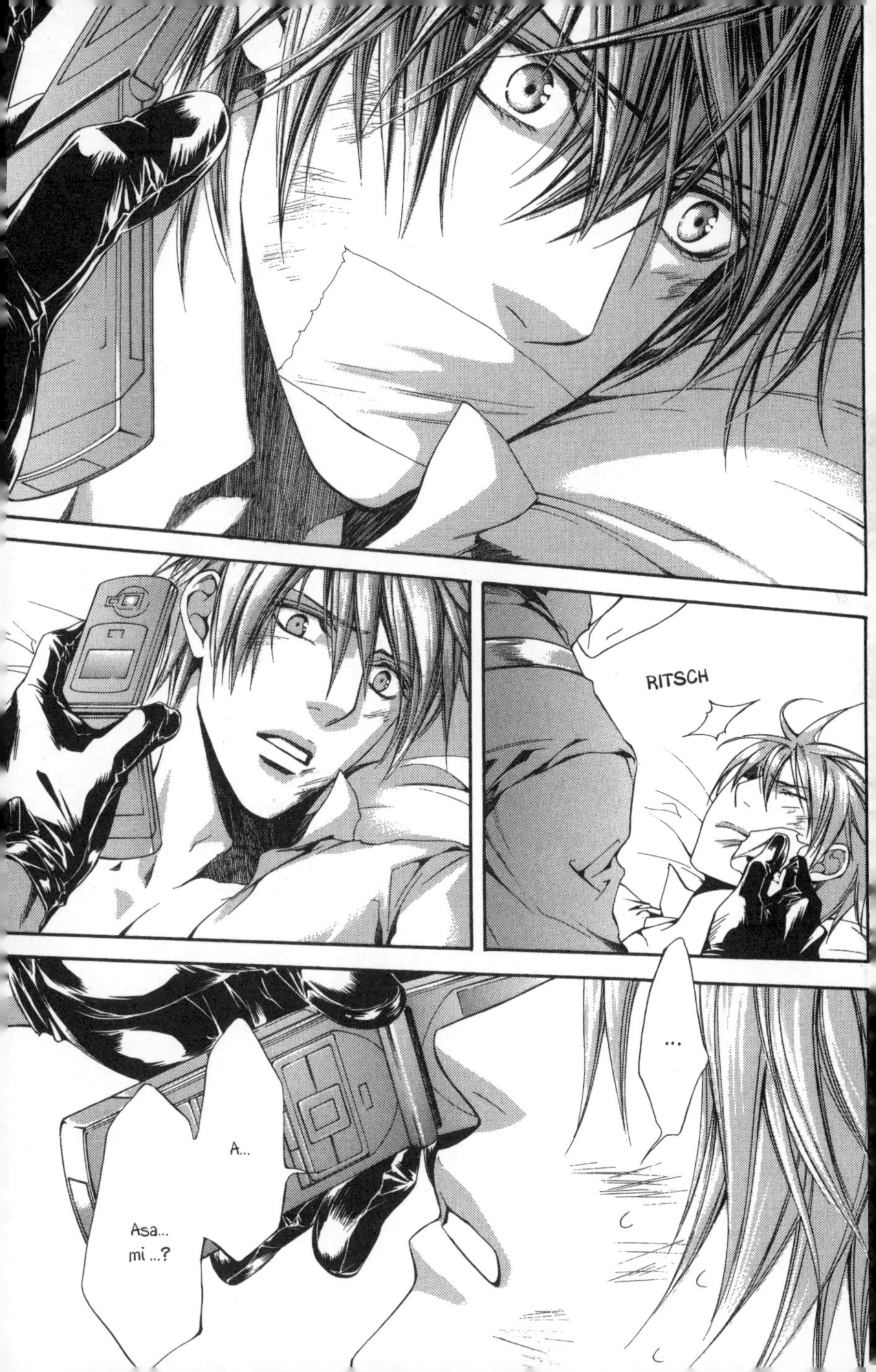
RITSCH
...
A...
Asa...
mi ...?

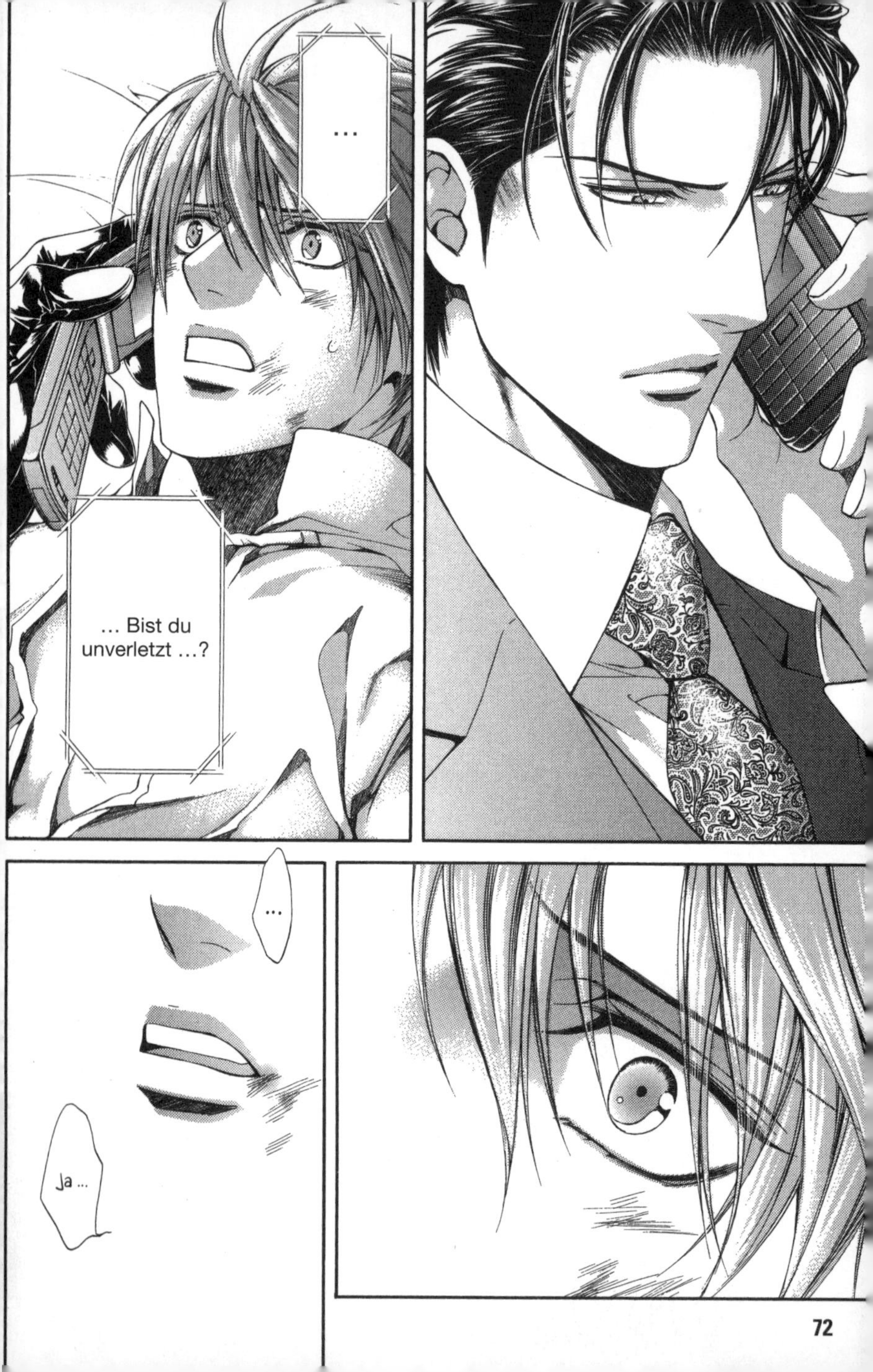

...

... Bist du unverletzt ...?

...

Ja ...

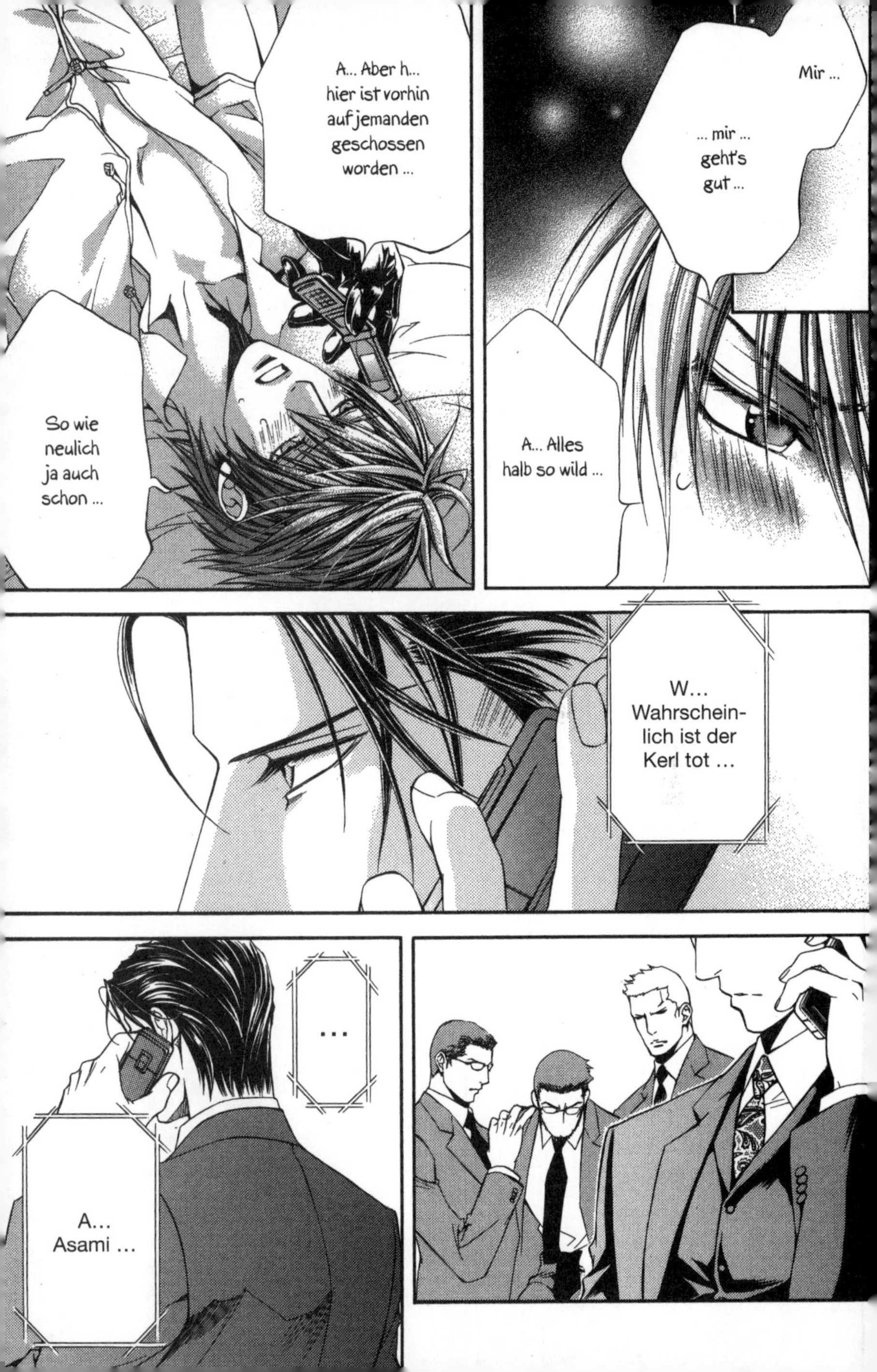

Mir ...
... mir ... geht's gut ...
A... Alles halb so wild ...

A... Aber h... hier ist vorhin auf jemanden geschossen worden ...
So wie neulich ja auch schon ...

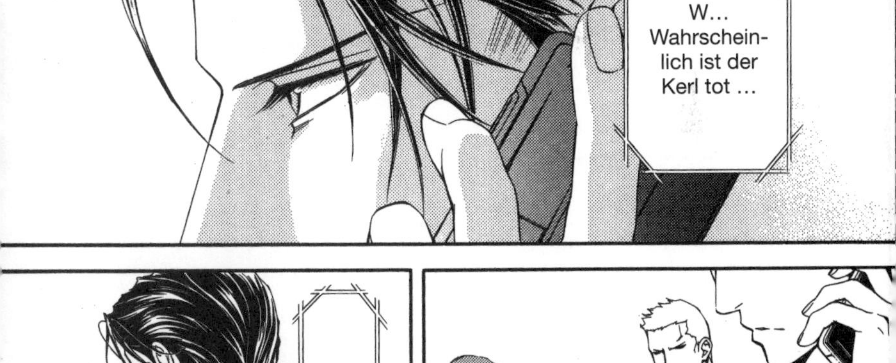

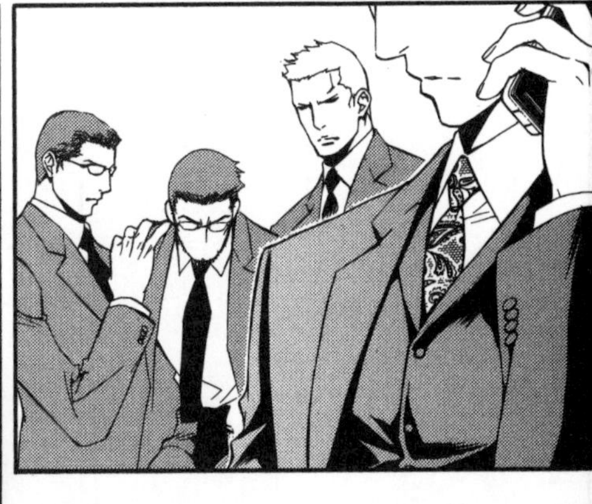

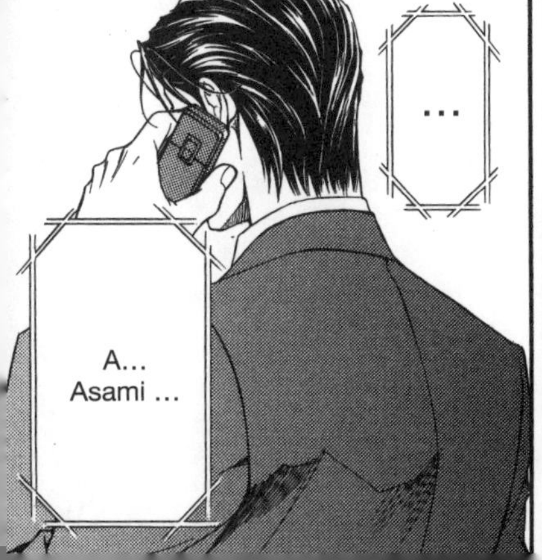

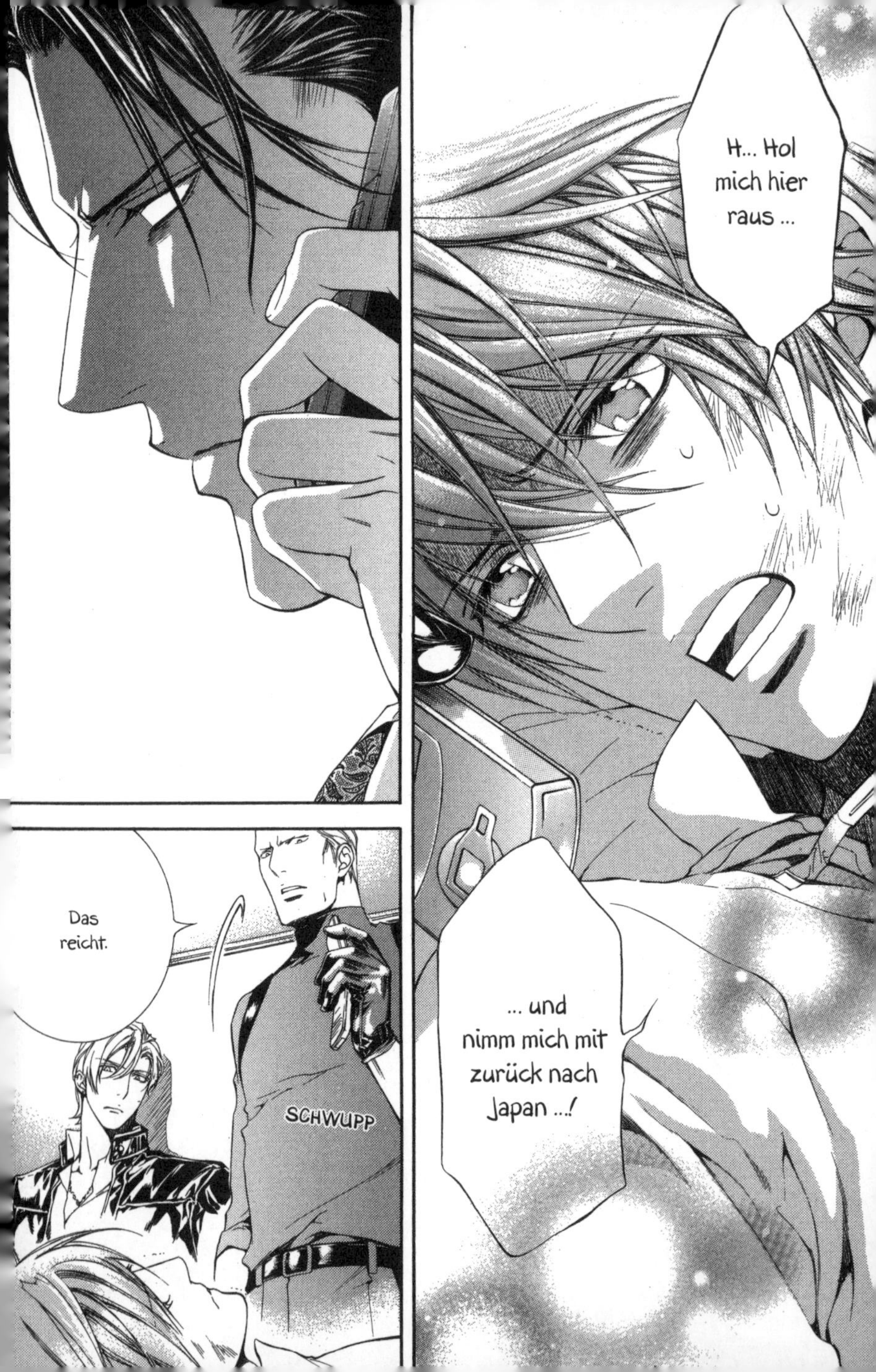
H... Hol mich hier raus ...
... und nimm mich mit zurück nach Japan ...!
Das reicht.
SCHWUPP

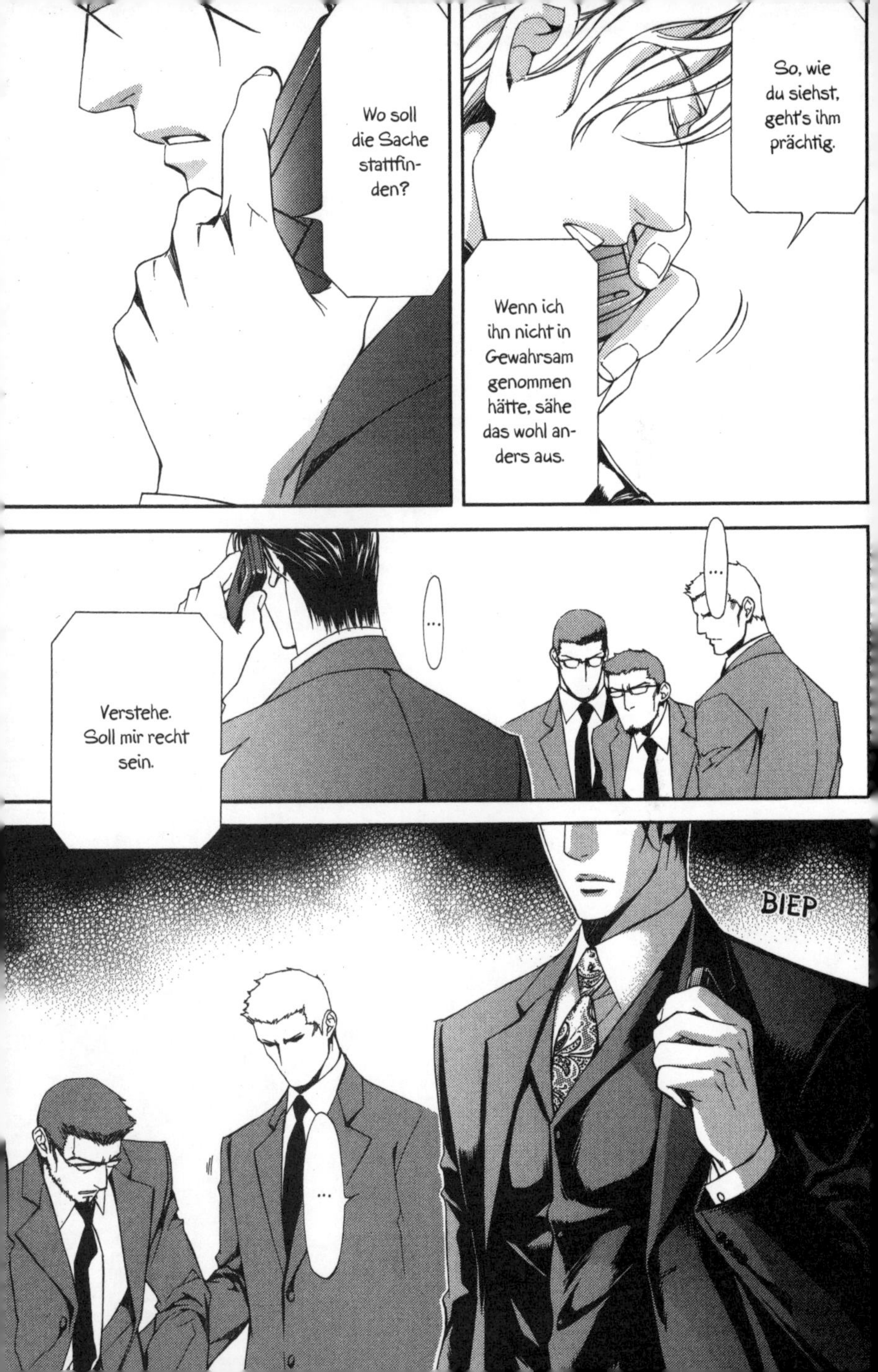
So, wie du siehst, geht's ihm prächtig.
Wenn ich ihn nicht in Gewahrsam genommen hätte, sähe das wohl anders aus.
Wo soll die Sache stattfinden?
...
...
Verstehe. Soll mir recht sein.
BIEP
...

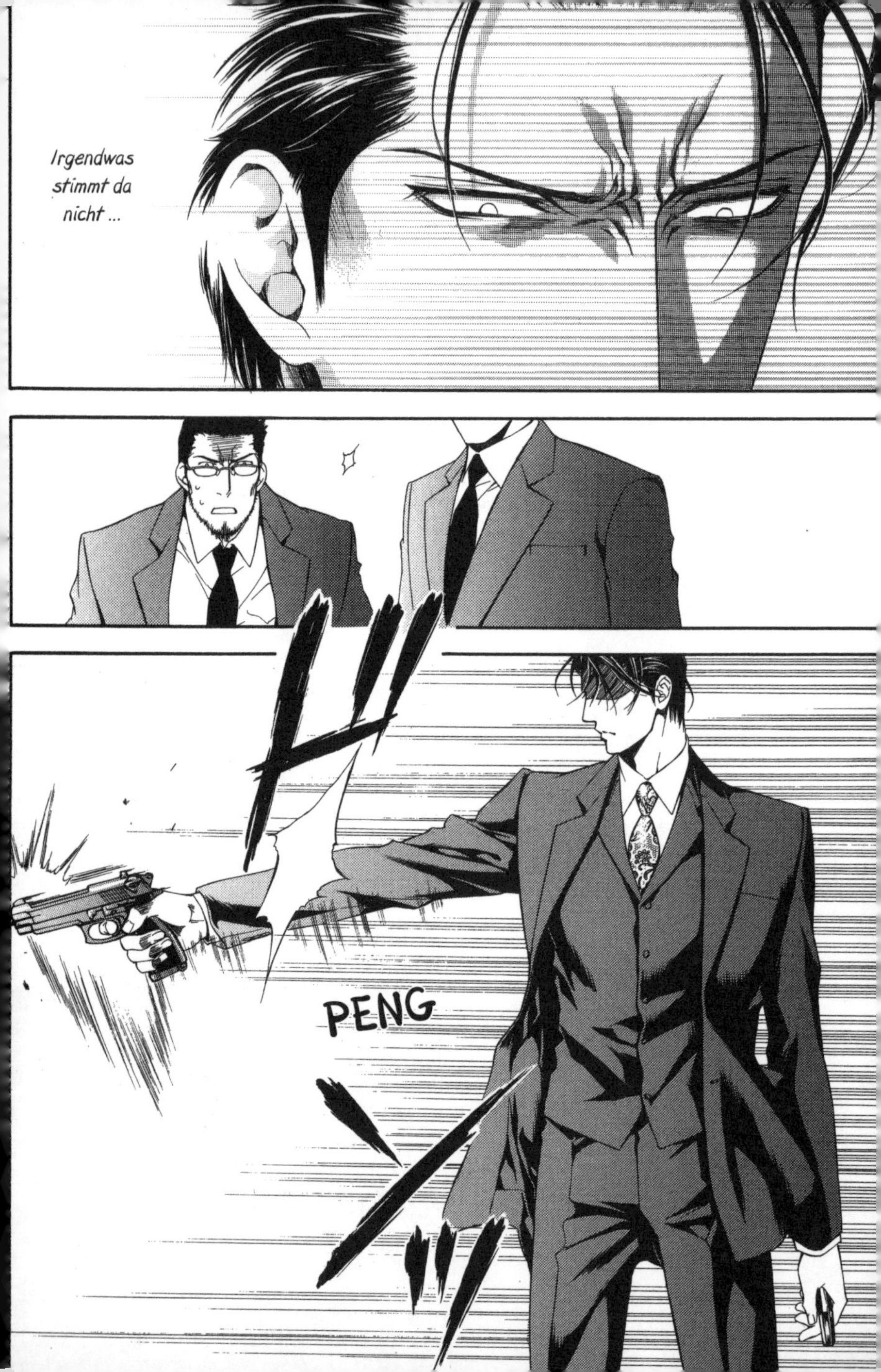
Irgendwas stimmt da nicht ...
PENG

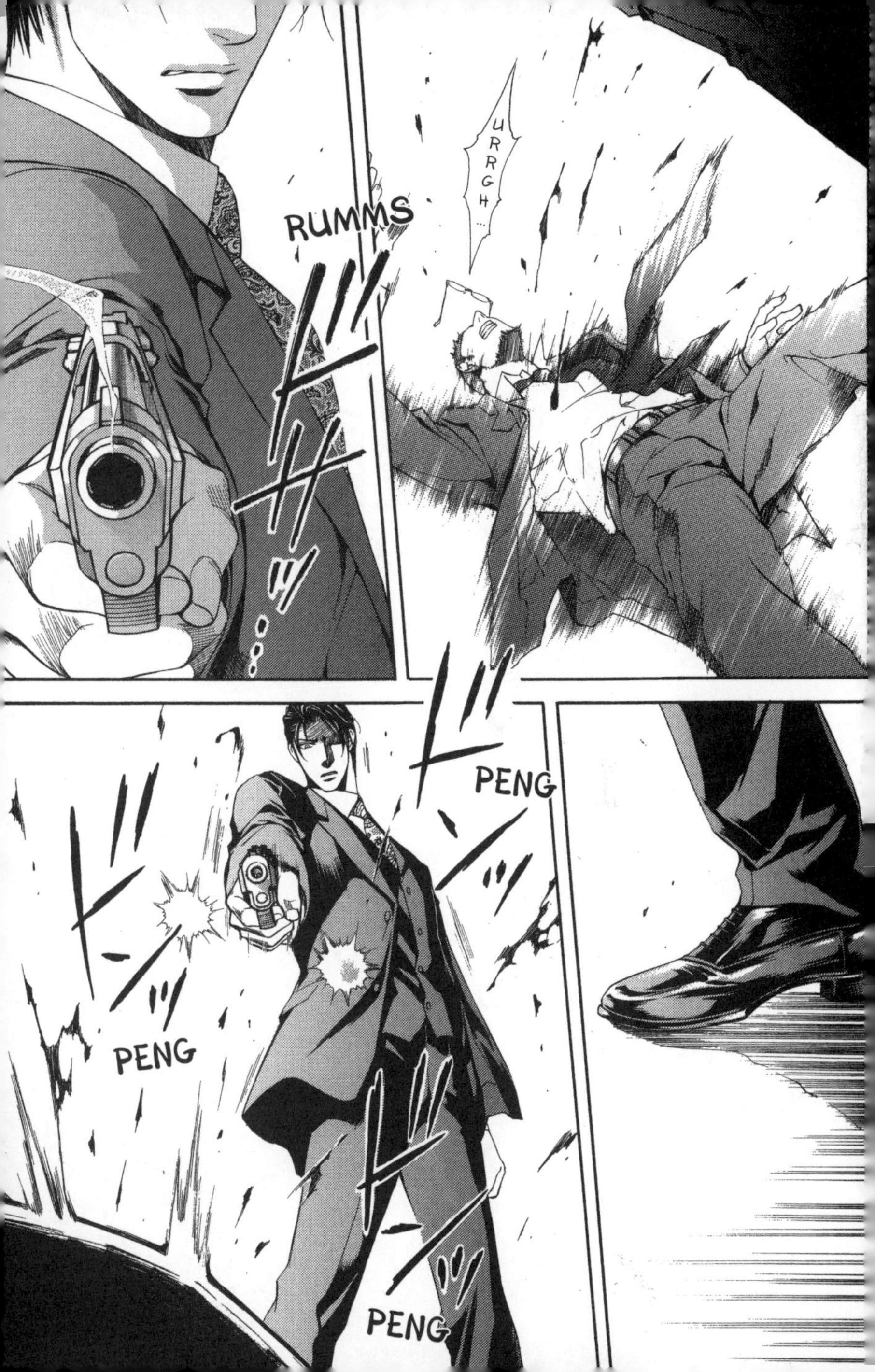
URRGH...
RUMMS
PENG
PENG
PENG

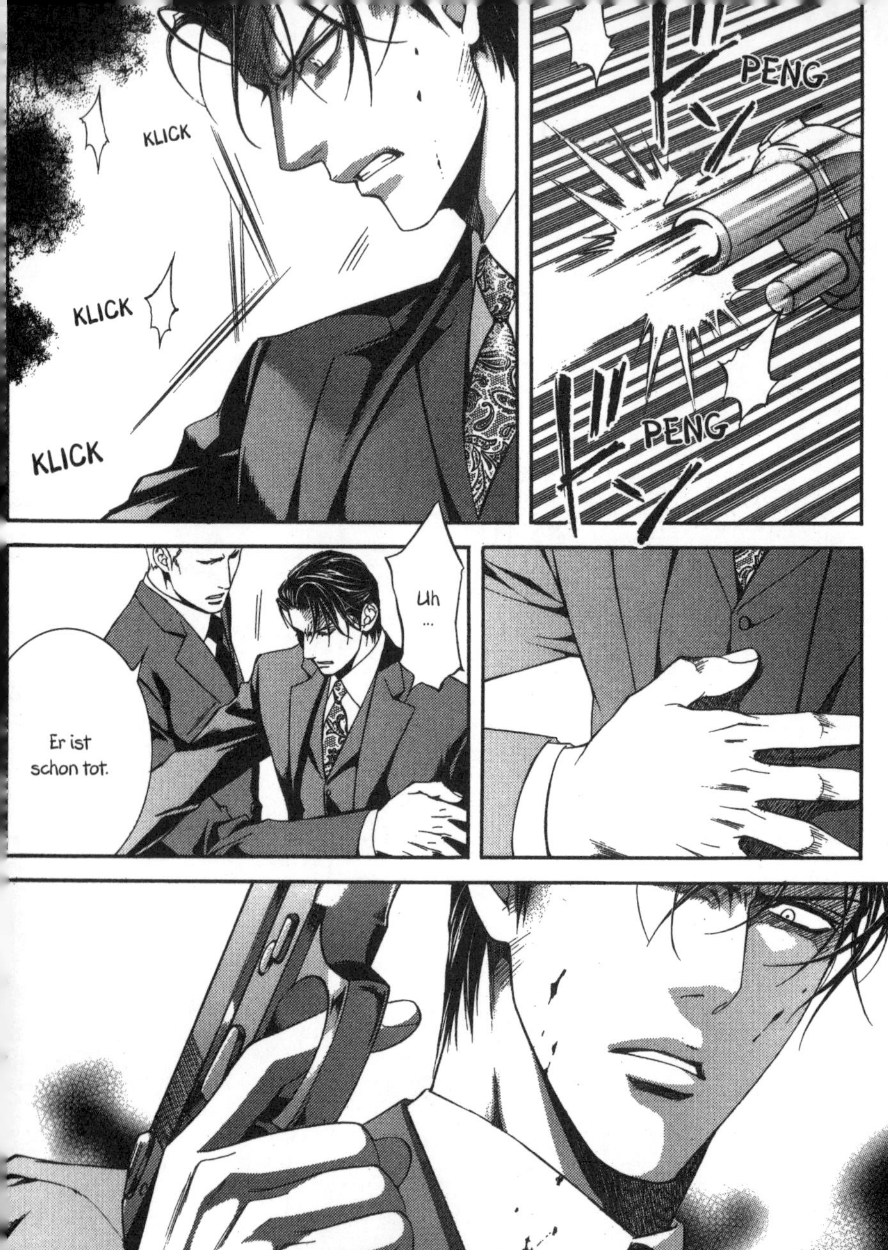
PENG
PENG
KLICK
KLICK
KLICK
Uh ...
Er ist schon tot.

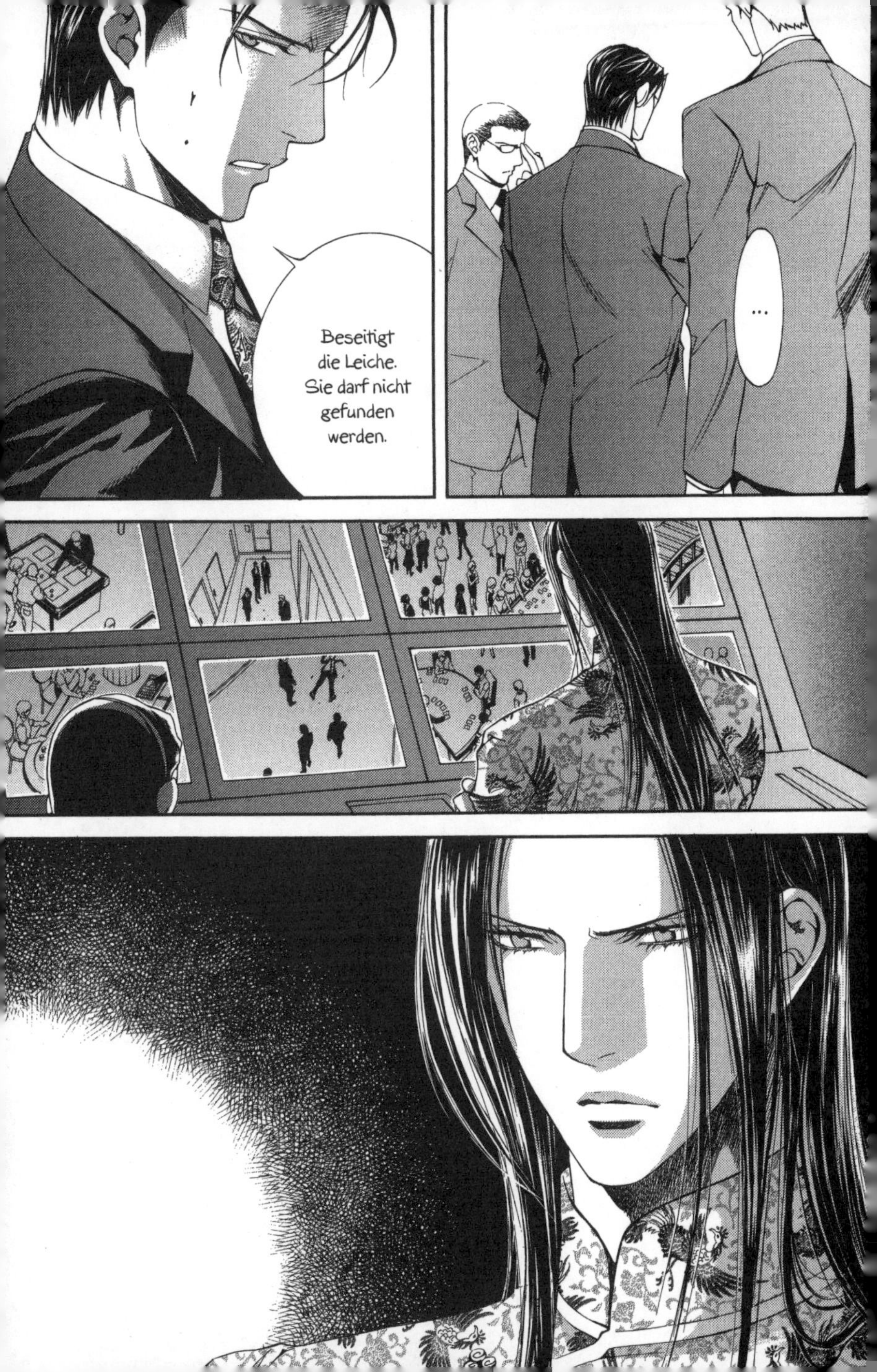

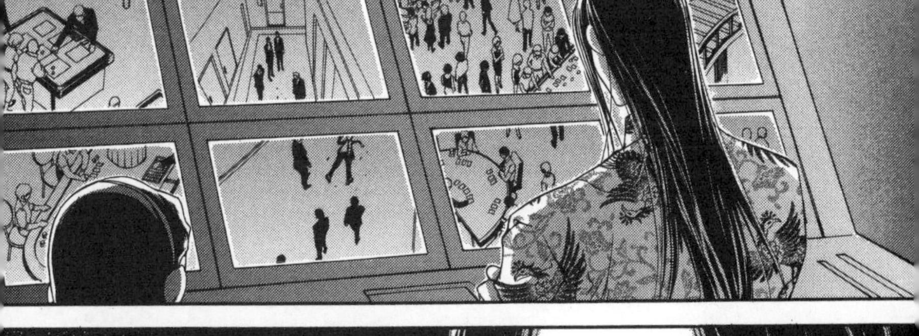
…
Beseitigt die Leiche. Sie darf nicht gefunden werden.

Naked Truth

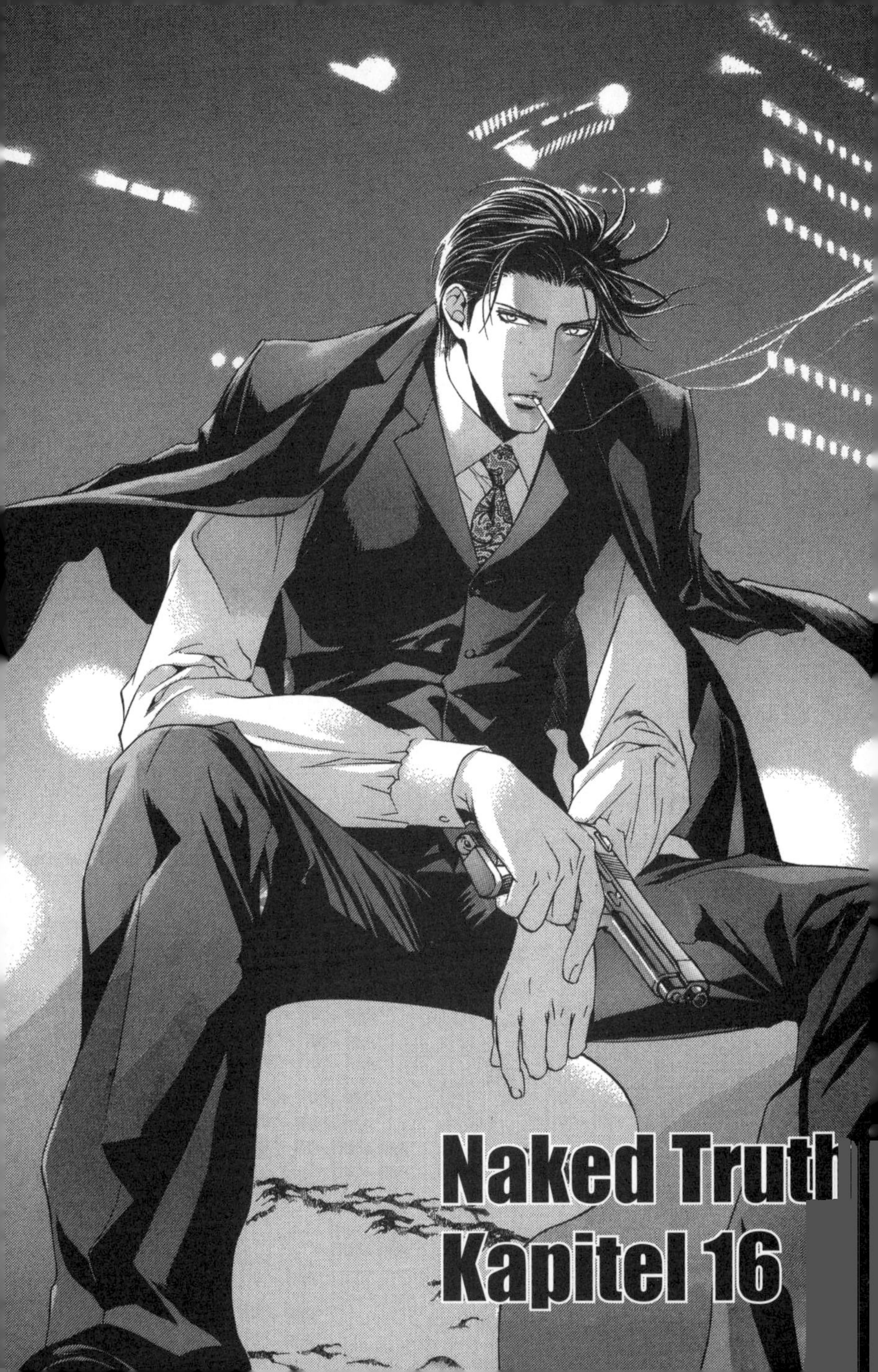
Naked Truth
Kapitel 16

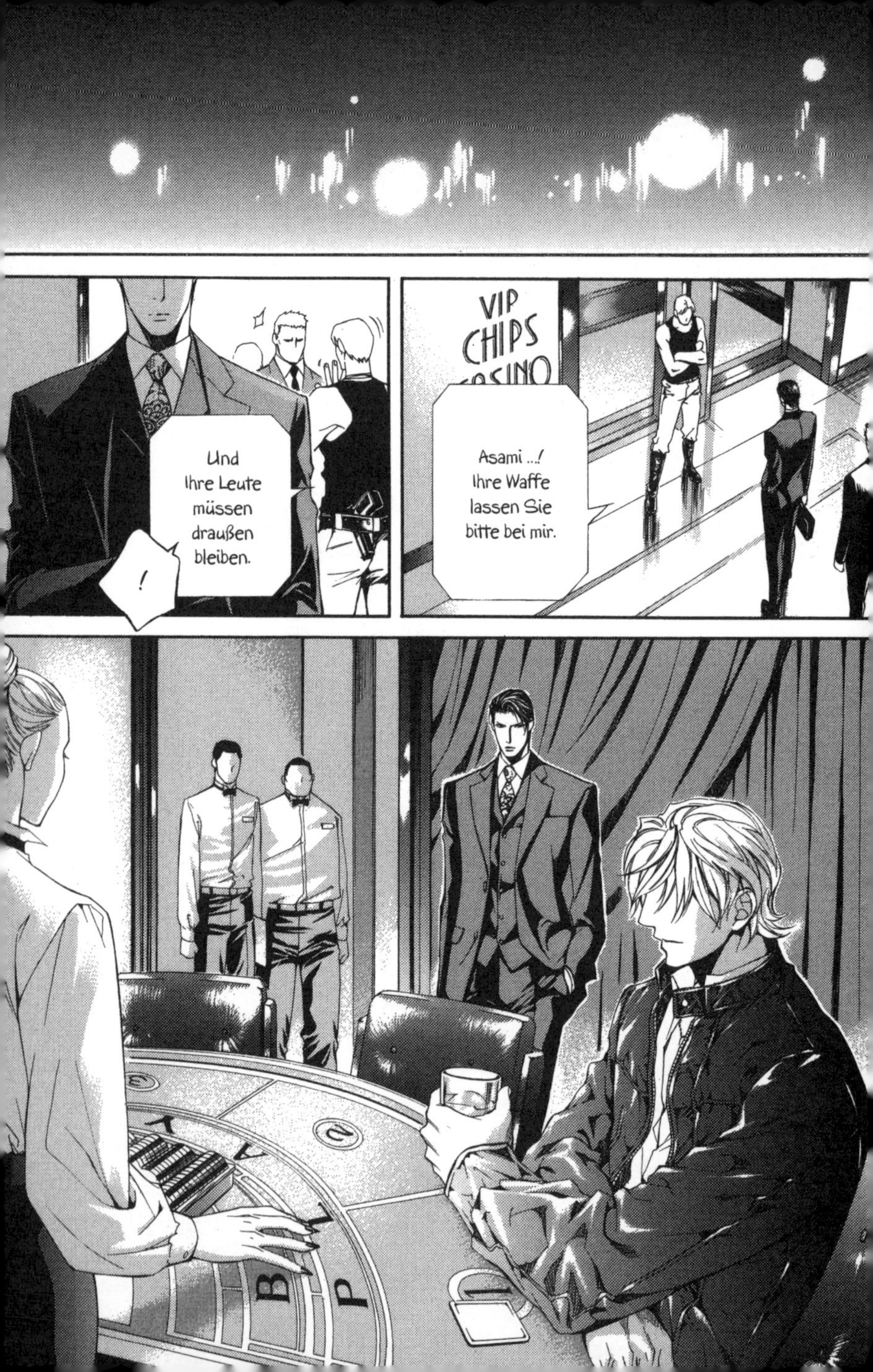

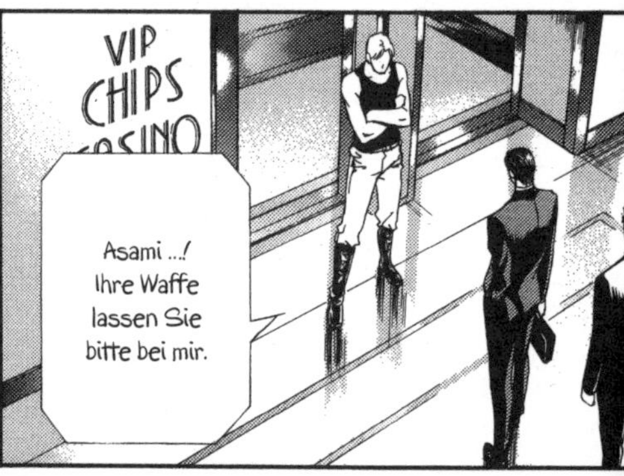
VIP
CHIPS
Asami ...! Ihre Waffe lassen Sie bitte bei mir.

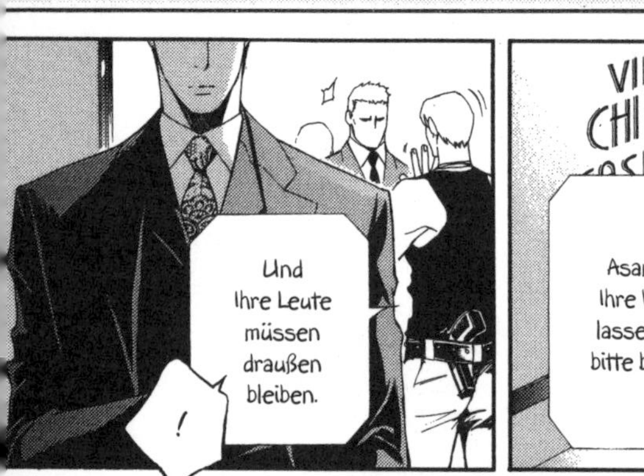
Und Ihre Leute müssen draußen bleiben.
!

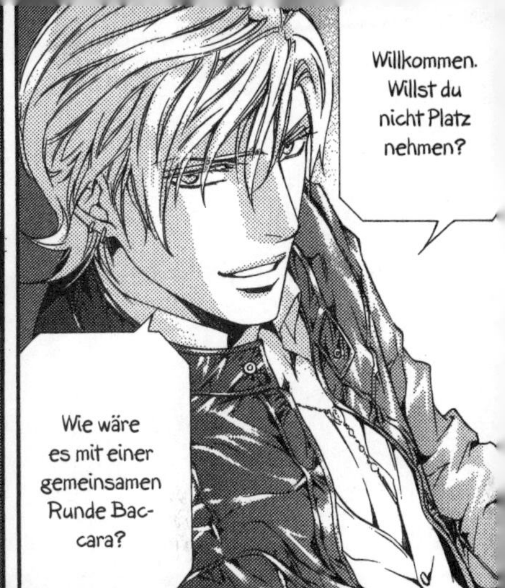
Willkommen. Willst du nicht Platz nehmen?
Wie wäre es mit einer gemeinsamen Runde Baccara?

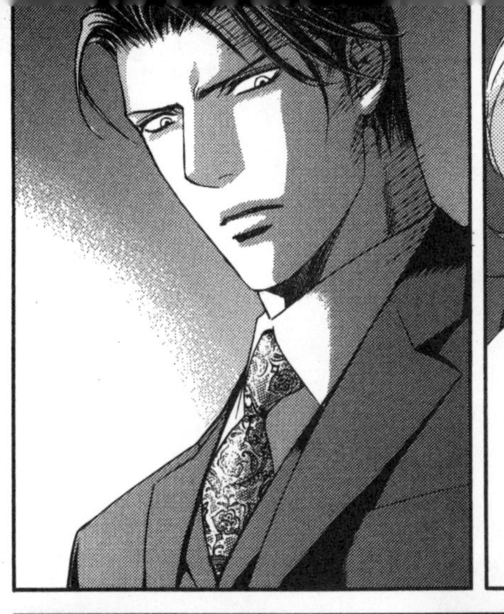

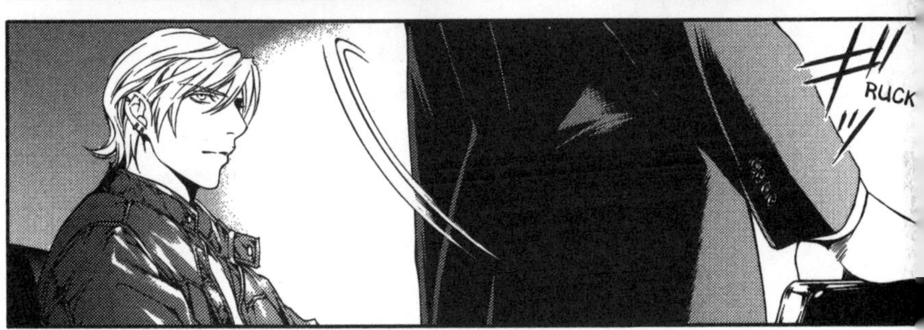
RUCK

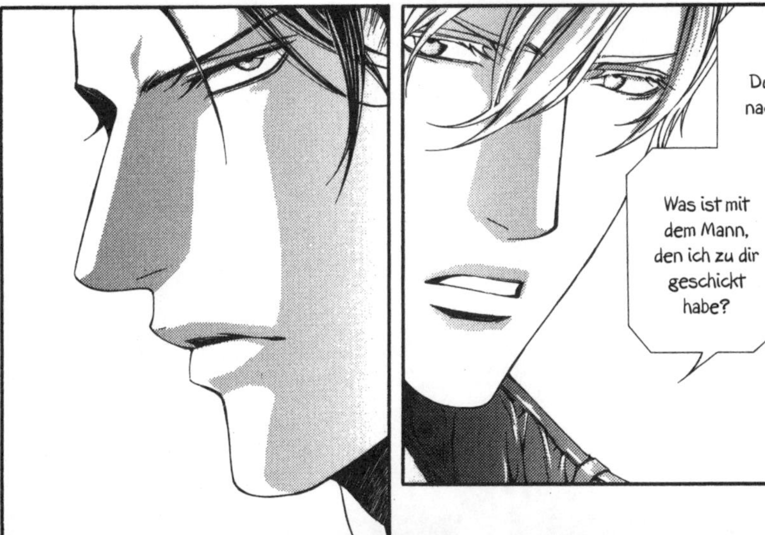
Du riechst nach Blut ...
Was ist mit dem Mann, den ich zu dir geschickt habe?

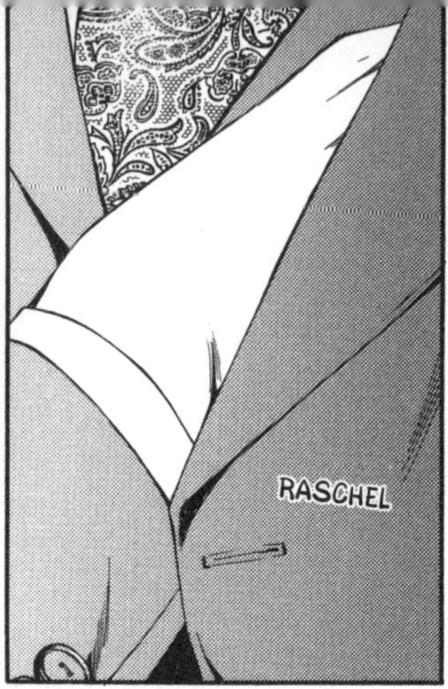
RASCHEL
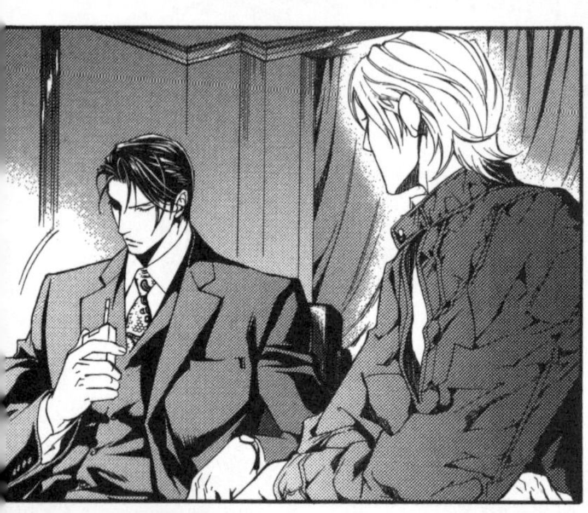
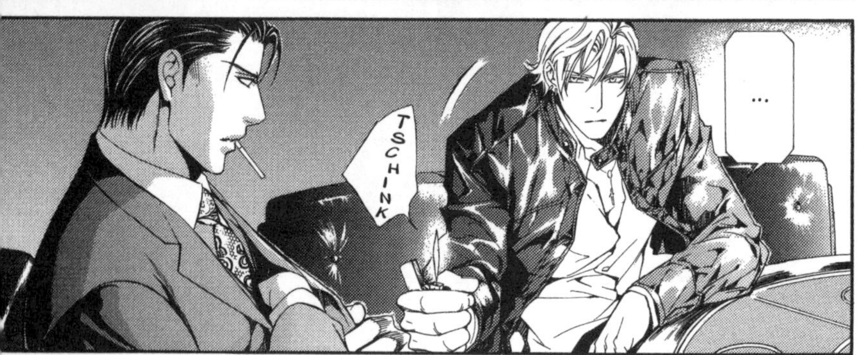
...
TSCHINK
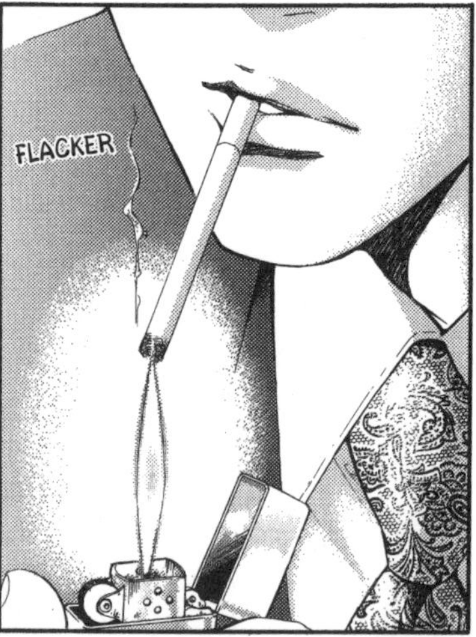
FLACKER
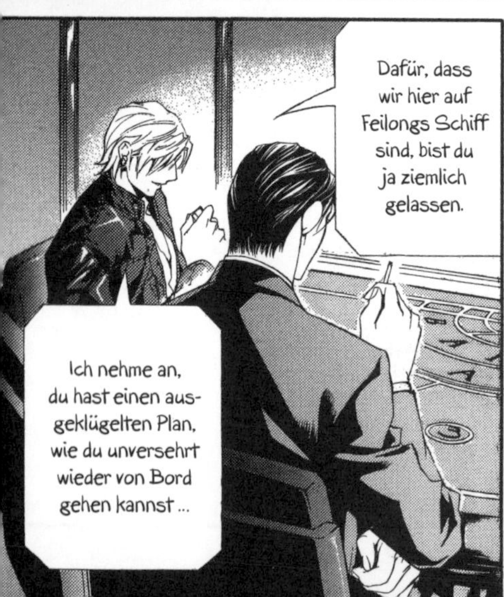
Dafür, dass wir hier auf Feilongs Schiff sind, bist du ja ziemlich gelassen.
Ich nehme an, du hast einen ausgeklügelten Plan, wie du unversehrt wieder von Bord gehen kannst ...

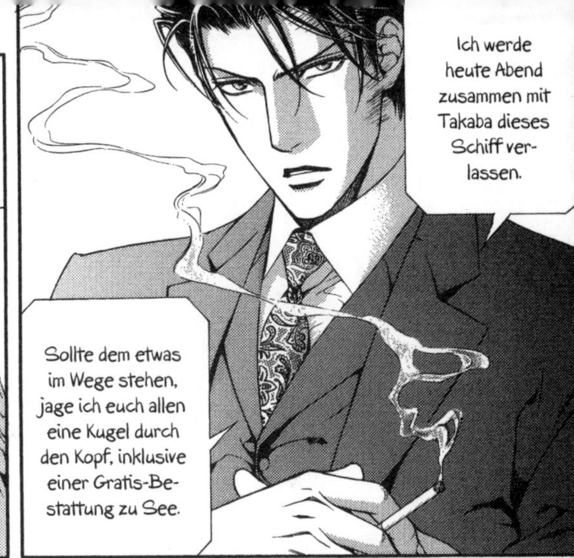

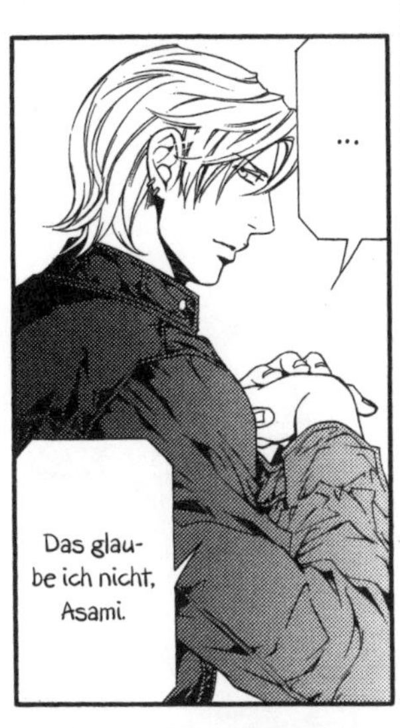

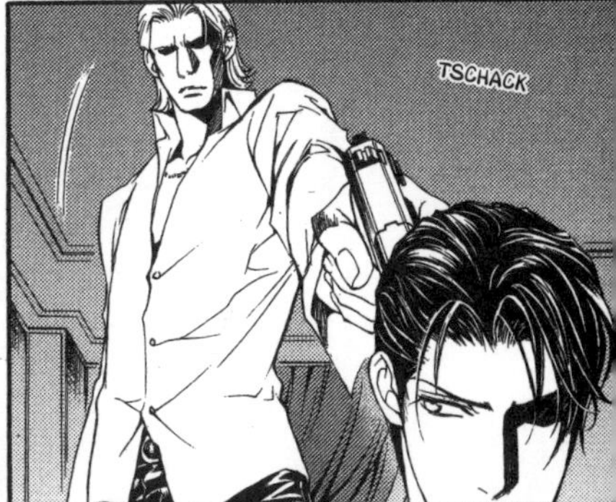

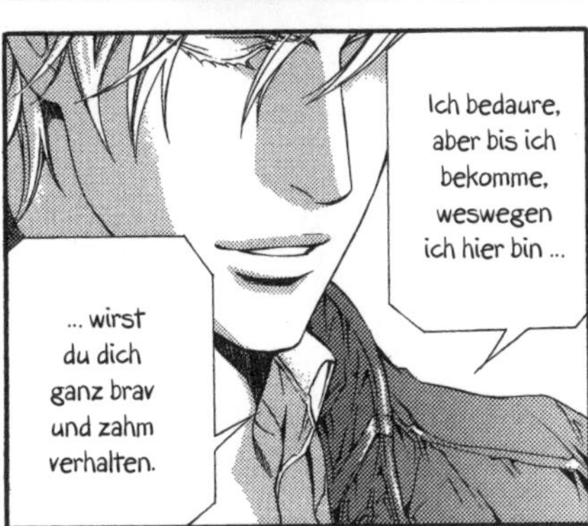

Aber du sollst mich jetzt nicht missverstehen.

Es wird alles so ablaufen, wie am Telefon besprochen.

Ich möchte lediglich noch ein wenig die Gegenwart dieses großartigen Mannes genießen, der sich so selbstlos und für die Liebe hier in die Höhle des Löwen begeben hat.

Du weißt ja, hier steht alles unter der Kontrolle von Feilong. Eine falsche Bewegung und ...

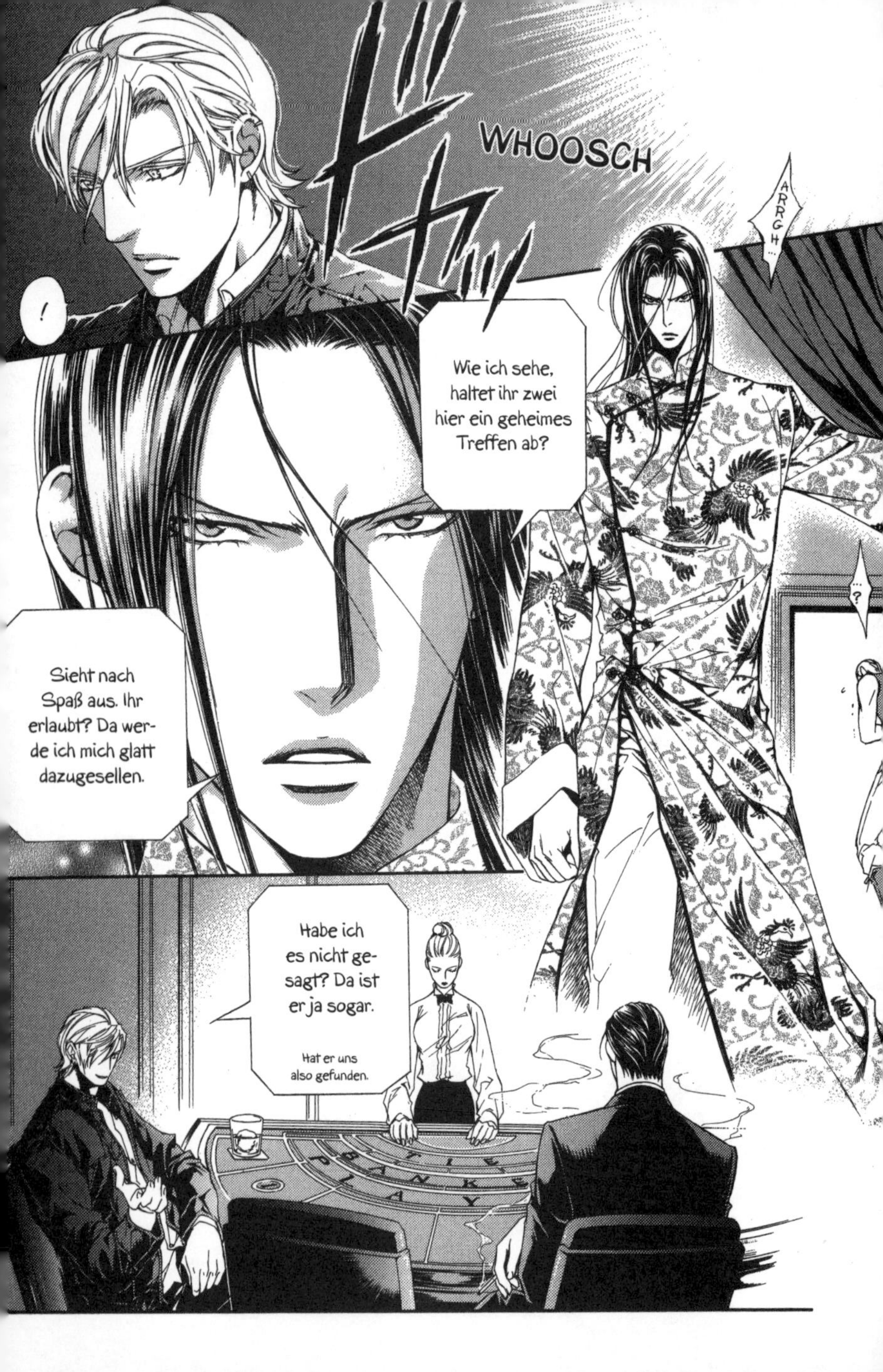
WHOOSCH
ARRGH ...
!
Wie ich sehe, haltet ihr zwei hier ein geheimes Treffen ab?
Sieht nach Spaß aus. Ihr erlaubt? Da wer-de ich mich glatt dazugesellen.
...?
Habe ich es nicht ge-sagt? Da ist er ja sogar.
Hat er uns also gefunden.
PETITE PLANKE PLAYE

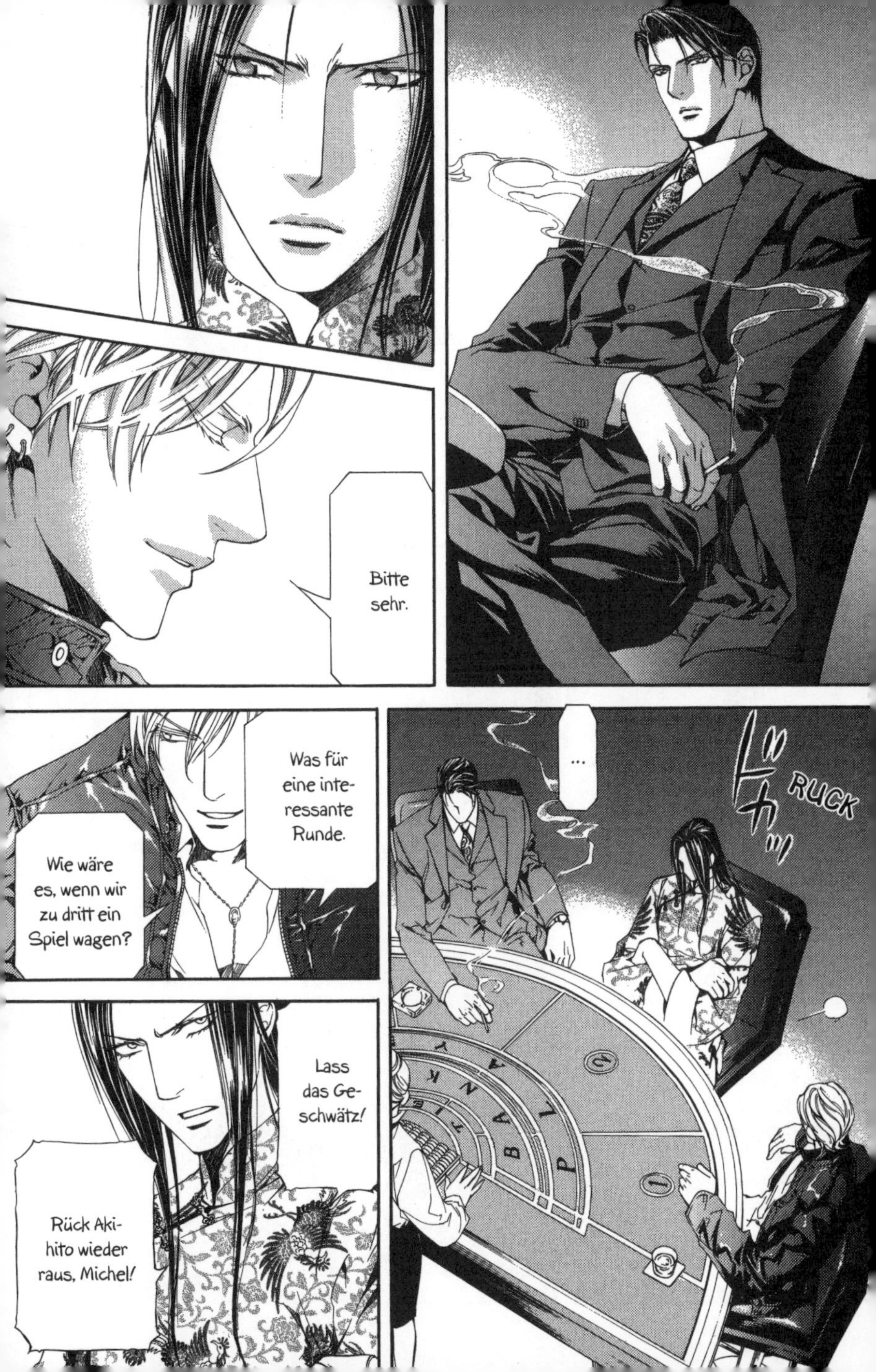

Bitte sehr.

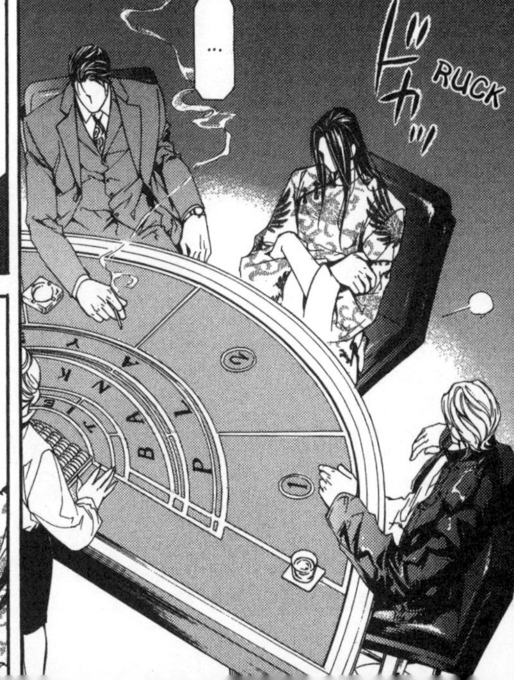
...
RUCK

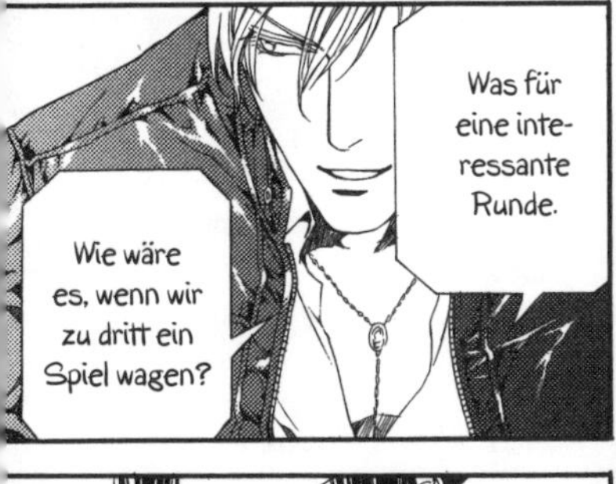
Was für eine interessante Runde.
Wie wäre es, wenn wir zu dritt ein Spiel wagen?

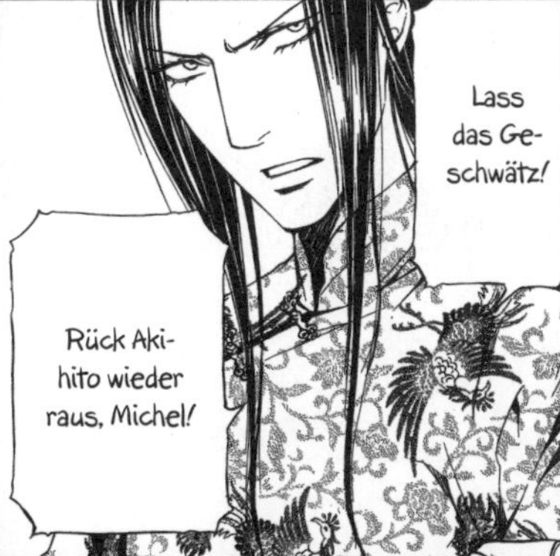
Lass das Geschwätz!
Rück Akihito wieder raus, Michel!

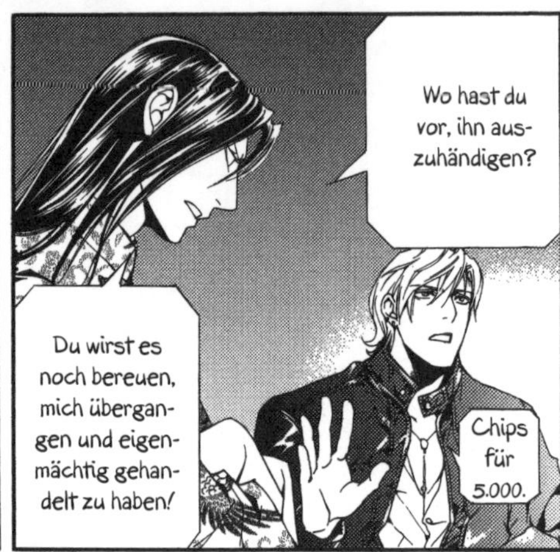
Wo hast du vor, ihn auszuhändigen?
Chips für 5.000.
Du wirst es noch bereuen, mich übergangen und eigenmächtig gehandelt zu haben!

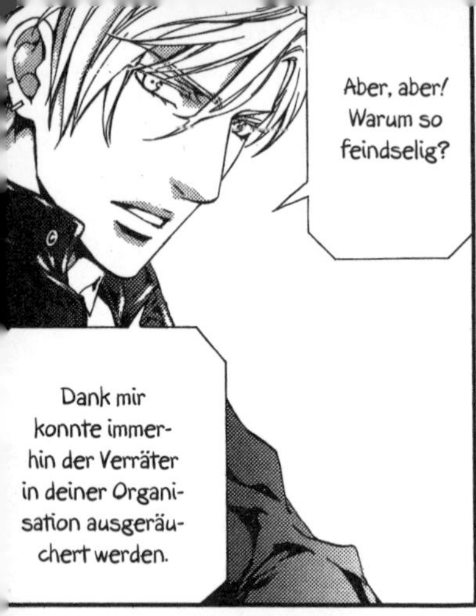
Aber, aber! Warum so feindselig?
Dank mir konnte immerhin der Verräter in deiner Organisation ausgeräuchert werden.

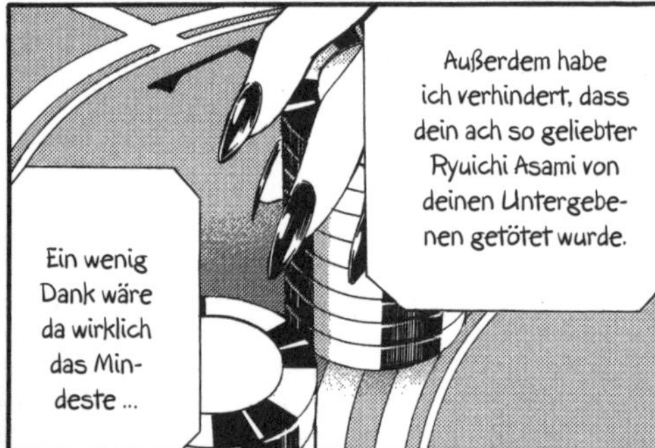
Außerdem habe ich verhindert, dass dein ach so geliebter Ryuichi Asami von deinen Untergebenen getötet wurde.
Ein wenig Dank wäre da wirklich das Mindeste ...

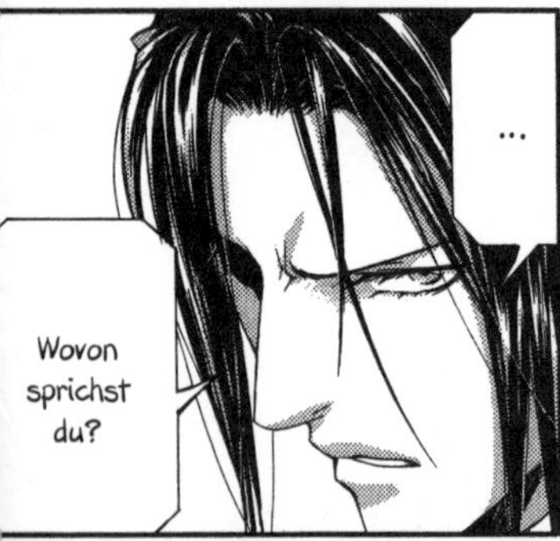
...
Wovon sprichst du?

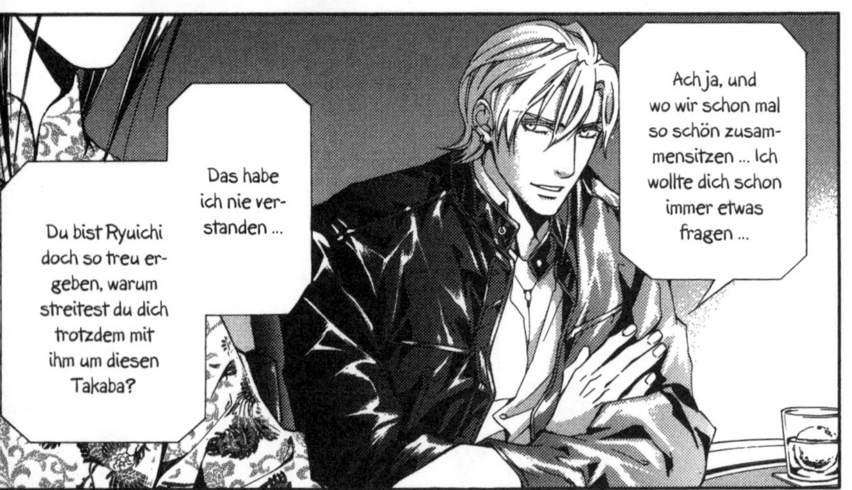
Ach ja, und wo wir schon mal so schön zusammensitzen ... Ich wollte dich schon immer etwas fragen ...
Das habe ich nie verstanden ...
Du bist Ryuichi doch so treu ergeben, warum streitest du dich trotzdem mit ihm um diesen Takaba?

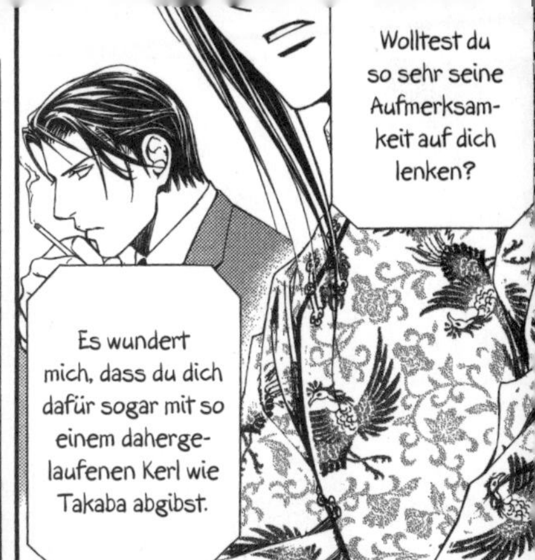
Wolltest du so sehr seine Aufmerksamkeit auf dich lenken?
Es wundert mich, dass du dich dafür sogar mit so einem dahergelaufenen Kerl wie Takaba abgibst.

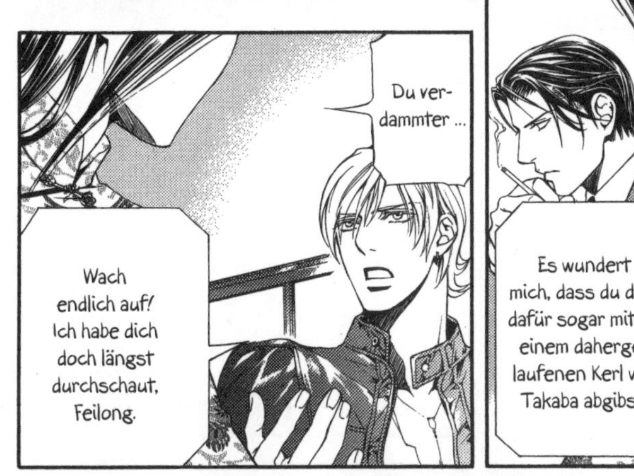
Du verdammter ...
Wach endlich auf! Ich habe dich doch längst durchschaut, Feilong.

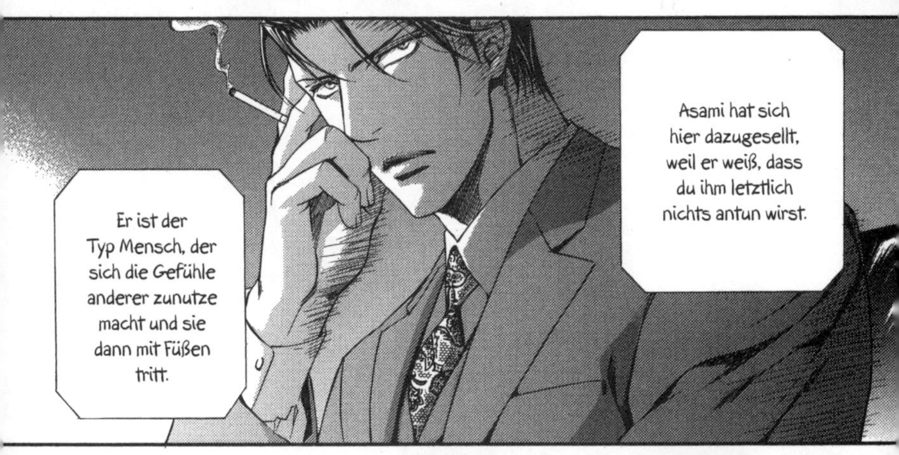
Asami hat sich hier dazugesellt, weil er weiß, dass du ihm letztlich nichts antun wirst.
Er ist der Typ Mensch, der sich die Gefühle anderer zunutze macht und sie dann mit Füßen tritt.

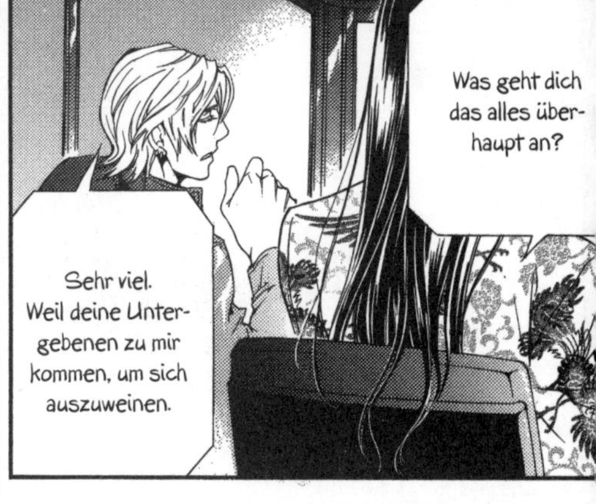
Was geht dich das alles überhaupt an?
Sehr viel. Weil deine Untergebenen zu mir kommen, um sich auszuweinen.

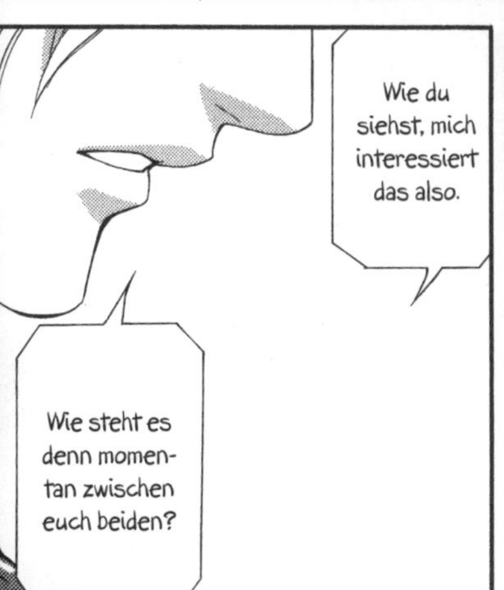
Wie du siehst, mich interessiert das also.
Wie steht es denn momentan zwischen euch beiden?

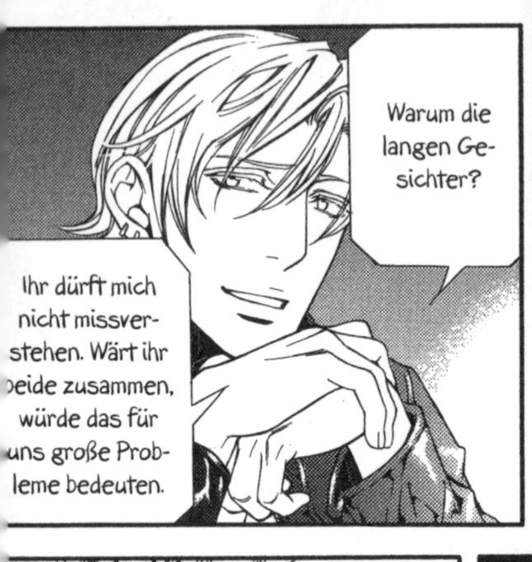
Warum die langen Gesichter?
Ihr dürft mich nicht missverstehen. Wärt ihr beide zusammen, würde das für uns große Probleme bedeuten.
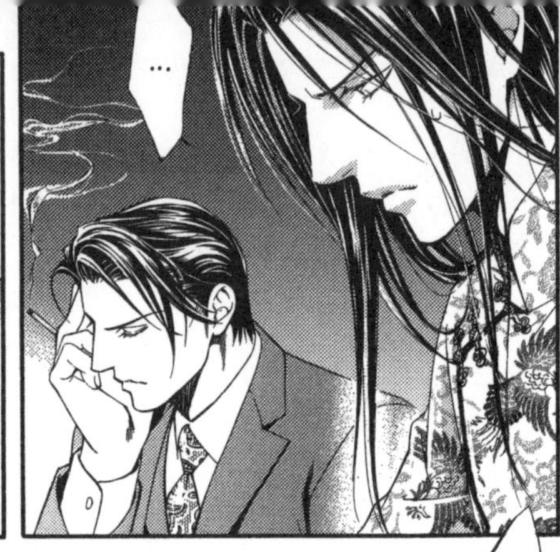
...
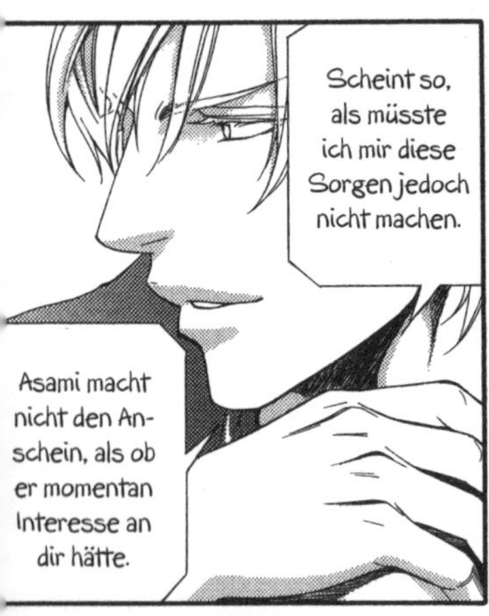
Scheint so, als müsste ich mir diese Sorgen jedoch nicht machen.
Asami macht nicht den Anschein, als ob er momentan Interesse an dir hätte.
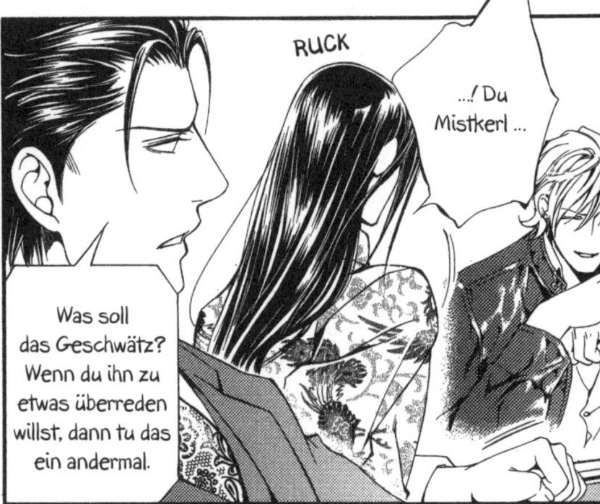
RUCK
...! Du Mistkerl ...
Was soll das Geschwätz? Wenn du ihn zu etwas überreden willst, dann tu das ein andermal.
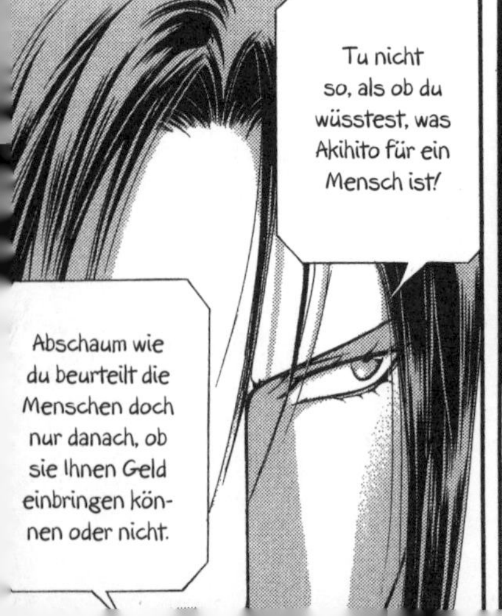
Tu nicht so, als ob du wüsstest, was Akihito für ein Mensch ist!
Abschaum wie du beurteilt die Menschen doch nur danach, ob sie Ihnen Geld einbringen können oder nicht.
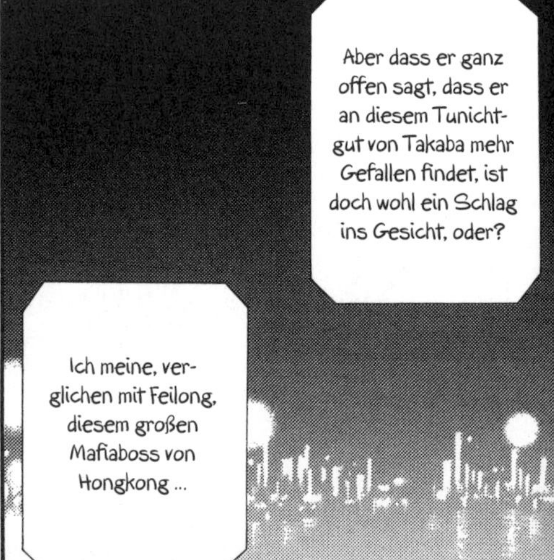
Aber dass er ganz offen sagt, dass er an diesem Tunichtgut von Takaba mehr Gefallen findet, ist doch wohl ein Schlag ins Gesicht, oder?
Ich meine, verglichen mit Feilong, diesem großen Mafiaboss von Hongkong ...

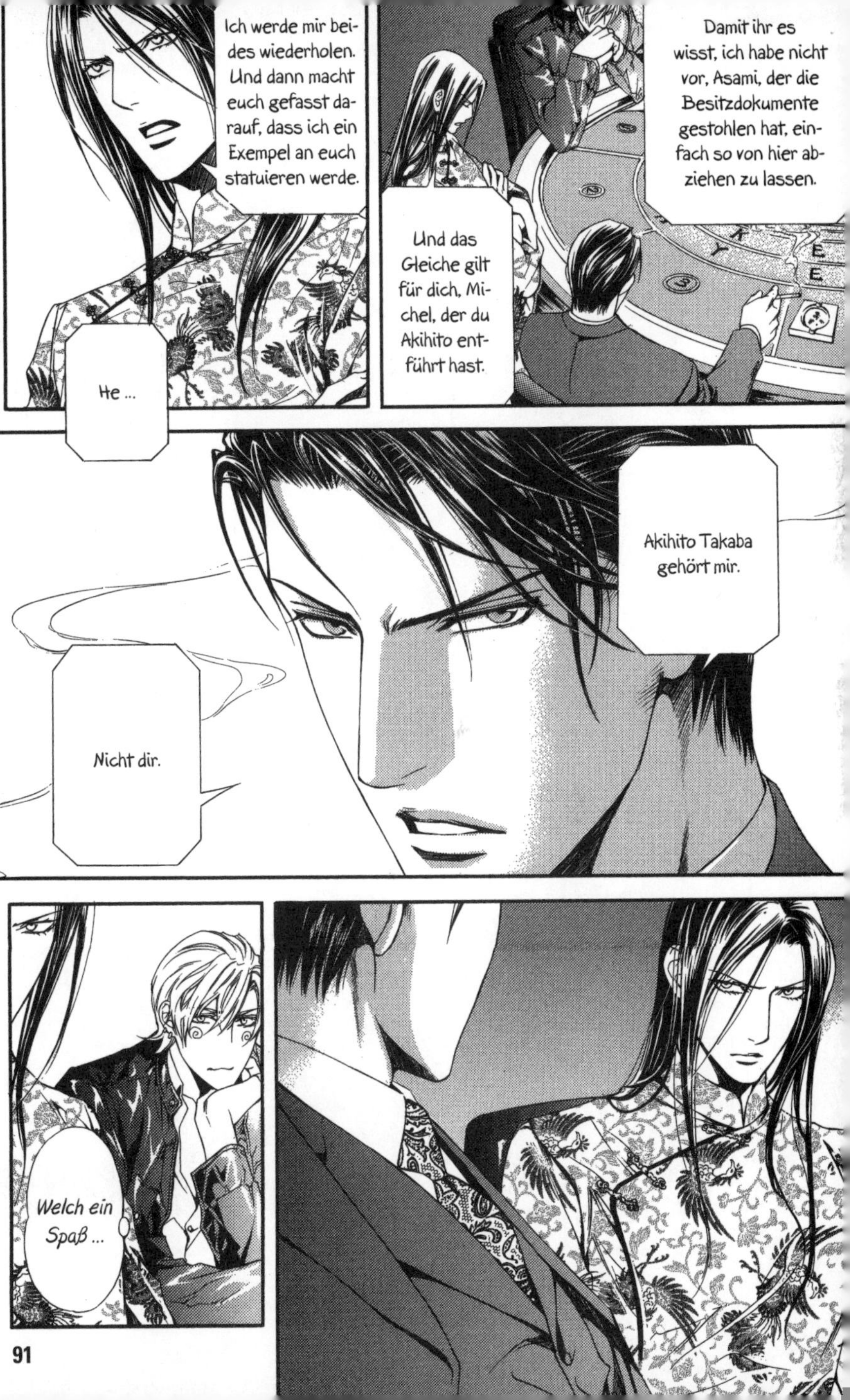

Damit ihr es wisst, ich habe nicht vor, Asami, der die Besitzdokumente gestohlen hat, einfach so von hier abziehen zu lassen.

Und das Gleiche gilt für dich, Michel, der du Akihito entführt hast.

Ich werde mir beides wiederholen. Und dann macht euch gefasst darauf, dass ich ein Exempel an euch statuieren werde.

He ...

Akihito Takaba gehört mir.

Nicht dir.

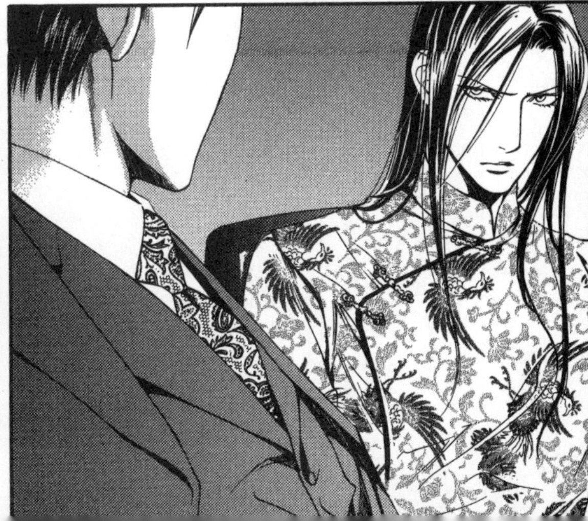

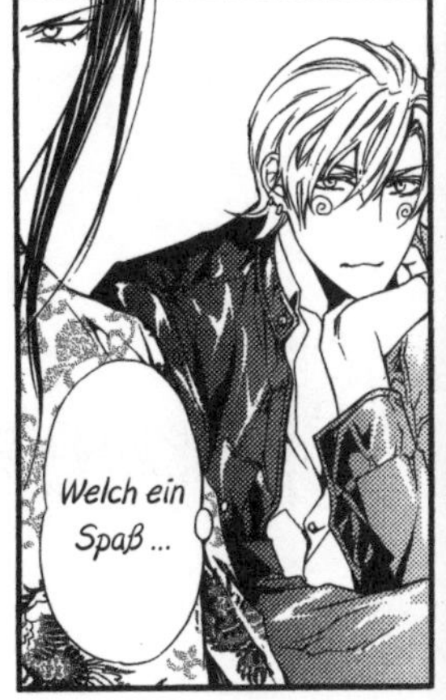

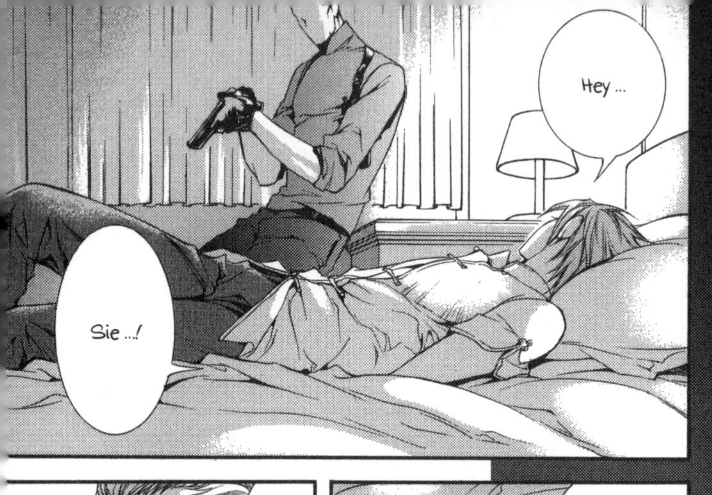
Hey ...
Sie ...!

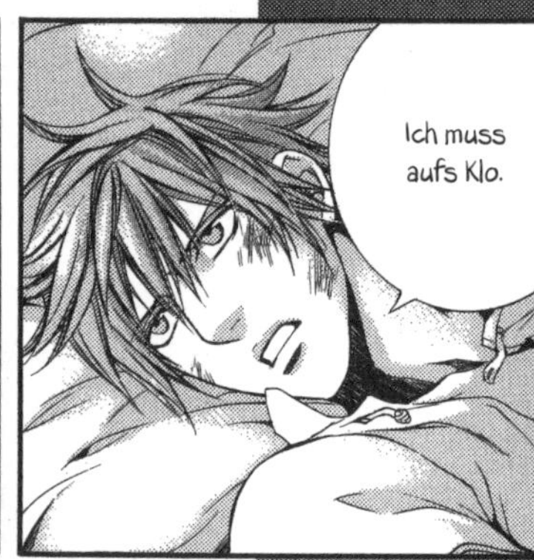
Ich muss aufs Klo.

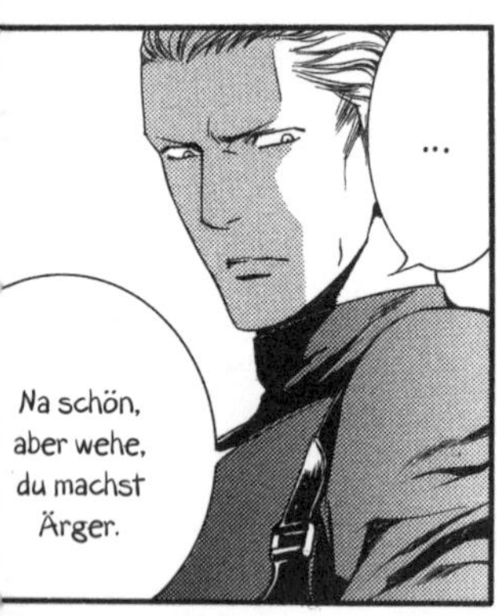
...
Na schön, aber wehe, du machst Ärger.

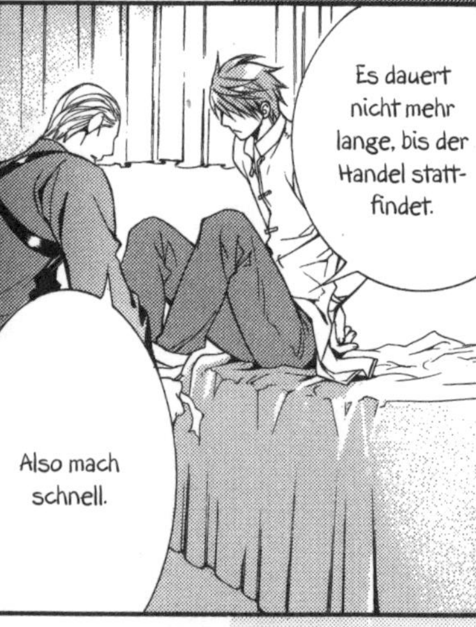
Es dauert nicht mehr lange, bis der Handel stattfindet.
Also mach schnell.

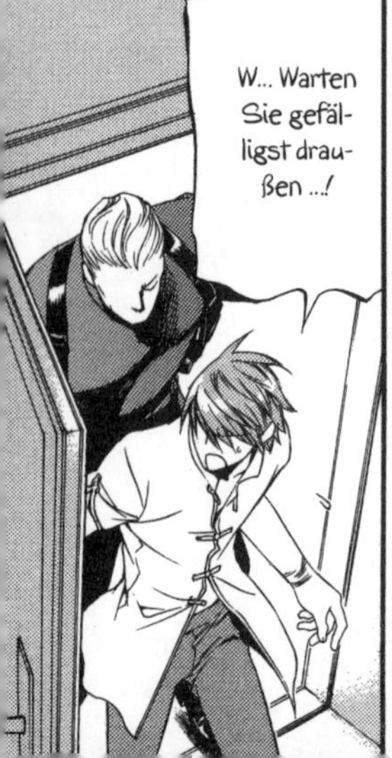
W... Warten Sie gefälligst draußen ...!

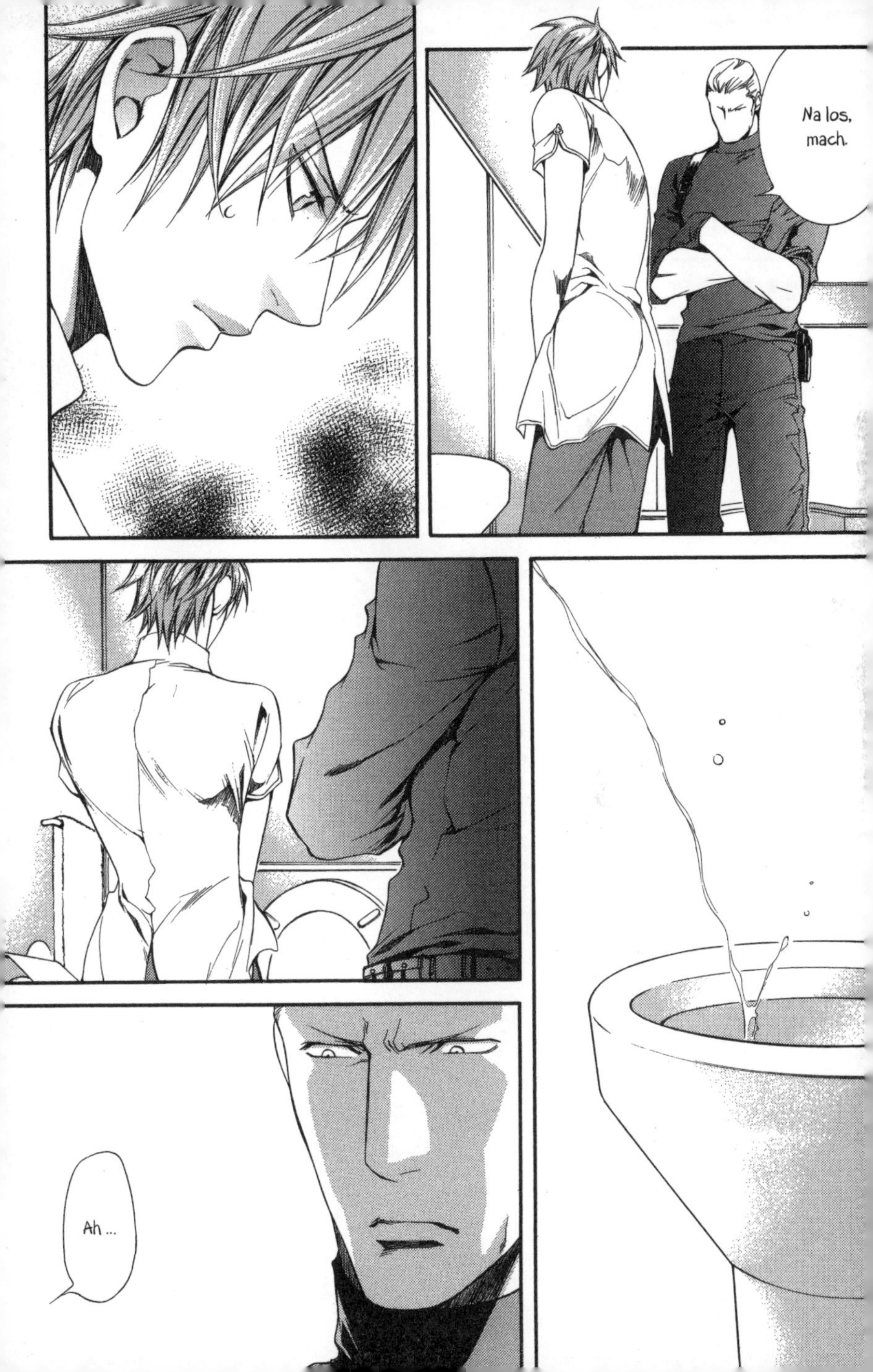

Na los, mach.

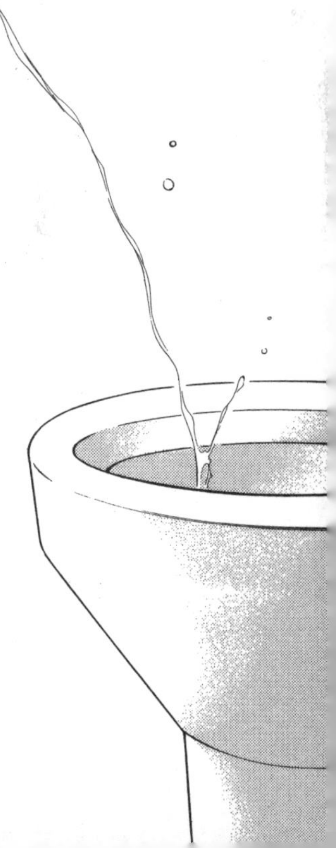

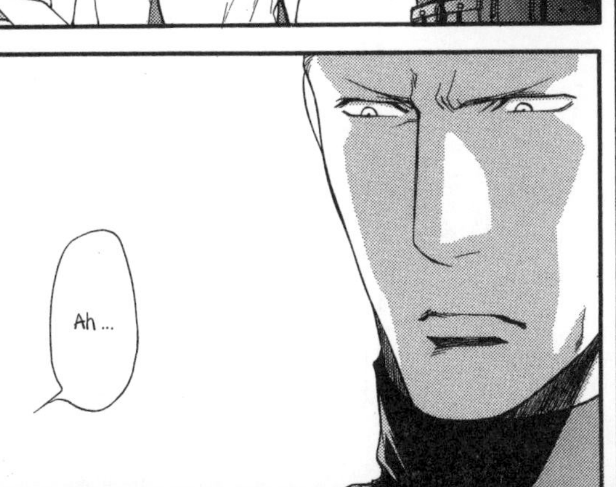

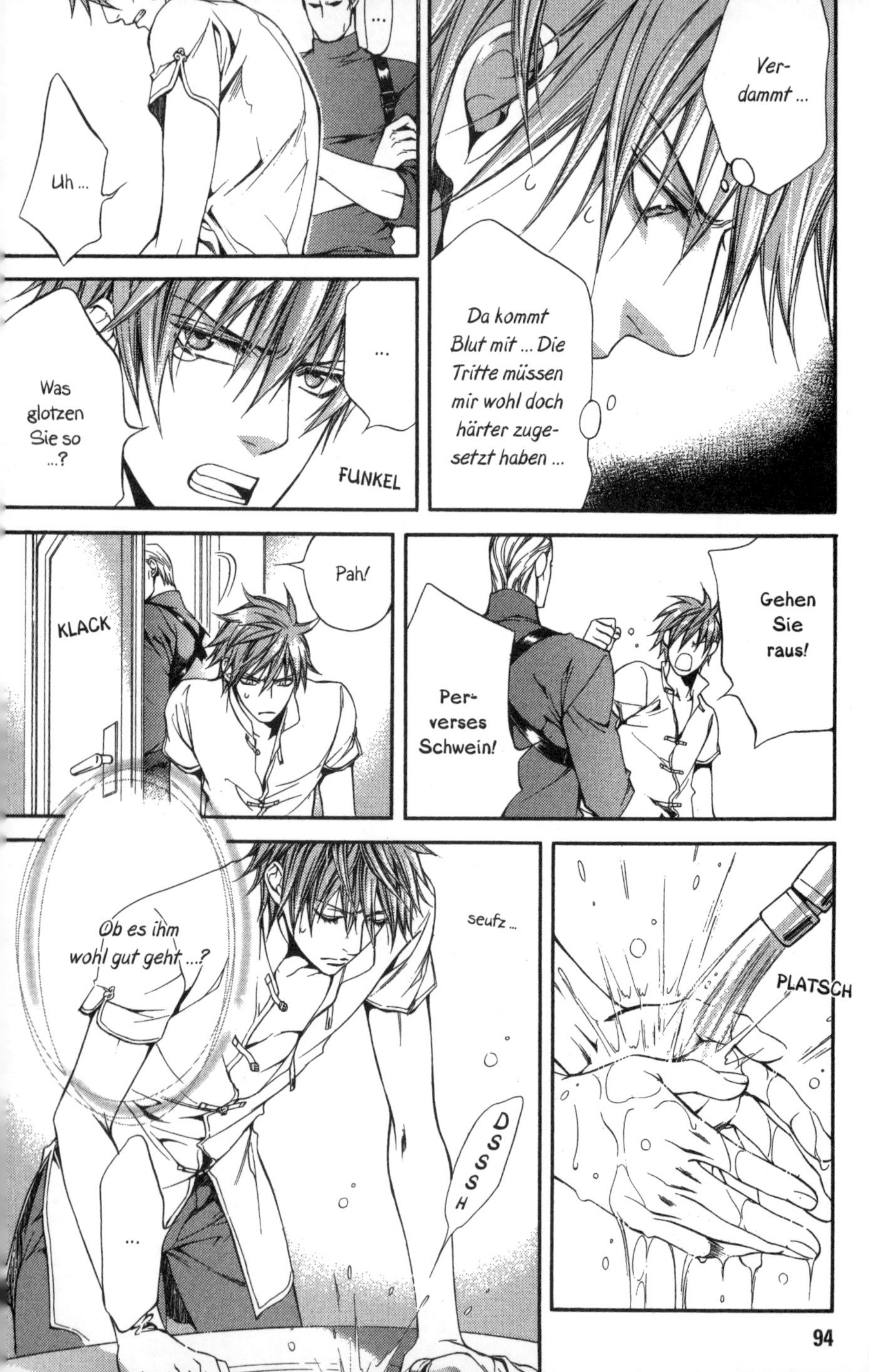
Verdammt ...
Da kommt Blut mit ... Die Tritte müssen mir wohl doch härter zugesetzt haben ...
...
Uh ...
...
Was glotzen Sie so ...?
FUNKEL
Gehen Sie raus!
Perverses Schwein!
Pah!
KLACK
PLATSCH
seufz ...
Ob es ihm wohl gut geht ...?
DSSSH
...

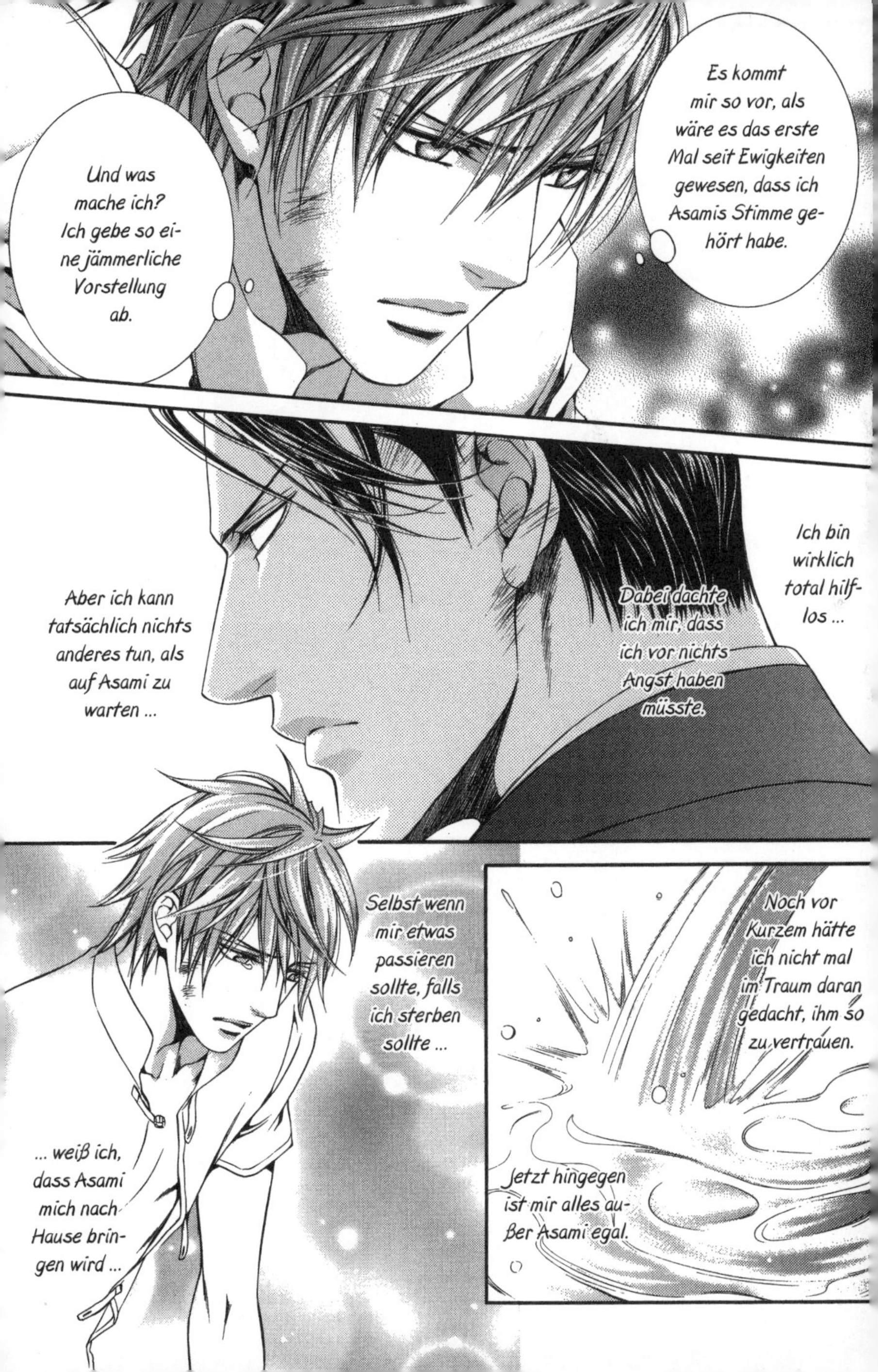

Es kommt mir so vor, als wäre es das erste Mal seit Ewigkeiten gewesen, dass ich Asamis Stimme gehört habe.
Und was mache ich? Ich gebe so eine jämmerliche Vorstellung ab.
Ich bin wirklich total hilflos ...
Dabei dachte ich mir, dass ich vor nichts Angst haben müsste.
Aber ich kann tatsächlich nichts anderes tun, als auf Asami zu warten ...
Noch vor Kurzem hätte ich nicht mal im Traum daran gedacht, ihm so zu vertrauen.
Jetzt hingegen ist mir alles außer Asami egal.
Selbst wenn mir etwas passieren sollte, falls ich sterben sollte ...
... weiß ich, dass Asami mich nach Hause bringen wird ...

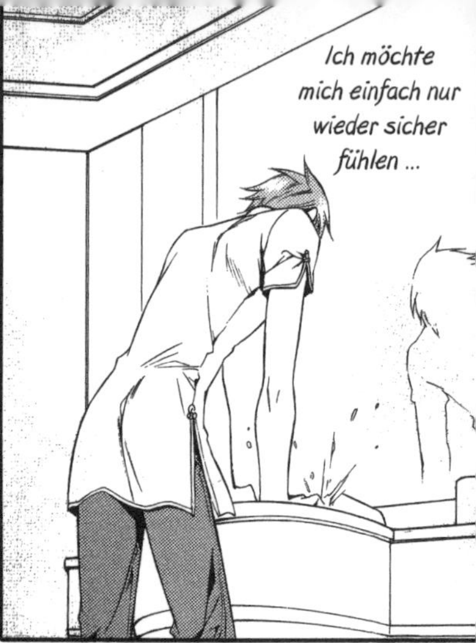

Ich möchte mich einfach nur wieder sicher fühlen ...

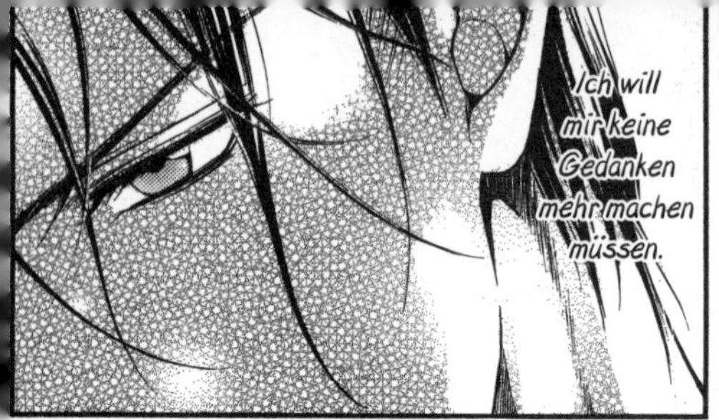

Ich will mir keine Gedanken mehr machen müssen.

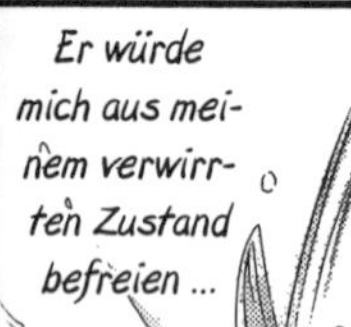

Ich möchte mein Gesicht wieder in seinem Nacken vergraben wie einst.
PLATSCH
Er würde mich aus meinem verwirrten Zustand befreien ...

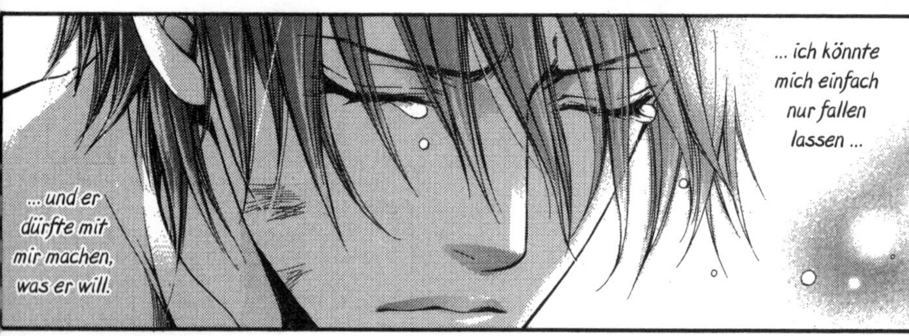

... ich könnte mich einfach nur fallen lassen ...
... und er dürfte mit mir machen, was er will.

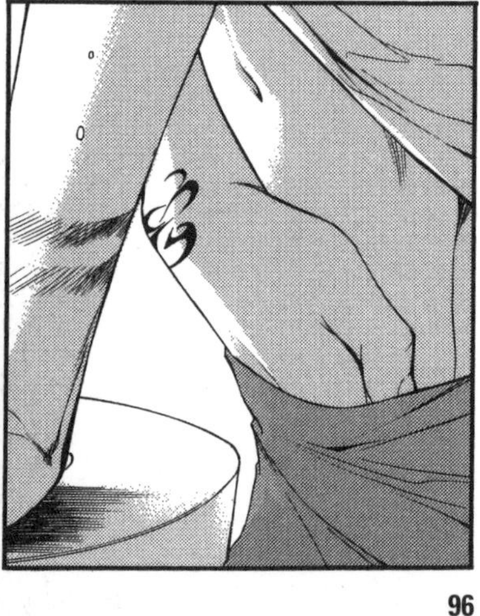
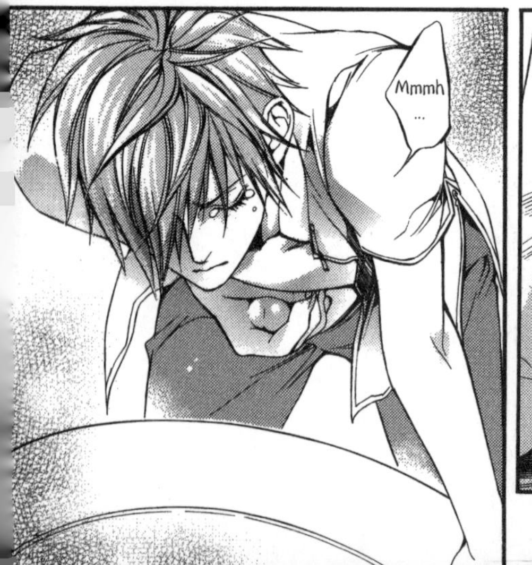

Mmmh ...

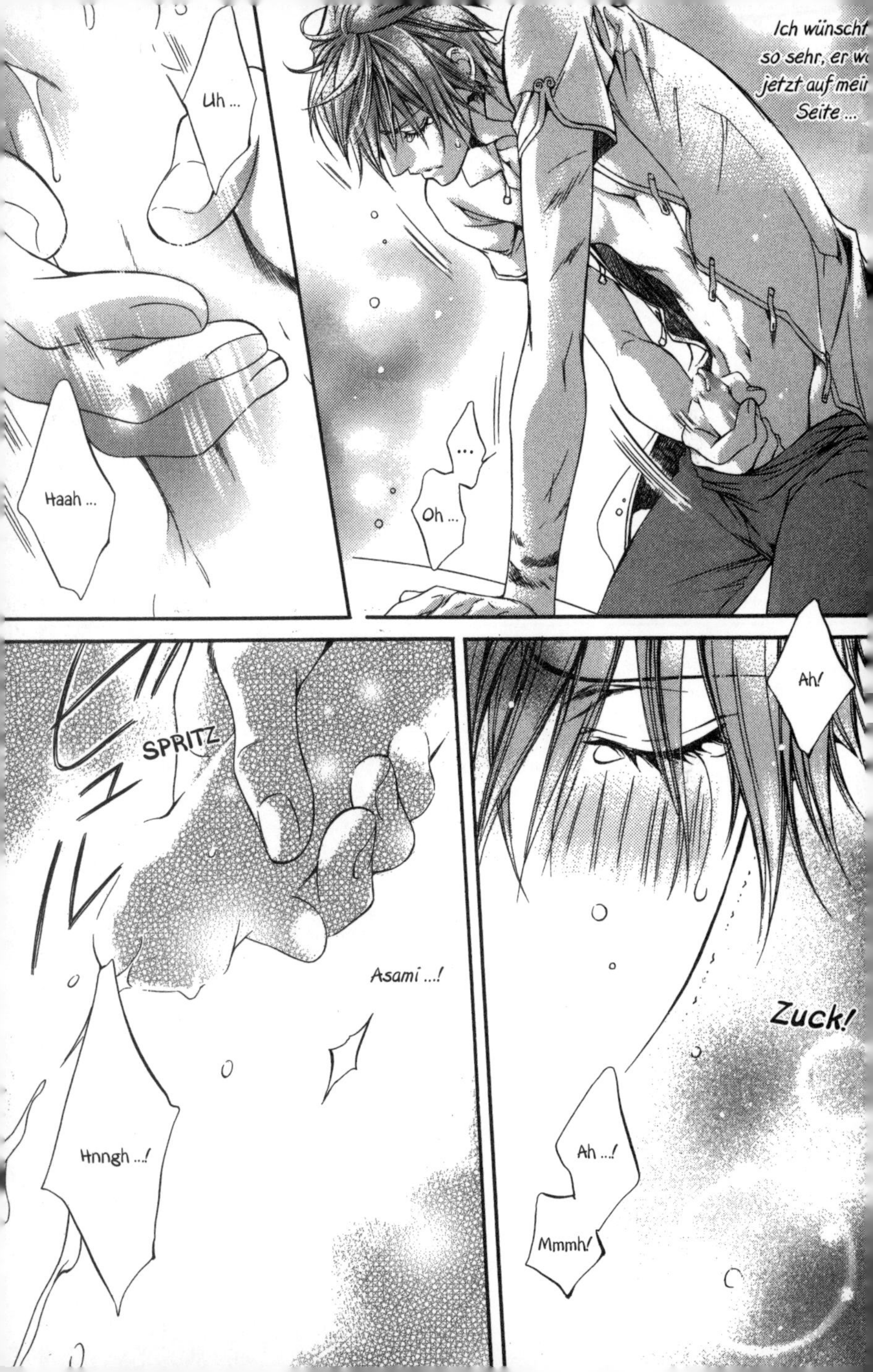
Ich wünscht
so sehr, er wo
jetzt auf mein
Seite ...
Uh ...
...
Oh ...
Haah ...
Ah!
SPRITZ
Asami ...!
Hnngh ...!
Zuck!
Ah ...!
Mmmh!

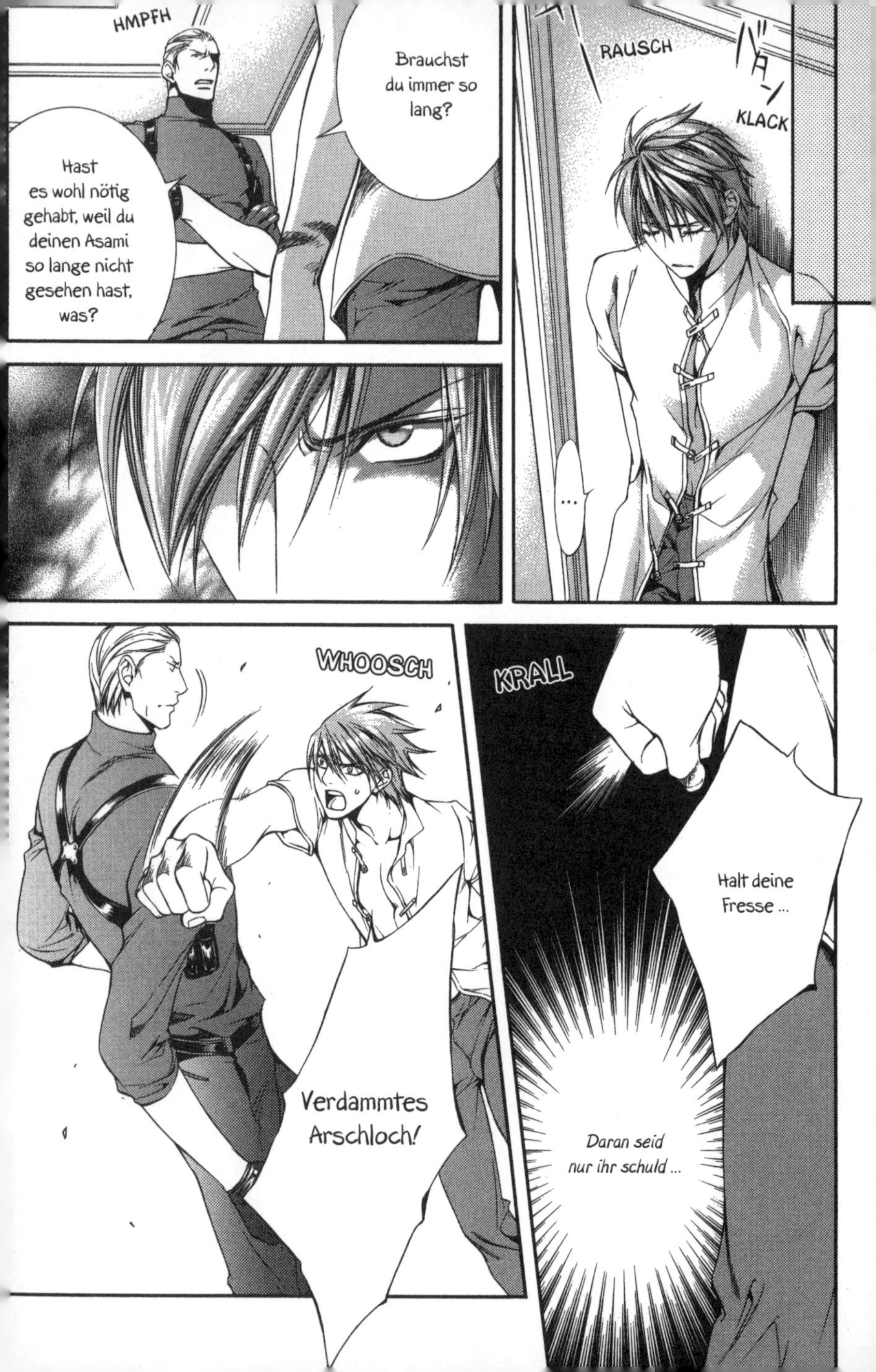

RAUSCH
KLACK
…
HMPFH
Brauchst du immer so lang?
Hast es wohl nötig gehabt, weil du deinen Asami so lange nicht gesehen hast, was?
KRALL
Halt deine Fresse …
Daran seid nur ihr schuld …
WHOOSCH
Verdammtes Arschloch!

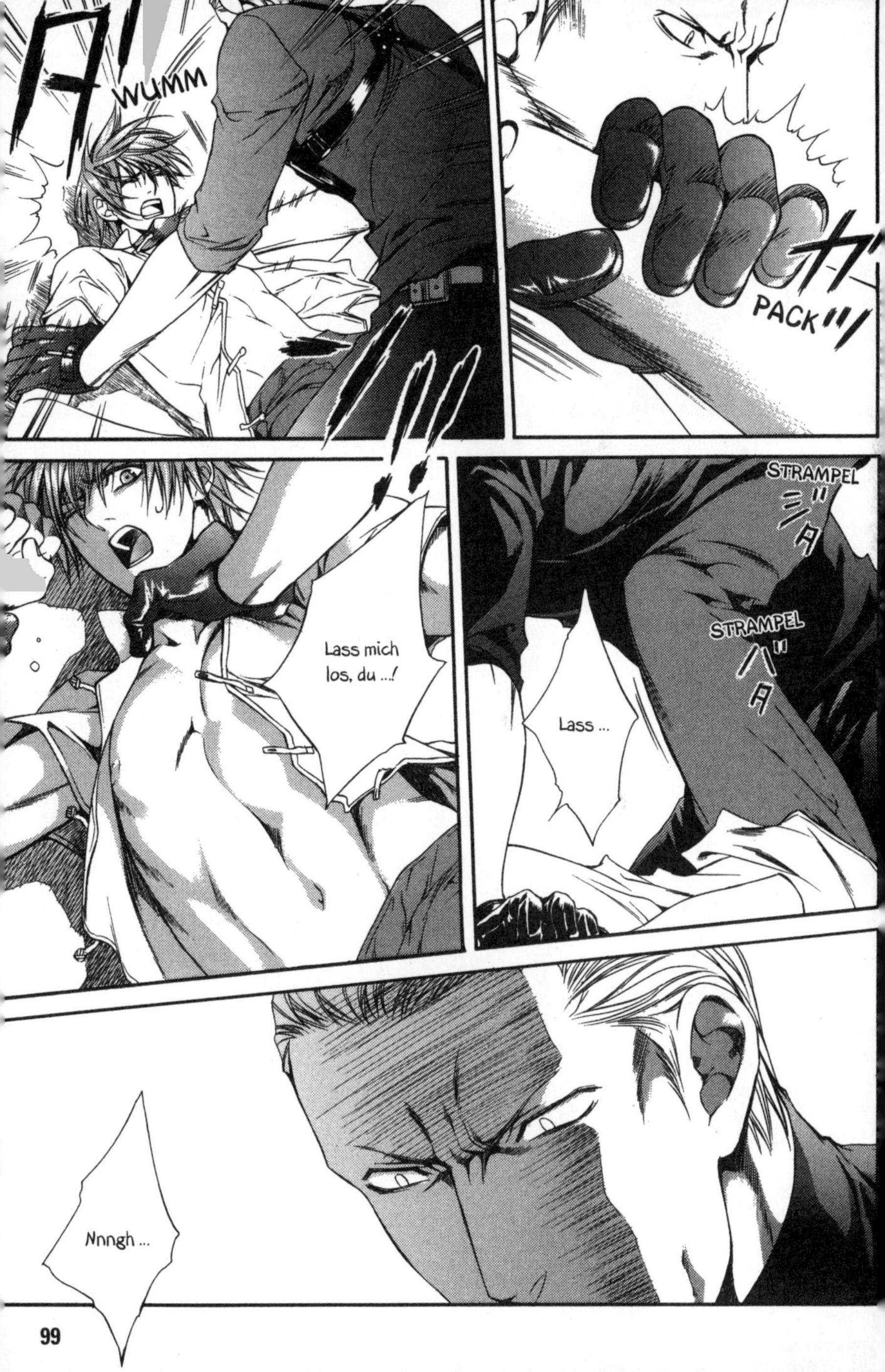
PACK
WUMM
STRAMPEL
STRAMPEL
Lass ...
Lass mich los, du ...!
Nnngh ...

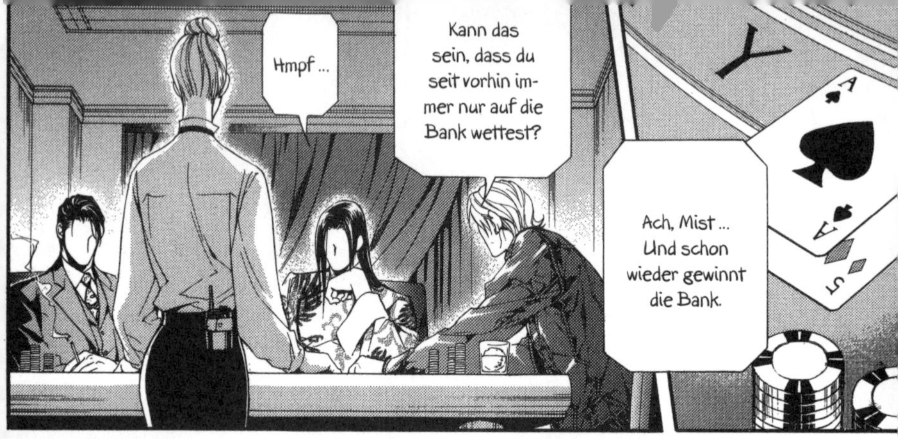
Ach, Mist ... Und schon wieder gewinnt die Bank.
Kann das sein, dass du seit vorhin immer nur auf die Bank wettest?
Hmpf ...

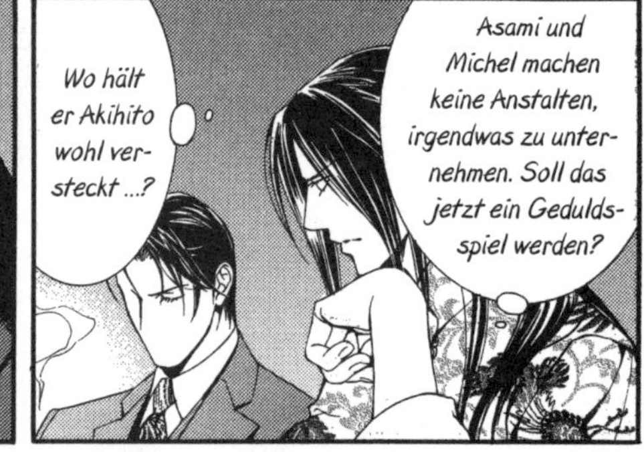
Asami und Michel machen keine Anstalten, irgendwas zu unternehmen. Soll das jetzt ein Geduldsspiel werden?
Wo hält er Akihito wohl versteckt ...?

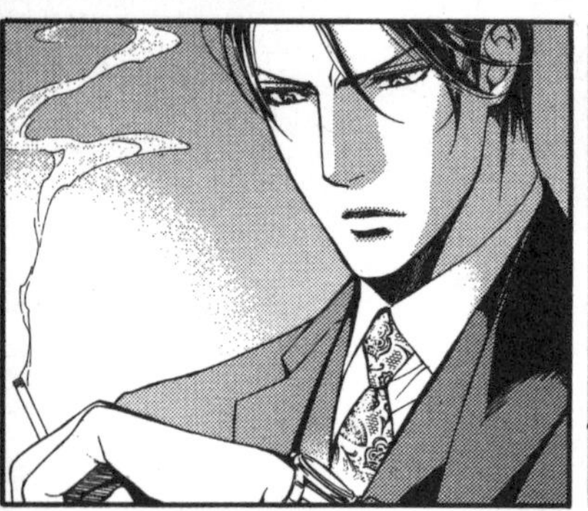

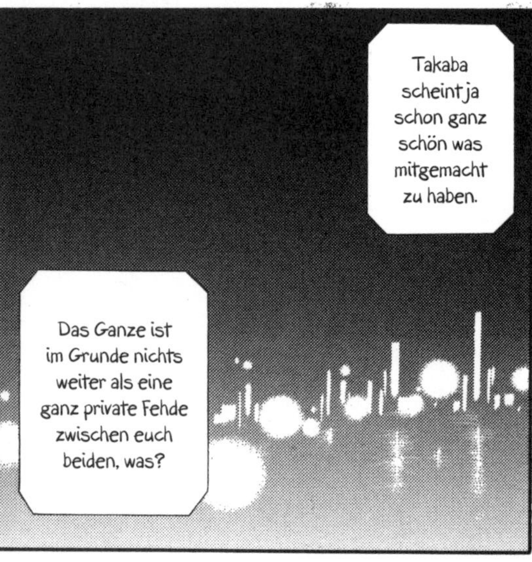
Takaba scheint ja schon ganz schön was mitgemacht zu haben.
Das Ganze ist im Grunde nichts weiter als eine ganz private Fehde zwischen euch beiden, was?

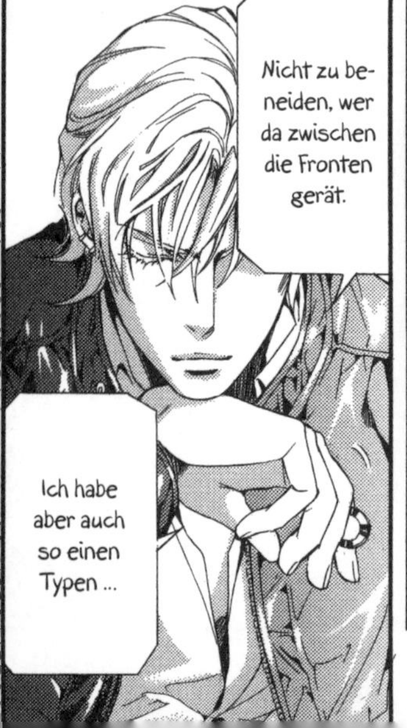
Nicht zu beneiden, wer da zwischen die Fronten gerät.
Ich habe aber auch so einen Typen ...

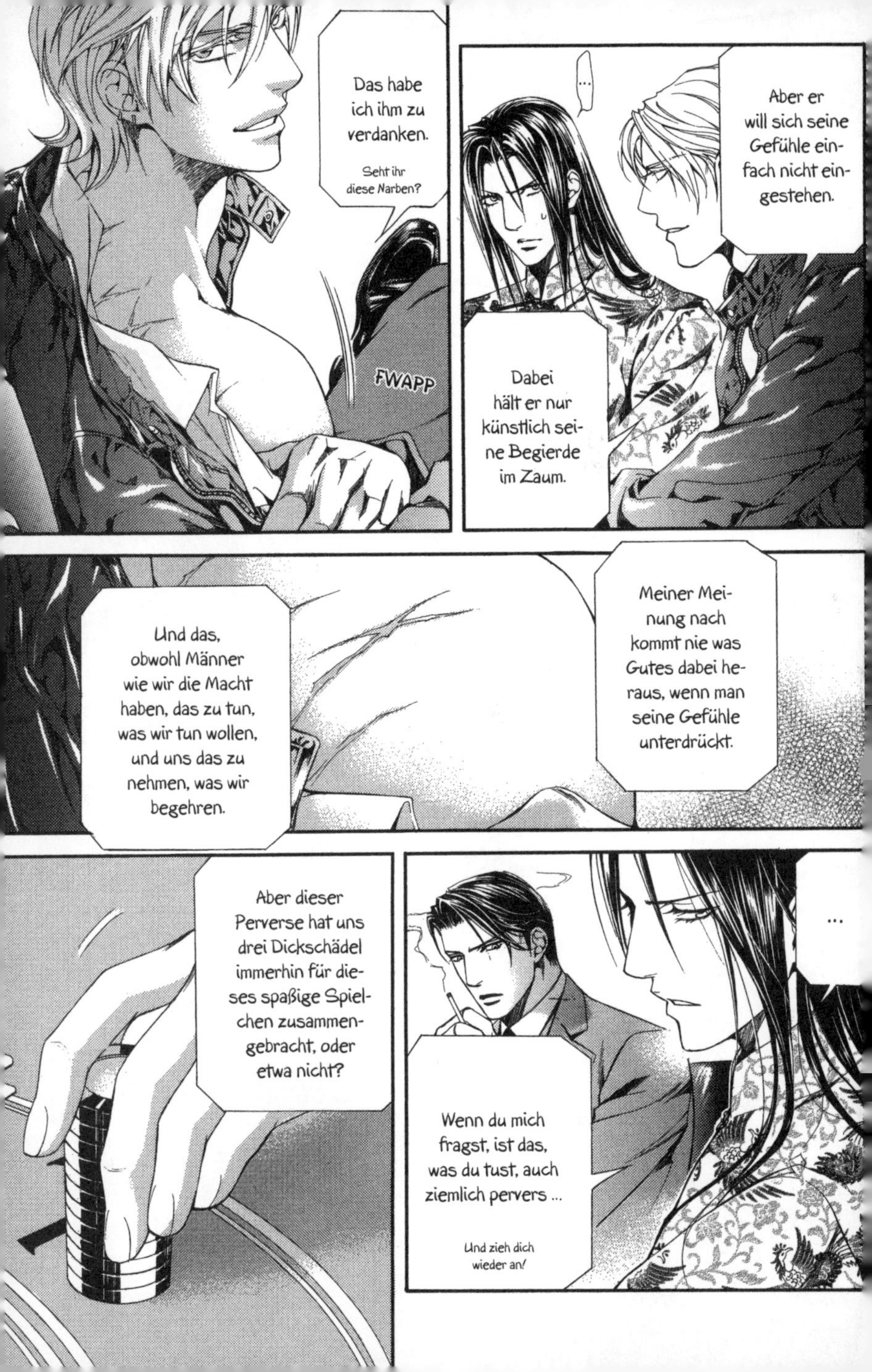

...
Aber er will sich seine Gefühle einfach nicht eingestehen.
Dabei hält er nur künstlich seine Begierde im Zaum.
Das habe ich ihm zu verdanken.
Seht ihr diese Narben?
FWAPP

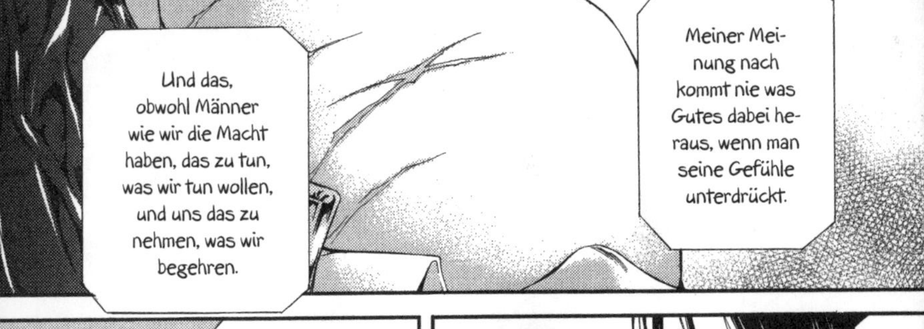

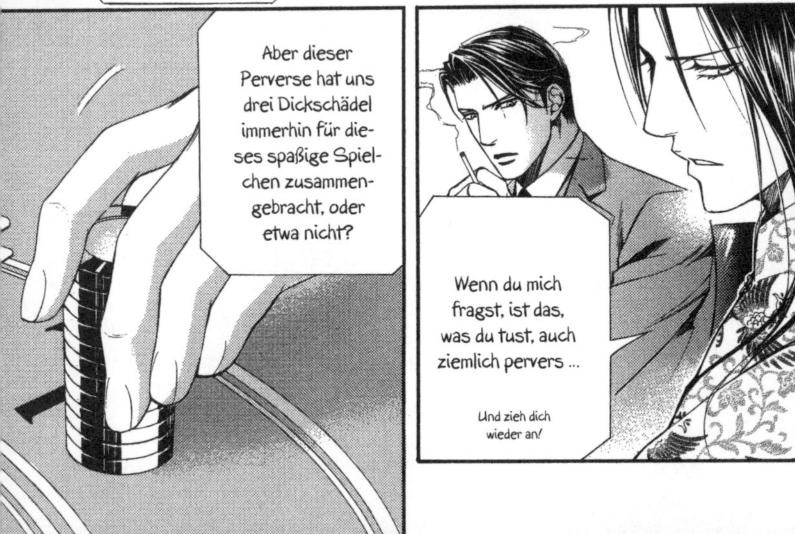

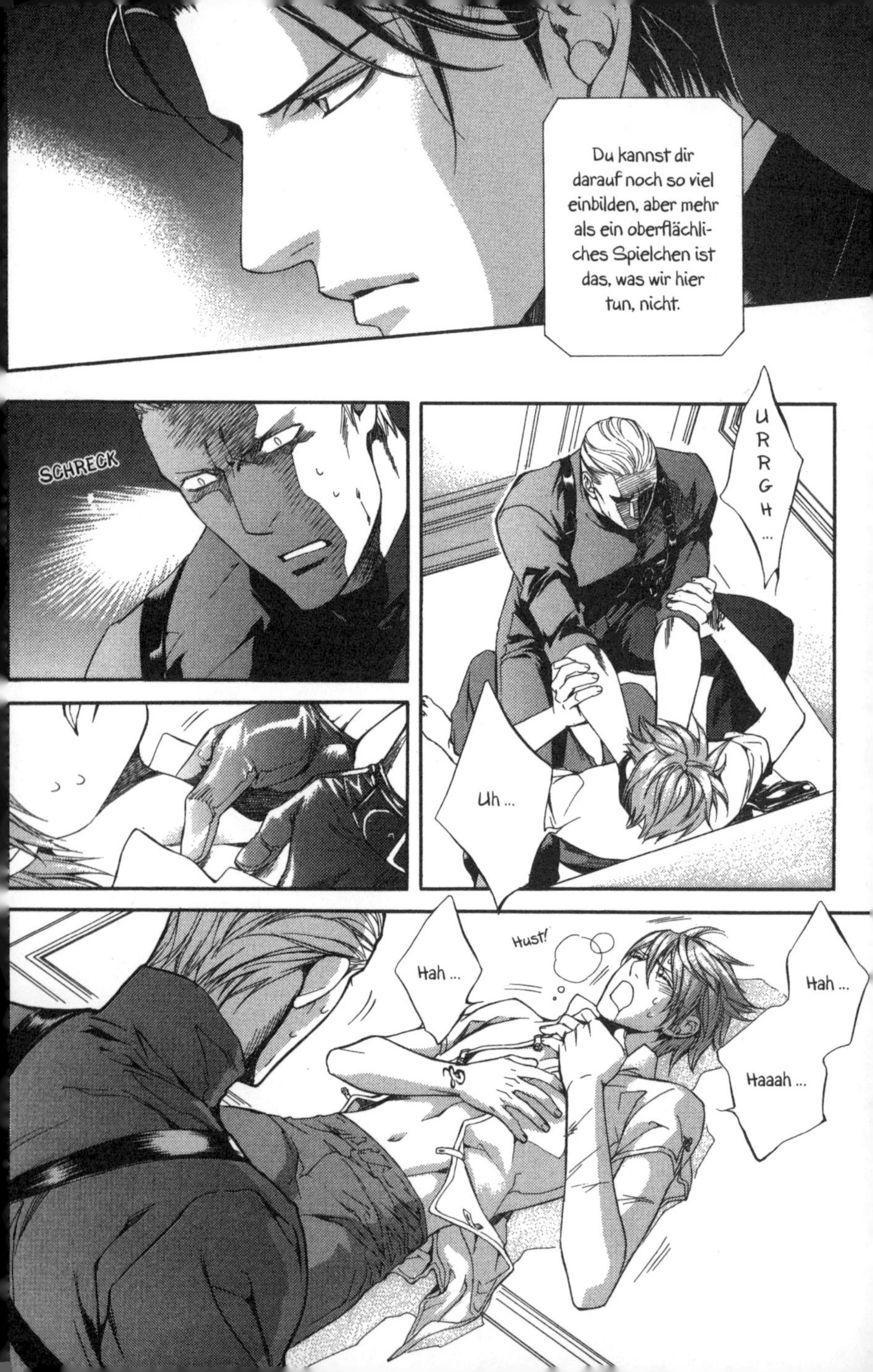
Du kannst dir darauf noch so viel einbilden, aber mehr als ein oberflächliches Spielchen ist das, was wir hier tun, nicht.
URRGH ...
SCHRECK
Uh ...
Hah ...
Haaah ...
Hust!
Hah ...

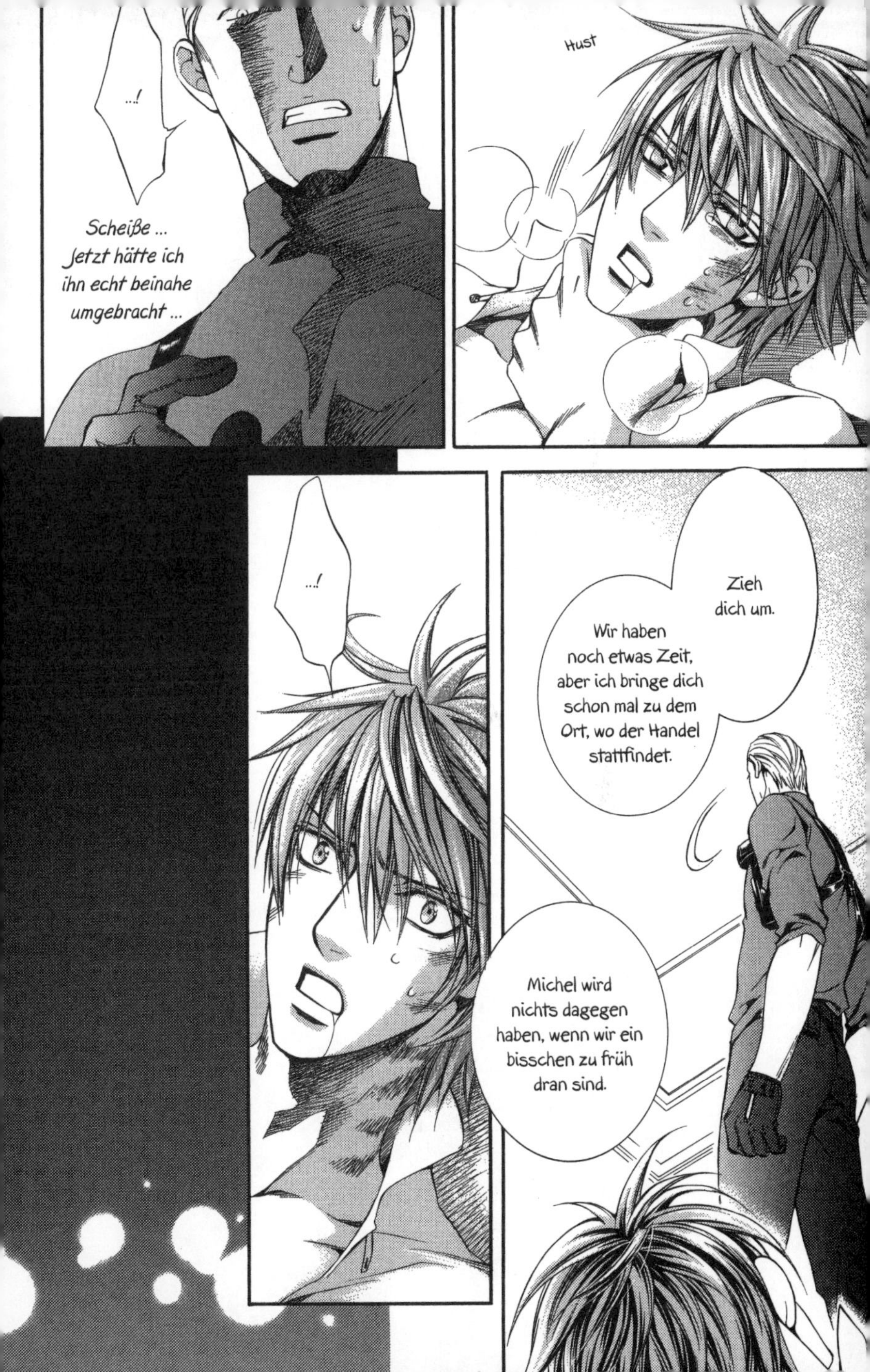
Hust
...!
Scheiße ... Jetzt hätte ich ihn echt beinahe umgebracht ...
Zieh dich um.
Wir haben noch etwas Zeit, aber ich bringe dich schon mal zu dem Ort, wo der Handel stattfindet.
Michel wird nichts dagegen haben, wenn wir ein bisschen zu früh dran sind.
...!

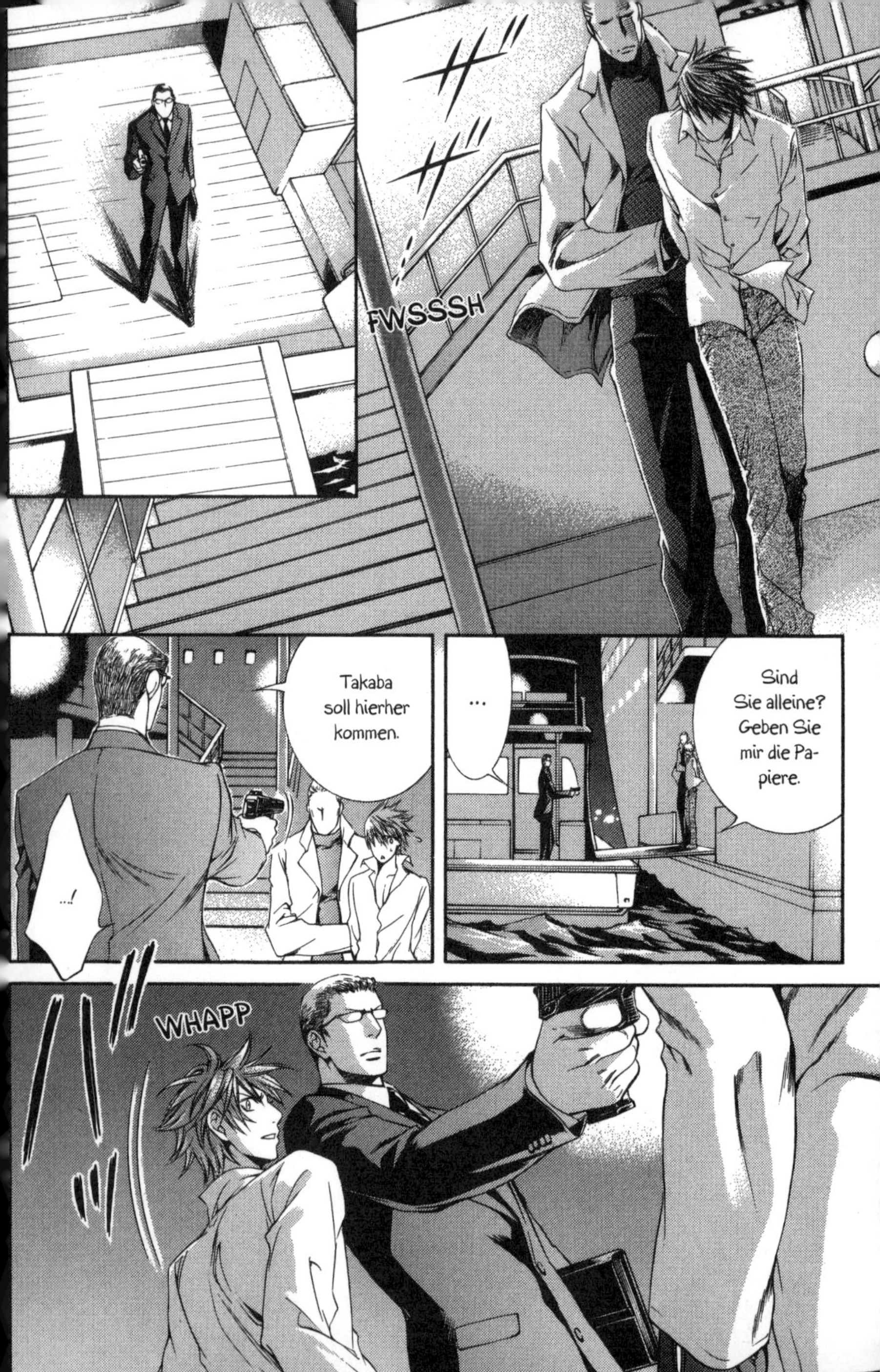
FWSSSH
Sind Sie alleine? Geben Sie mir die Papiere.
...
Takaba soll hierher kommen.
...!
WHAPP

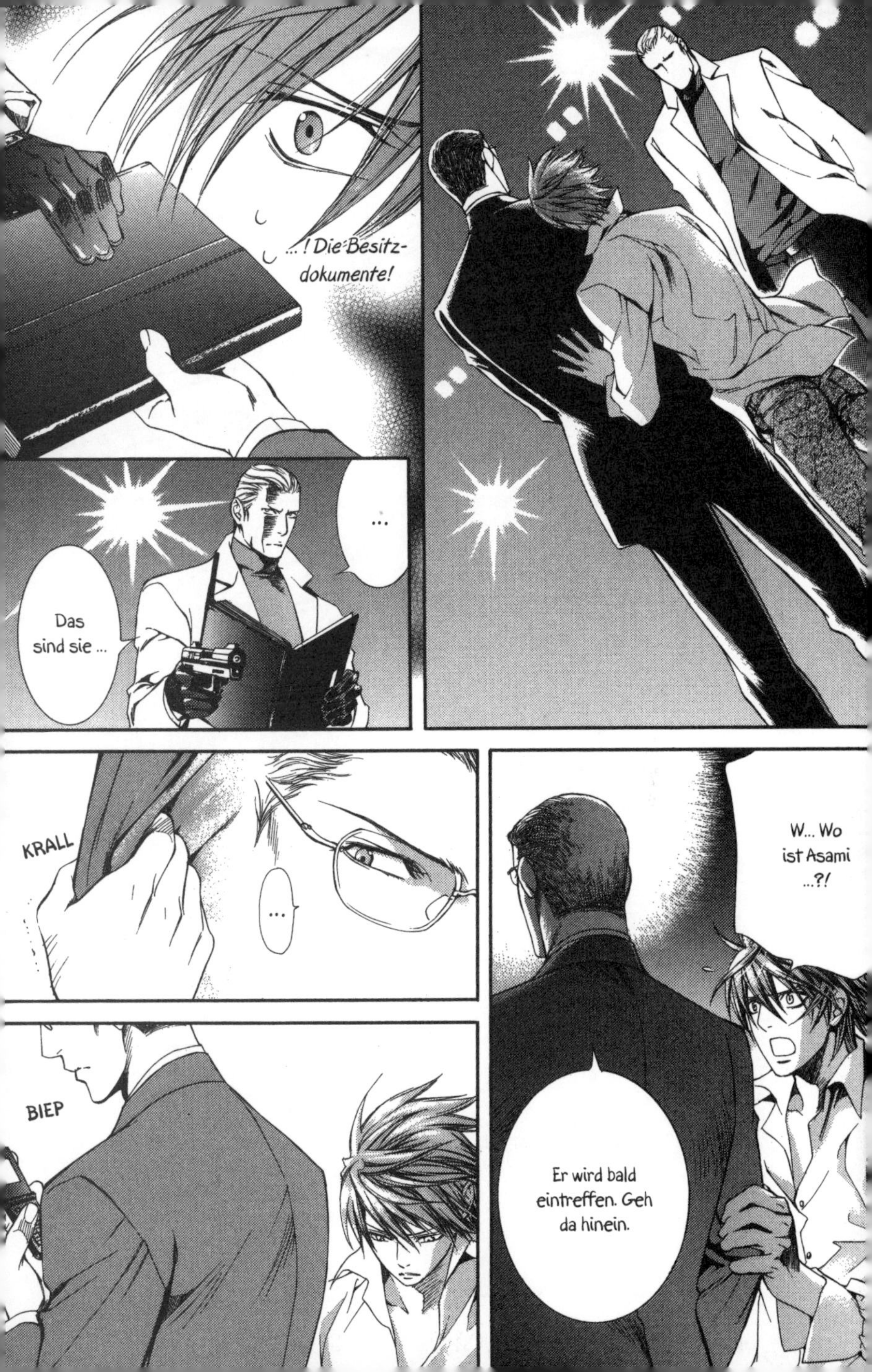

... ! Die Besitz-dokumente!

...

Das sind sie ...

W... Wo ist Asami ...?!

Er wird bald eintreffen. Geh da hinein.

KRALL

...

BIEP

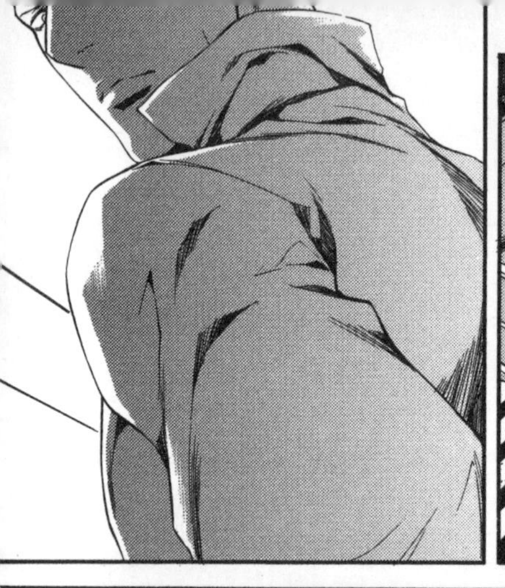

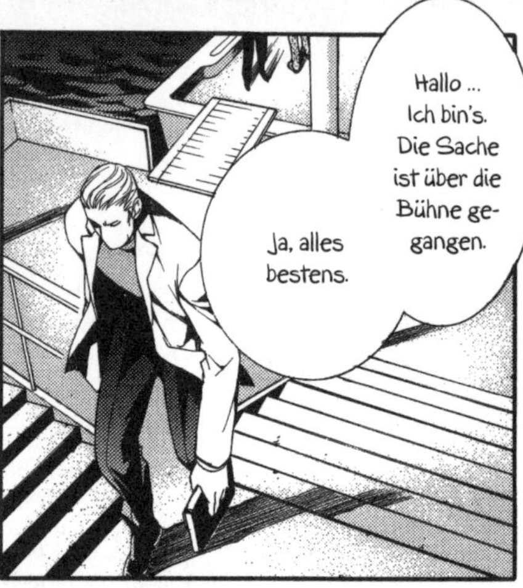
Hallo ... Ich bin's. Die Sache ist über die Bühne gegangen.
Ja, alles bestens.

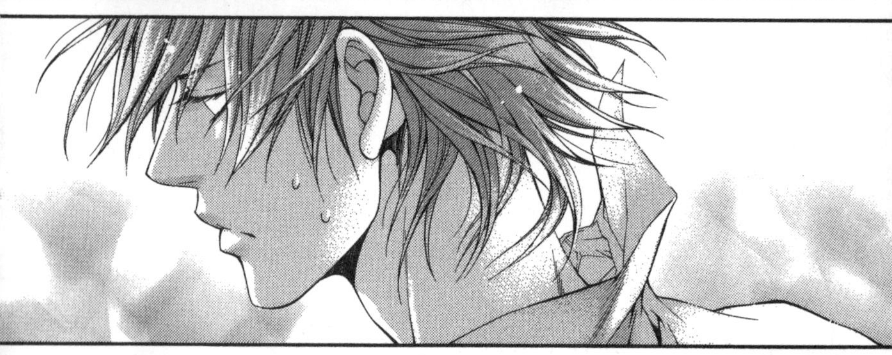

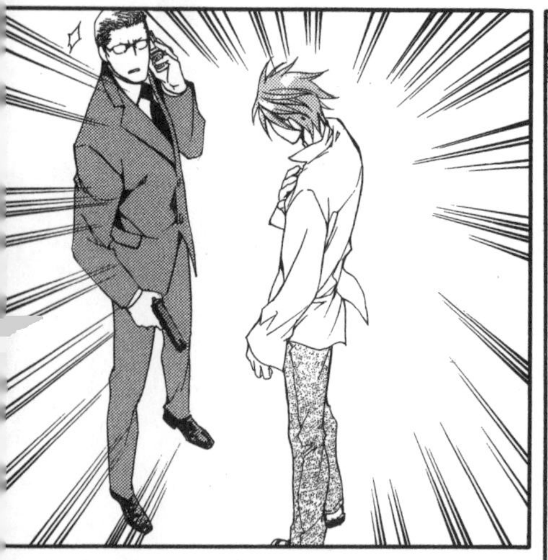

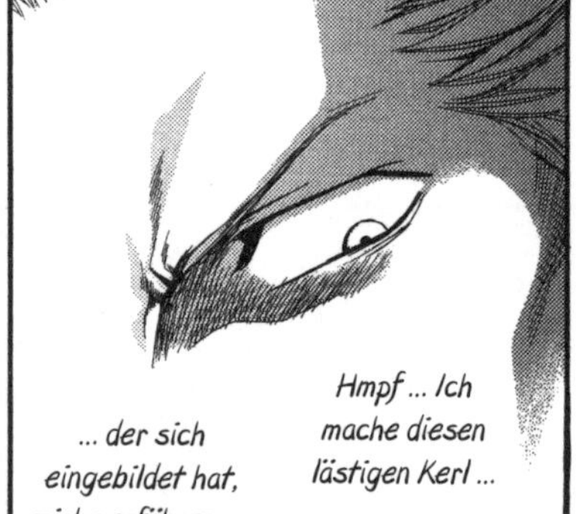
Hmpf ... Ich mache diesen lästigen Kerl ...
... der sich eingebildet hat, mich verführen zu wollen, wohl doch besser kalt ...

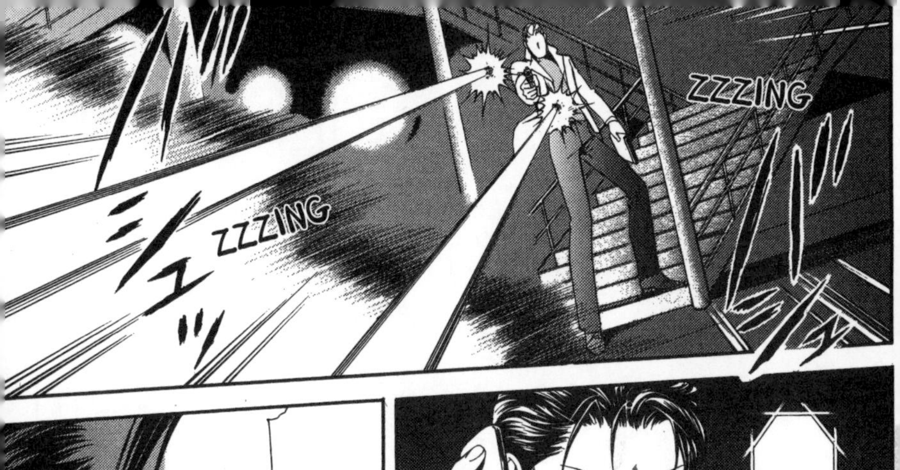
ZZZING
ZZZING
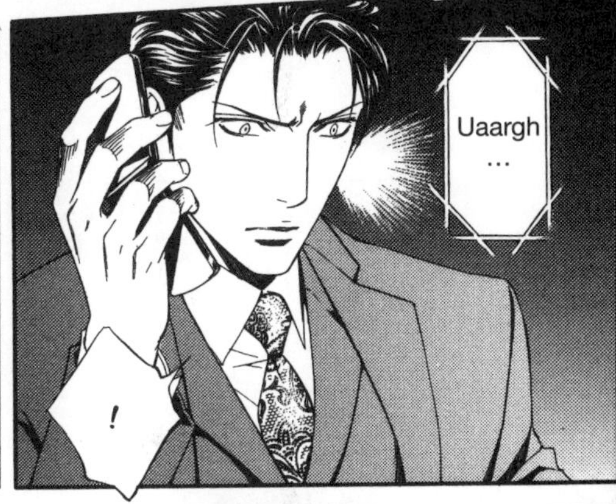
Uaargh
...
!
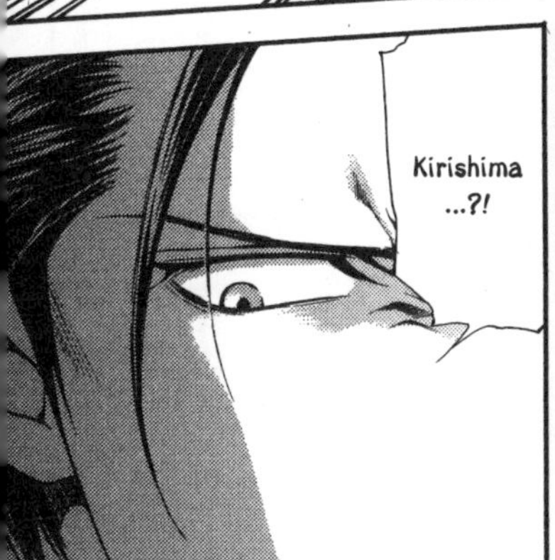
Kirishima
...?!
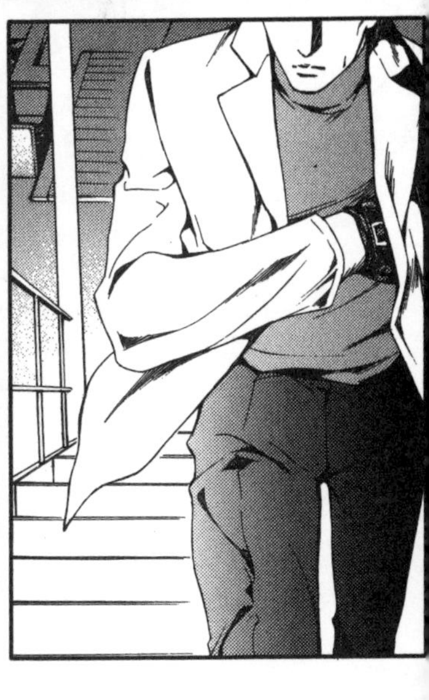
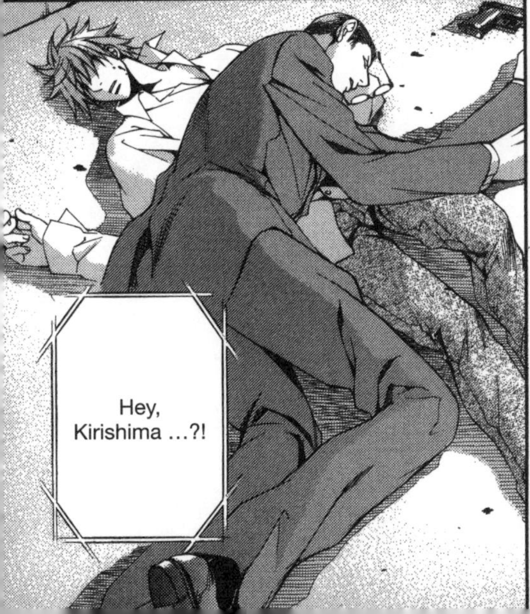
Hey,
Kirishima ...?!

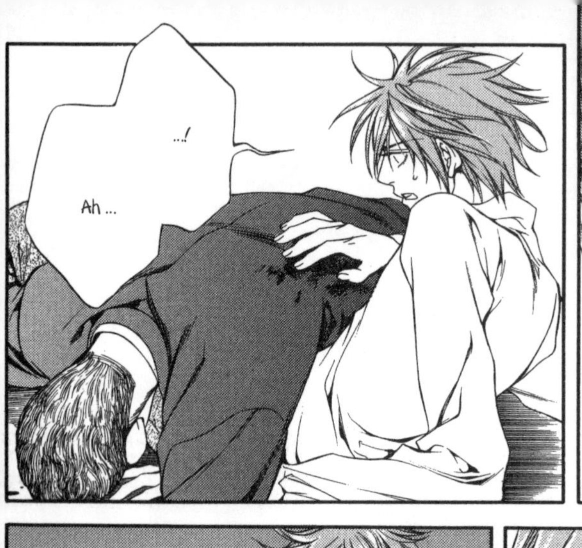
...!
Ah ...
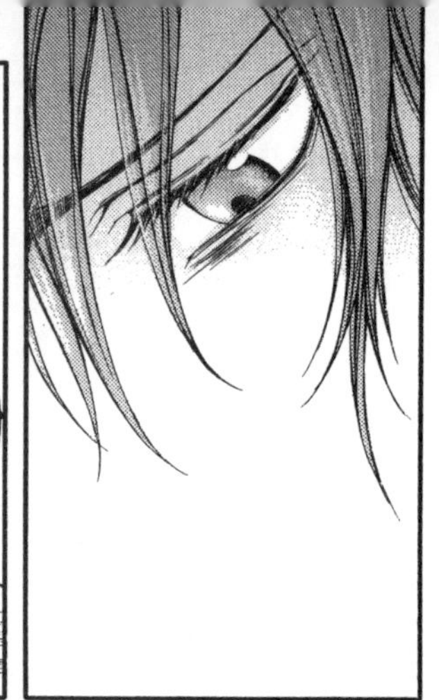
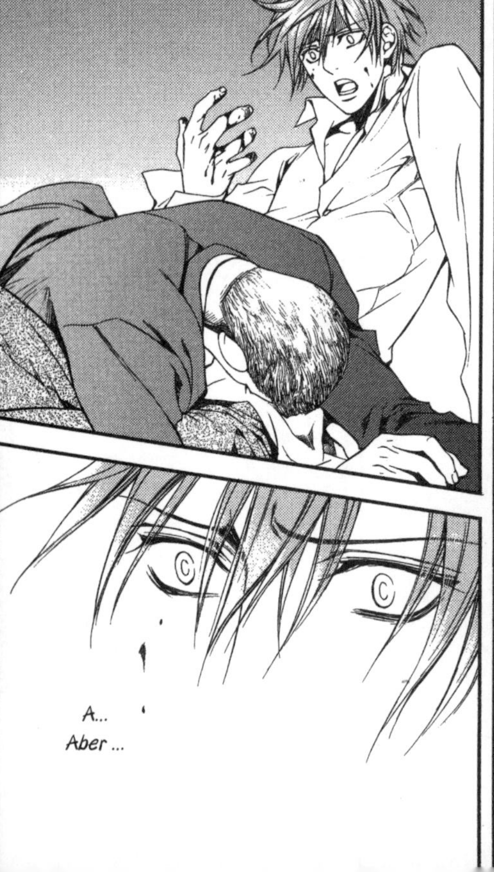
A...
Aber ...
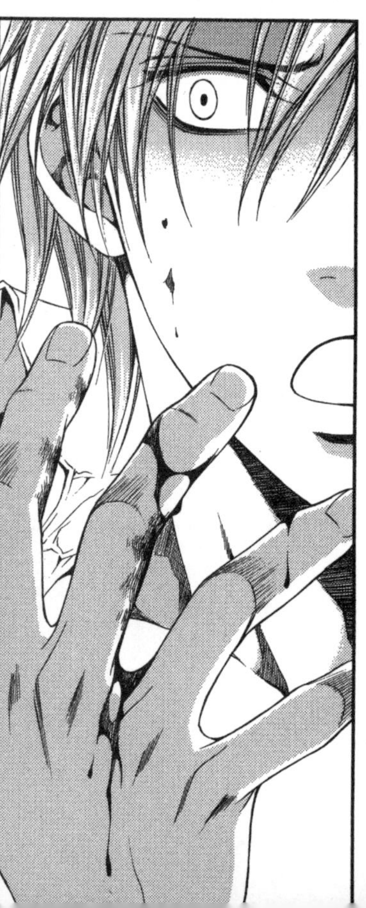

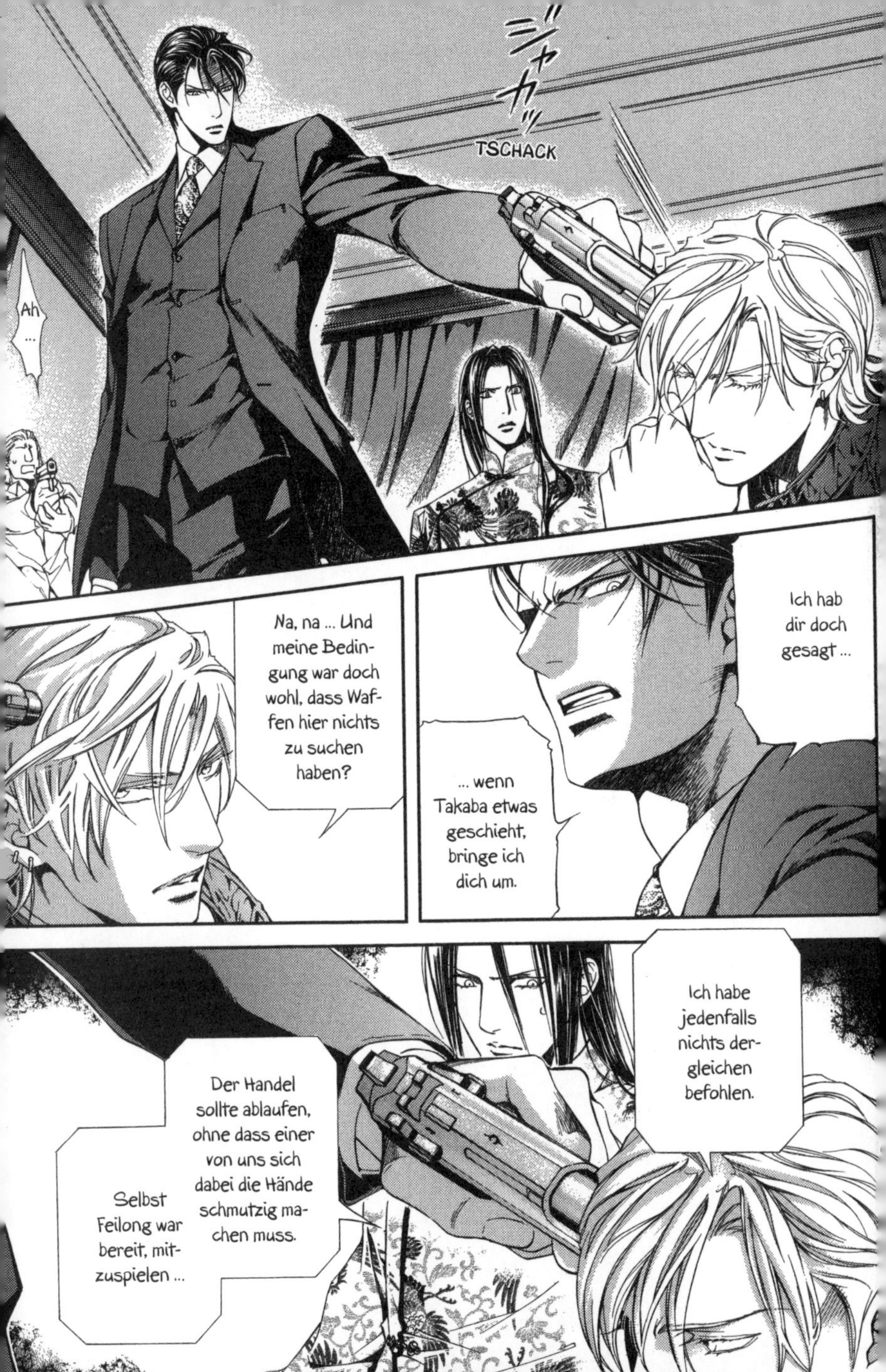
ジャカッ
TSCHACK
Ah ...
Ich hab dir doch gesagt ...
... wenn Takaba etwas geschieht, bringe ich dich um.
Na, na ... Und meine Bedingung war doch wohl, dass Waffen hier nichts zu suchen haben?
Ich habe jedenfalls nichts dergleichen befohlen.
Der Handel sollte ablaufen, ohne dass einer von uns sich dabei die Hände schmutzig machen muss.
Selbst Feilong war bereit, mitzuspielen ...

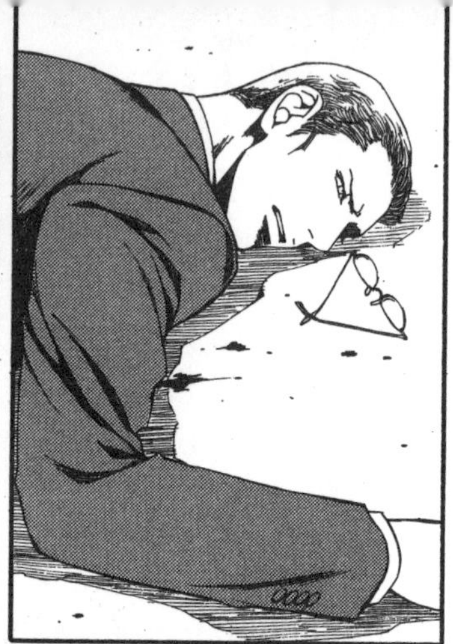

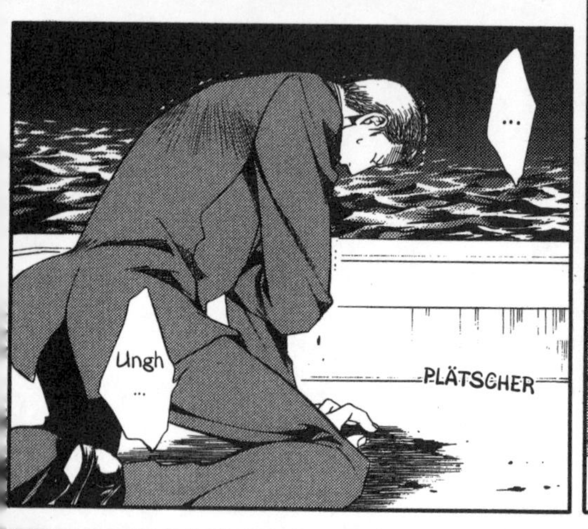
...
Ungh ...
PLÄTSCHER

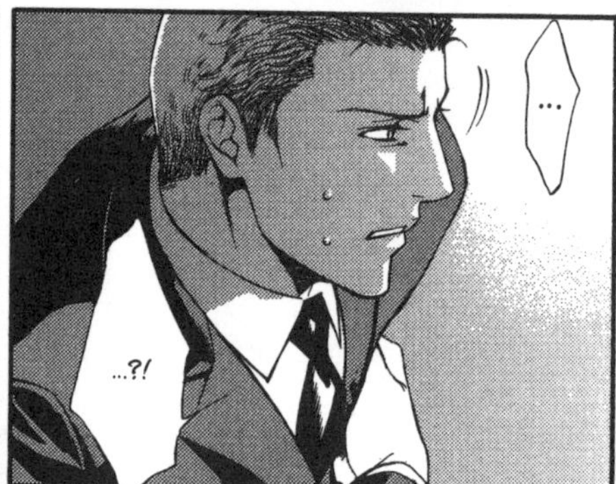
...
...?!

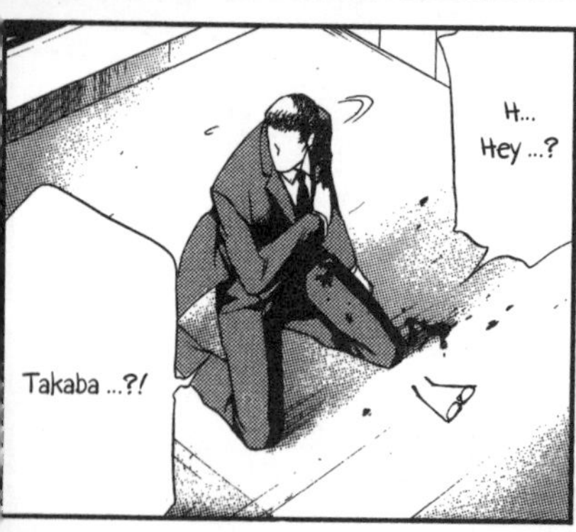
H... Hey ...?
Takaba ...?!

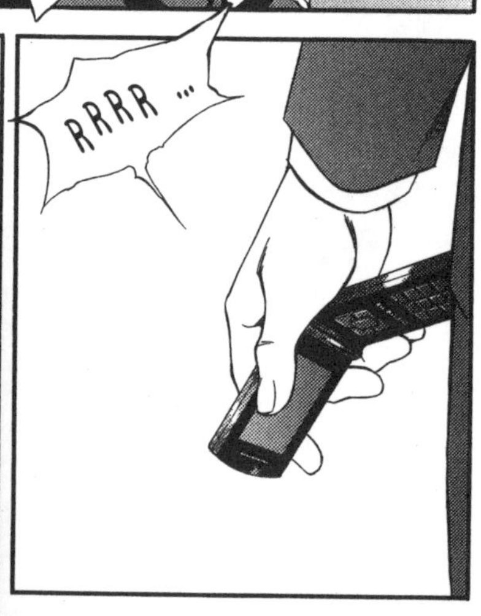
RRRR ...

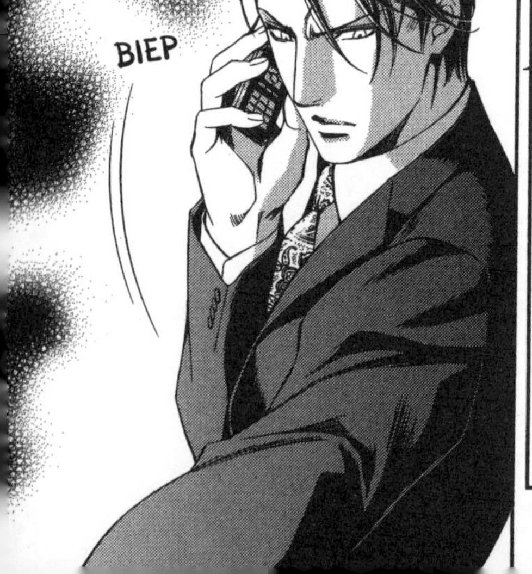
BIEP

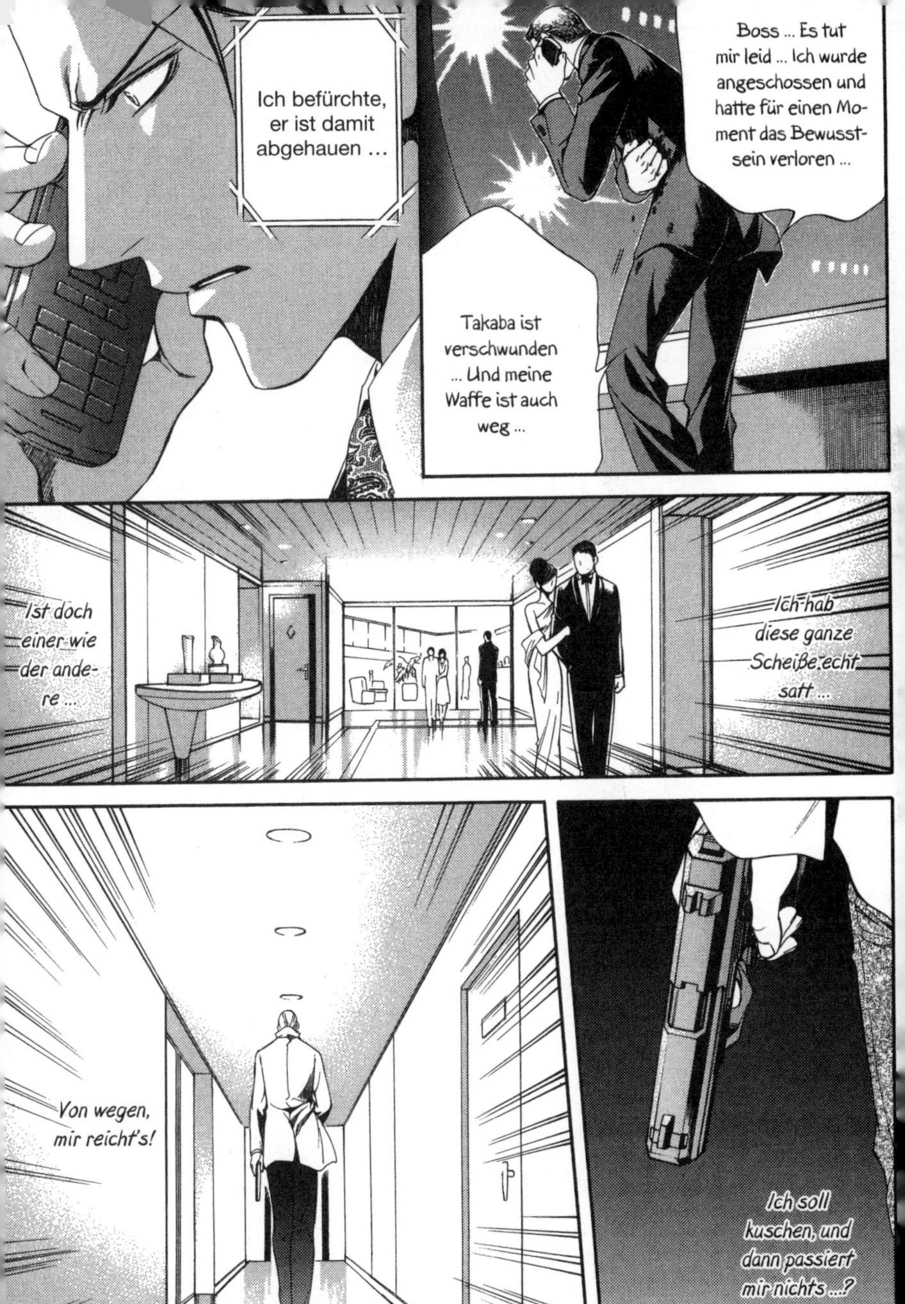
Boss ... Es tut mir leid ... Ich wurde angeschossen und hatte für einen Moment das Bewusstsein verloren ...
Takaba ist verschwunden ... Und meine Waffe ist auch weg ...
Ich befürchte, er ist damit abgehauen ...
Ich hab diese ganze Scheiße echt satt ...
Ist doch einer wie der andere ...
Ich soll kuschen, und dann passiert mir nichts ...?
Von wegen, mir reicht's!

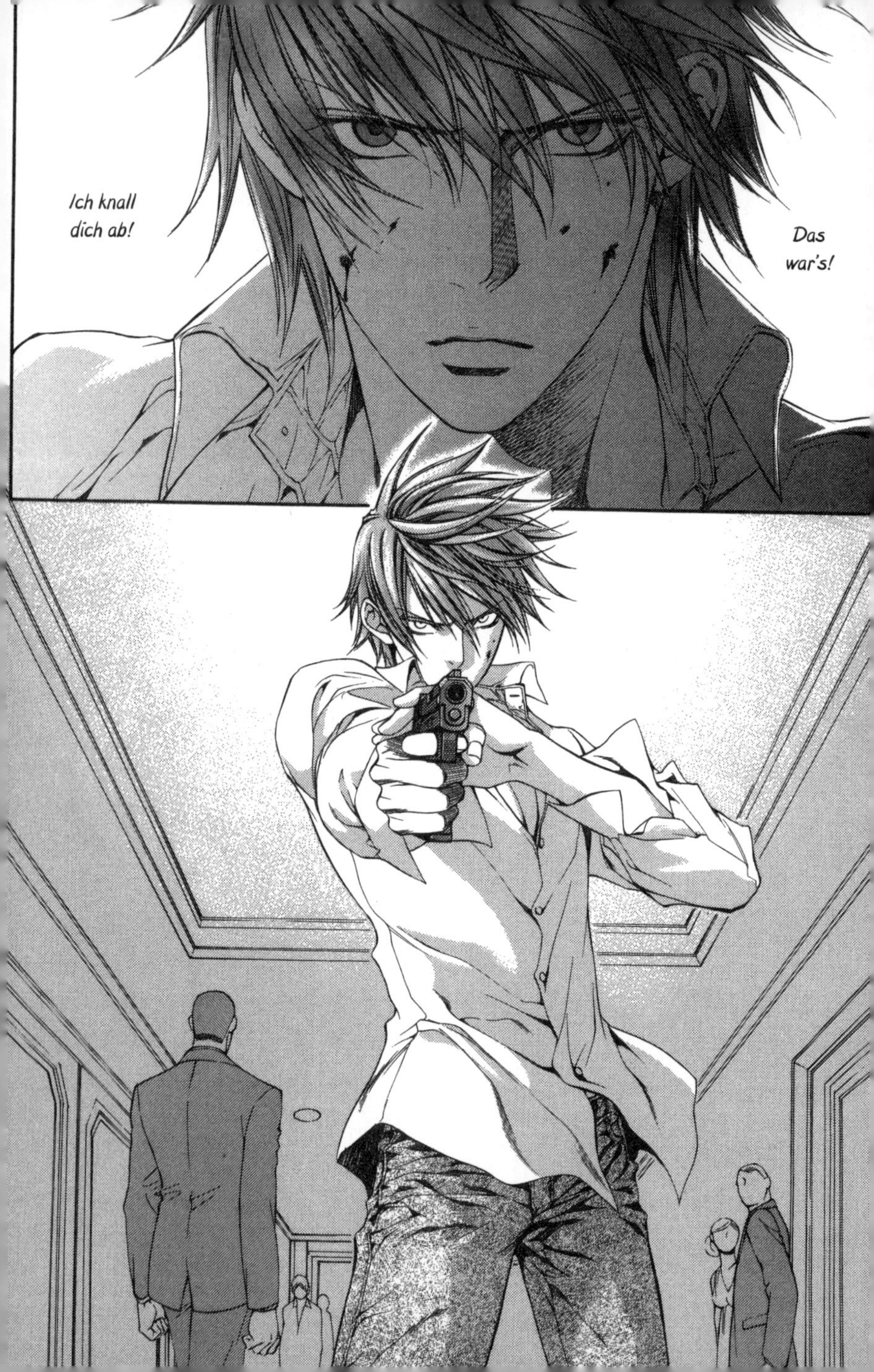
Das war's!
Ich knall dich ab!

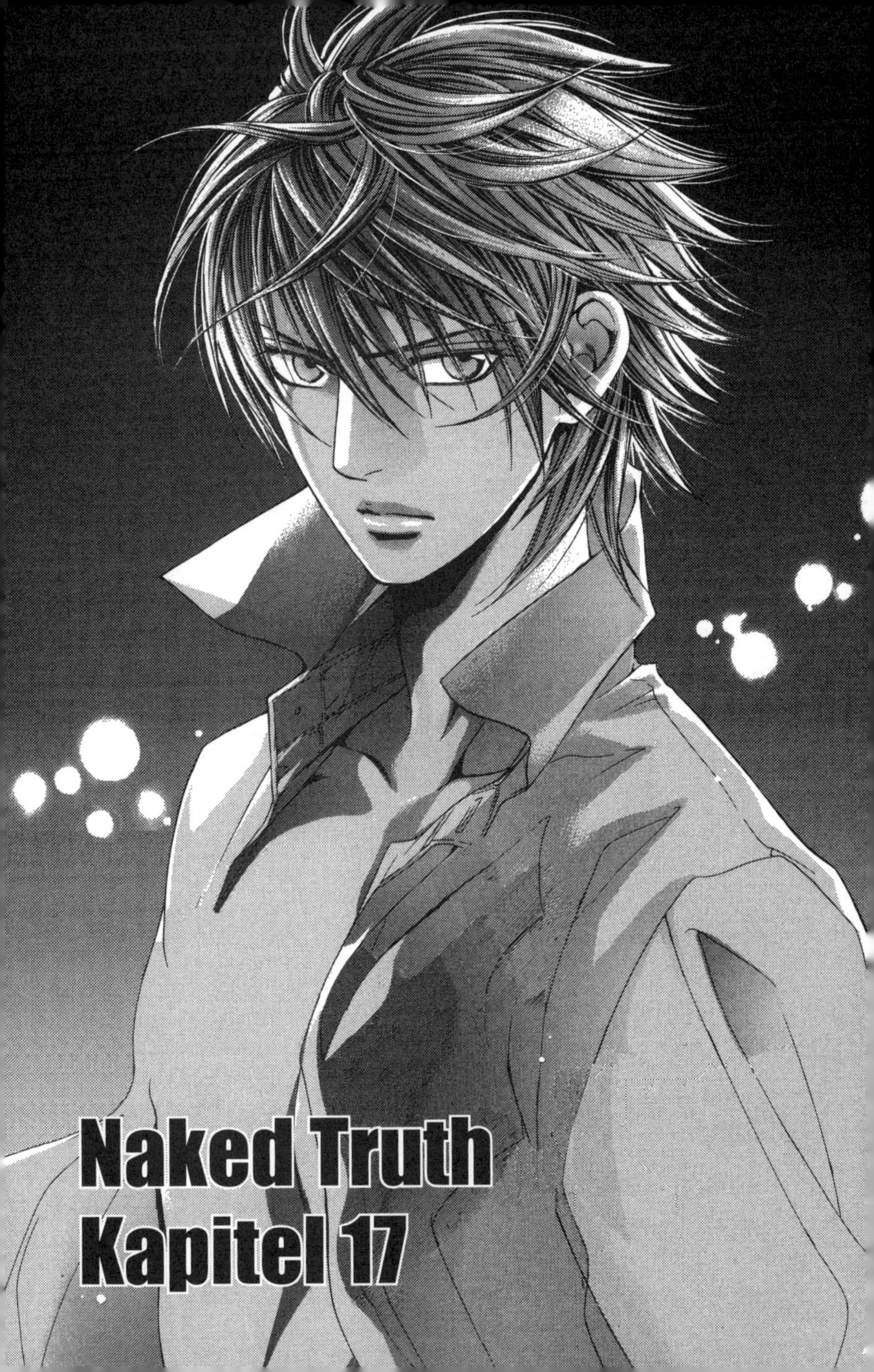
Naked Truth
Kapitel 17

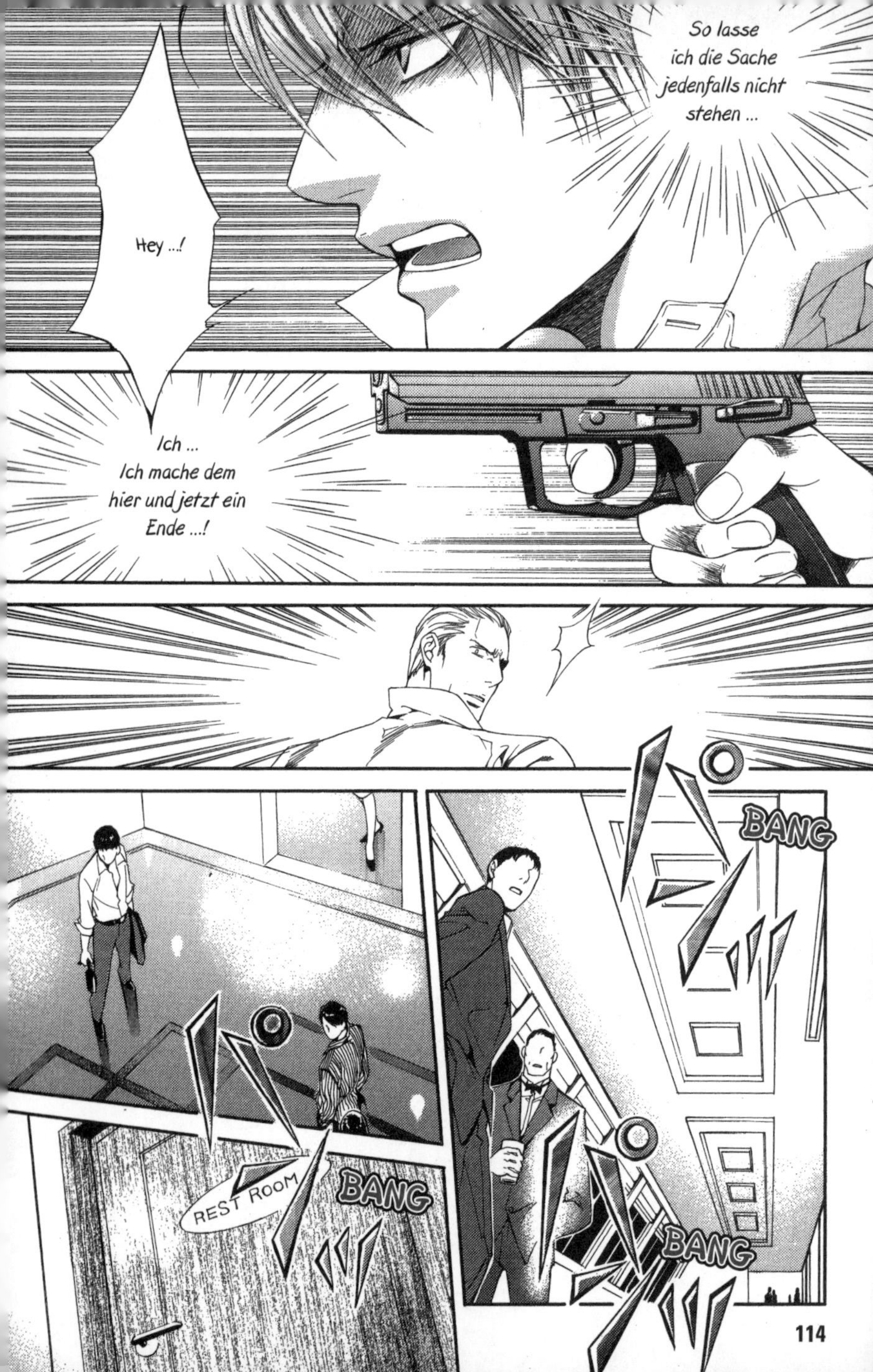
So lasse ich die Sache jedenfalls nicht stehen ...
Hey ...!
Ich ... Ich mache dem hier und jetzt ein Ende ...!
BANG
REST RooM
BANG
BANG

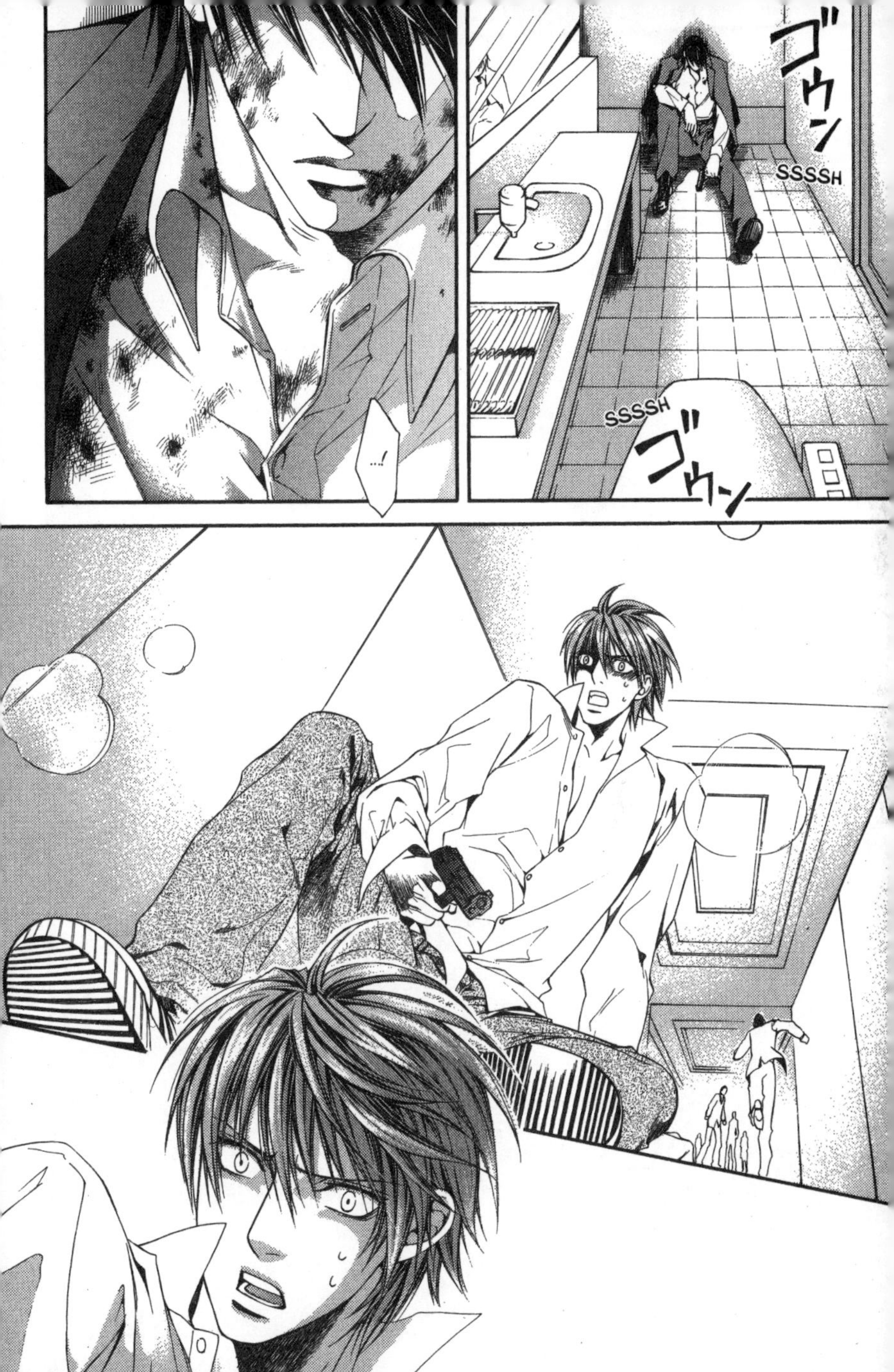
...!
ゴウン
SSSSH
SSSSH
ゴウン

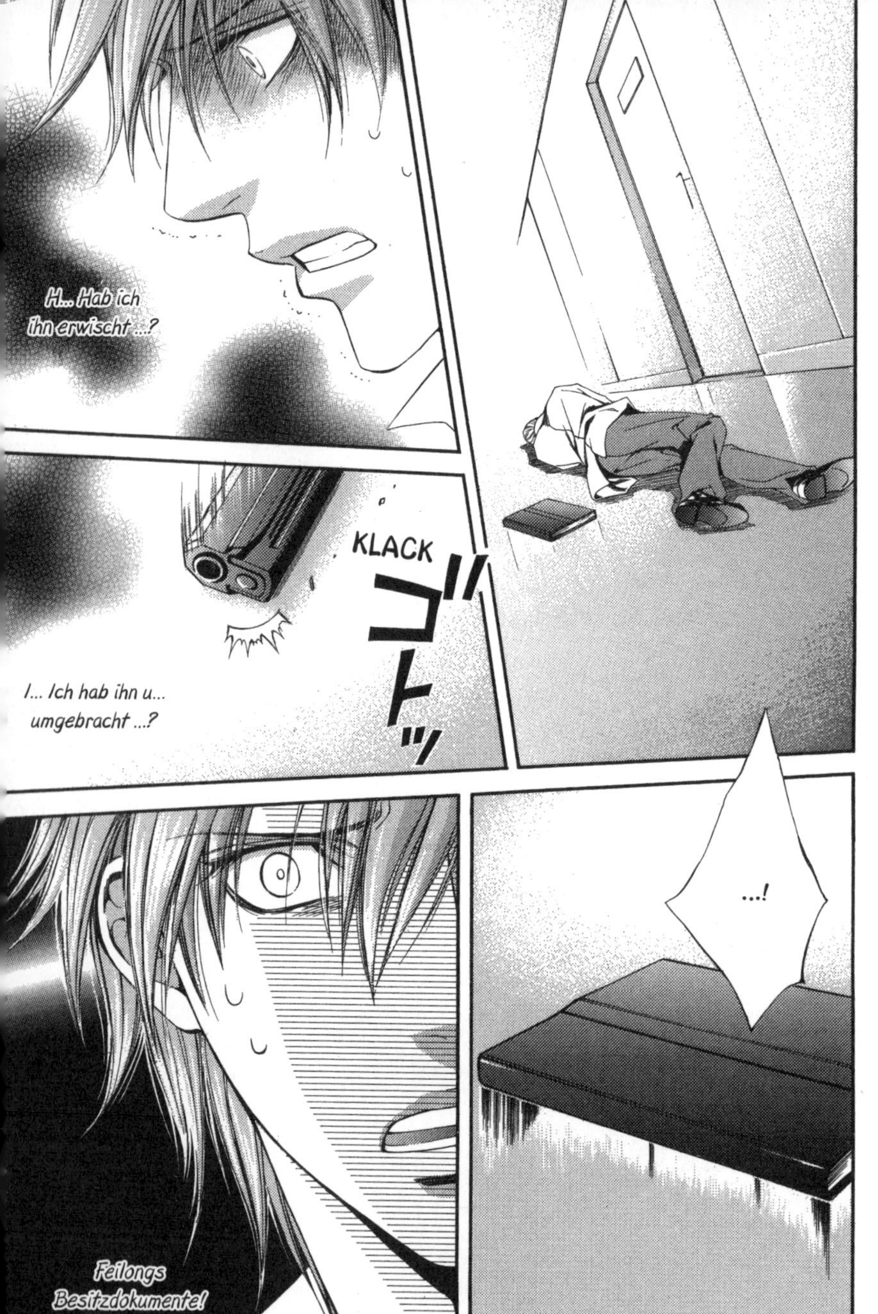
H... Hab ich
ihn erwischt ...?
KLACK
ゴトッ
I... Ich hab ihn u...
umgebracht ...?
...!
Feilongs
Besitzdokumente!

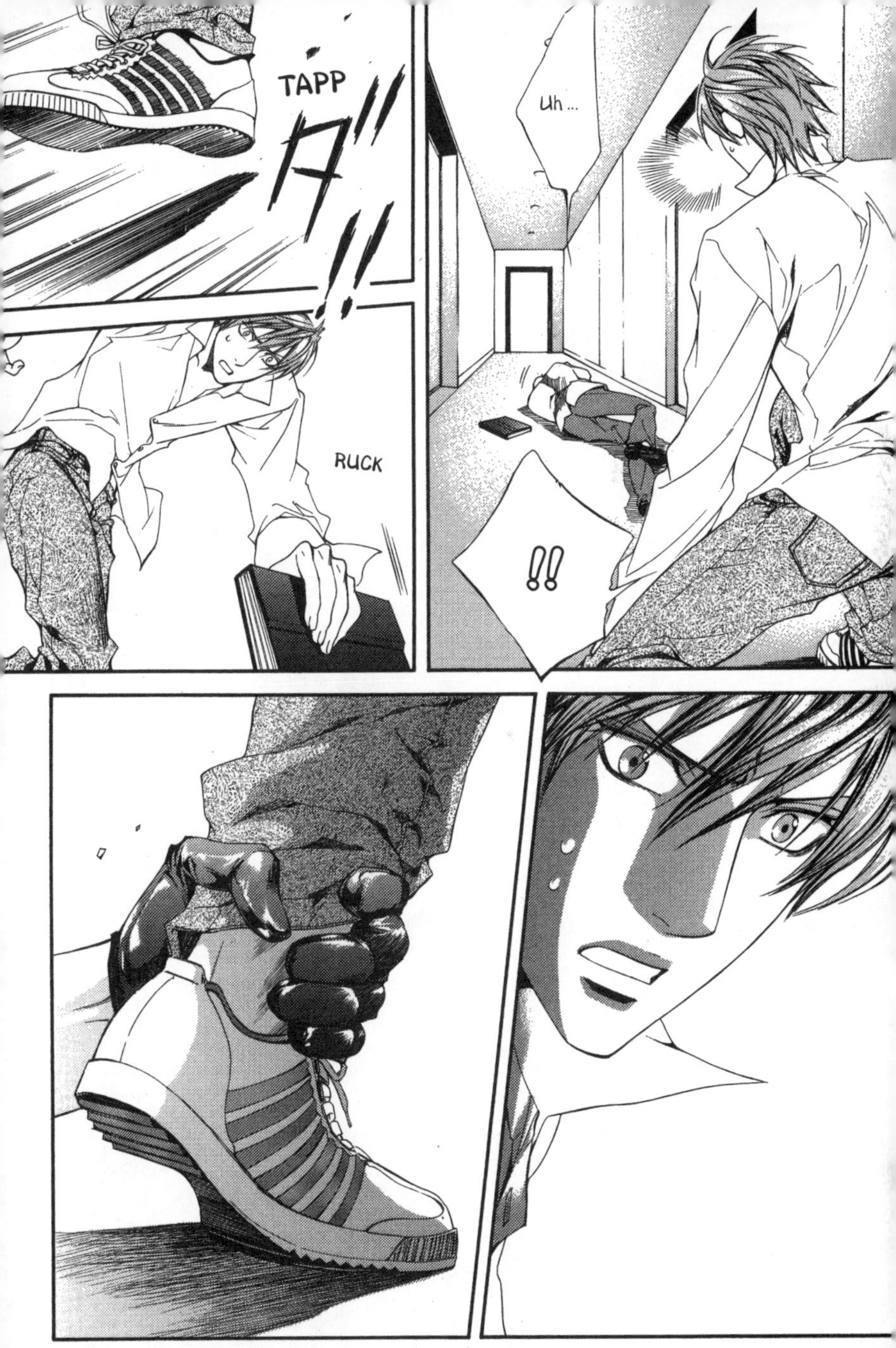
Uh...
TAPP
!!
RUCK
!!

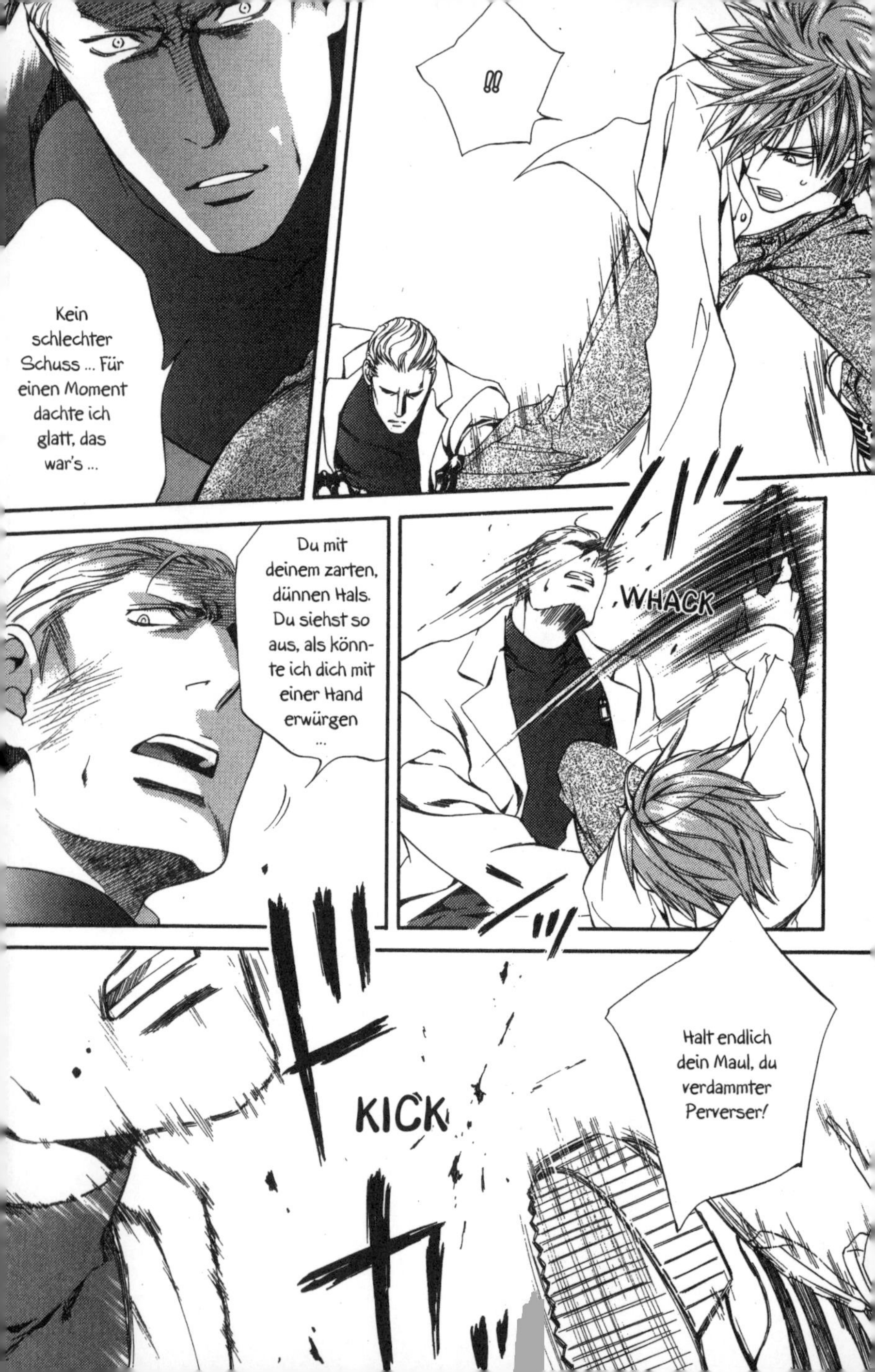
!!
Kein schlechter Schuss ... Für einen Moment dachte ich glatt, das war's ...
Du mit deinem zarten, dünnen Hals. Du siehst so aus, als könnte ich dich mit einer Hand erwürgen ...
WHACK
Halt endlich dein Maul, du verdammter Perverser!
KICK

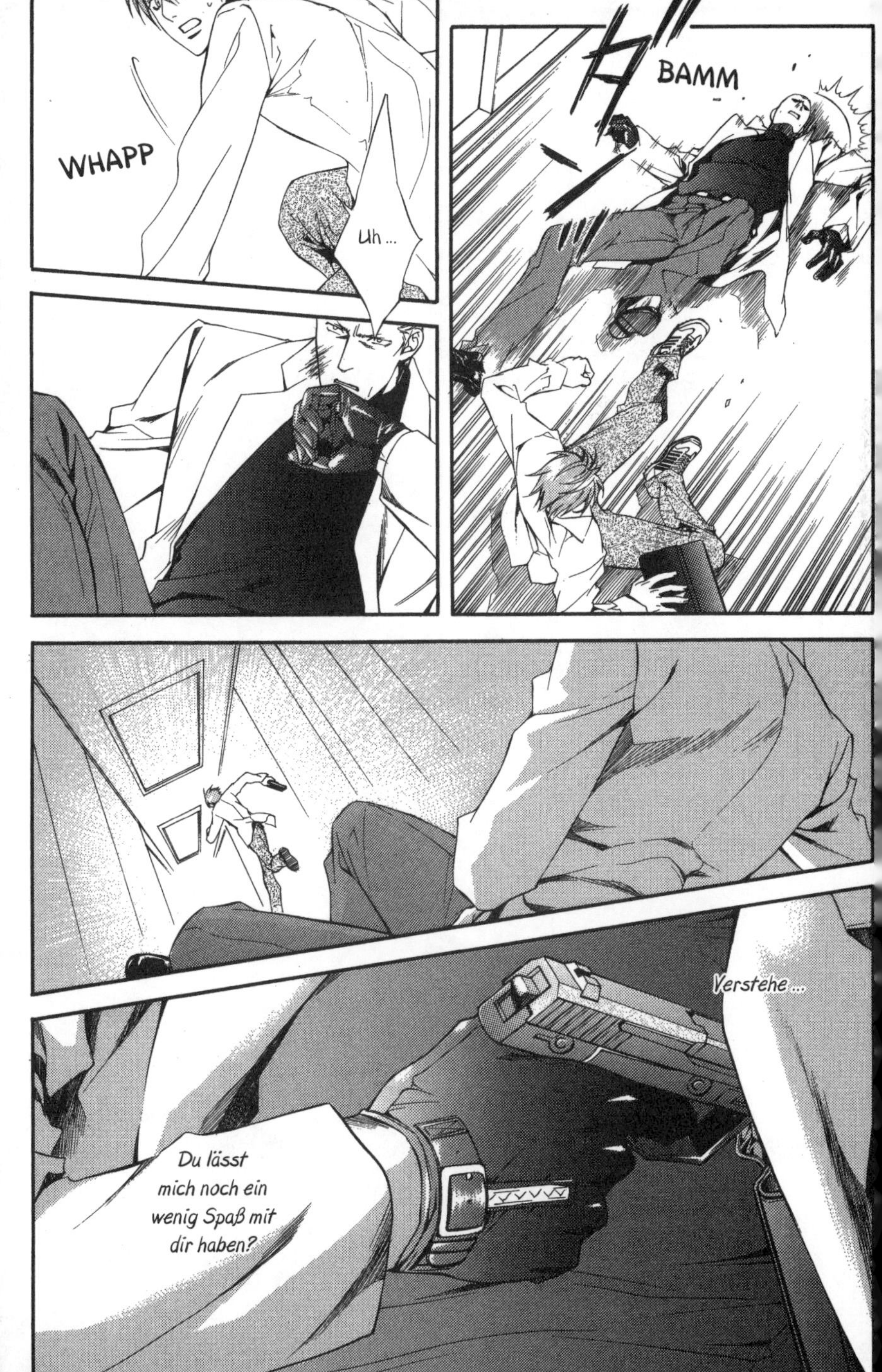
BAMM
WHAPP
Uh ...
Verstehe ...
Du lässt mich noch ein wenig Spaß mit dir haben?

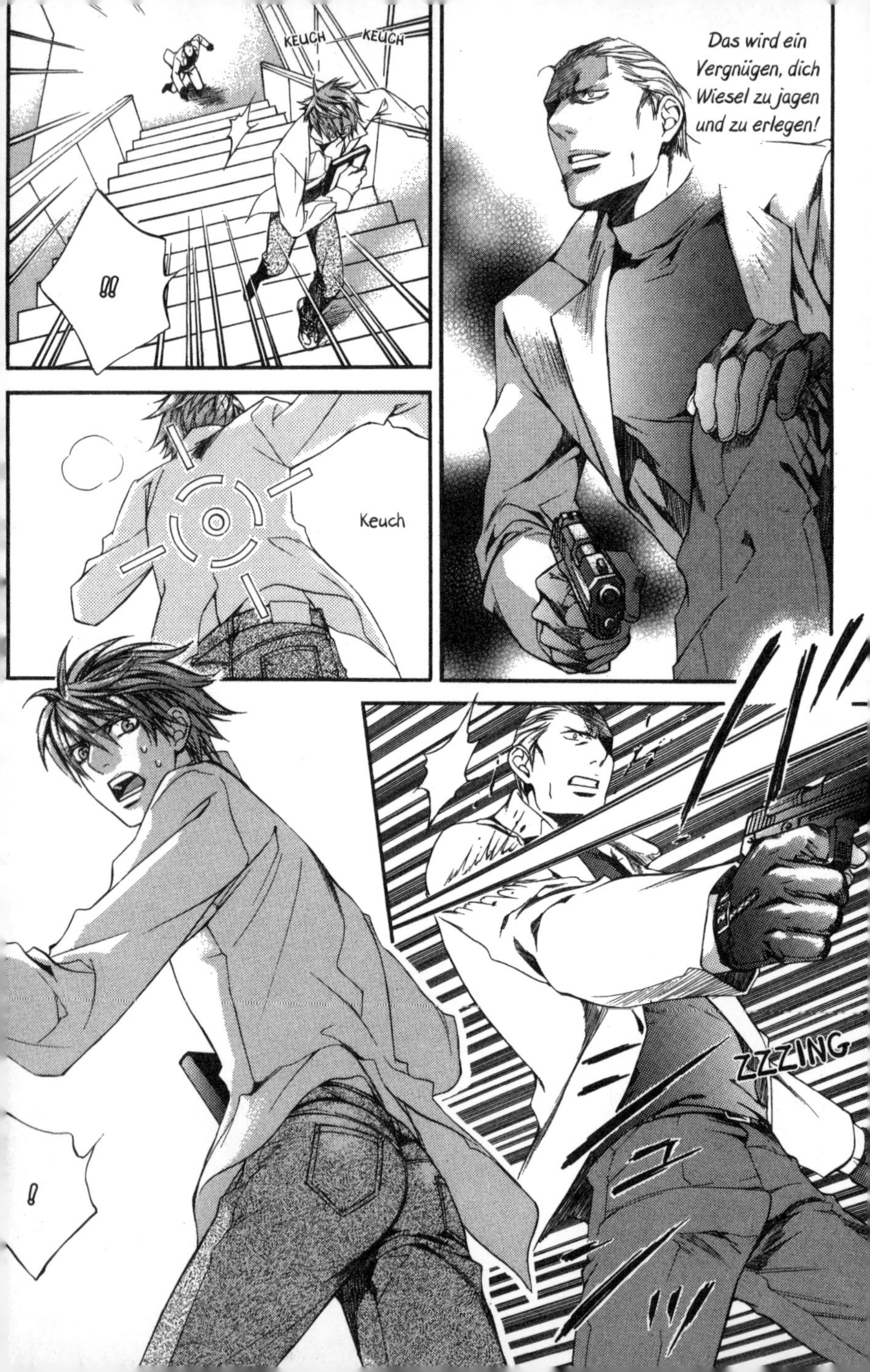
Das wird ein Vergnügen, dich Wiesel zu jagen und zu erlegen!
KEUCH
KEUCH
!!
Keuch
ZZZING
!

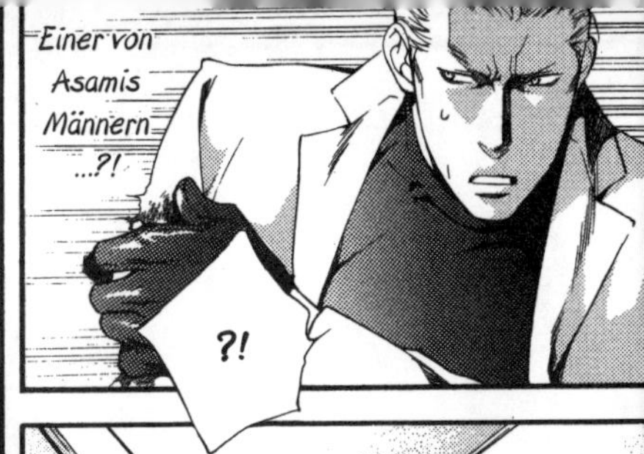
Einer von Asamis Männern ...?!
?!

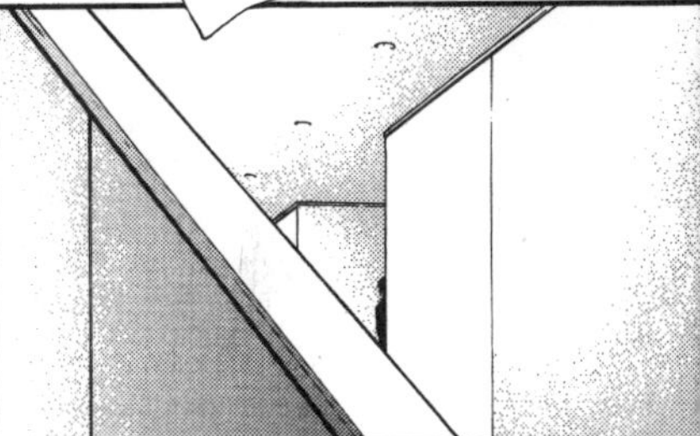

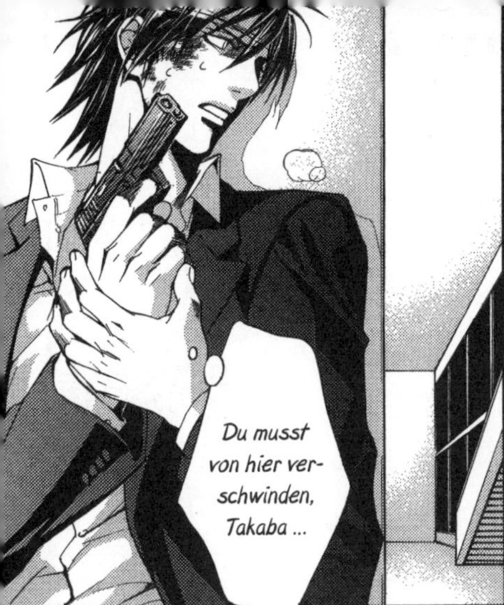
Du musst von hier verschwinden, Takaba ...

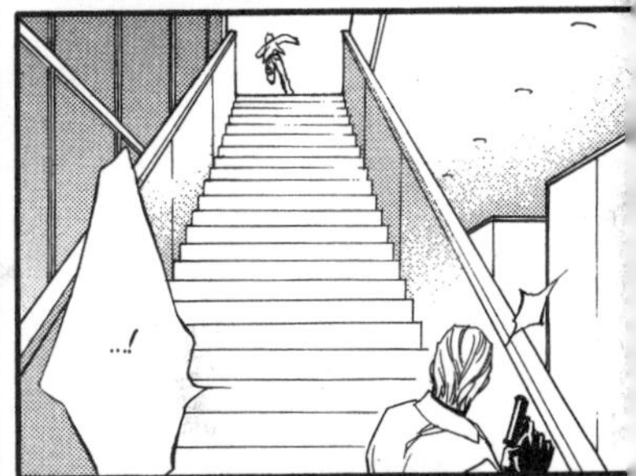
...!

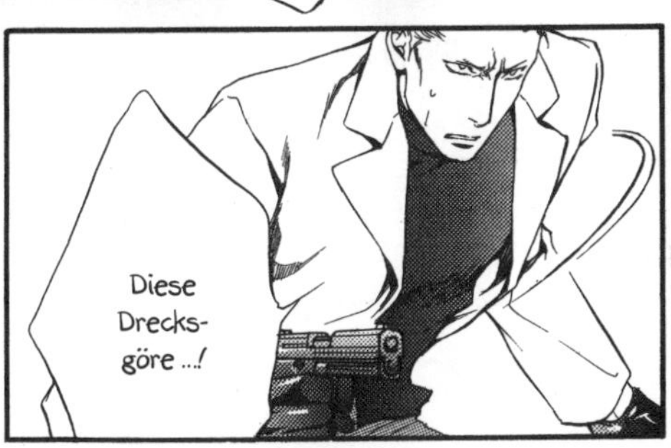
Diese Drecksgöre ...!

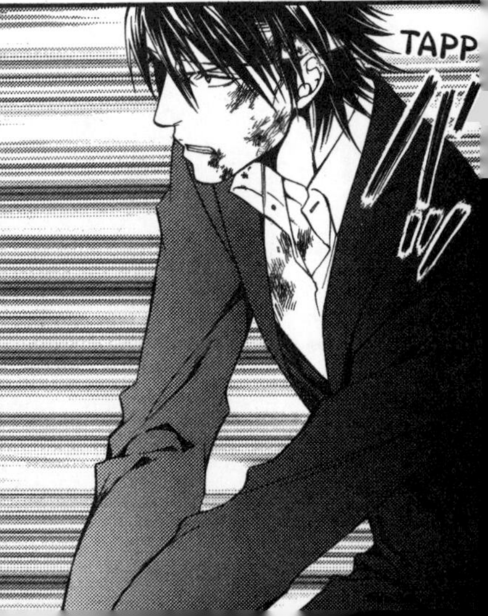
TAPP

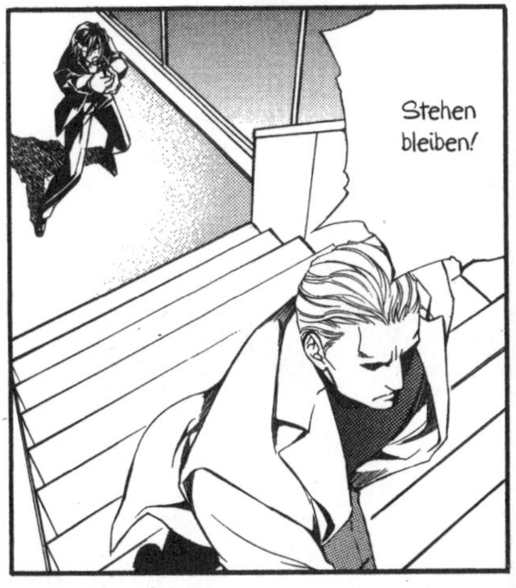
Stehen bleiben!

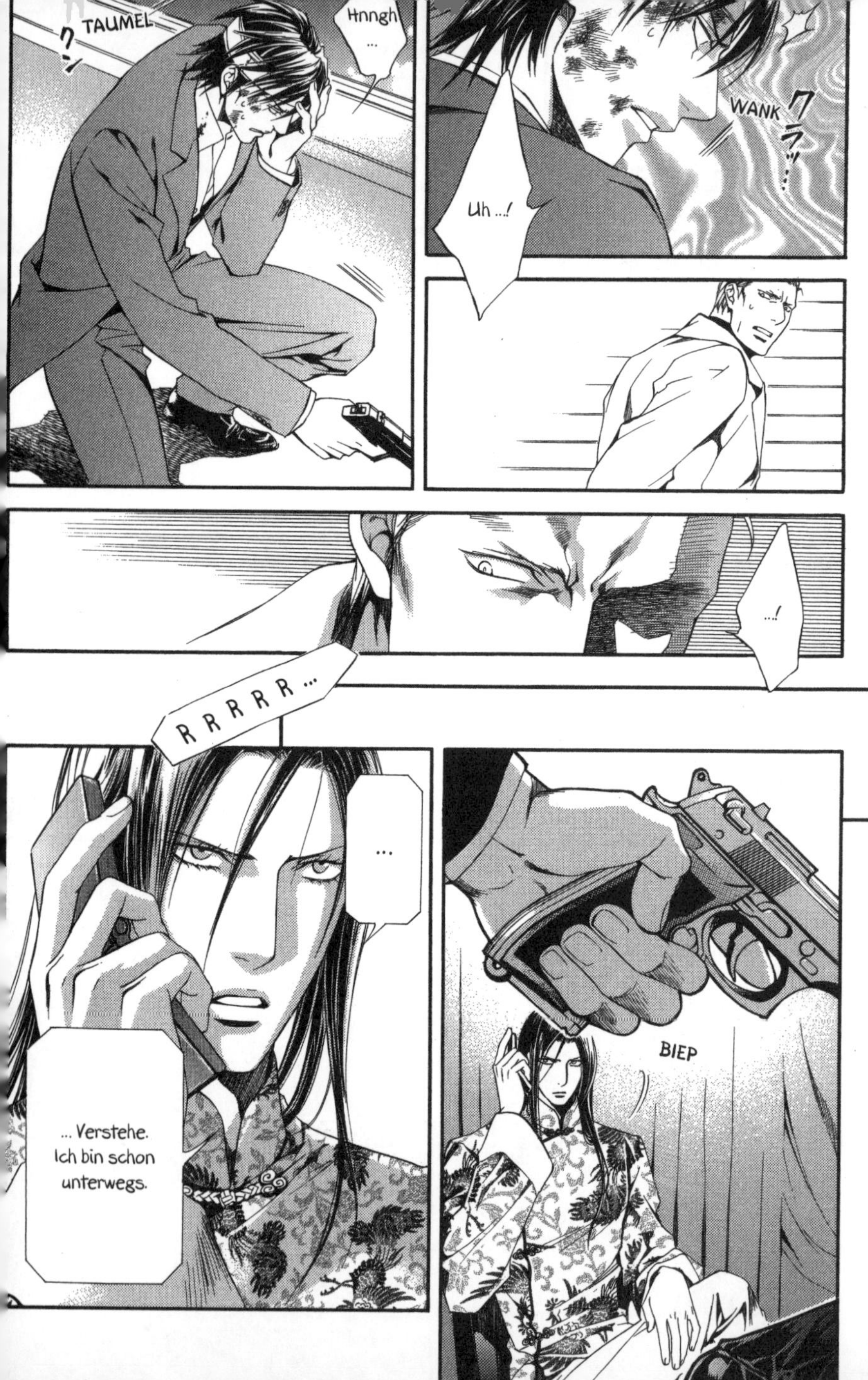
WANK
Uh ...!
TAUMEL
Hnngh ...
...!
R R R R R ...
BIEP
...
... Verstehe. Ich bin schon unterwegs.

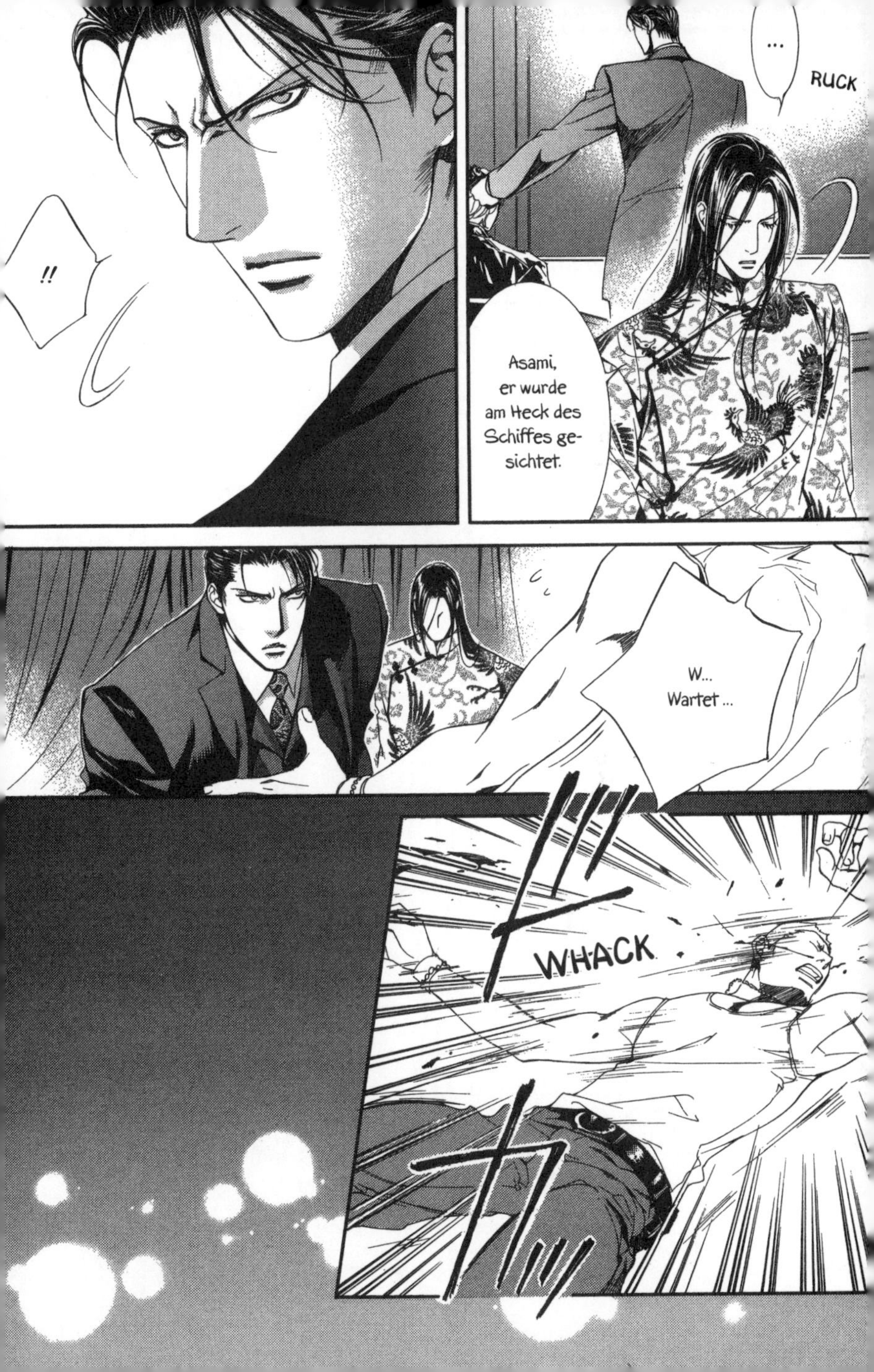

...

RUCK

Asami, er wurde am Heck des Schiffes gesichtet.

!!

W... Wartet ...

WHACK

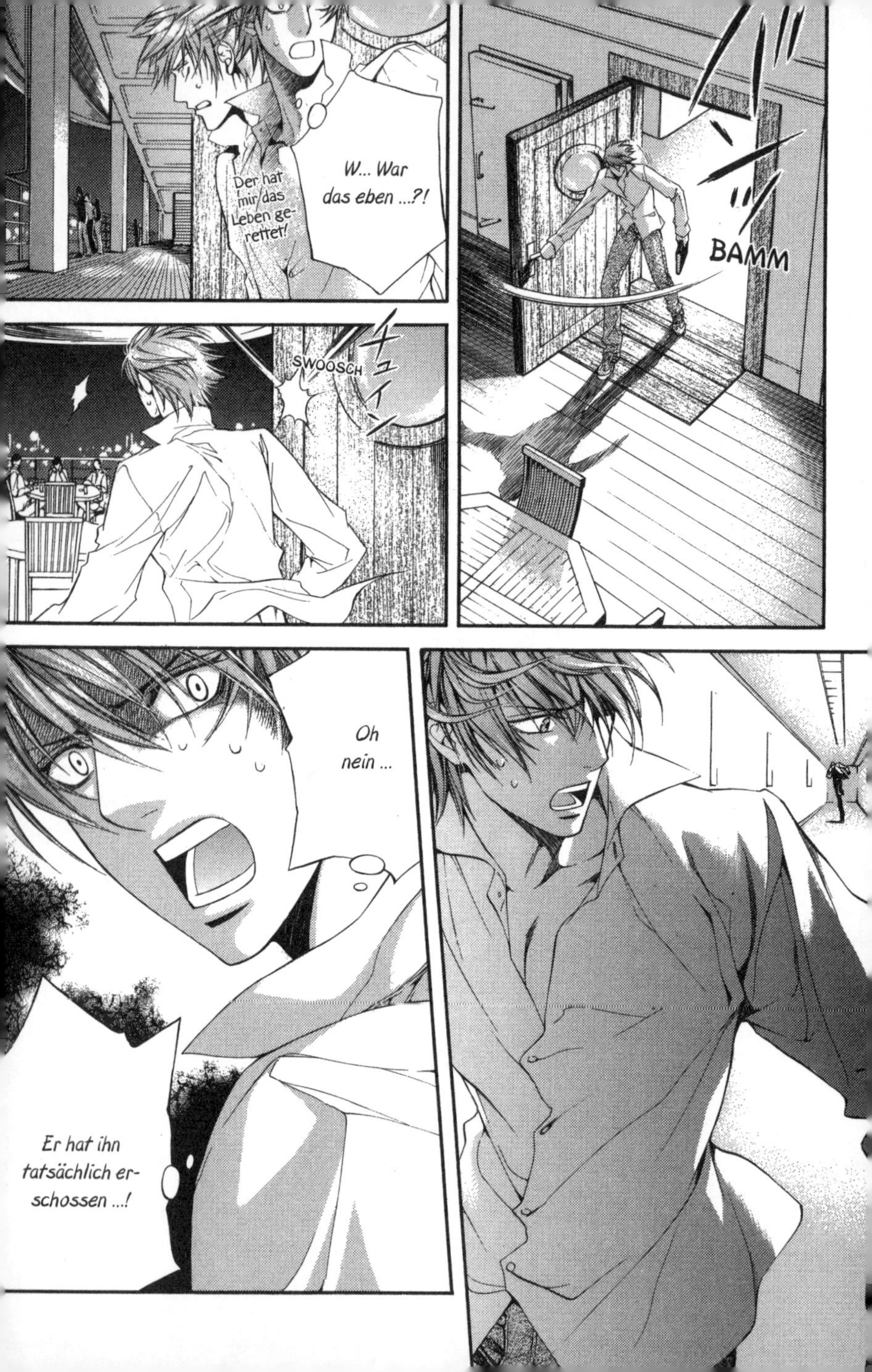

BAMM

W... War das eben ...?!

Der hat mir das Leben gerettet!

SWOOSCH

Oh nein ...

Er hat ihn tatsächlich erschossen ...!

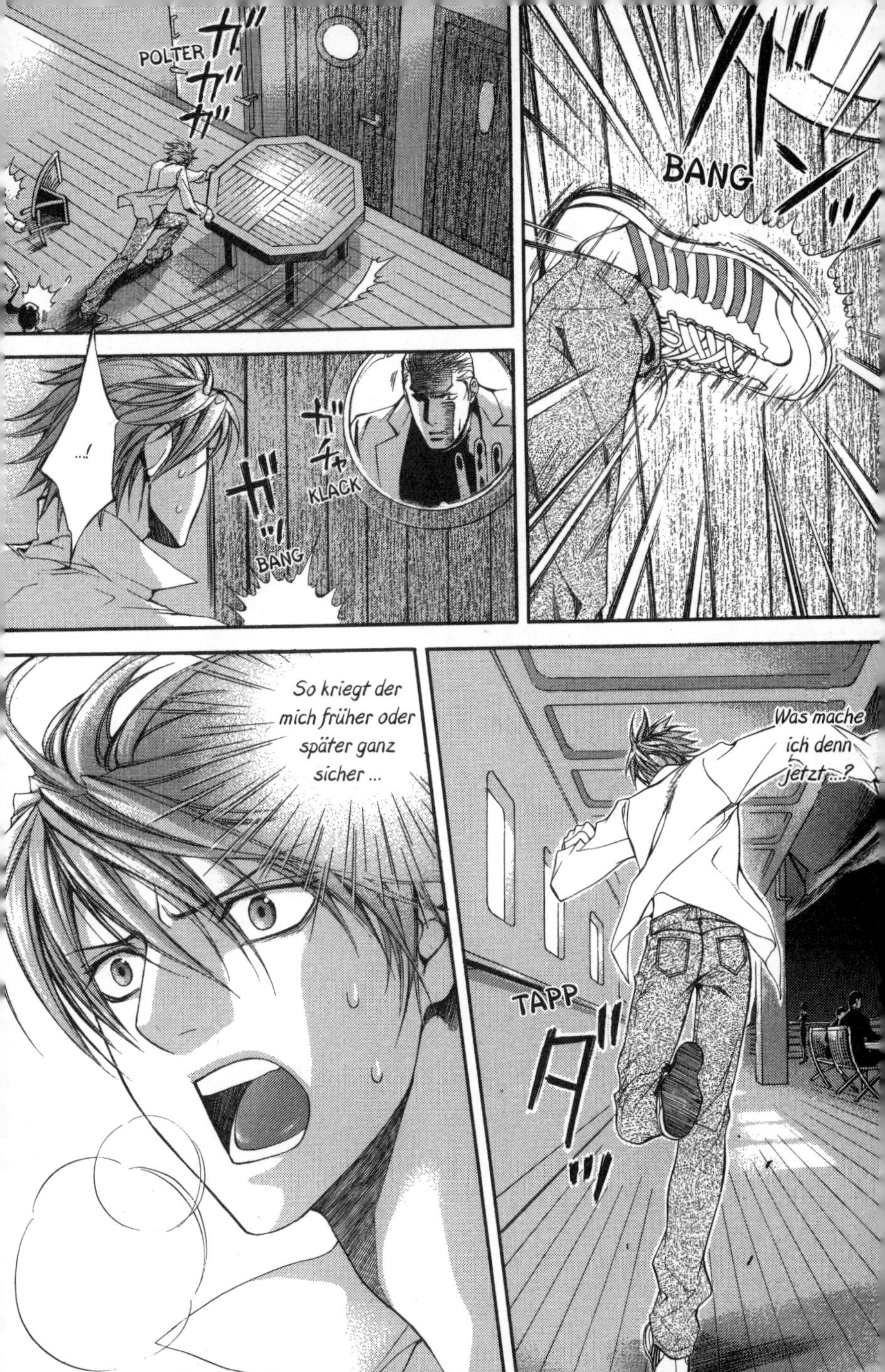

BANG
POLTER
ガガガ
...!
ガチャ
KLACK
ガッ
BANG
Was mache ich denn jetzt ...?
TAPP
ダッ
So kriegt der mich früher oder später ganz sicher ...

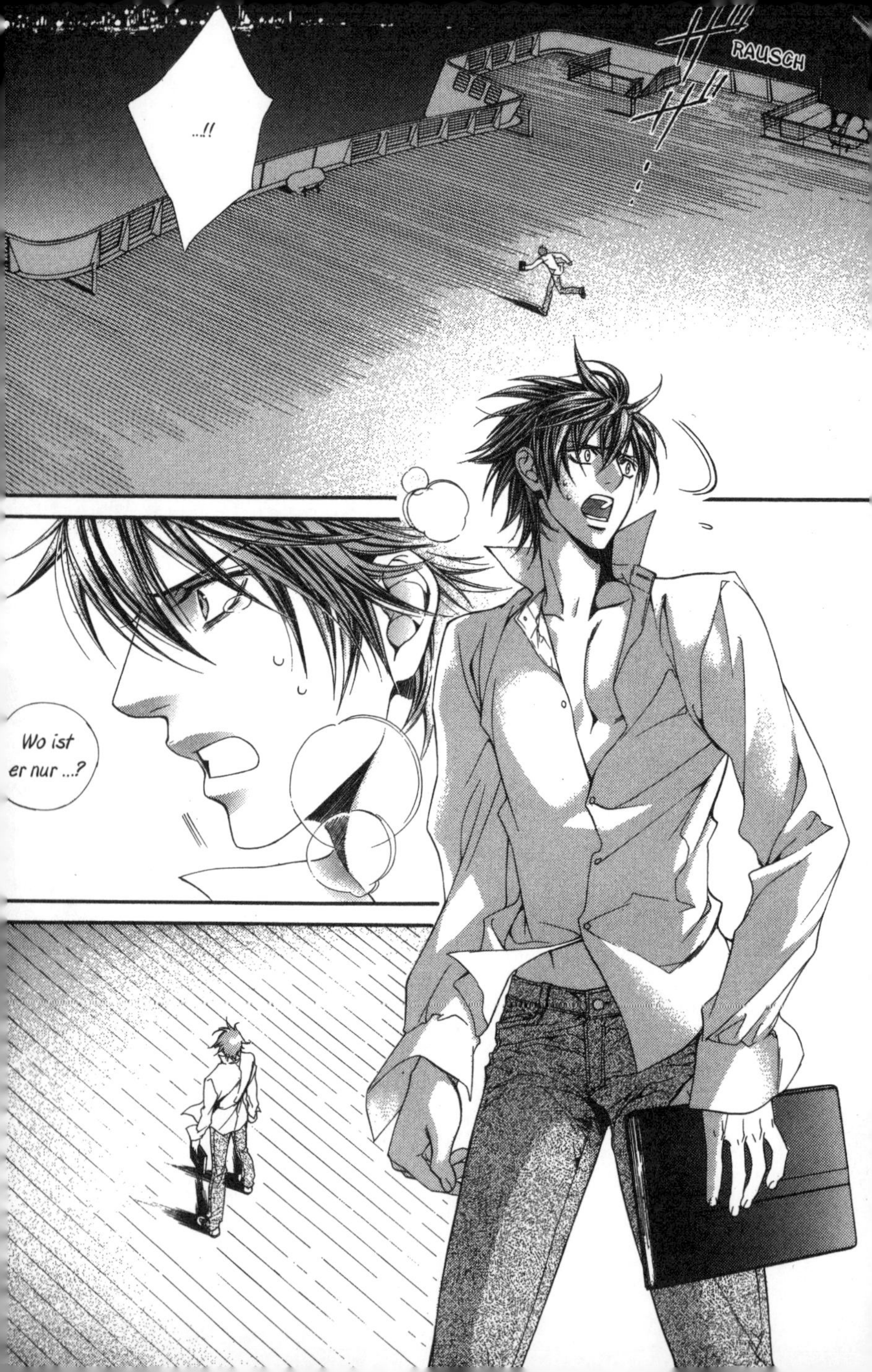
RAUSCH
..!!
Wo ist er nur ...?

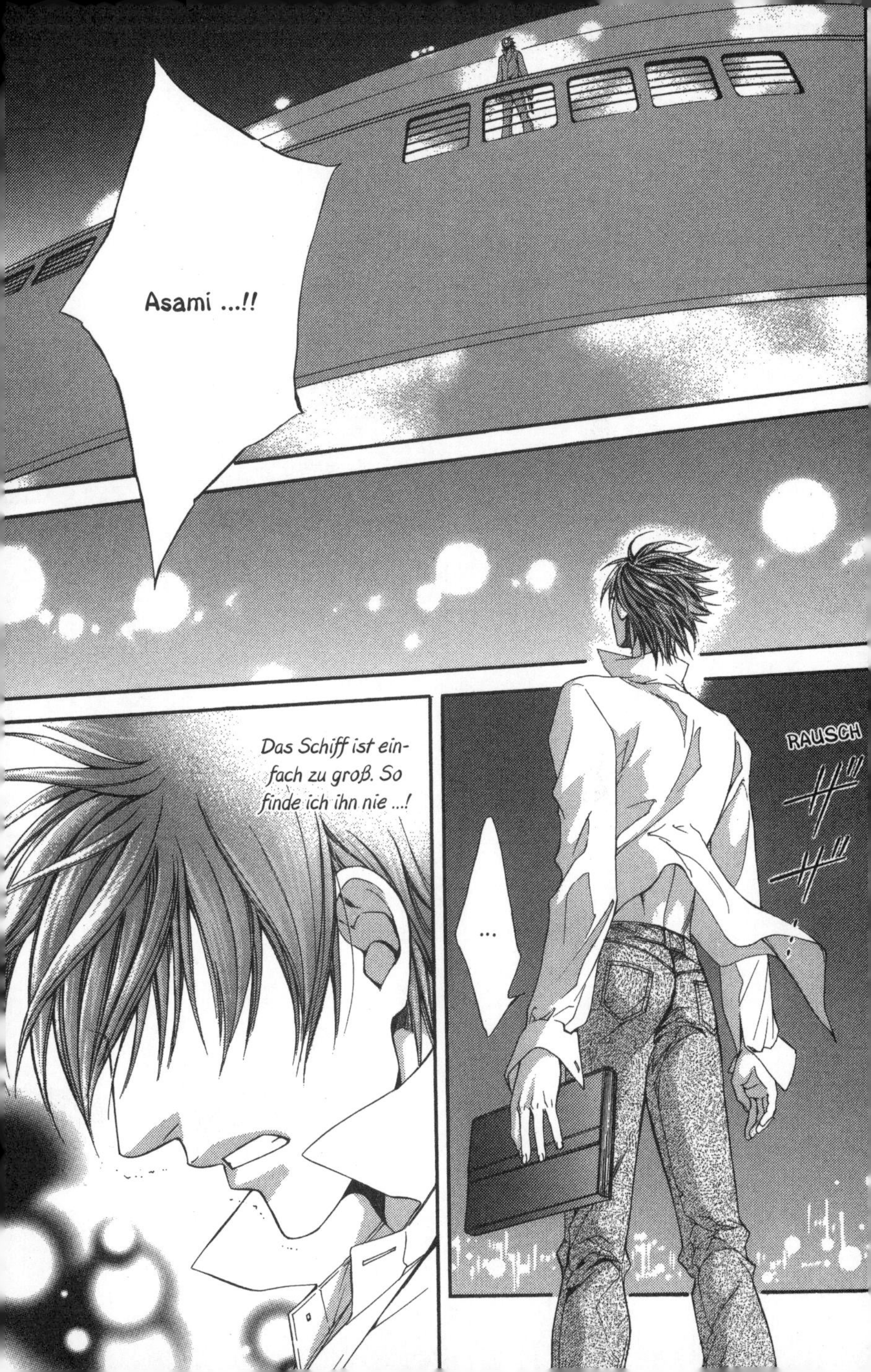
Asami ...!!
Das Schiff ist einfach zu groß. So finde ich ihn nie ...!
...
RAUSCH

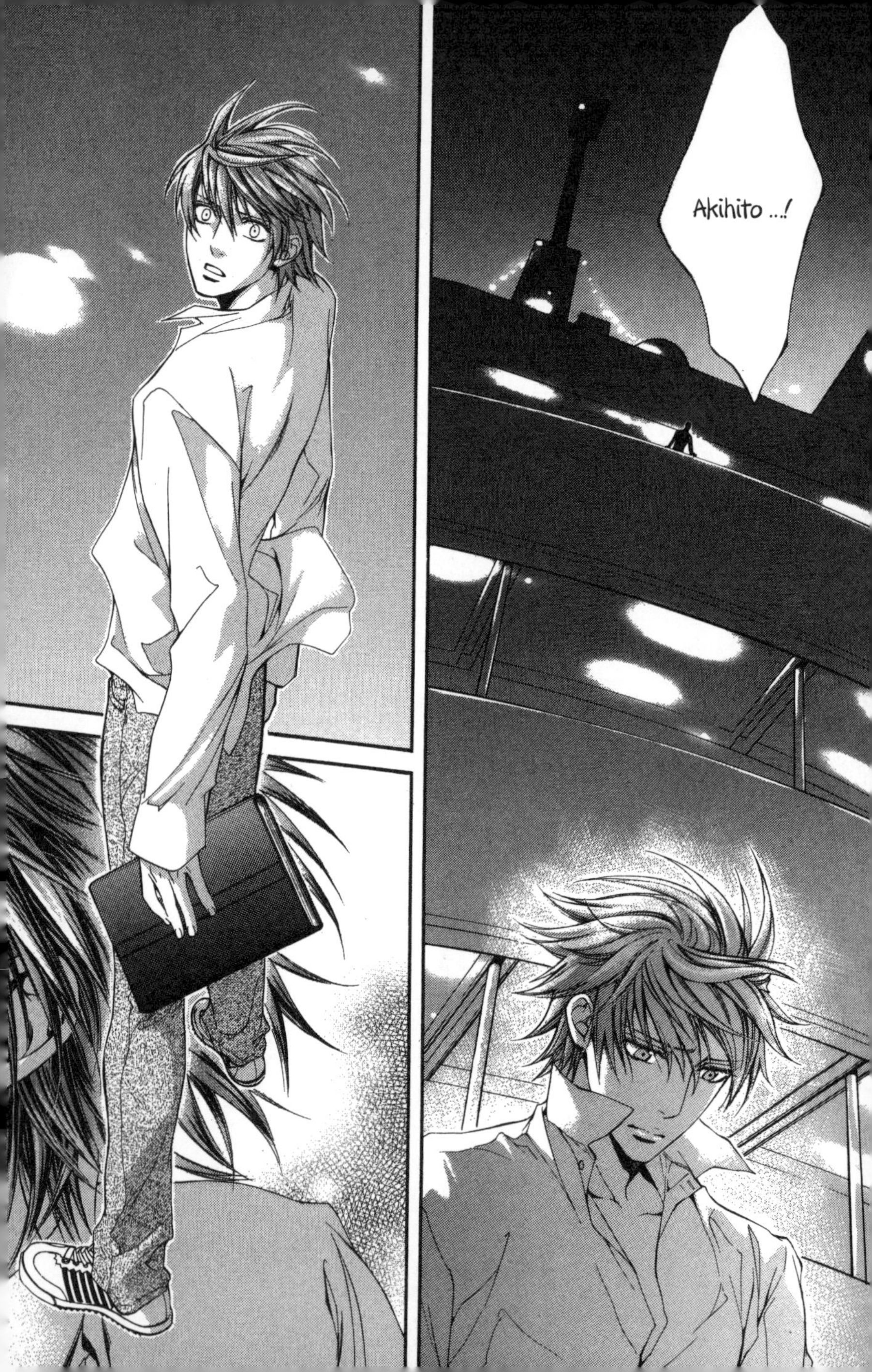
Akihito ...!

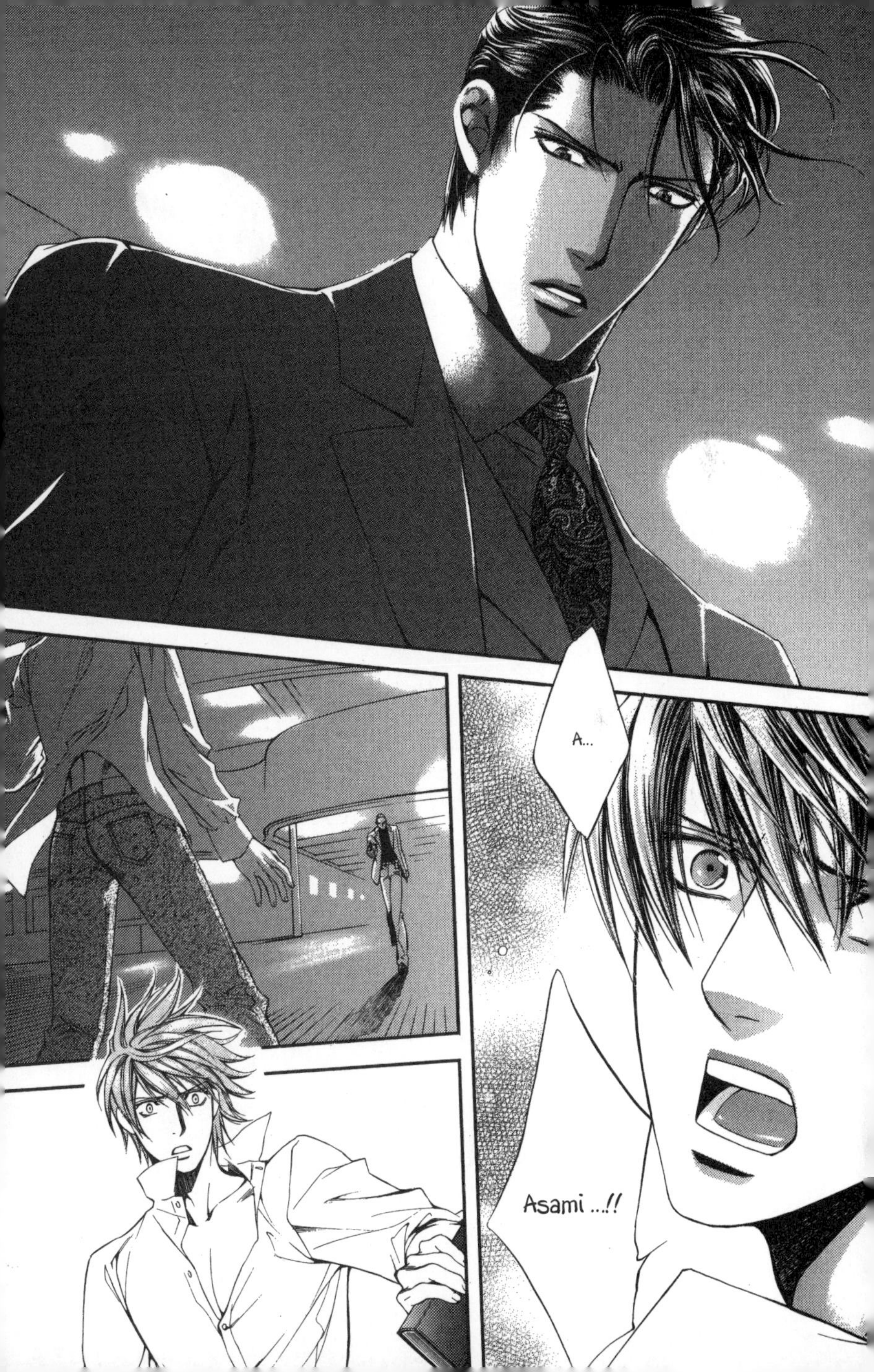
A...
Asami ...!!

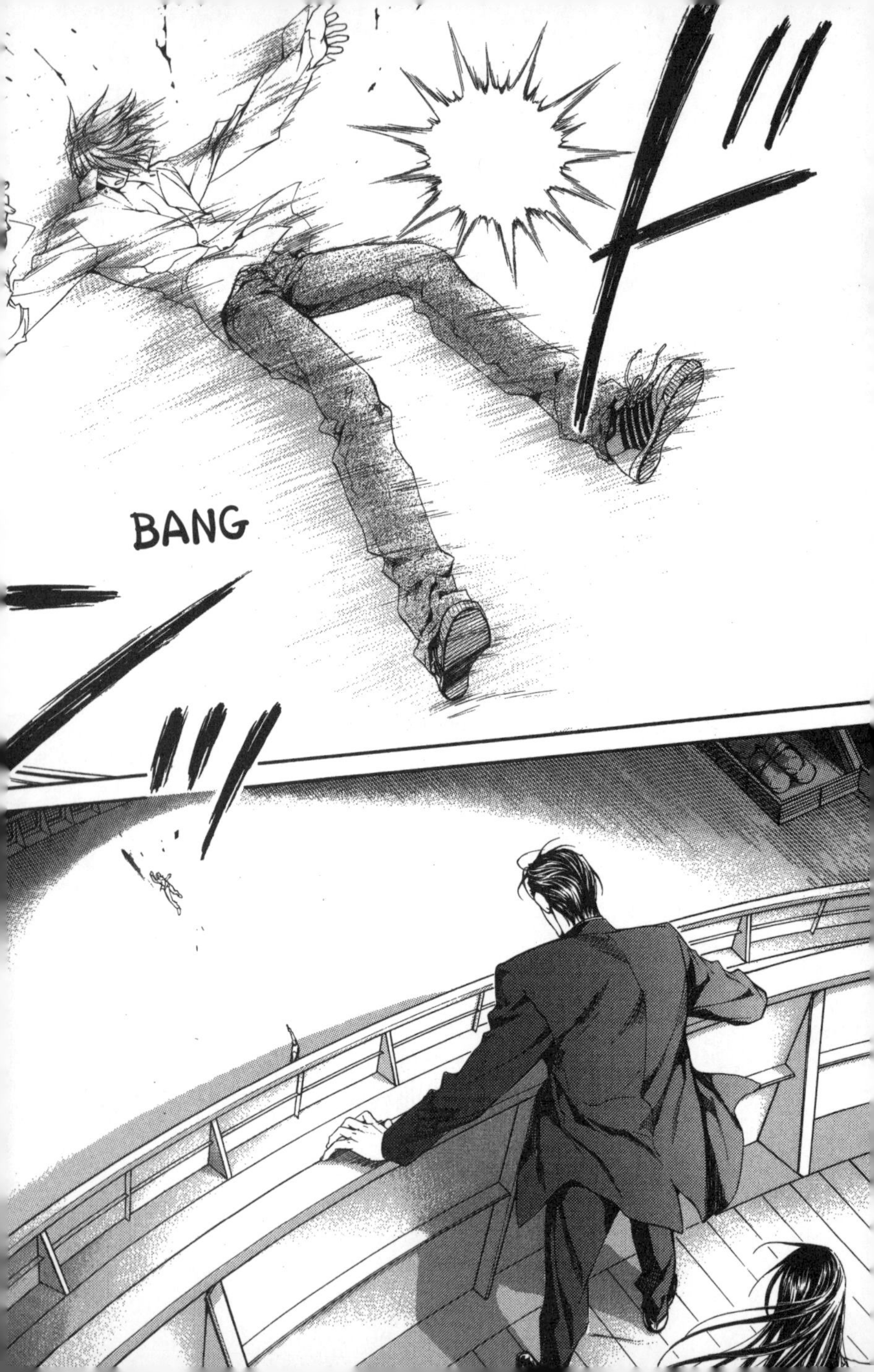
BANG

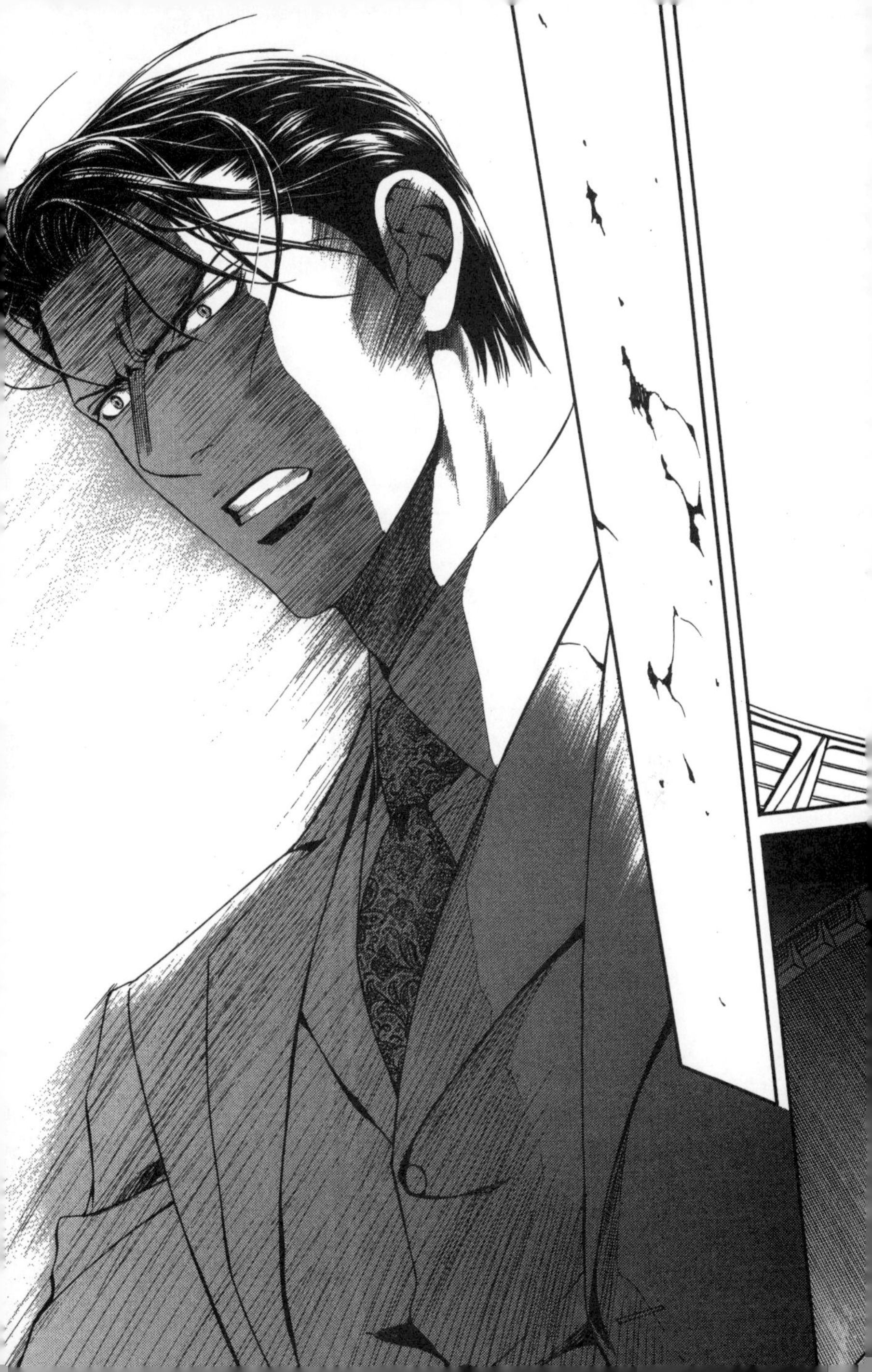

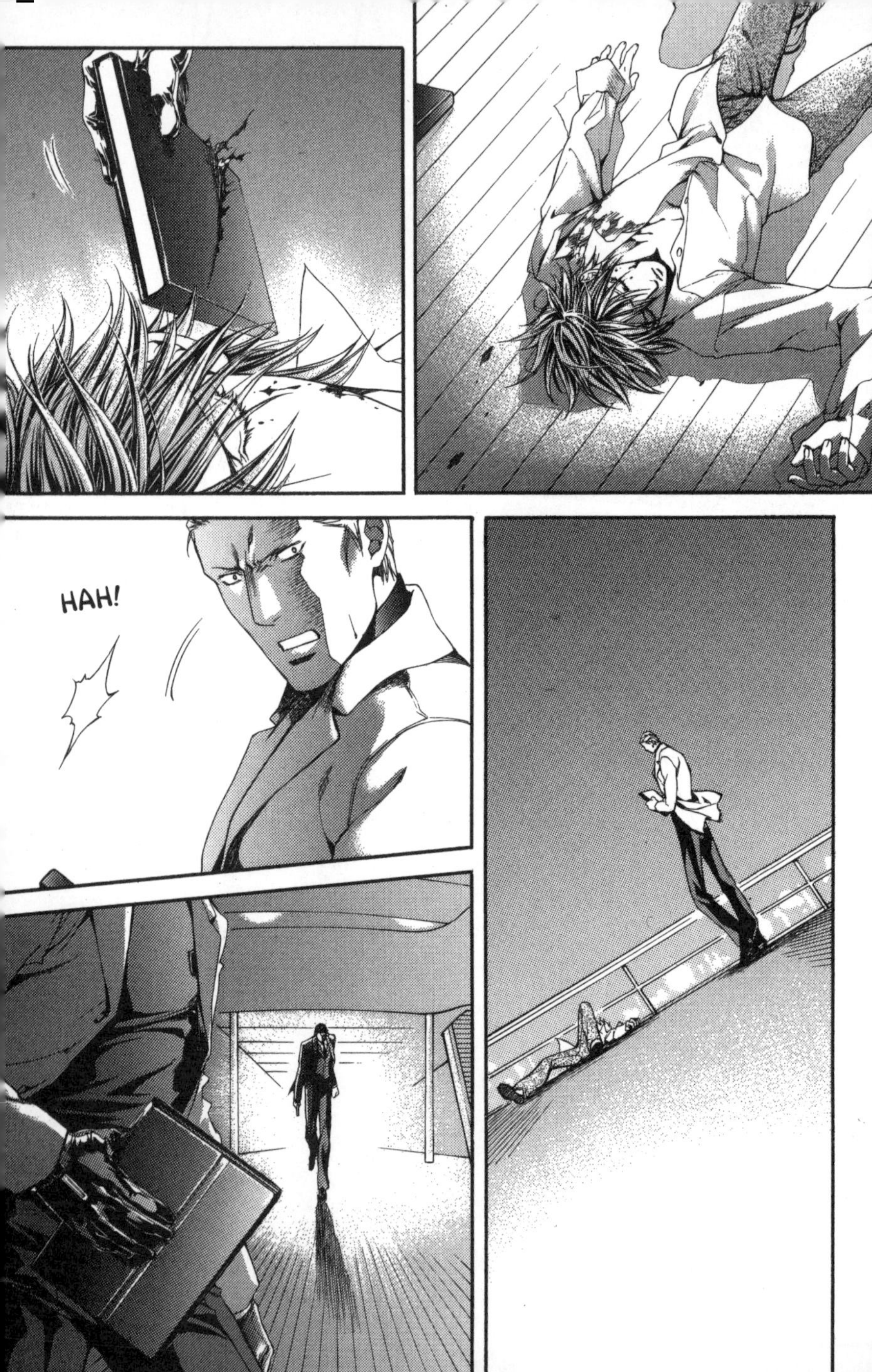
HAH!

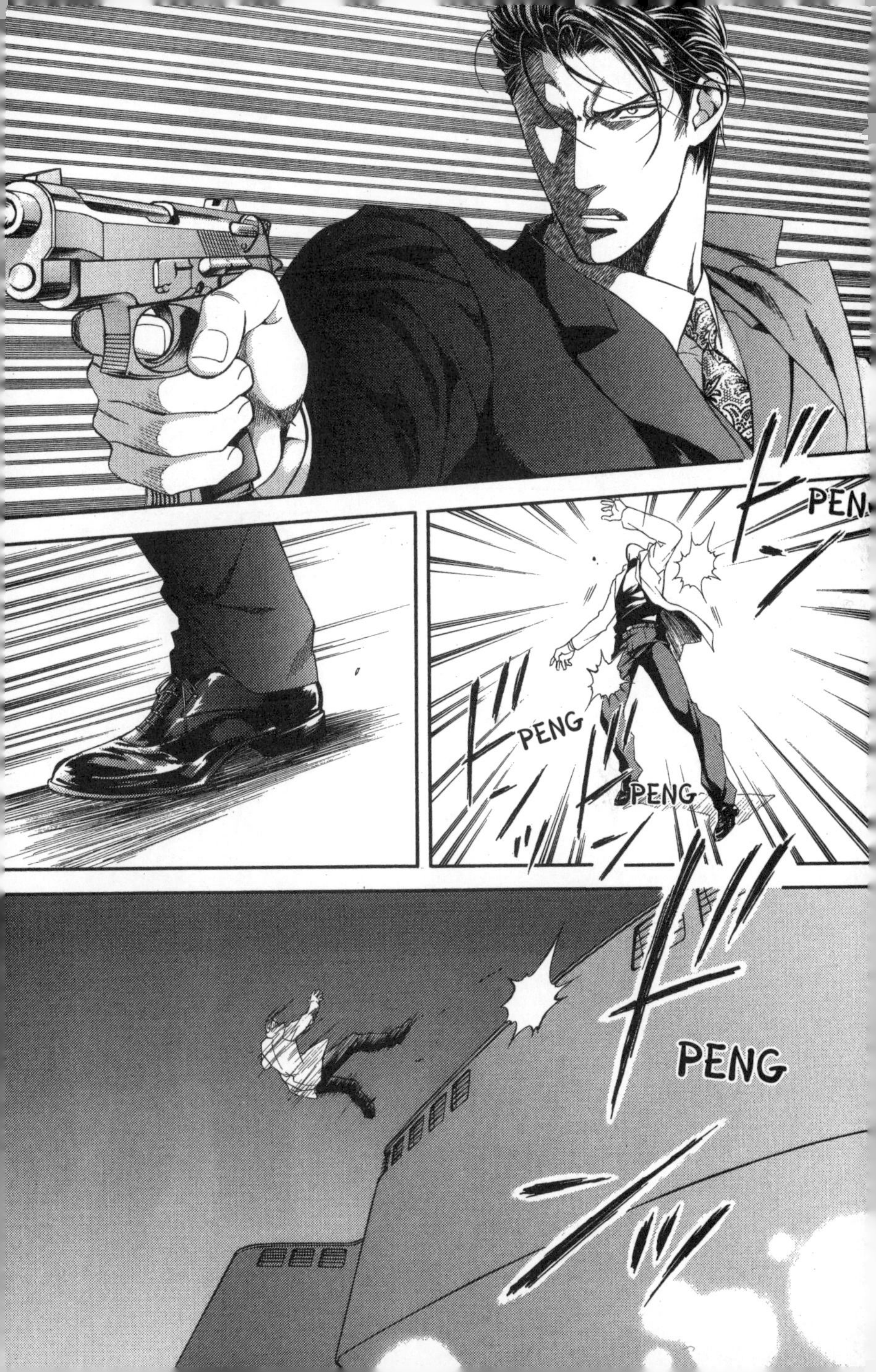
PEN
PENG
PENG
PENG

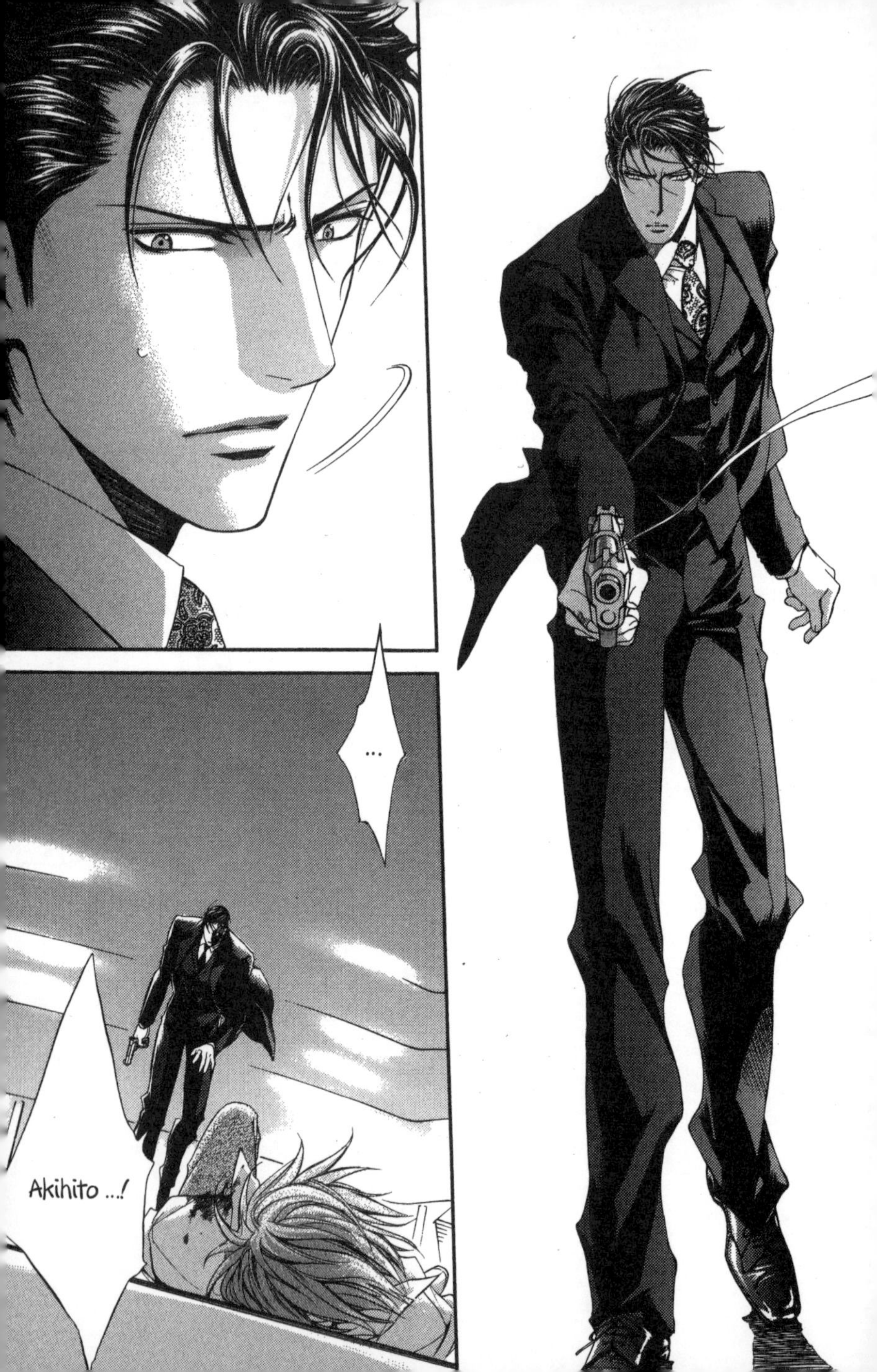
...
Akihito ...!

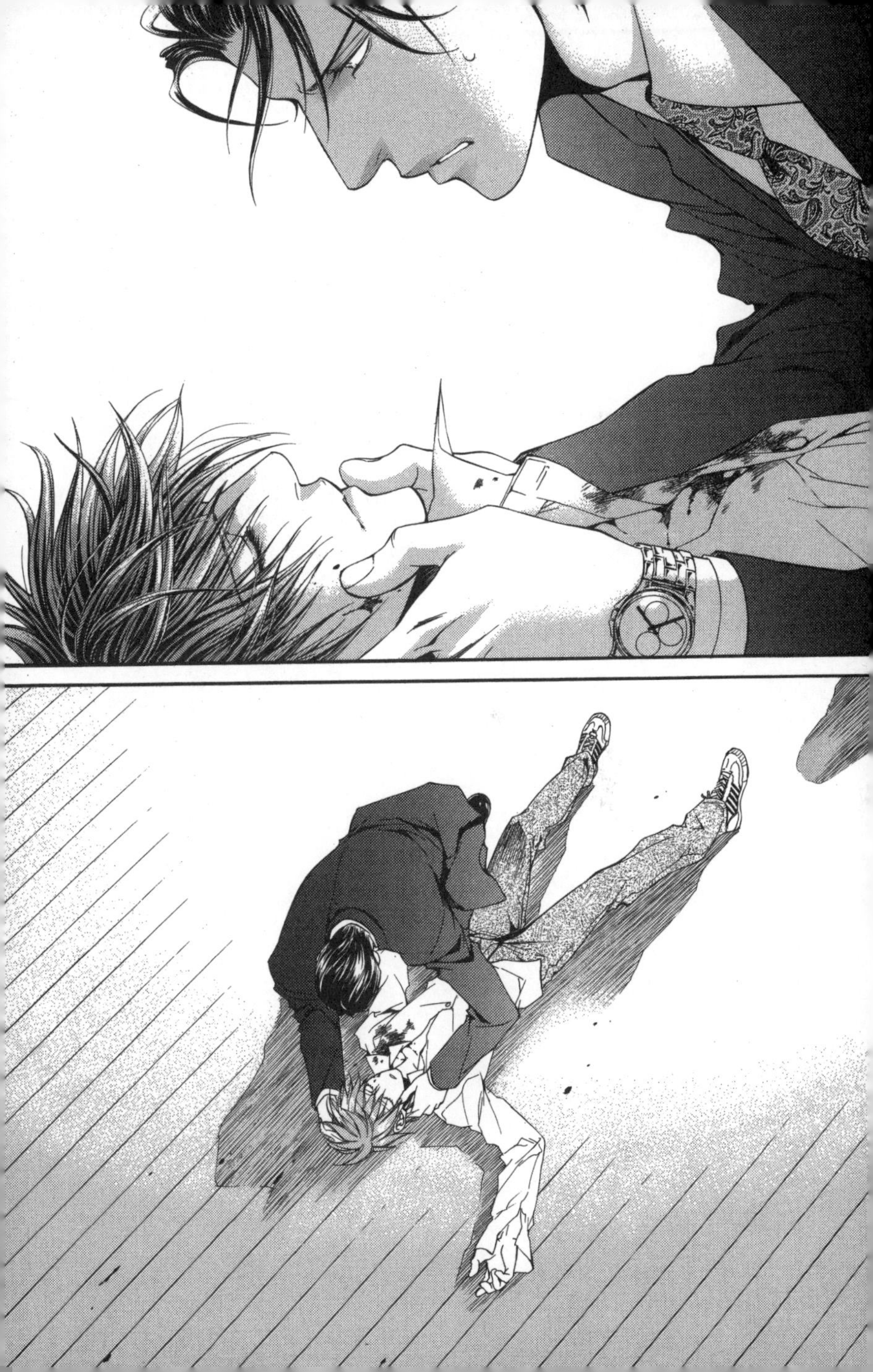

Naked Truth

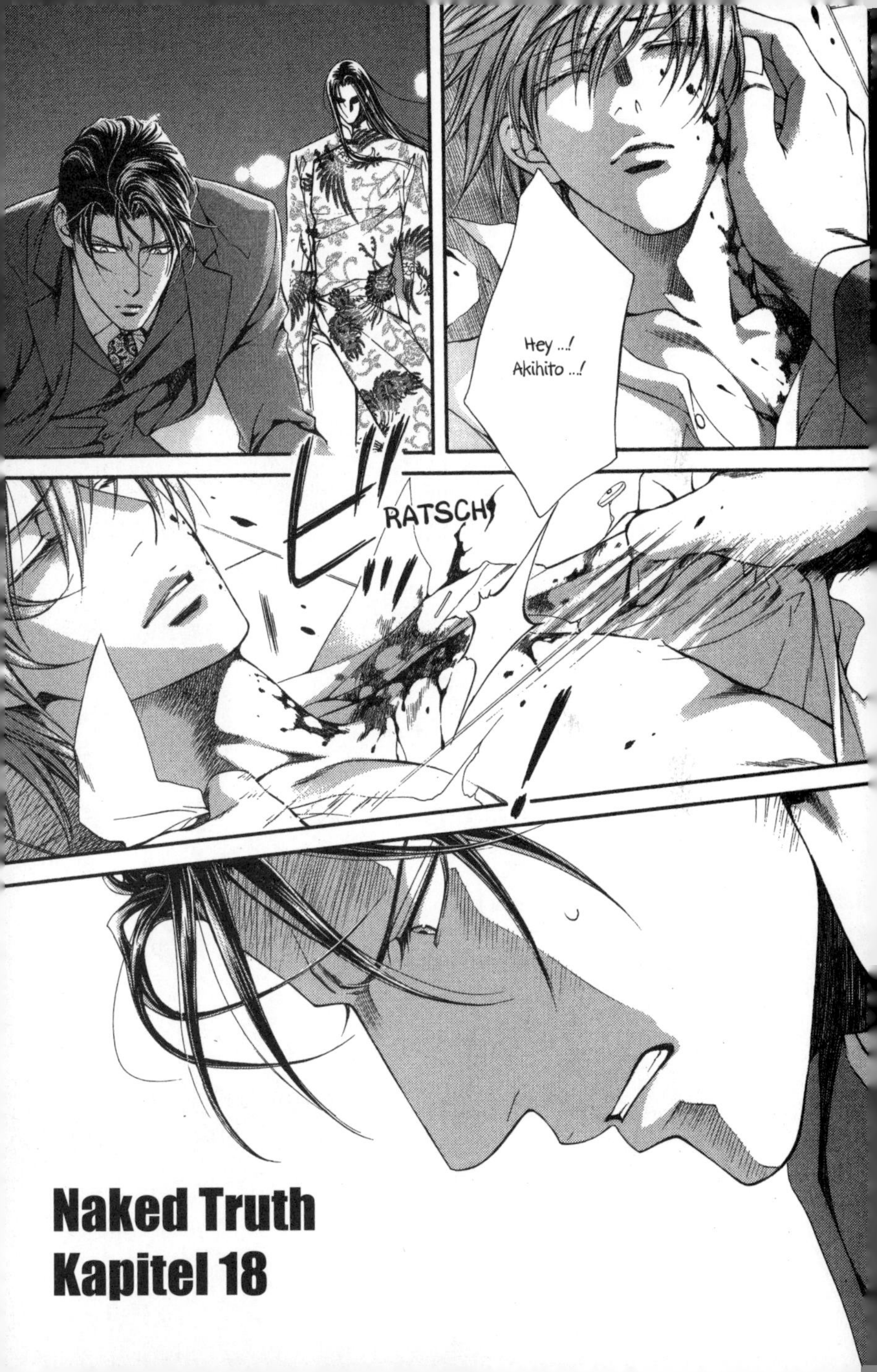
Hey ...!
Akihito ...!
RATSCH
Naked Truth
Kapitel 18

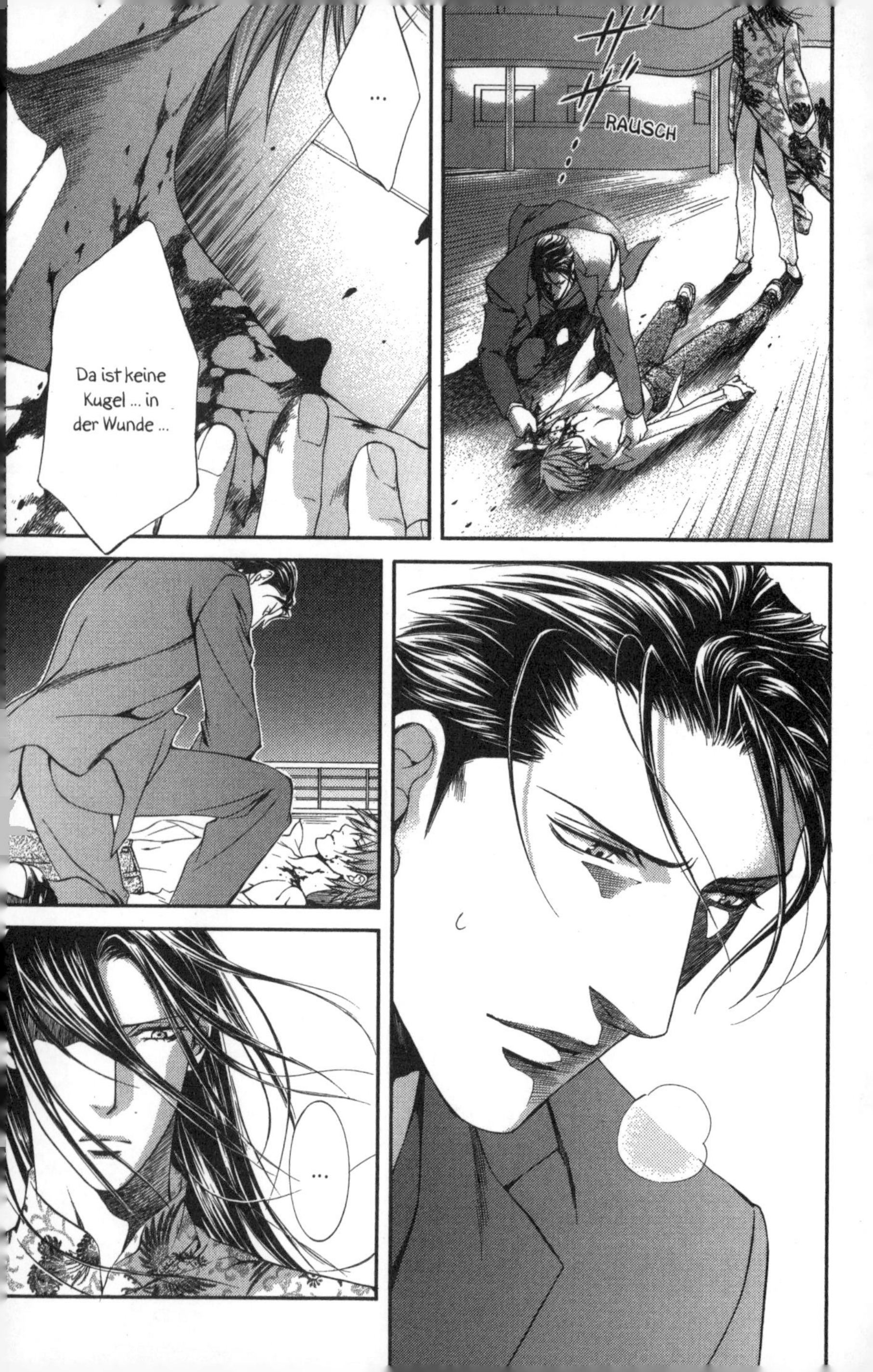

RAUSCH

...

Da ist keine Kugel ... in der Wunde ...

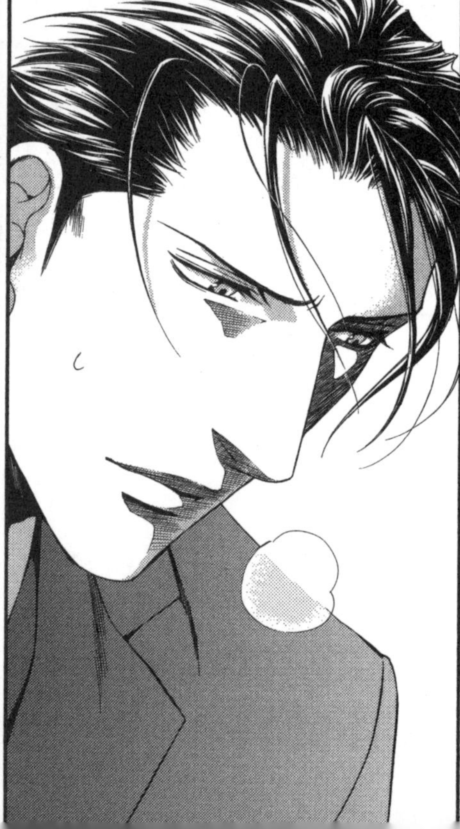

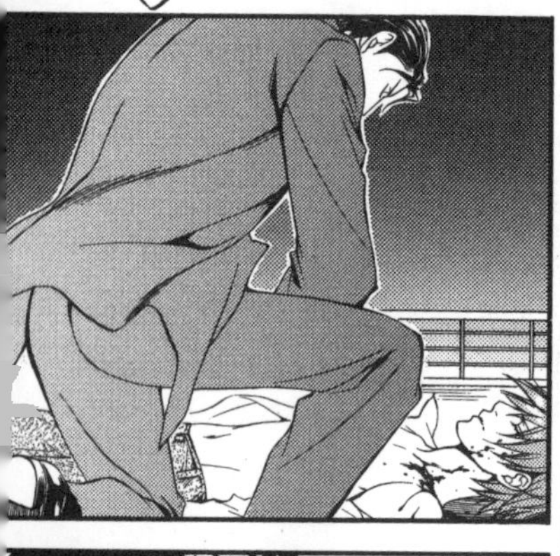

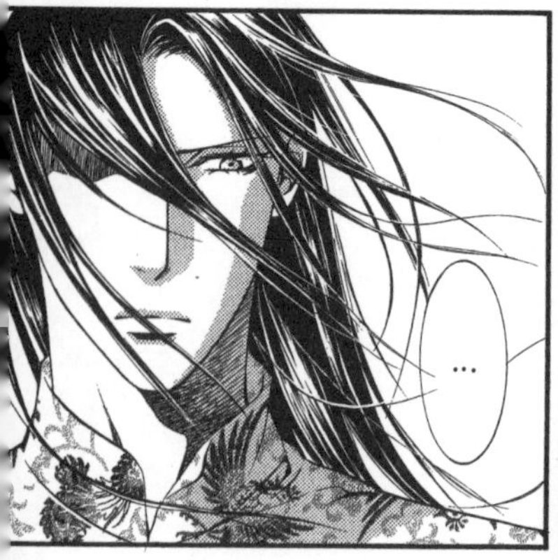

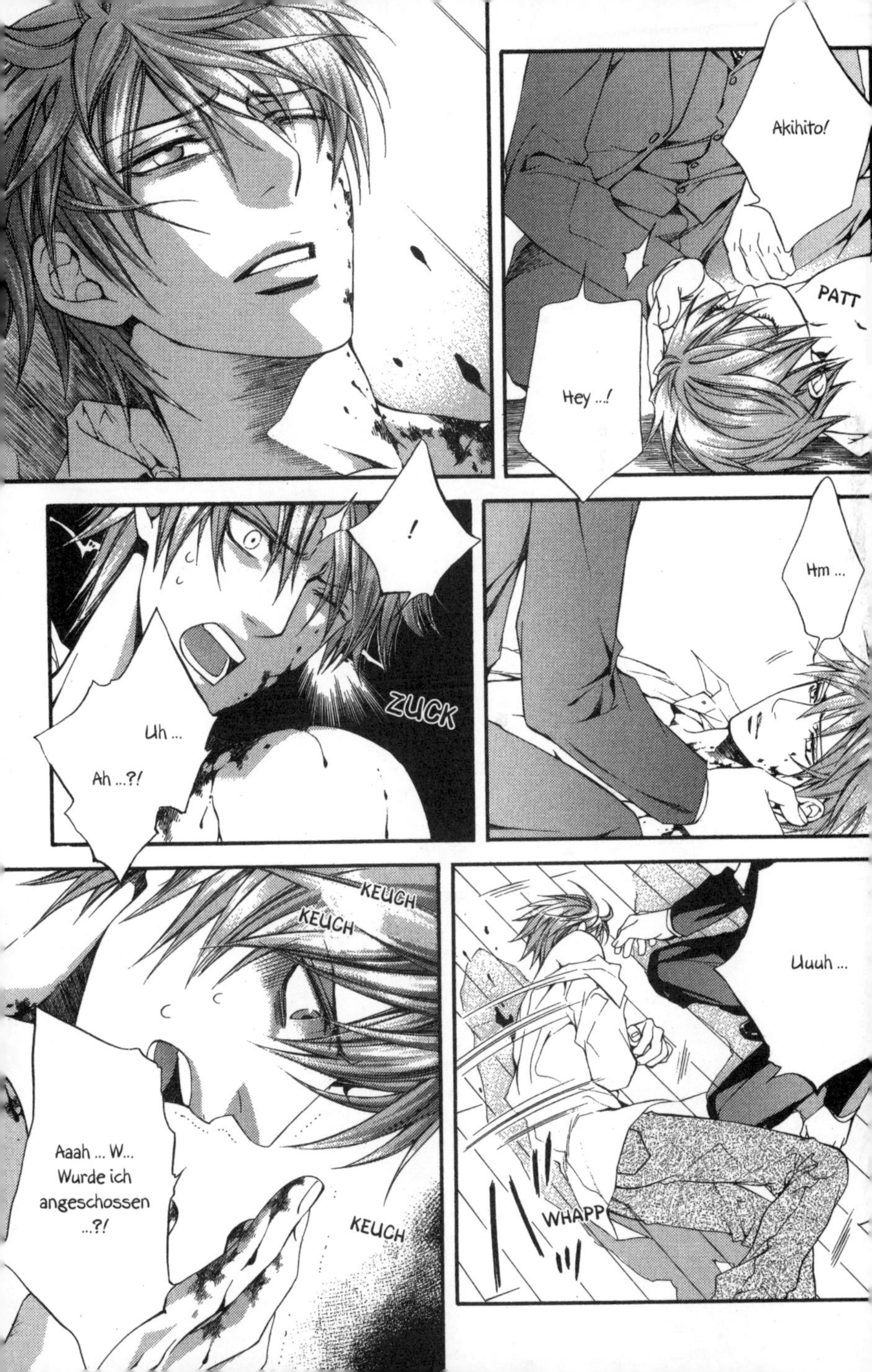
Akihito!
Hey ...!
PATT
Hm ...
!
ZUCK
Uh ...
Ah ...?!
Uuuh ...
WHAPP
KEUCH
KEUCH
Aaah ... W... Wurde ich angeschossen ...?!
KEUCH

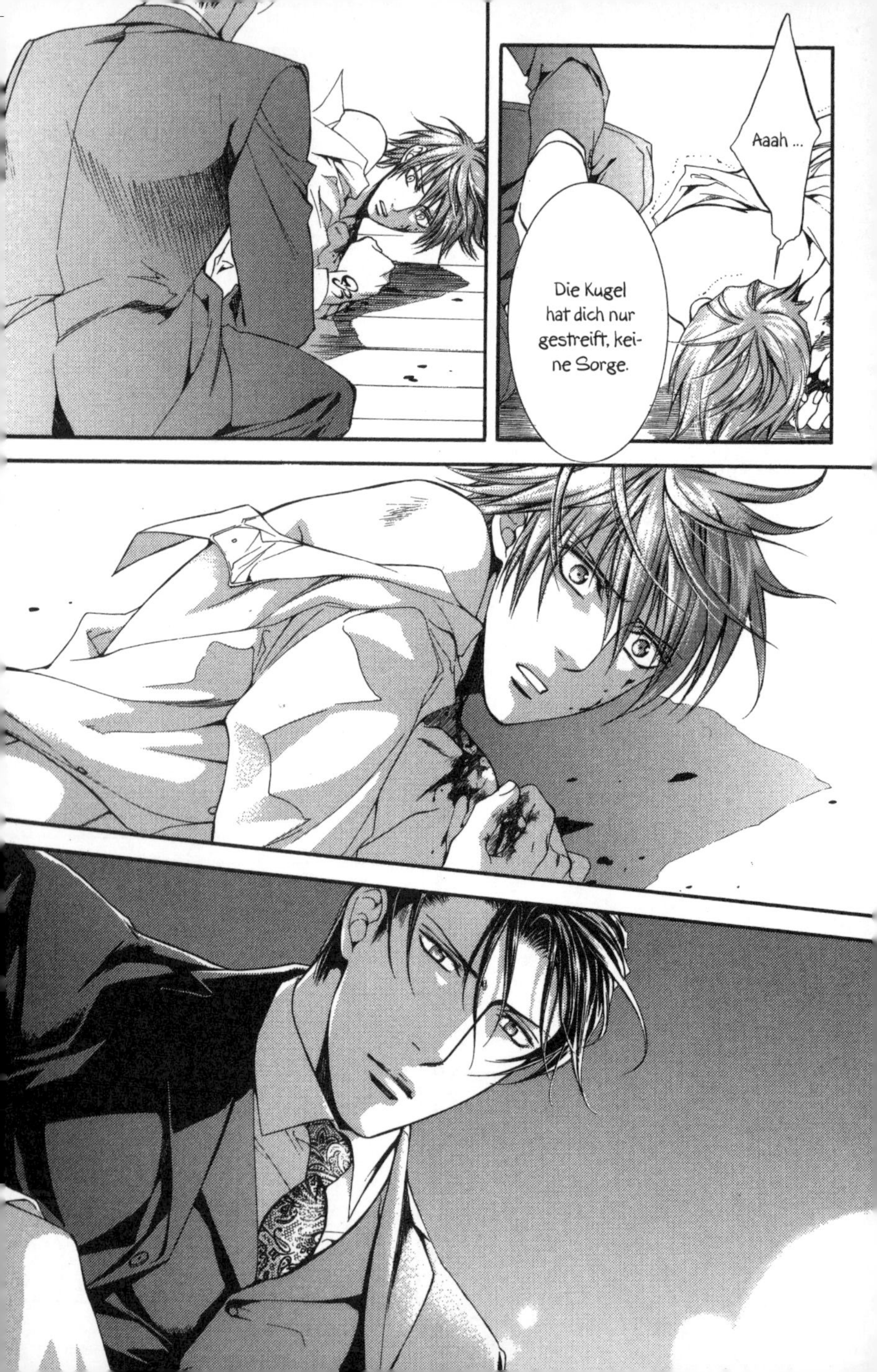
Aaah ...
Die Kugel hat dich nur gestreift, kei-ne Sorge.

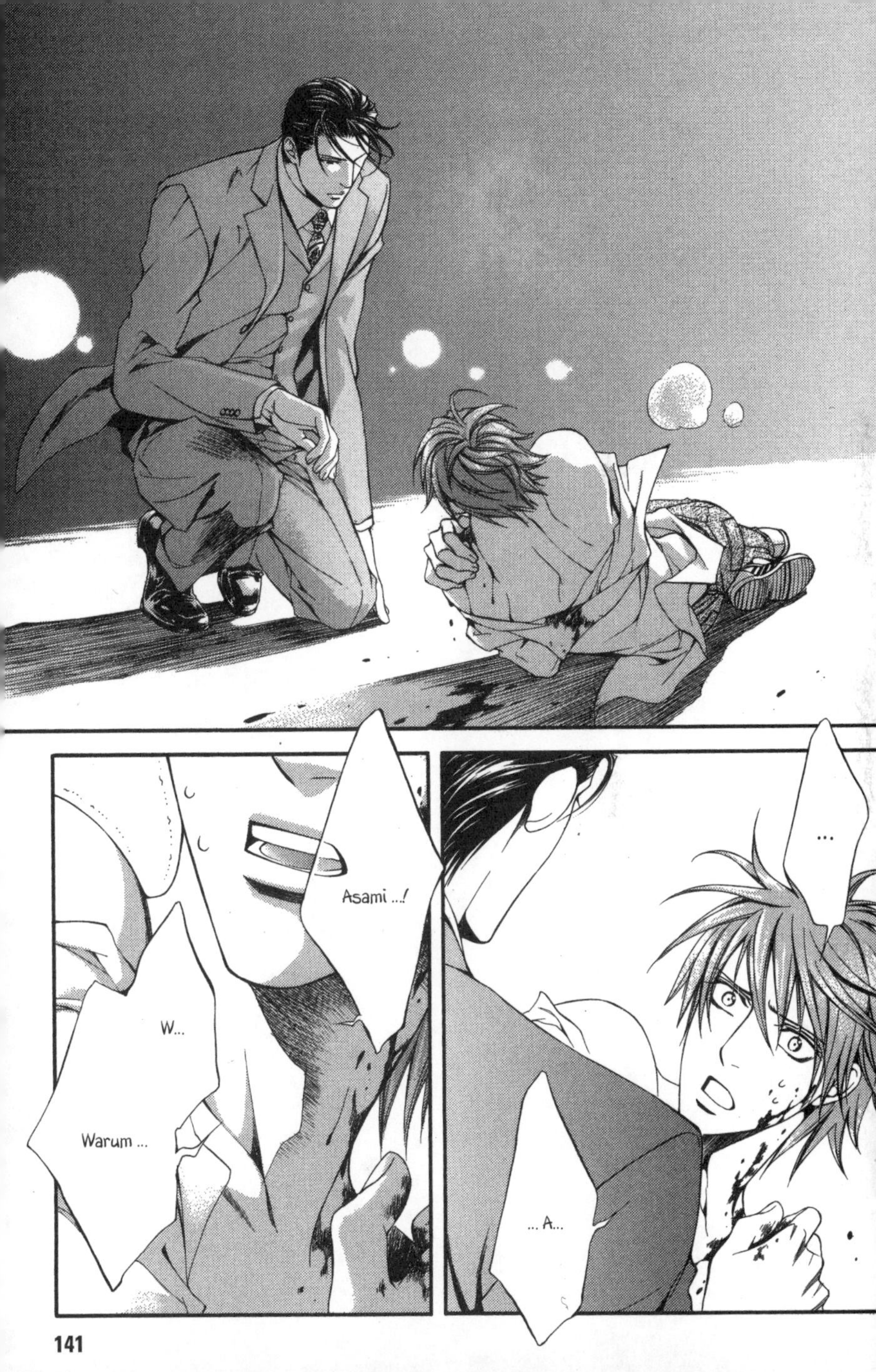
...
... A...
Asami ...!
W...
Warum ...

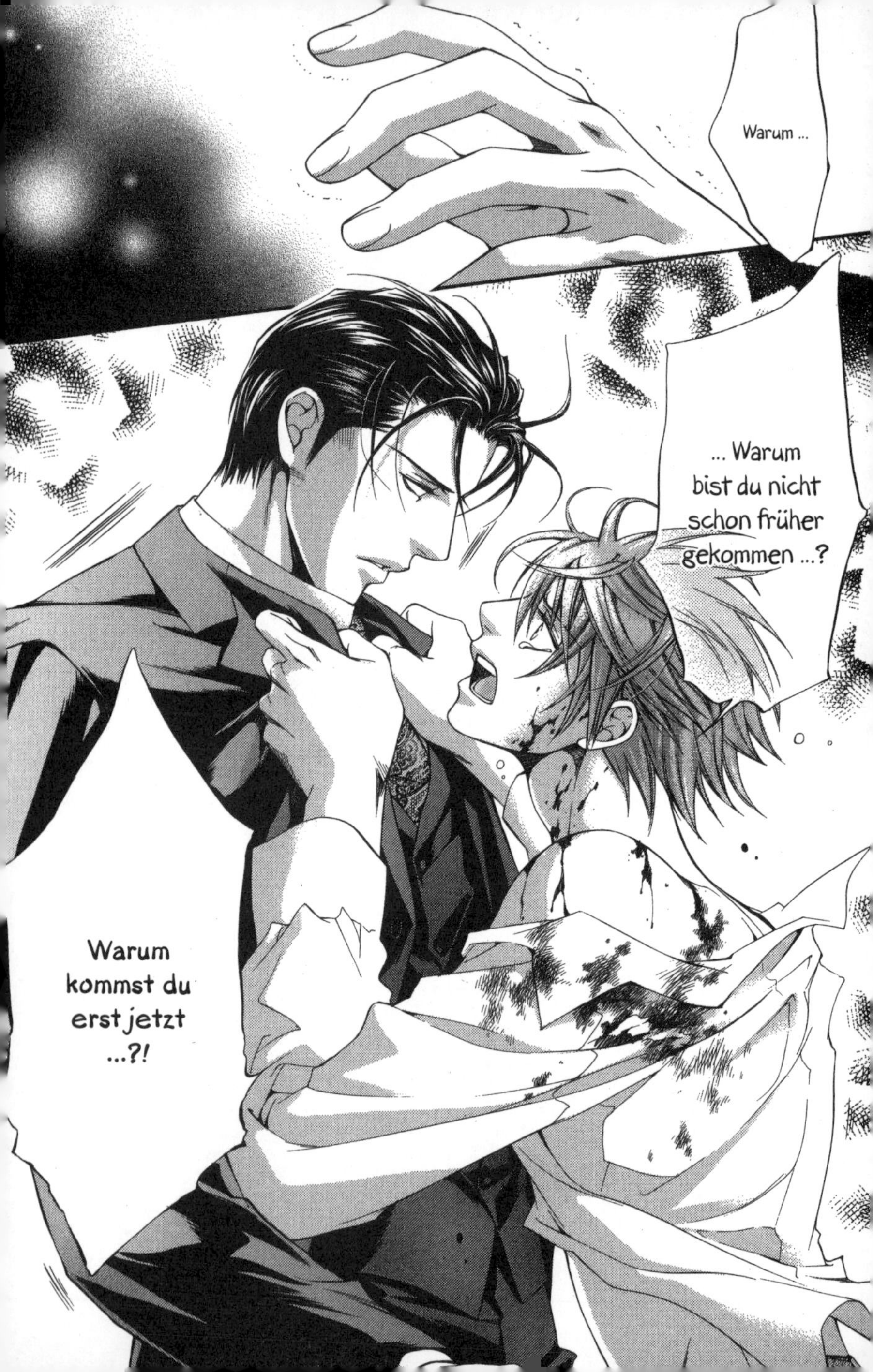
Warum ...
... Warum bist du nicht schon früher gekommen ...?
Warum kommst du erst jetzt ...?!

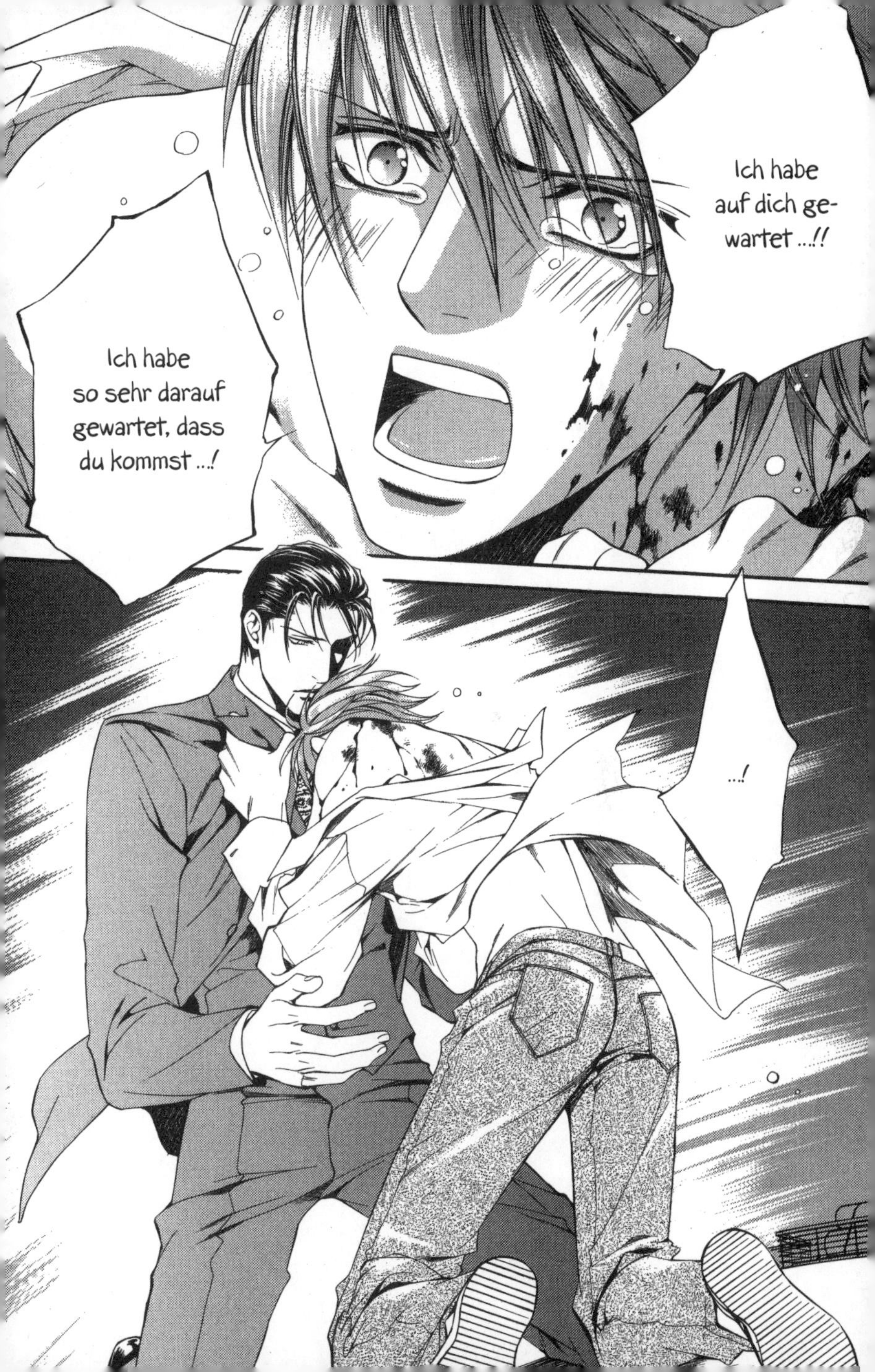
Ich habe auf dich gewartet ...!!
Ich habe so sehr darauf gewartet, dass du kommst ...!
...!

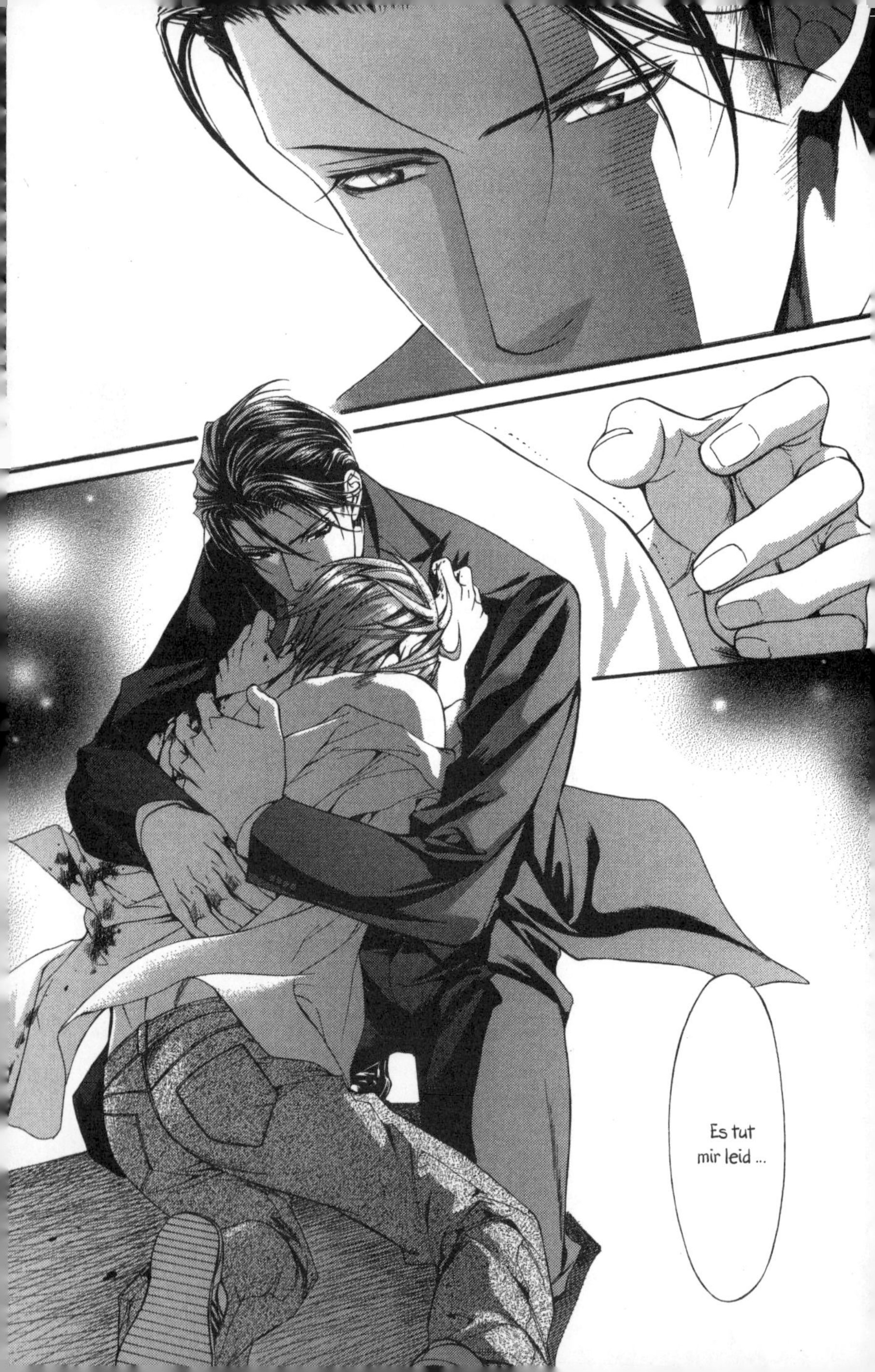
Es tut
mir leid ...

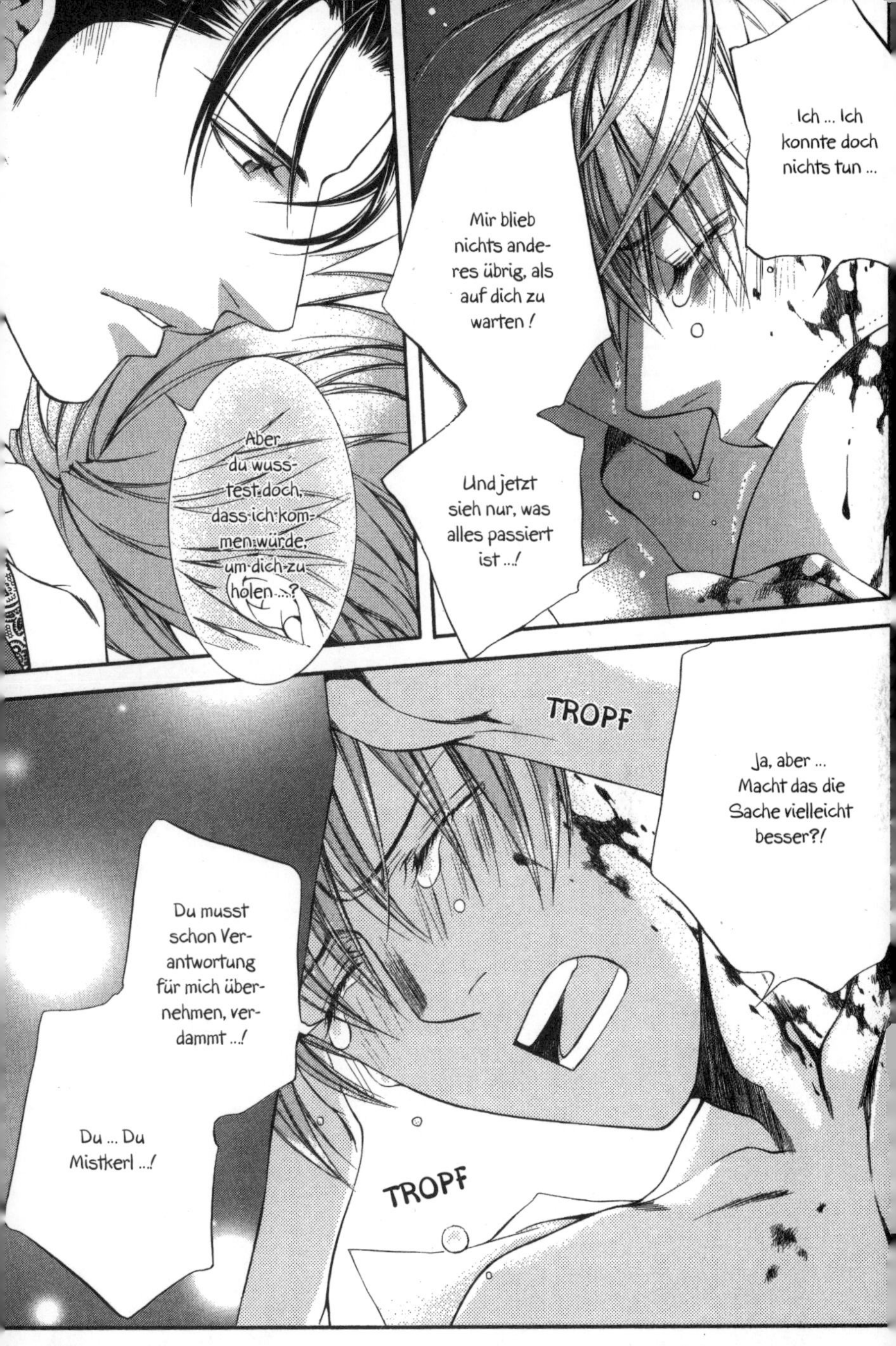
Ich ... Ich konnte doch nichts tun ...
Mir blieb nichts anderes übrig, als auf dich zu warten!
Und jetzt sieh nur, was alles passiert ist ...!
Aber du wusstest doch, dass ich kommen würde, um dich zu holen ...?
TROPF
Ja, aber ... Macht das die Sache vielleicht besser?!
Du musst schon Verantwortung für mich übernehmen, verdammt ...!
Du ... Du Mistkerl ...!
TROPF

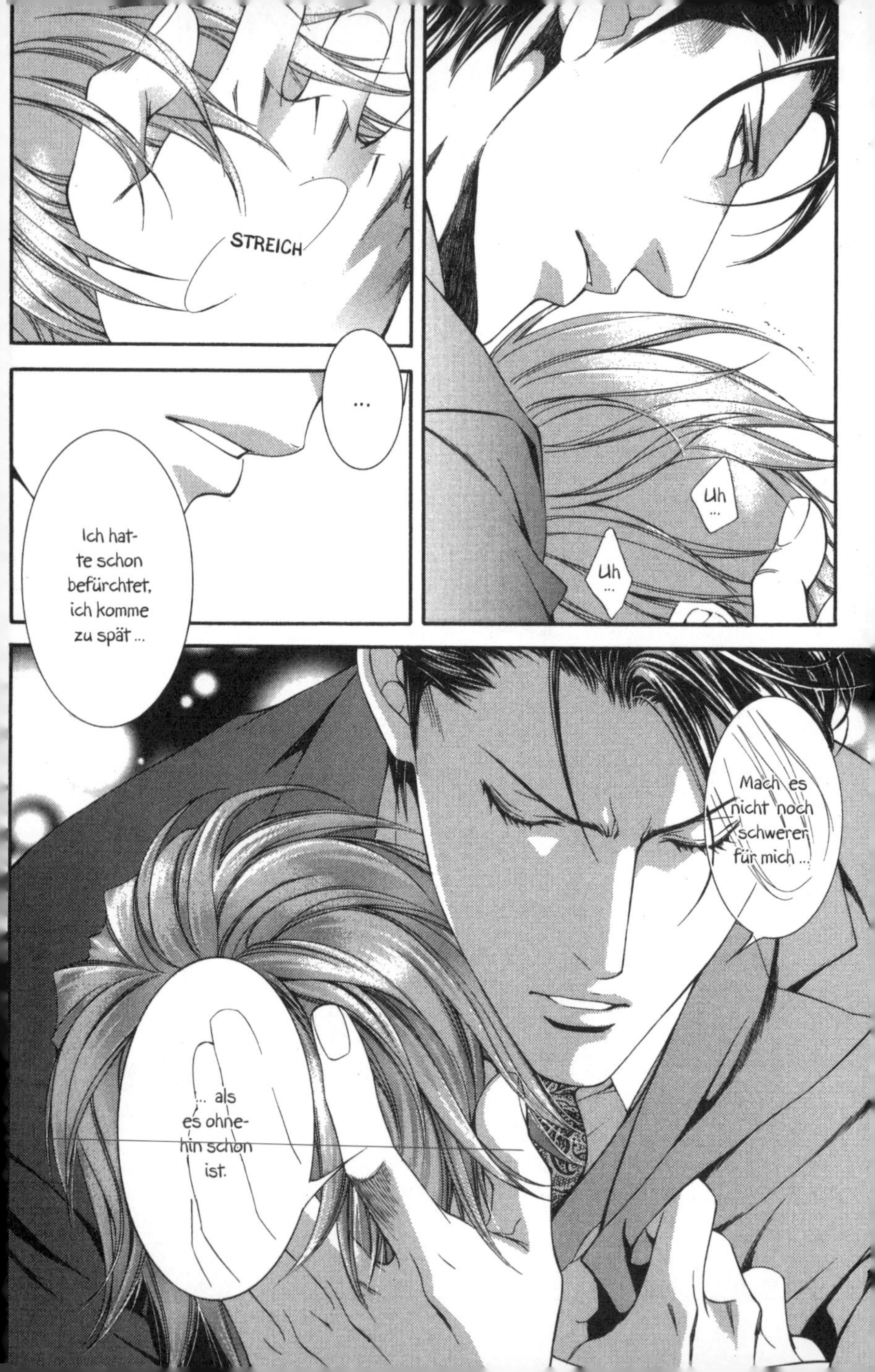

Uh ...
Uh ...
STREICH
...
Ich hat-
te schon
befürchtet,
ich komme
zu spät ...
Mach es
nicht noch
schwerer
für mich ...
... als
es ohne-
hin schon
ist.

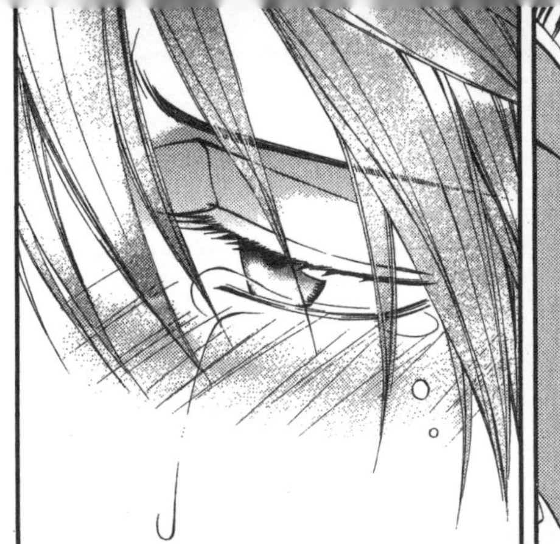

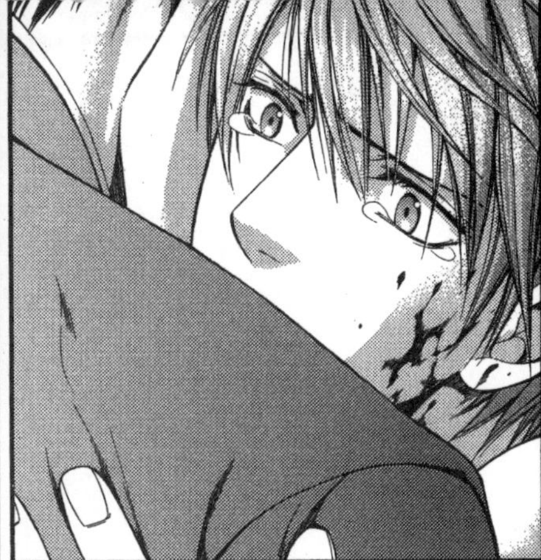

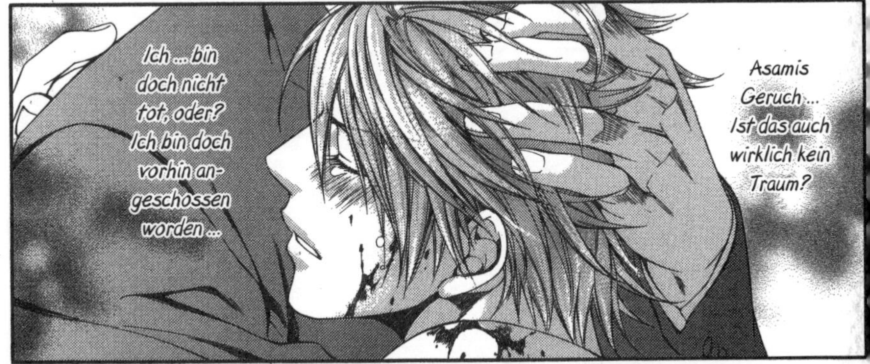
Asamis
Geruch ...
Ist das auch
wirklich kein
Traum?
Ich ... bin
doch nicht
tot, oder?
Ich bin doch
vorhin an-
geschossen
worden ...

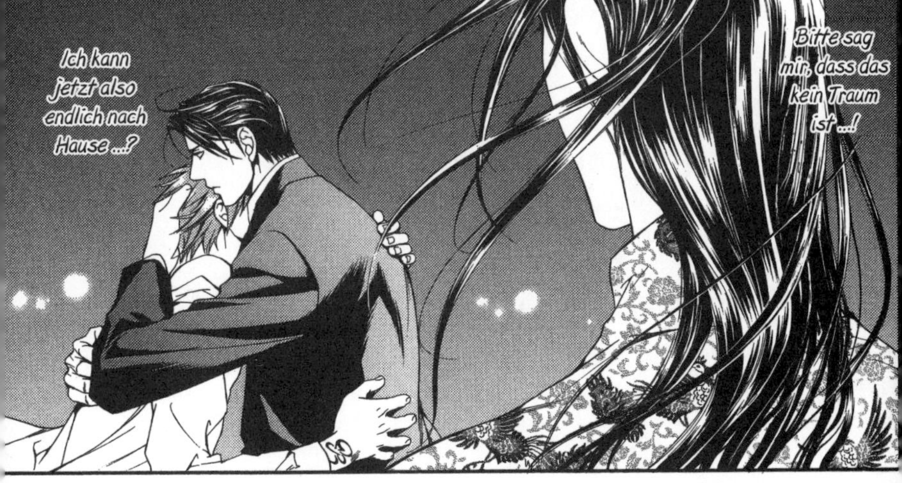
Bitte sag
mir, dass das
kein Traum
ist ...!
Ich kann
jetzt also
endlich nach
Hause ...?

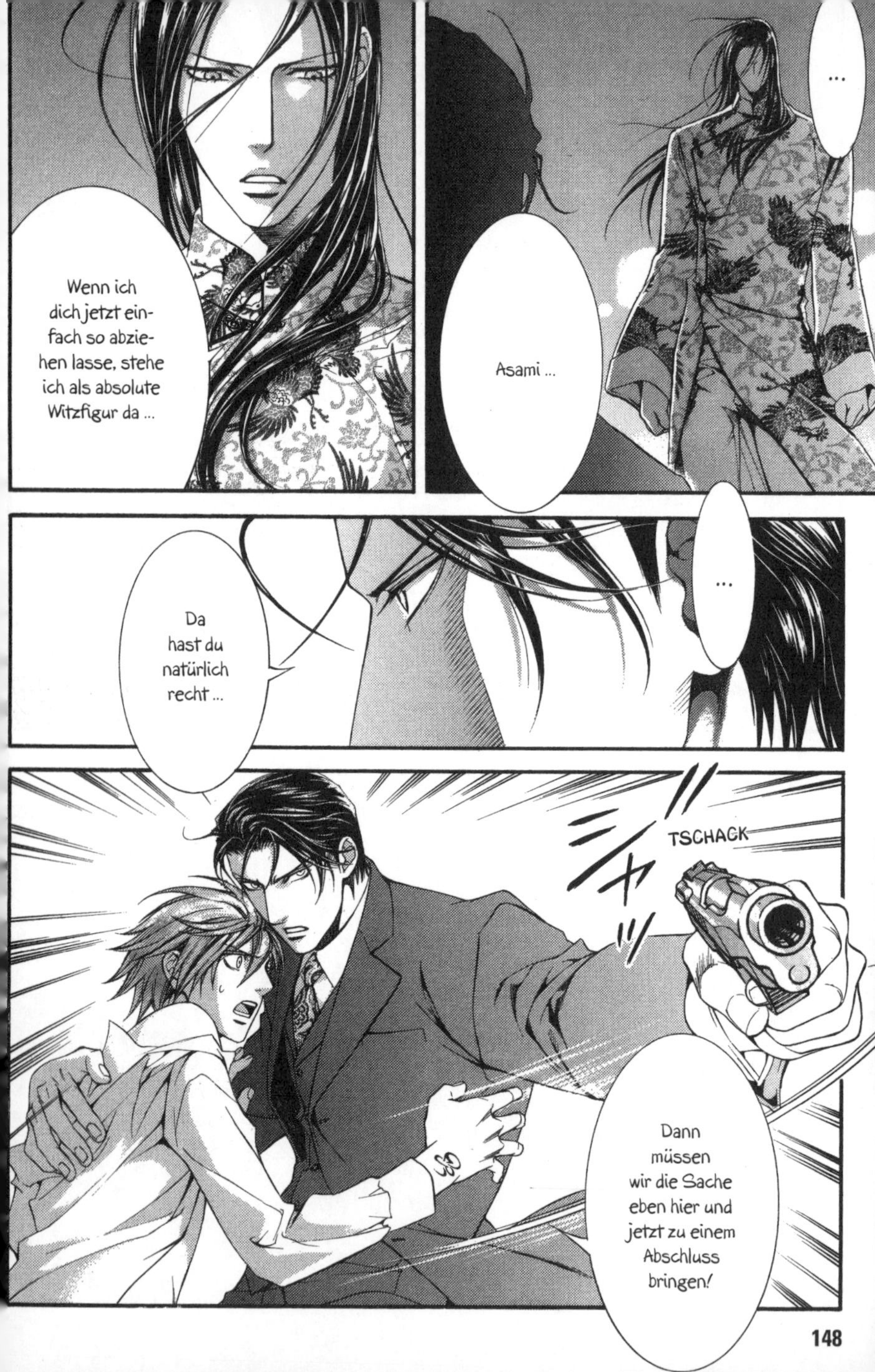
...
Asami ...
Wenn ich dich jetzt einfach so abziehen lasse, stehe ich als absolute Witzfigur da ...
...
Da hast du natürlich recht ...
TSCHACK
Dann müssen wir die Sache eben hier und jetzt zu einem Abschluss bringen!

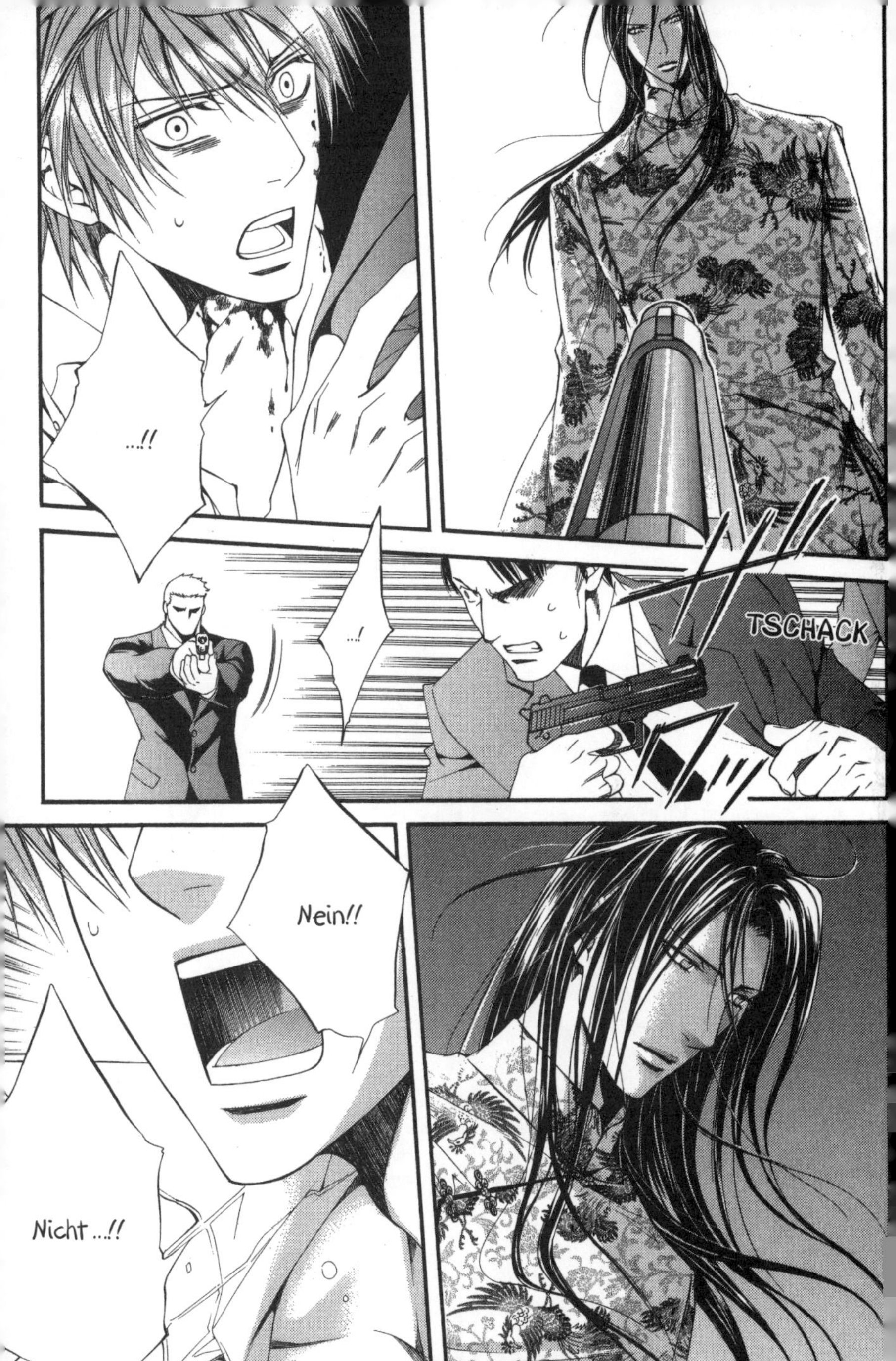
...!!
...!
TSCHACK
Nein!!
Nicht ...!!

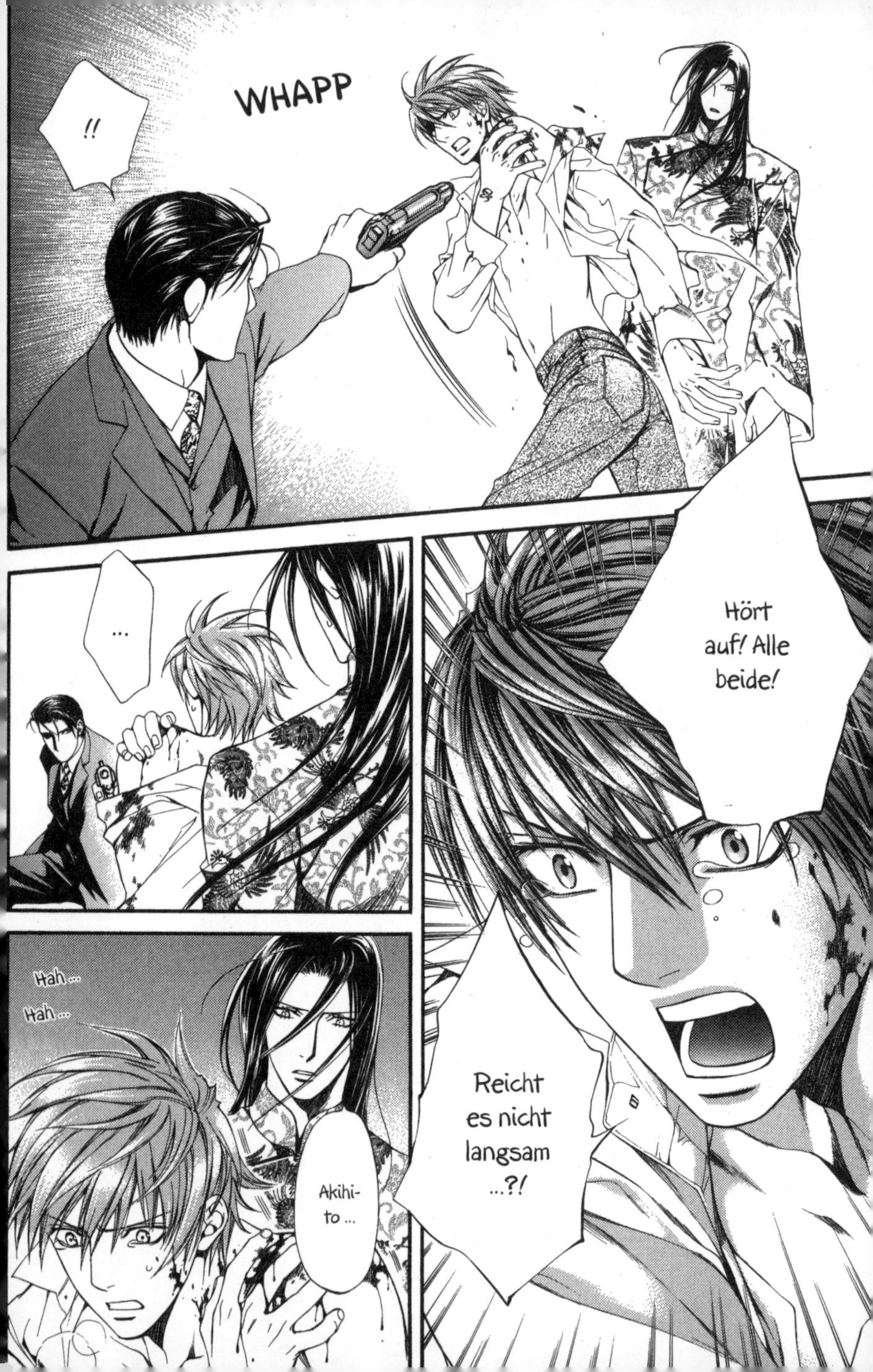
WHAPP
!!
Hört auf! Alle beide!
...
Reicht es nicht langsam ...?!
Hah ...
Hah ...
Akihi-
to ...

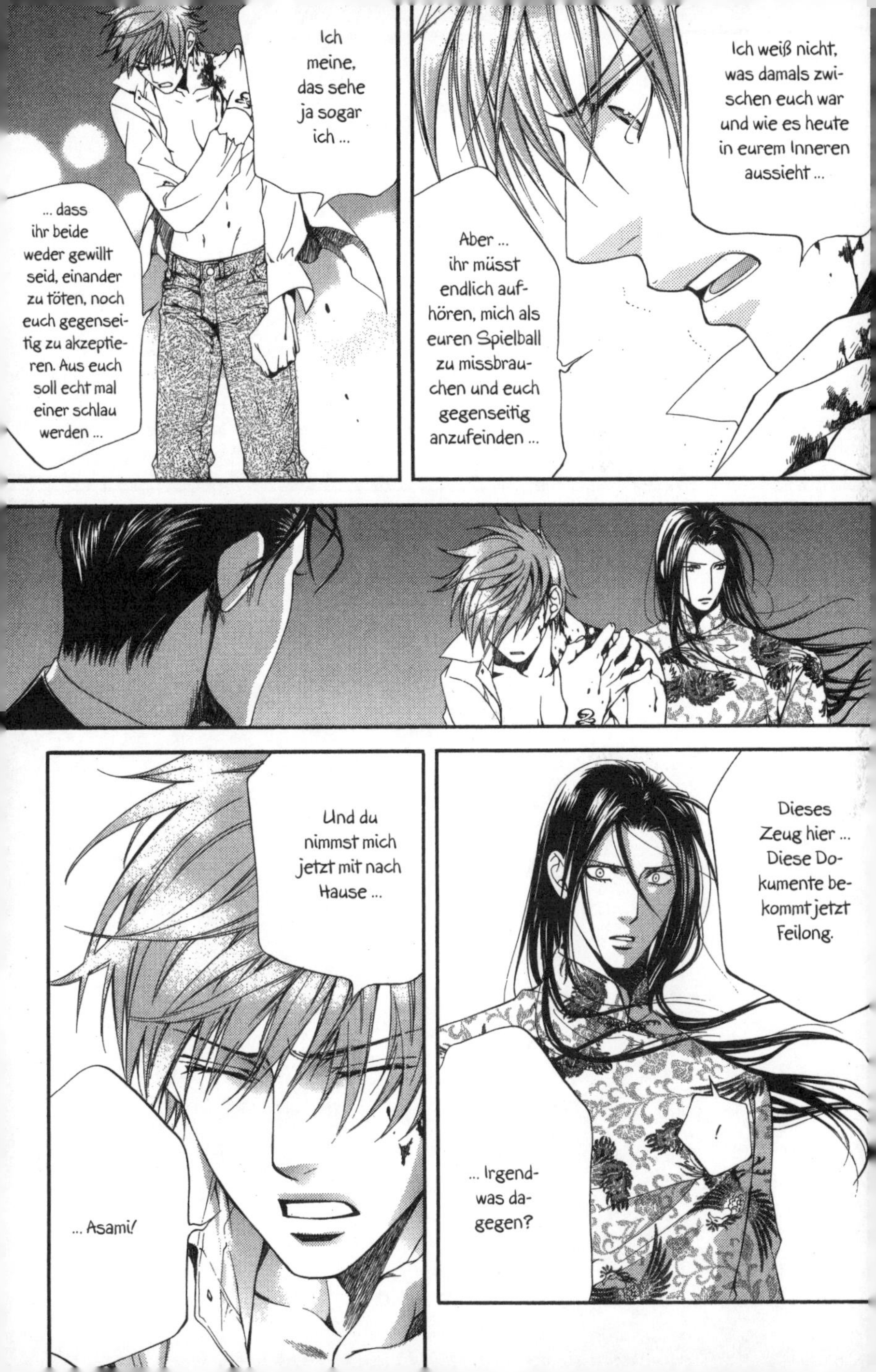

Ich weiß nicht, was damals zwischen euch war und wie es heute in eurem Inneren aussieht ...

Aber ... ihr müsst endlich aufhören, mich als euren Spielball zu missbrauchen und euch gegenseitig anzufeinden ...

Ich meine, das sehe ja sogar ich ...

... dass ihr beide weder gewillt seid, einander zu töten, noch euch gegenseitig zu akzeptieren. Aus euch soll echt mal einer schlau werden ...

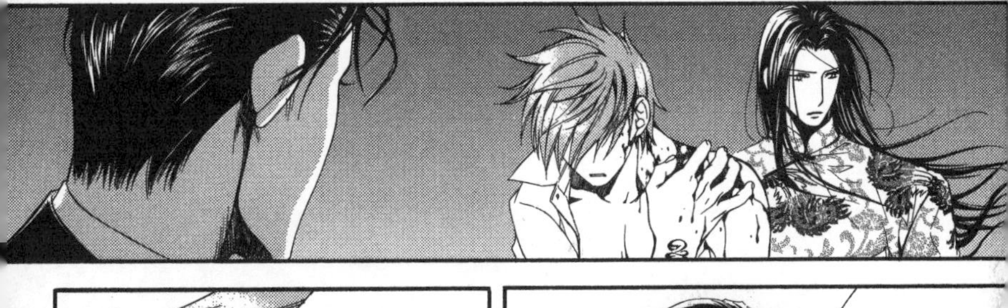

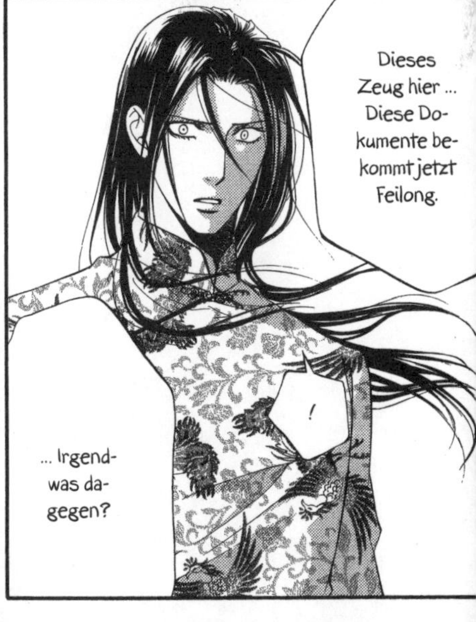

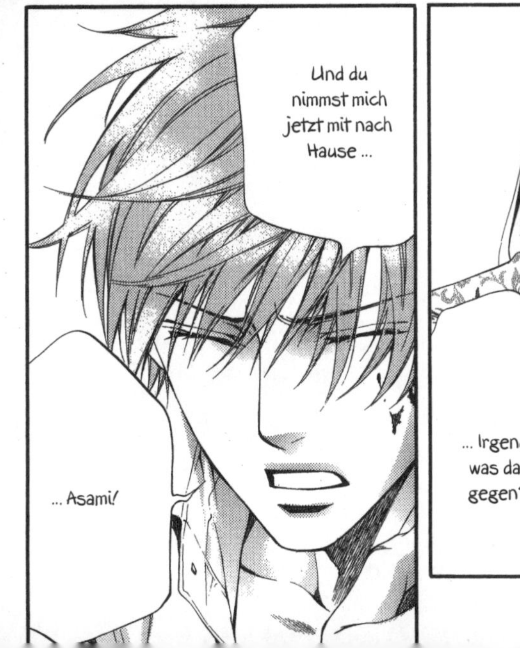

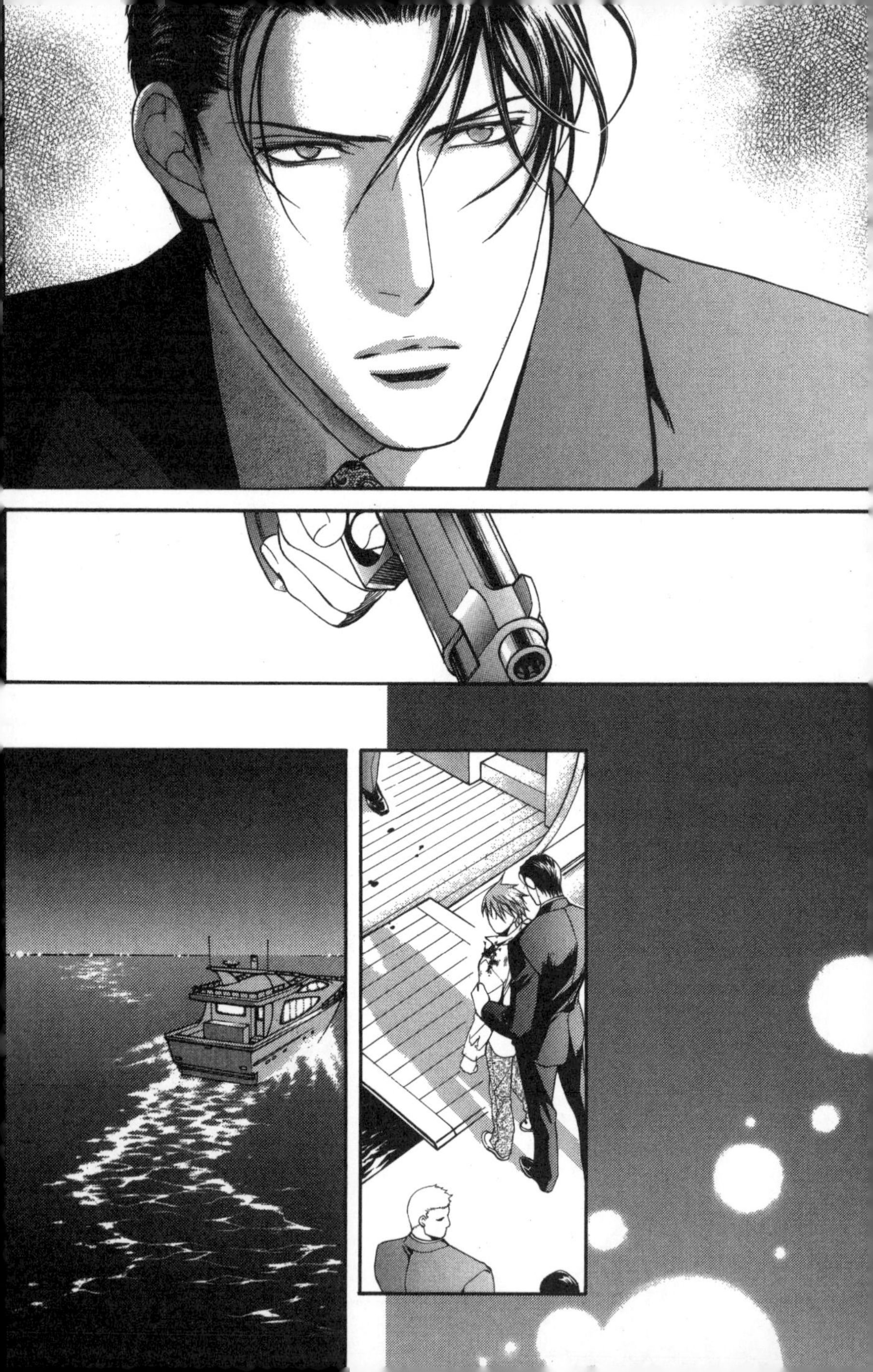

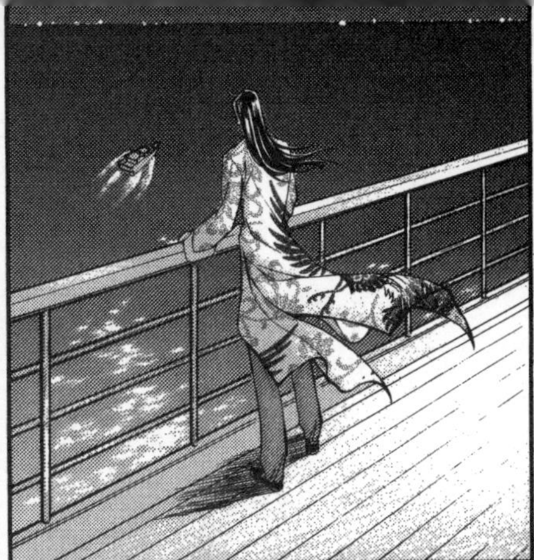
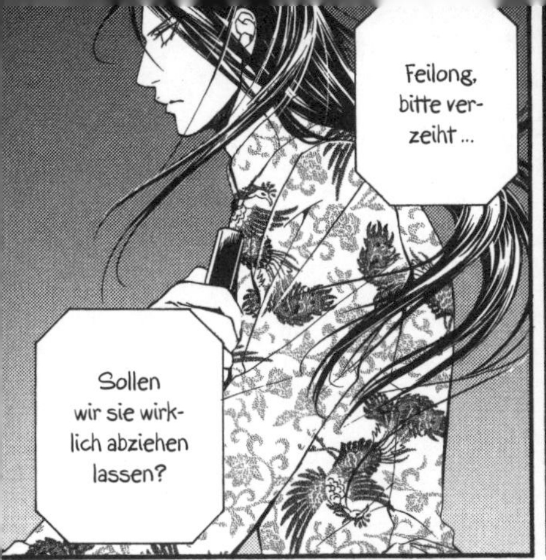
Feilong, bitte verzeiht ...
Sollen wir sie wirklich abziehen lassen?

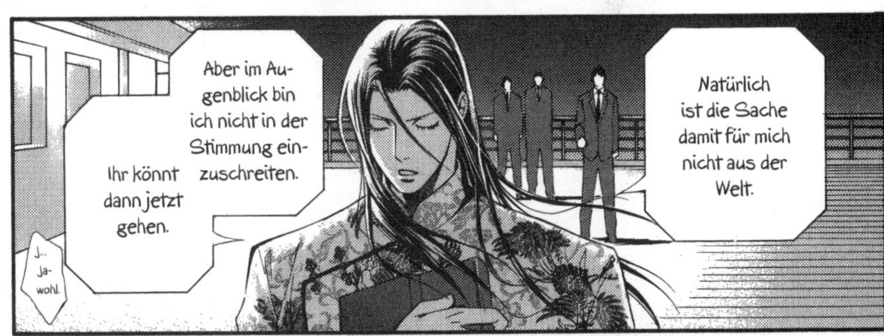
Natürlich ist die Sache damit für mich nicht aus der Welt.
Aber im Augenblick bin ich nicht in der Stimmung einzuschreiten.
Ihr könnt dann jetzt gehen.
J... Jawohl.

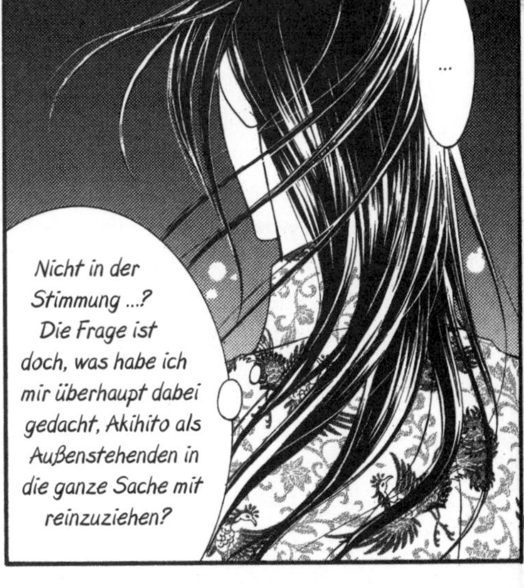
...
Nicht in der Stimmung ...? Die Frage ist doch, was habe ich mir überhaupt dabei gedacht, Akihito als Außenstehenden in die ganze Sache mit reinzuziehen?

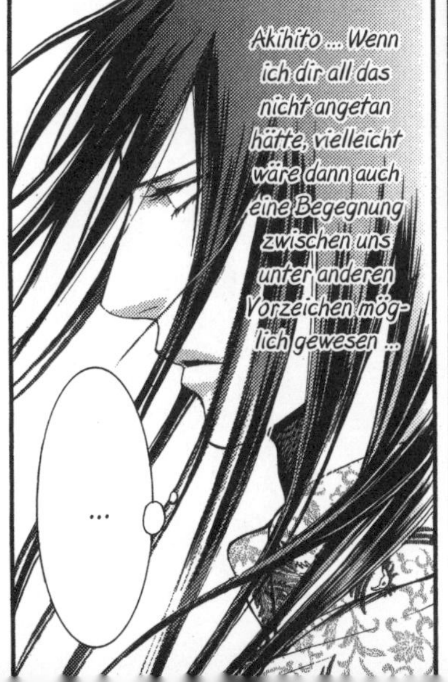
Akihito ... Wenn ich dir all das nicht angetan hätte, vielleicht wäre dann auch eine Begegnung zwischen uns unter anderen Vorzeichen möglich gewesen ...
...

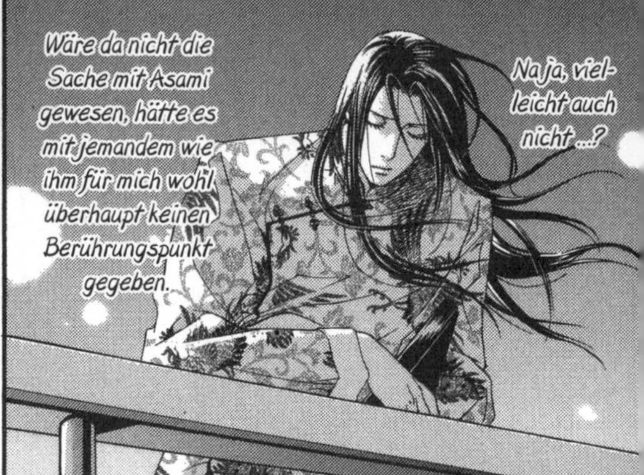
Na ja, vielleicht auch nicht ...?
Wäre da nicht die Sache mit Asami gewesen, hätte es mit jemandem wie ihm für mich wohl überhaupt keinen Berührungspunkt gegeben.

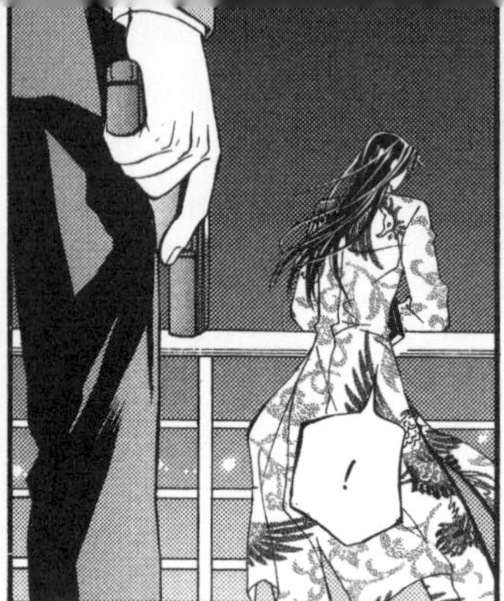
!

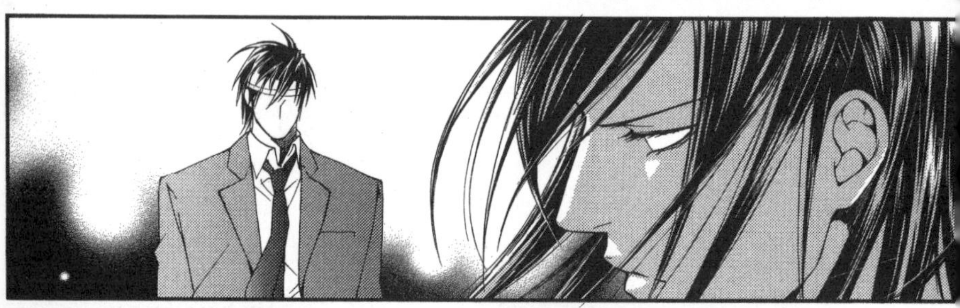

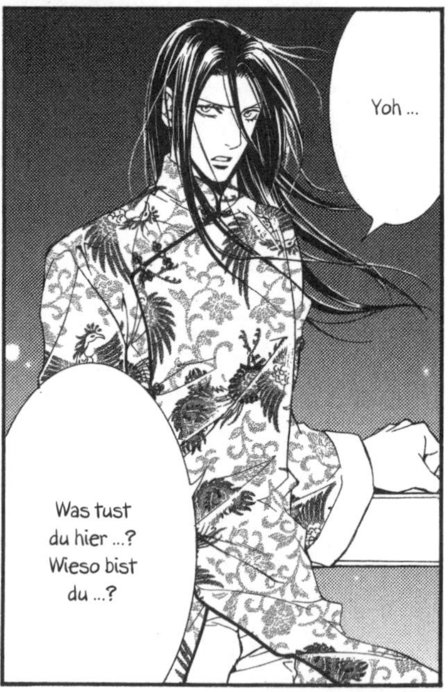
Yoh ...
Was tust du hier ...? Wieso bist du ...?

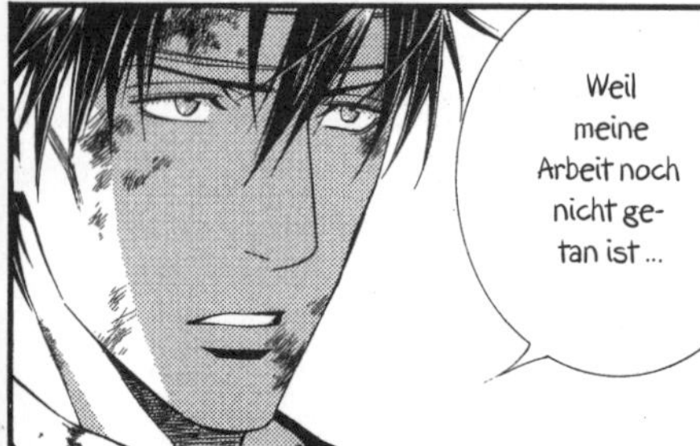
Weil meine Arbeit noch nicht getan ist ...

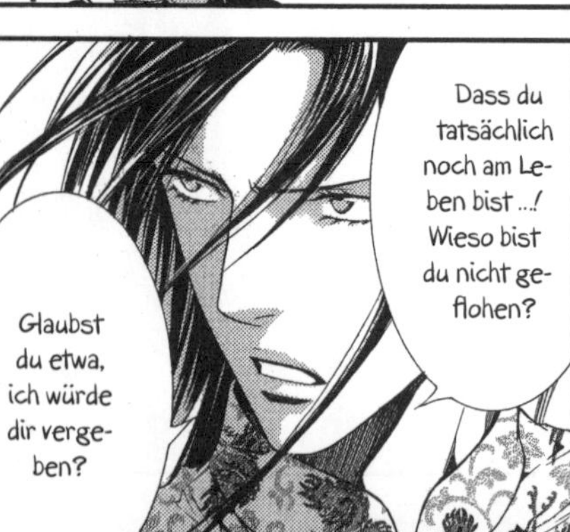
Dass du tatsächlich noch am Leben bist ...! Wieso bist du nicht geflohen?
Glaubst du etwa, ich würde dir vergeben?

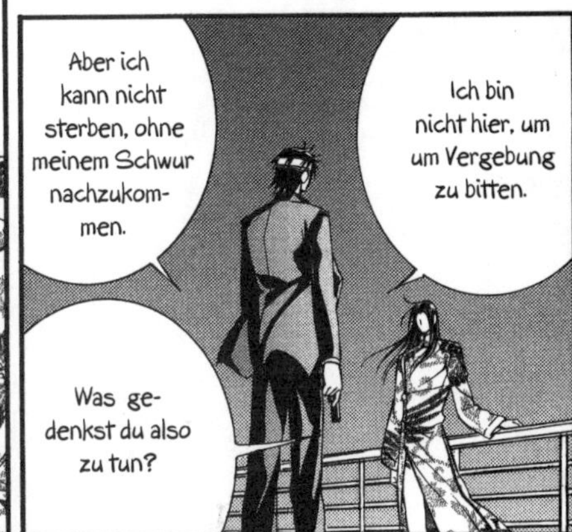
Ich bin nicht hier, um um Vergebung zu bitten.
Aber ich kann nicht sterben, ohne meinem Schwur nachzukommen.
Was gedenkst du also zu tun?

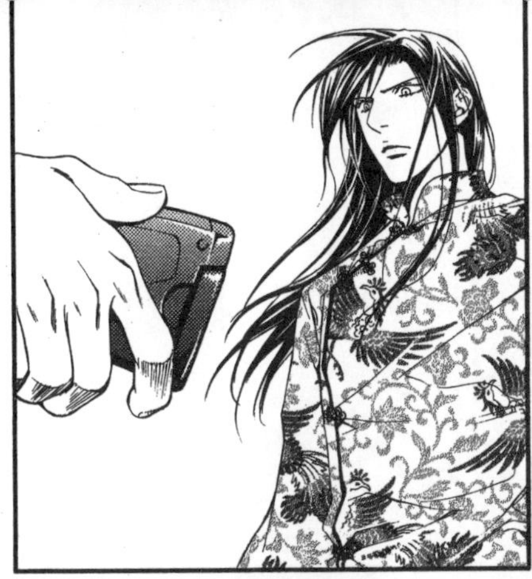

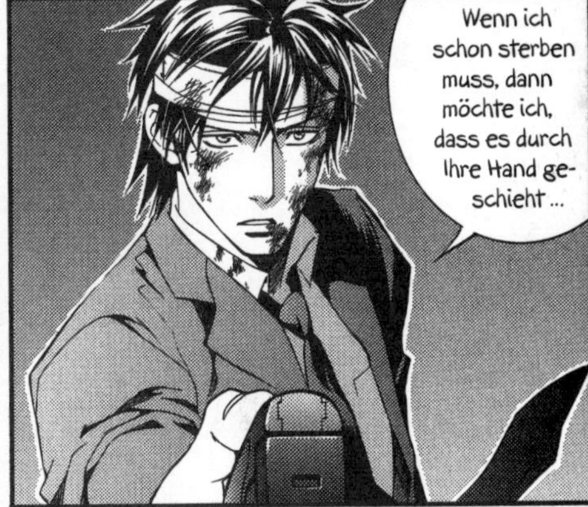
Wenn ich schon sterben muss, dann möchte ich, dass es durch Ihre Hand geschieht ...

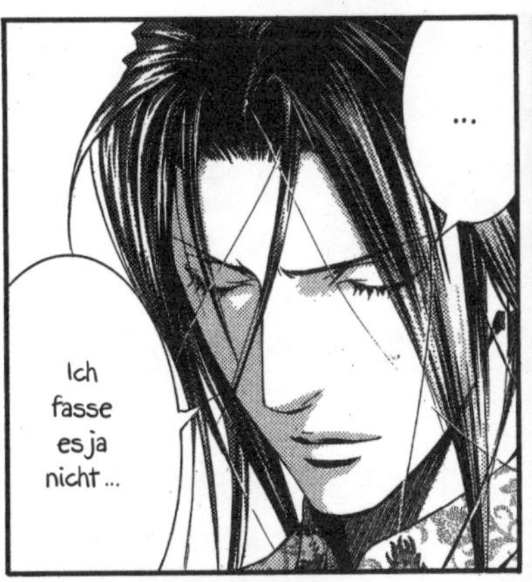
...
Ich fasse es ja nicht ...

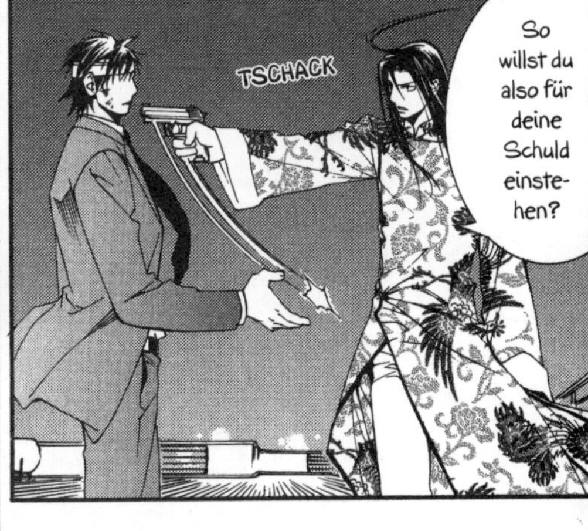
So willst du also für deine Schuld einstehen?
TSCHACK

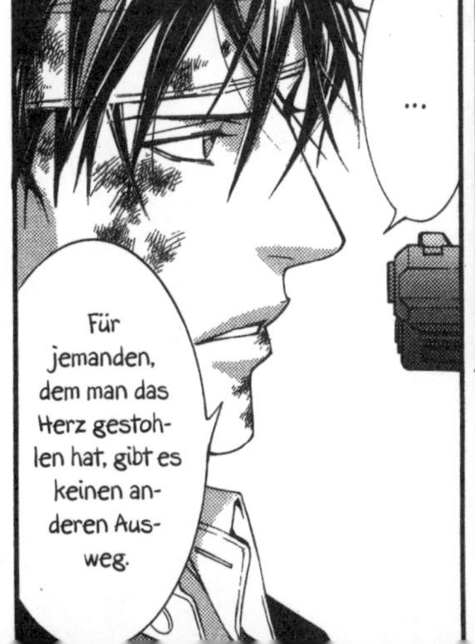
...
Für jemanden, dem man das Herz gestohlen hat, gibt es keinen anderen Ausweg.

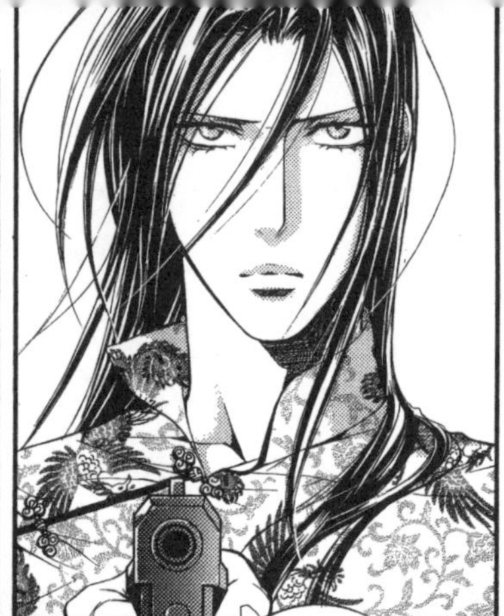

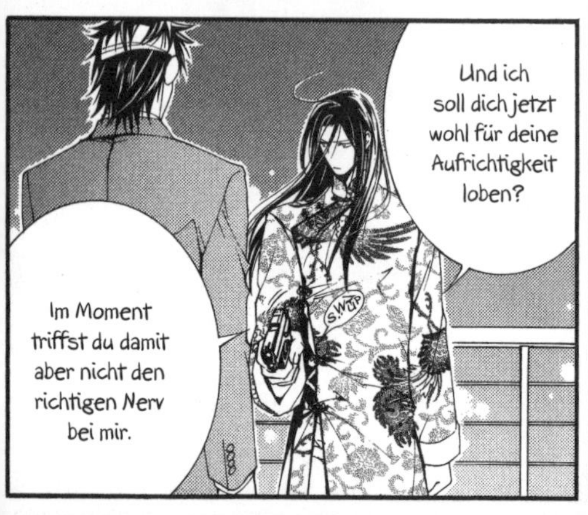
Und ich soll dich jetzt wohl für deine Aufrichtigkeit loben?
S.WUP
Im Moment triffst du damit aber nicht den richtigen Nerv bei mir.

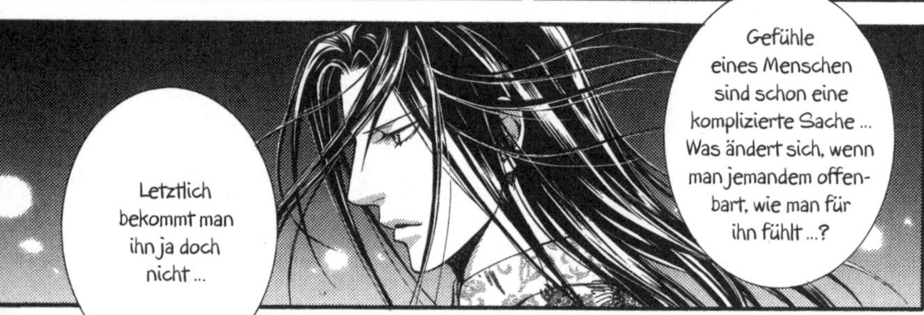
Gefühle eines Menschen sind schon eine komplizierte Sache … Was ändert sich, wenn man jemandem offen-bart, wie man für ihn fühlt …?
Letztlich bekommt man ihn ja doch nicht …

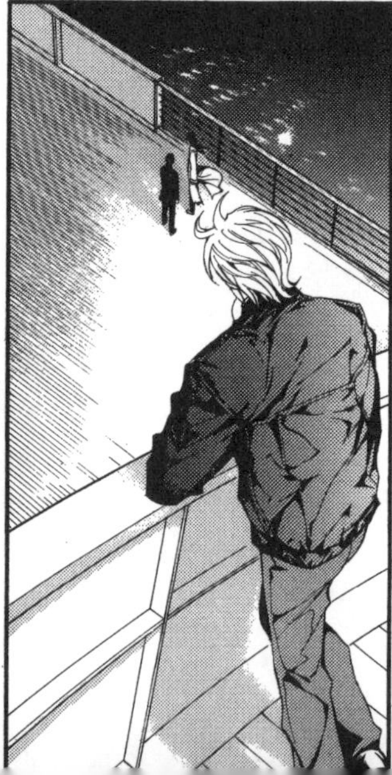

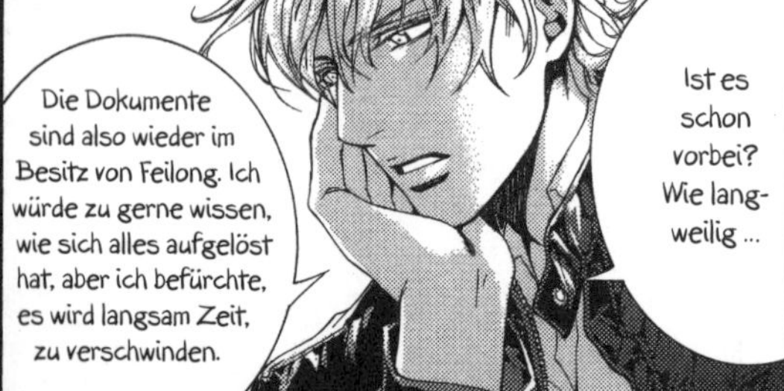
Ist es schon vorbei? Wie lang-weilig …
Die Dokumente sind also wieder im Besitz von Feilong. Ich würde zu gerne wissen, wie sich alles aufgelöst hat, aber ich befürchte, es wird langsam Zeit, zu verschwinden.

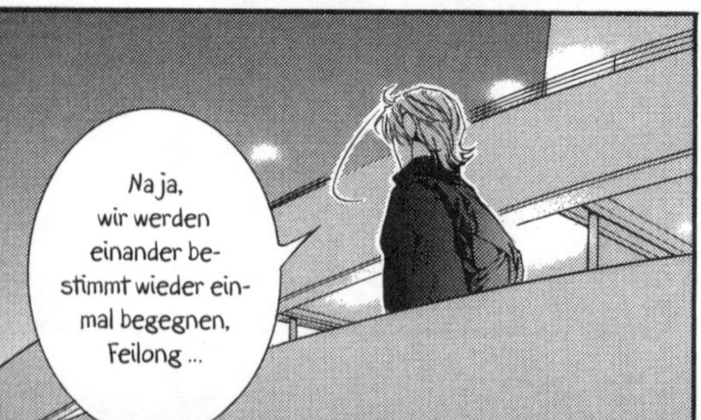
Na ja, wir werden einander be-stimmt wieder ein-mal begegnen, Feilong …

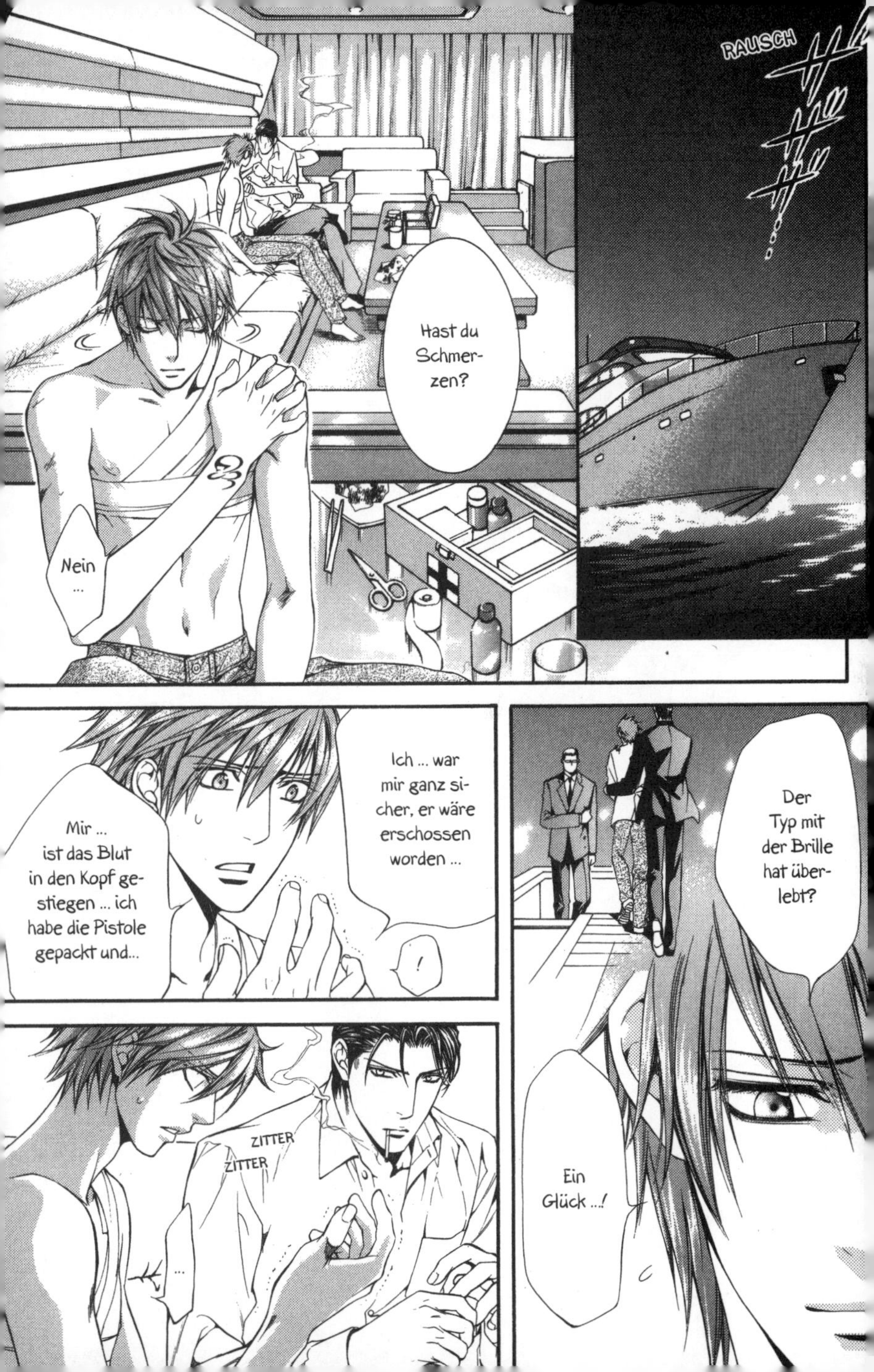

RAUSCH

Hast du Schmerzen?

Nein ...

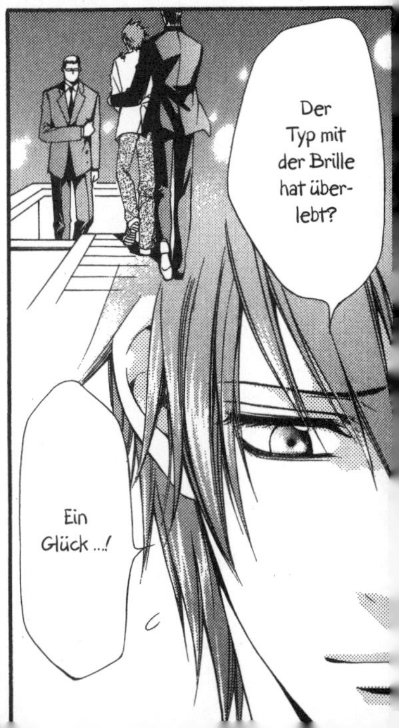

Ich ... war mir ganz sicher, er wäre erschossen worden ...

!

Mir ... ist das Blut in den Kopf gestiegen ... ich habe die Pistole gepackt und...

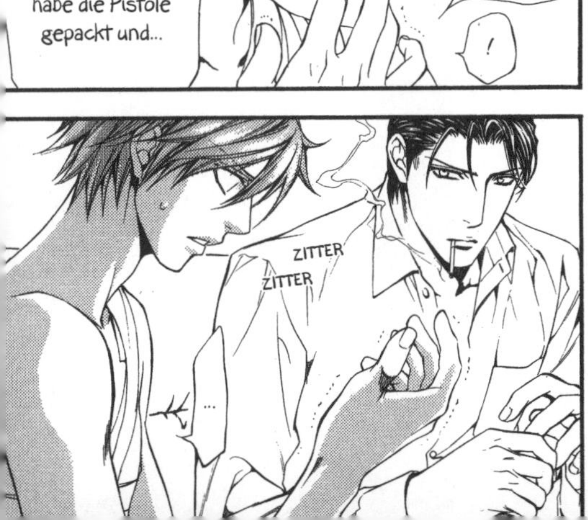

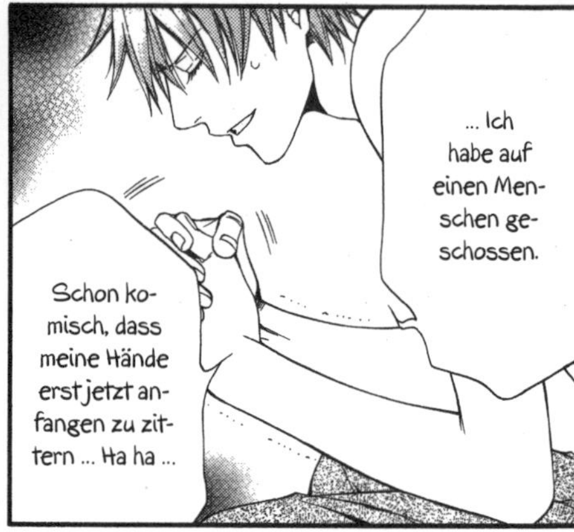
... Ich habe auf einen Menschen geschossen.
Schon komisch, dass meine Hände erst jetzt anfangen zu zittern ... Ha ha ...

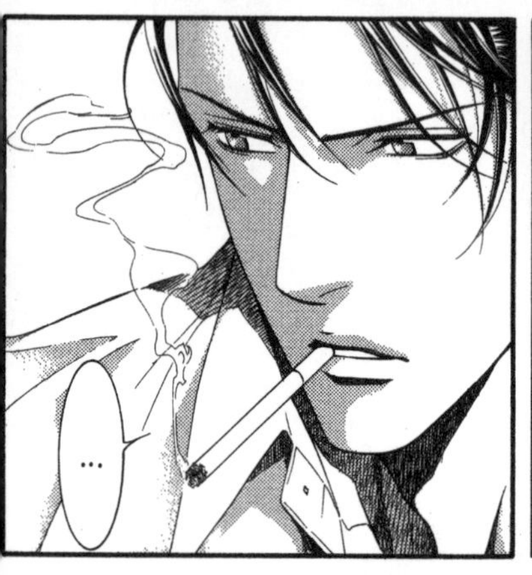
...

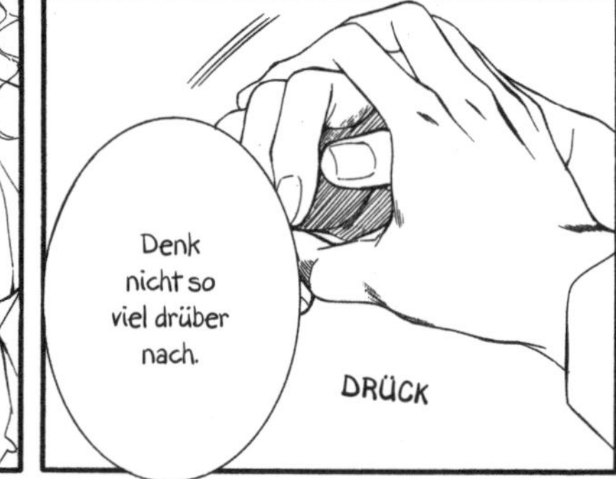
Denk nicht so viel drüber nach.
DRÜCK

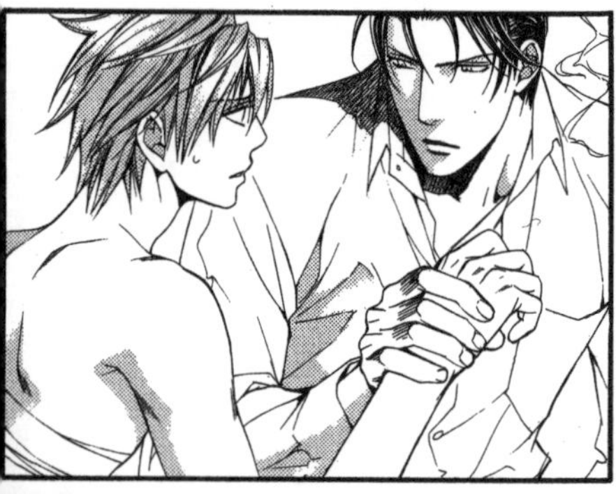

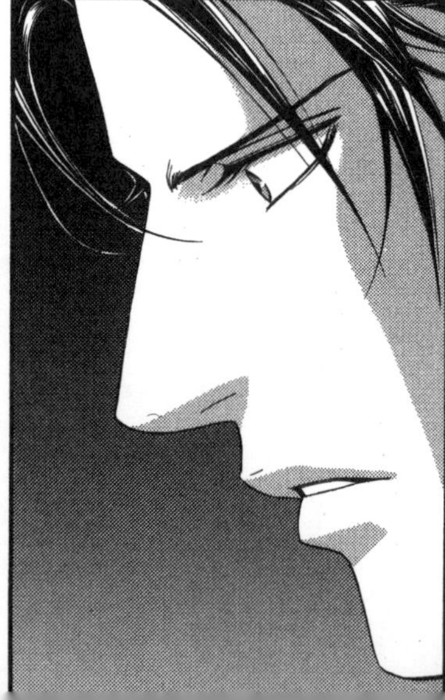

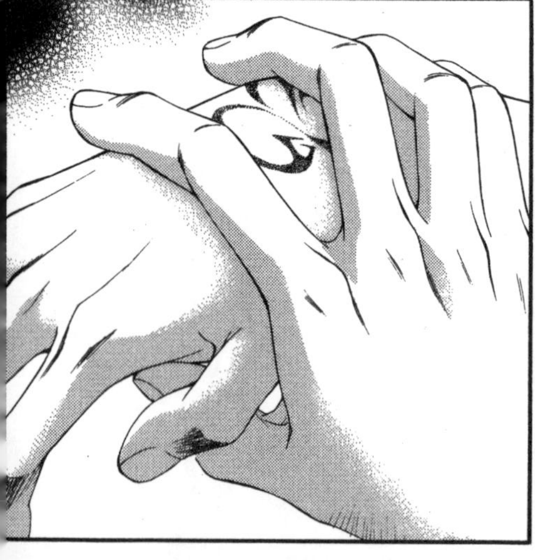

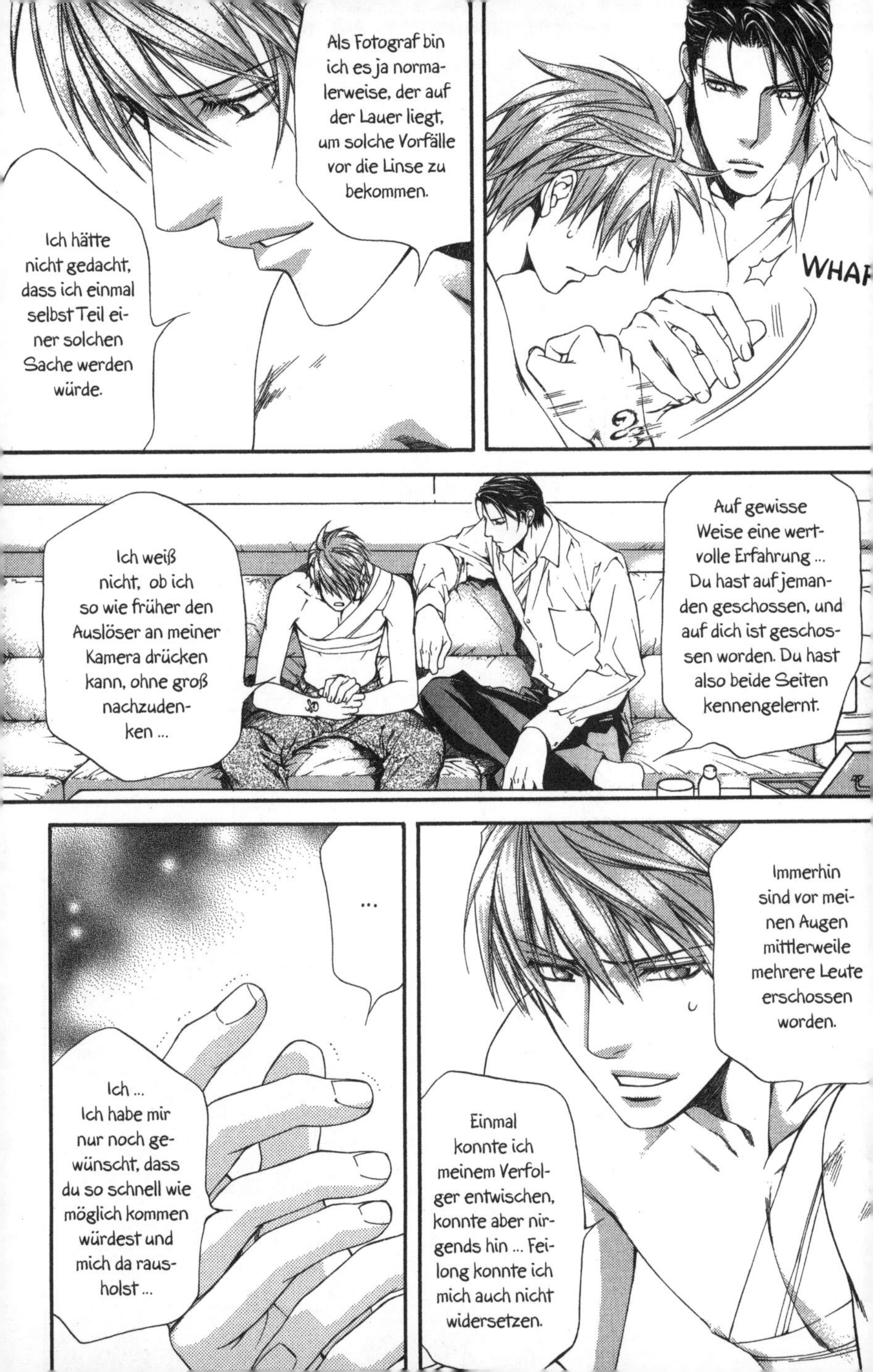
WHAP
Als Fotograf bin ich es ja normalerweise, der auf der Lauer liegt, um solche Vorfälle vor die Linse zu bekommen.
Ich hätte nicht gedacht, dass ich einmal selbst Teil einer solchen Sache werden würde.
Auf gewisse Weise eine wertvolle Erfahrung ... Du hast auf jemanden geschossen, und auf dich ist geschossen worden. Du hast also beide Seiten kennengelernt.
Ich weiß nicht, ob ich so wie früher den Auslöser an meiner Kamera drücken kann, ohne groß nachzudenken ...
Immerhin sind vor meinen Augen mittlerweile mehrere Leute erschossen worden.
Einmal konnte ich meinem Verfolger entwischen, konnte aber nirgends hin ... Feilong konnte ich mich auch nicht widersetzen.
...
Ich ... Ich habe mir nur noch gewünscht, dass du so schnell wie möglich kommen würdest und mich da rausholst ...

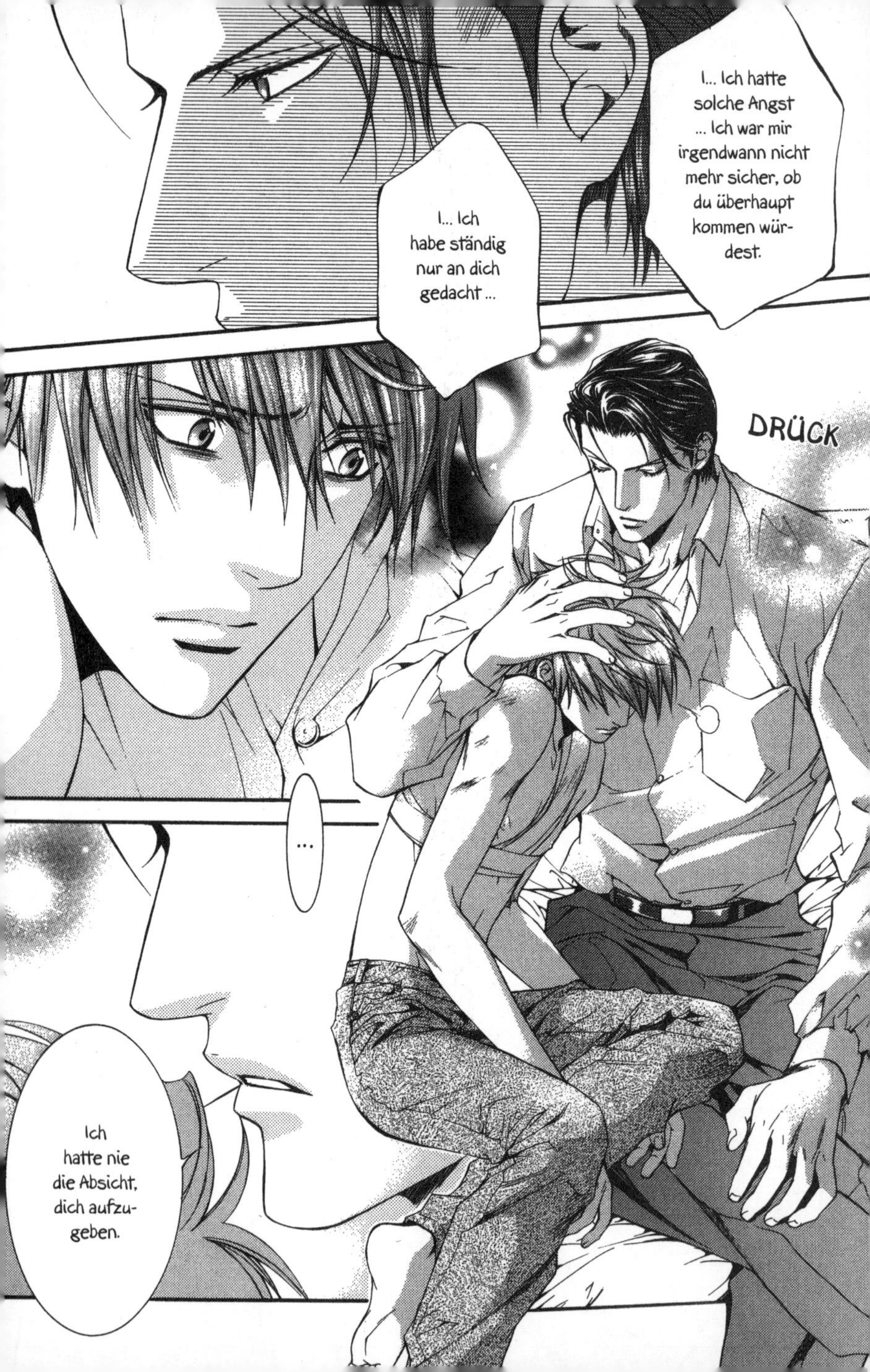
I... Ich hatte solche Angst ... Ich war mir irgendwann nicht mehr sicher, ob du überhaupt kommen würdest.
I... Ich habe ständig nur an dich gedacht ...
DRÜCK
...
Ich hatte nie die Absicht, dich aufzugeben.

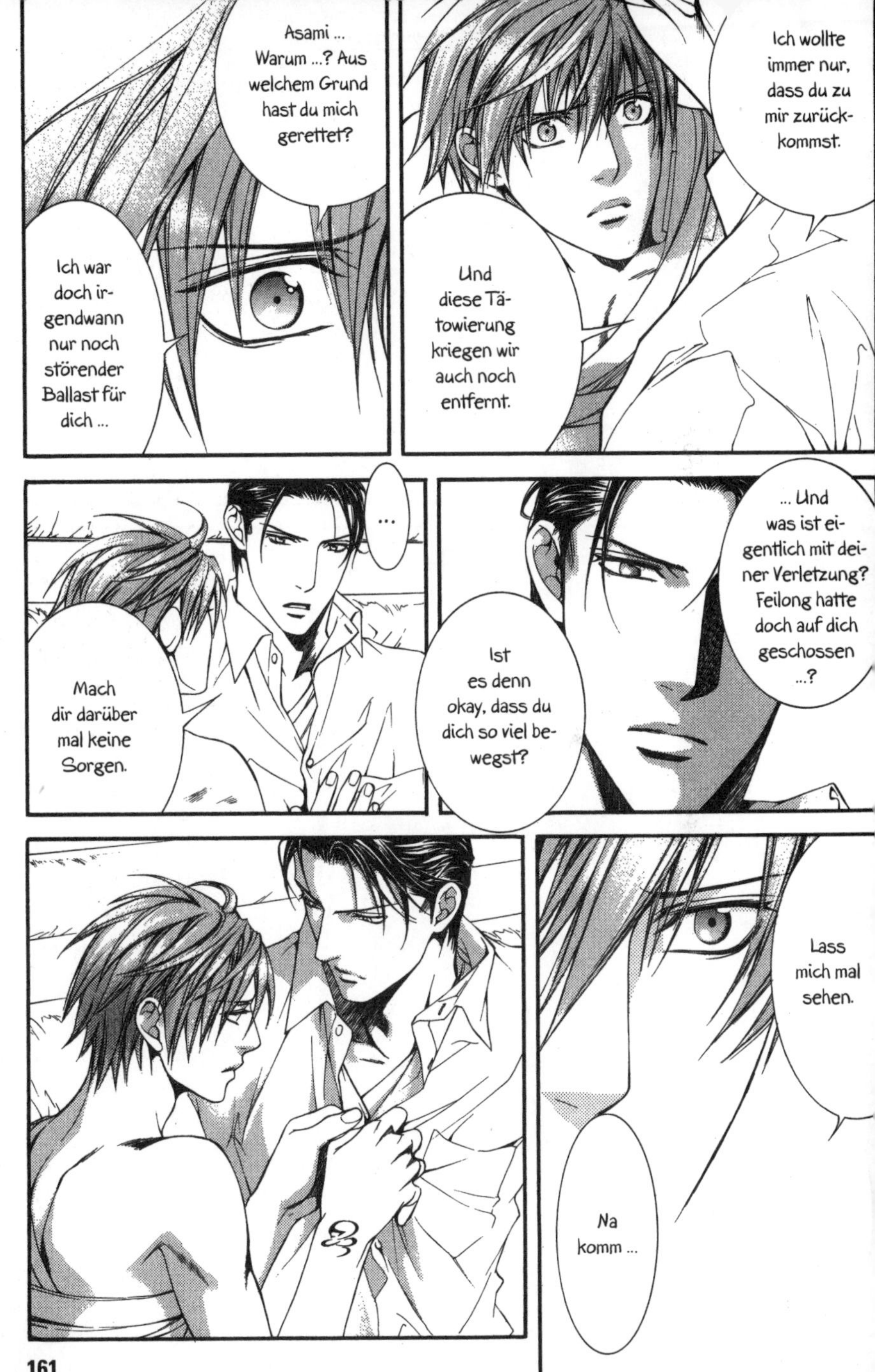

Asami ... Warum ...? Aus welchem Grund hast du mich gerettet?
Ich war doch irgendwann nur noch störender Ballast für dich ...
Ich wollte immer nur, dass du zu mir zurückkommst.
Und diese Tätowierung kriegen wir auch noch entfernt.
... Und was ist eigentlich mit deiner Verletzung? Feilong hatte doch auf dich geschossen ...?
Ist es denn okay, dass du dich so viel bewegst?
...
Mach dir darüber mal keine Sorgen.
Lass mich mal sehen.
Na komm ...

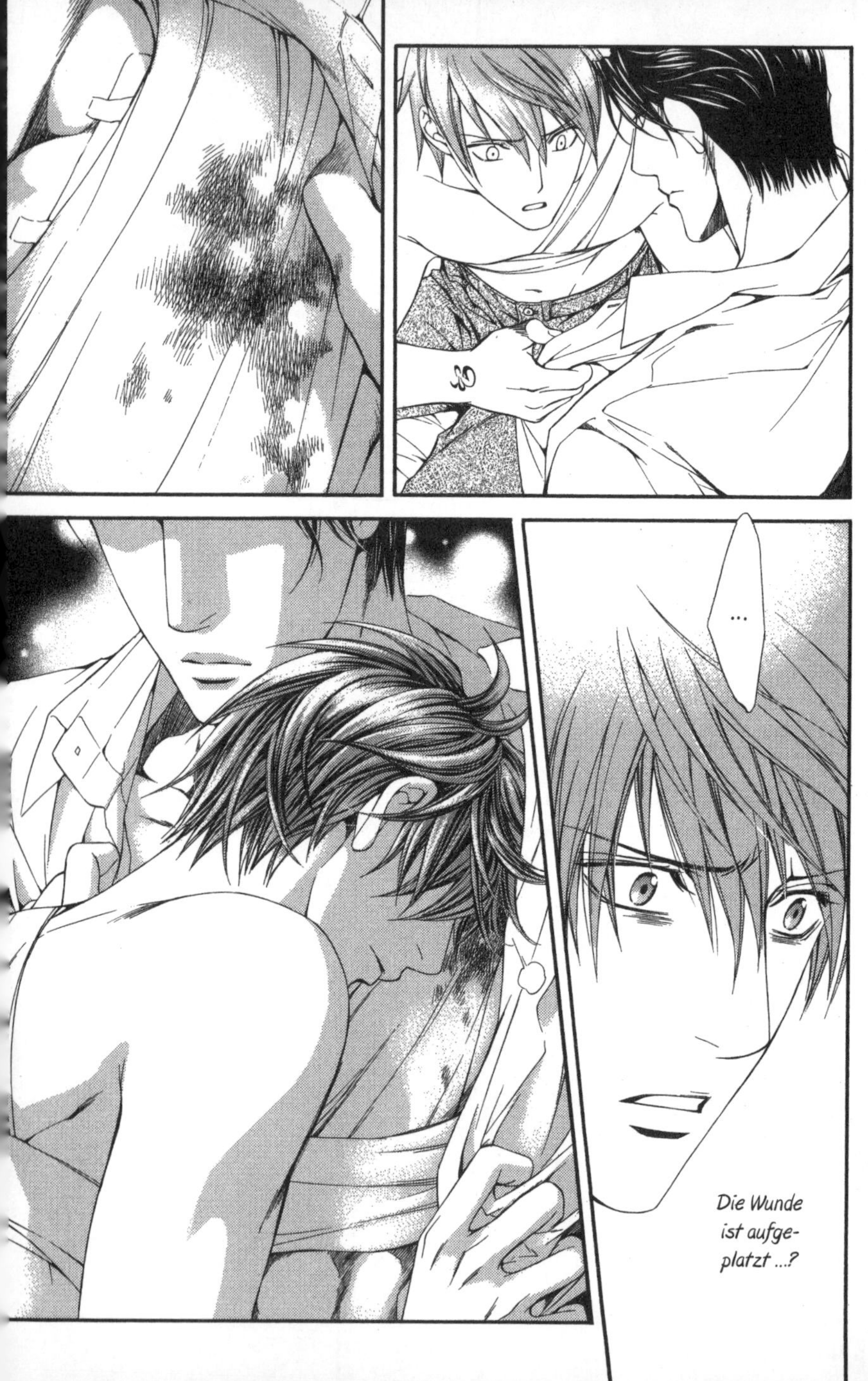
...
Die Wunde ist aufge- platzt ...?

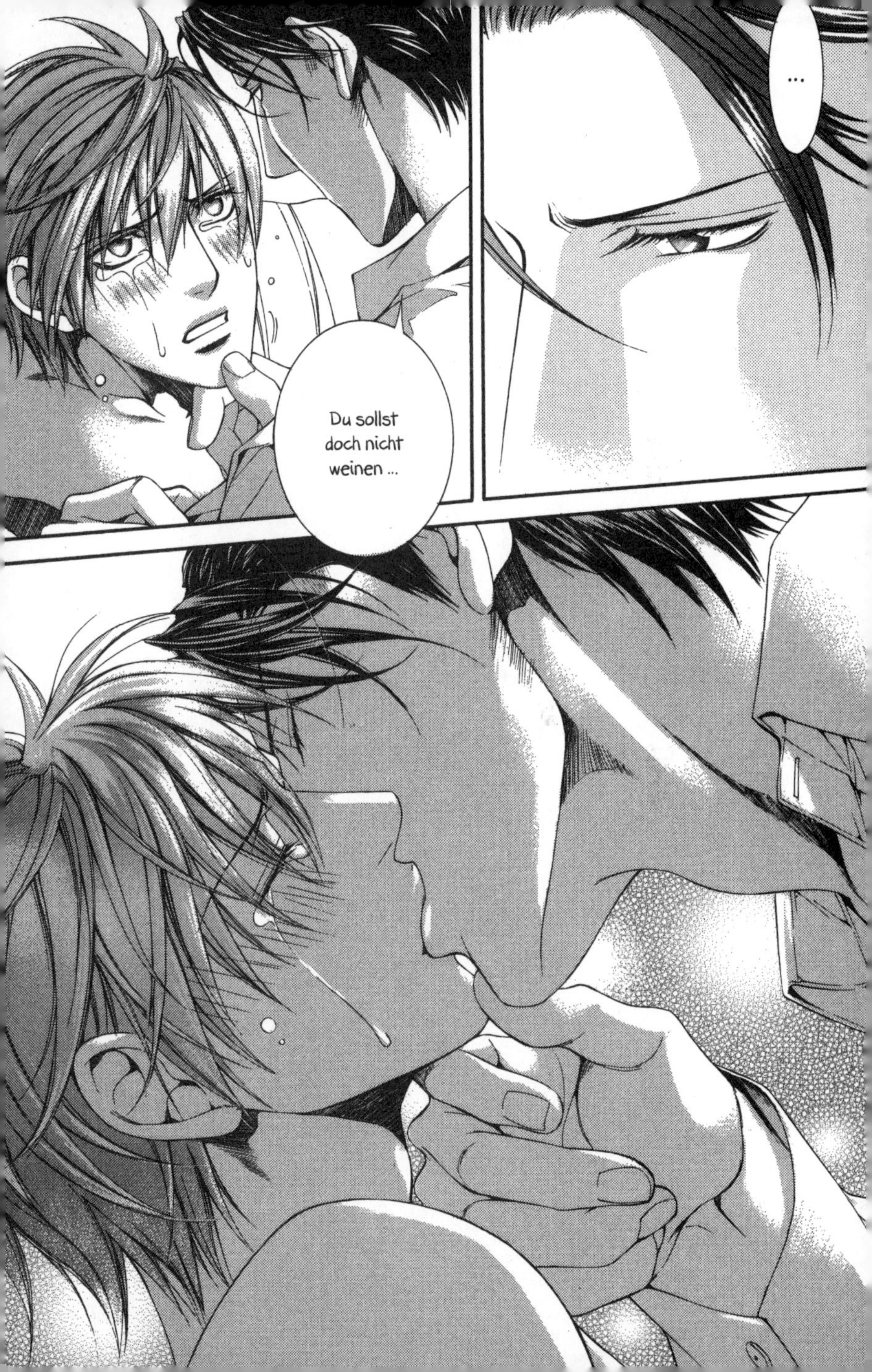
...
Du sollst doch nicht weinen ...

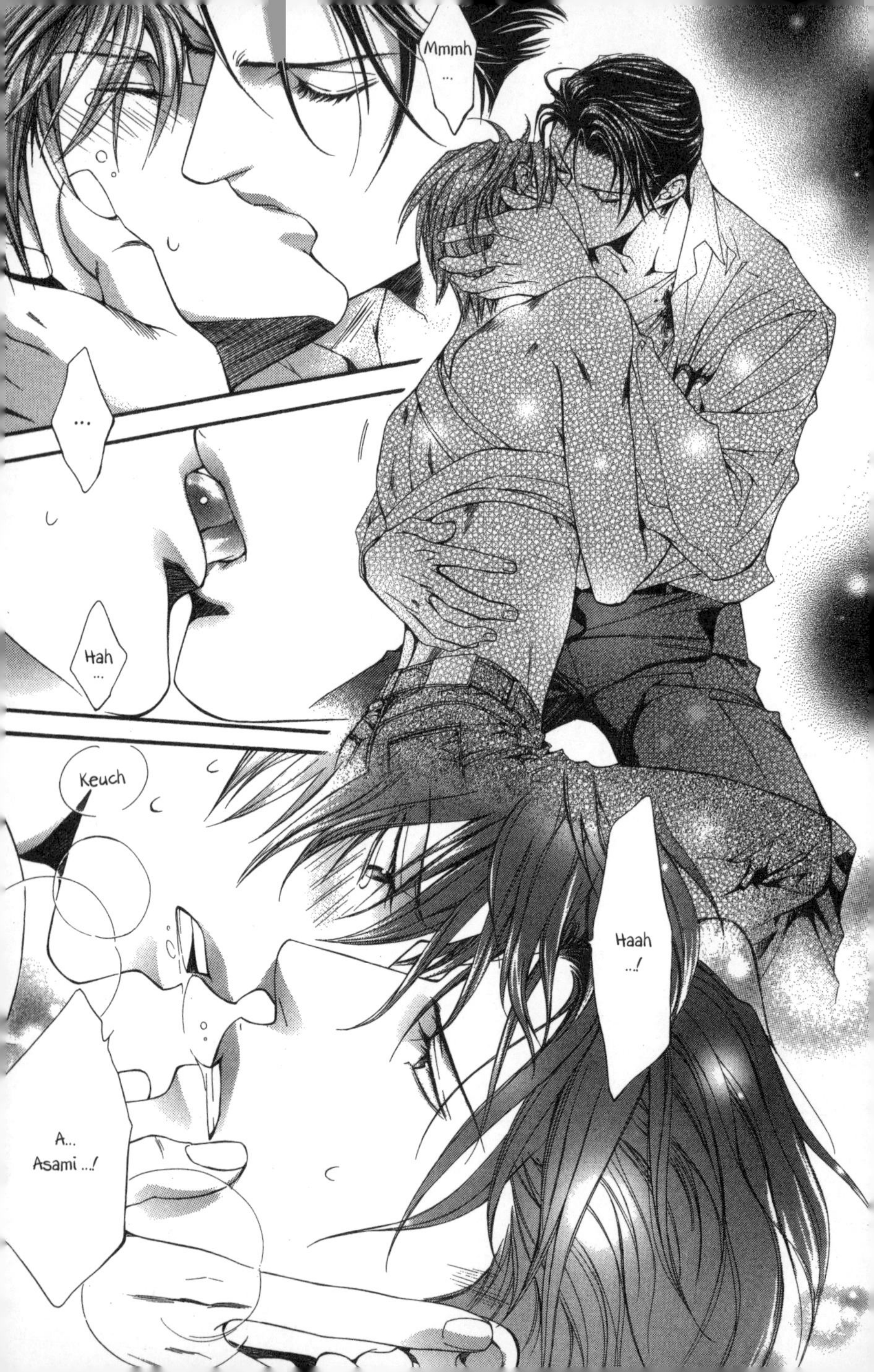

Mmmh ...
...
Hah ...
Haah ...!
Keuch
A... Asami ...!

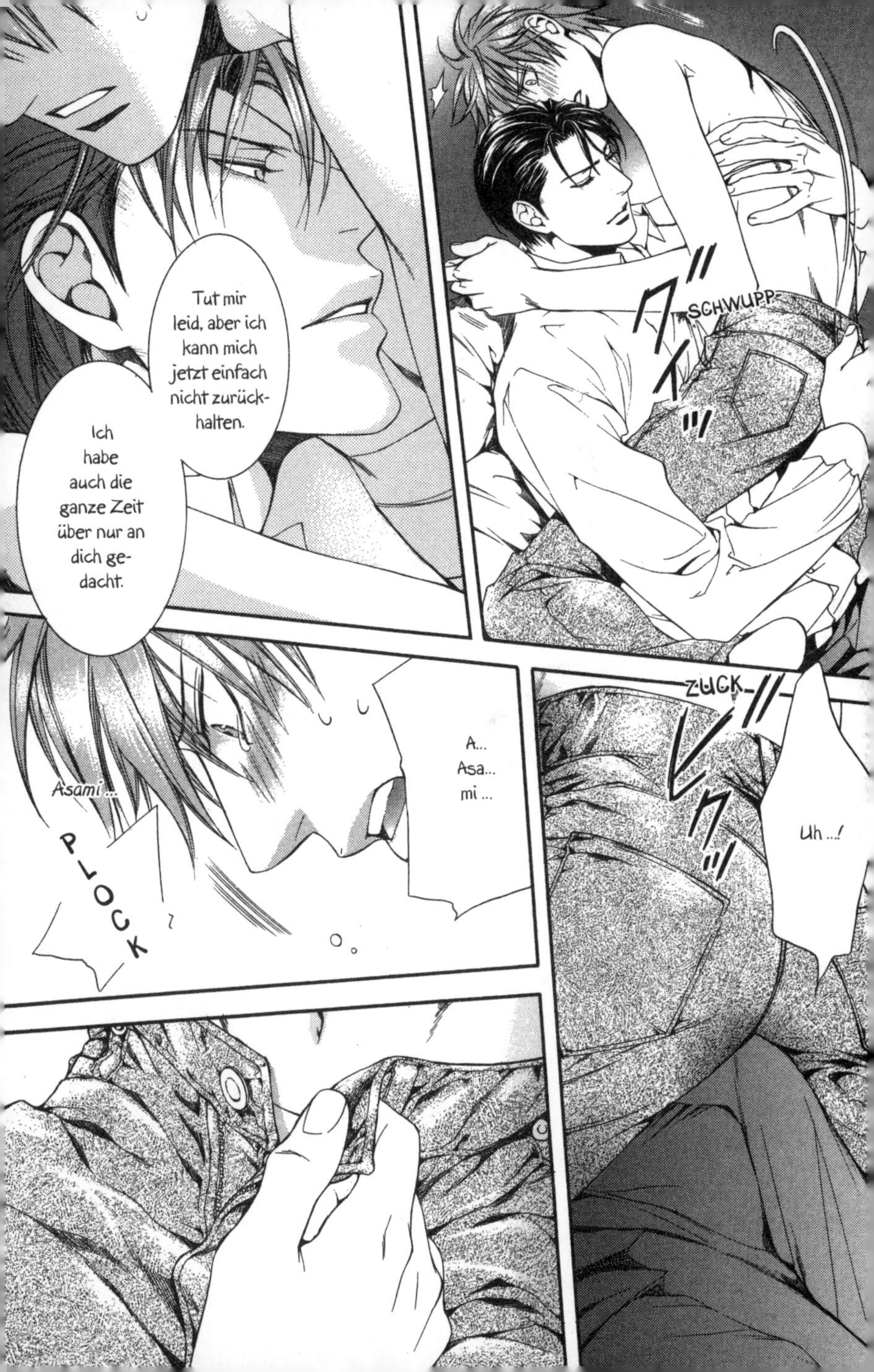
SCHWUPP
Tut mir leid, aber ich kann mich jetzt einfach nicht zurück-halten.
Ich habe auch die ganze Zeit über nur an dich ge-dacht.
ZUCK
Uh ...!
A... Asa... mi ...
Asami ...
PLOCK

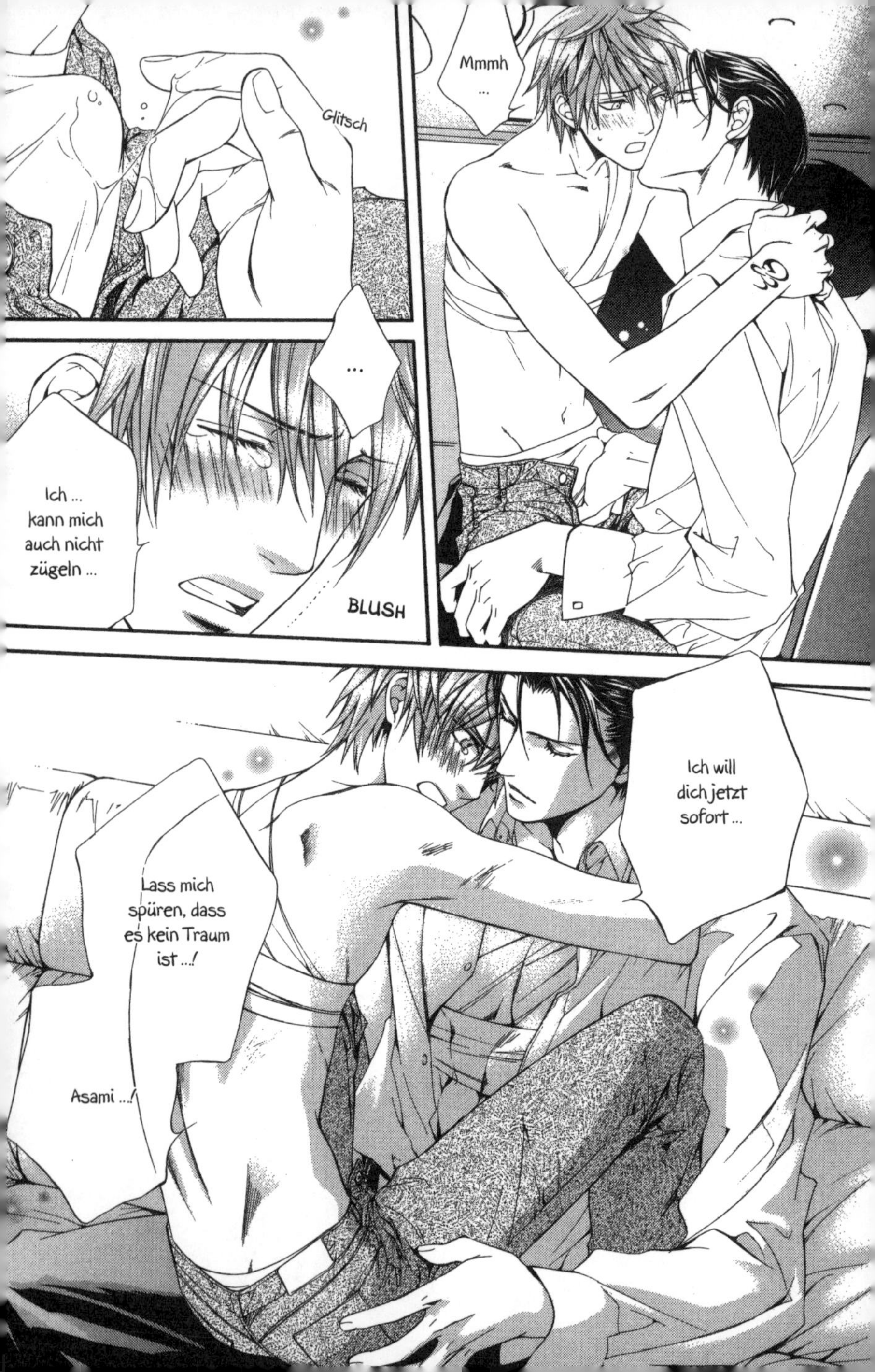
Mmmh ...
Glitsch
...
Ich ... kann mich auch nicht zügeln ...
BLUSH
Ich will dich jetzt sofort ...
Lass mich spüren, dass es kein Traum ist ...!
Asami ...!

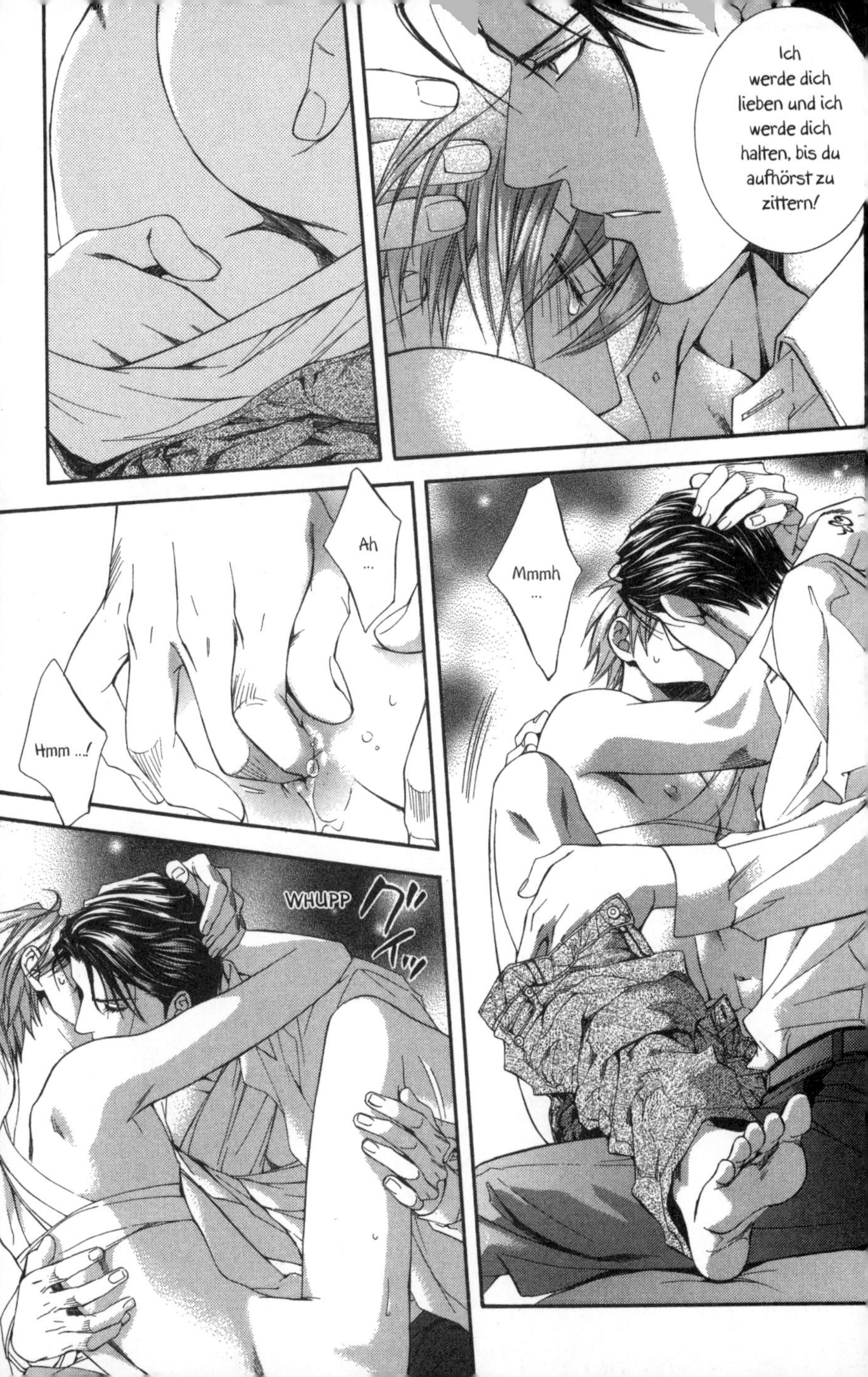
Ich werde dich lieben und ich werde dich halten, bis du aufhörst zu zittern!
Mmmh ...
Ah ...
Hmm ...!
WHUPP
グイッ

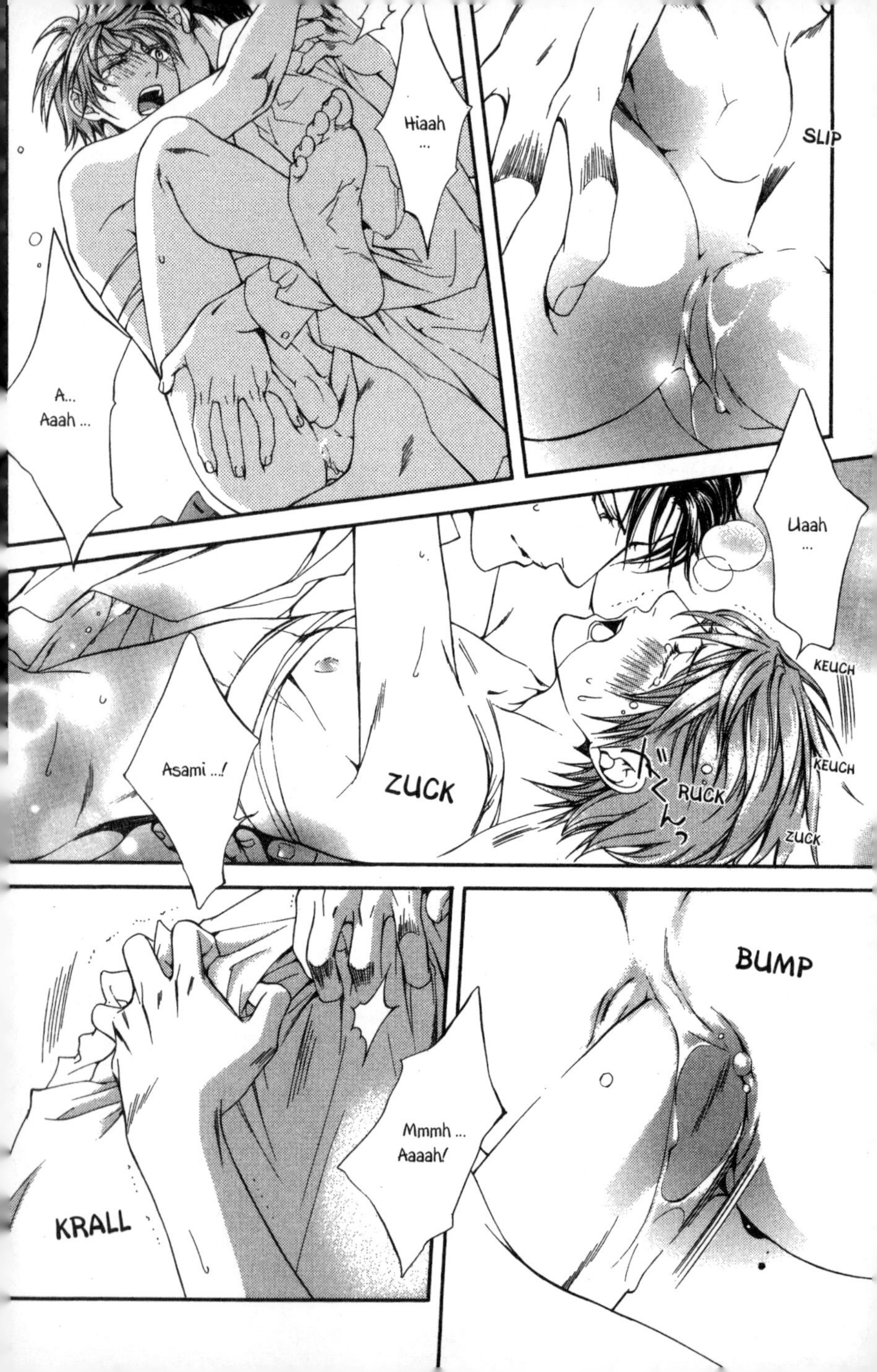
SLIP
Hiaah ...
A... Aaah ...
Uaah ...
KEUCH
KEUCH
RUCK
ZUCK
ZUCK
Asami ...!
BUMP
Mmmh ... Aaaah!
KRALL

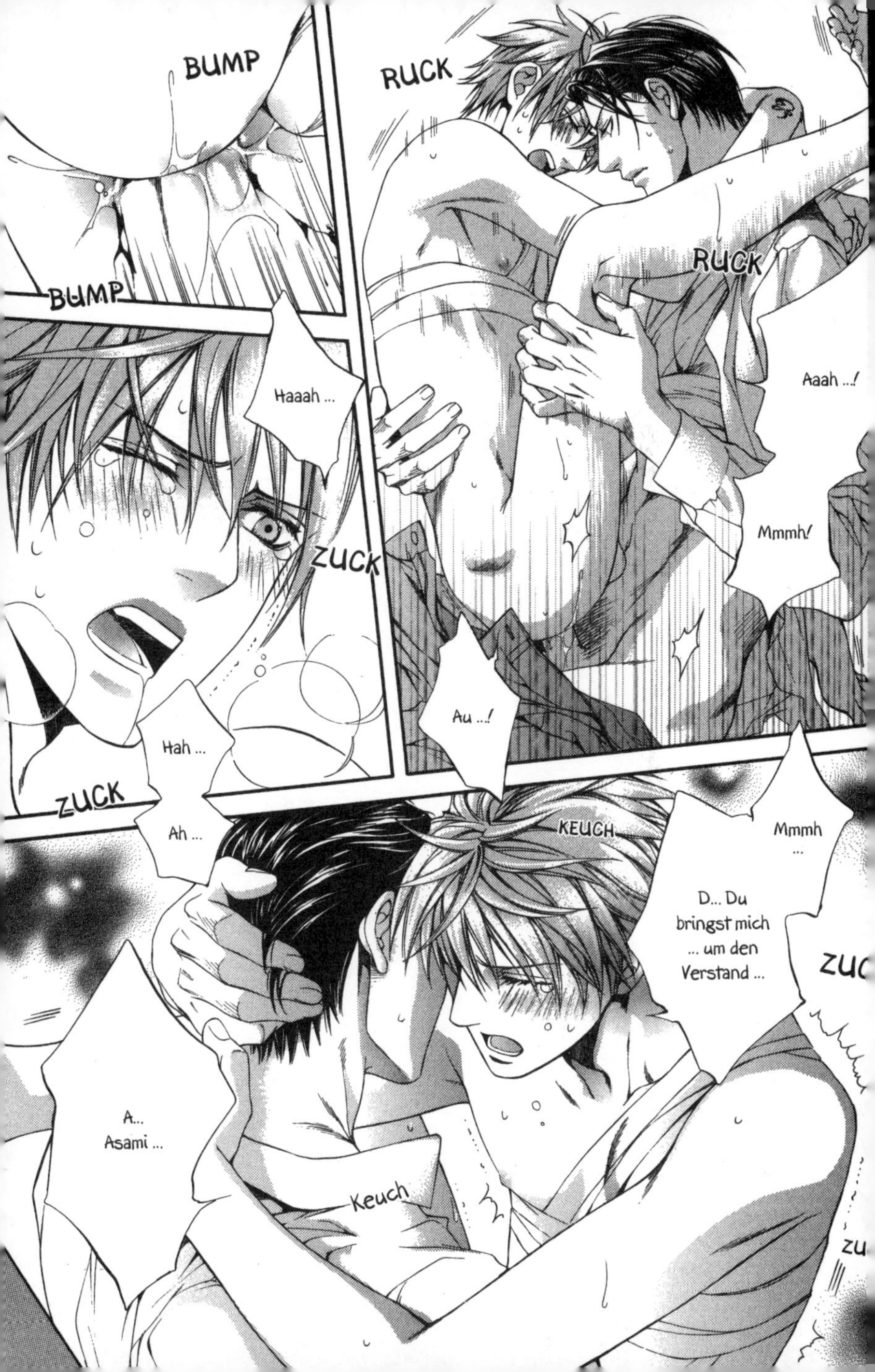
RUCK
RUCK
Aaah ...!
Mmmh!
Au ...!
BUMP
BUMP
Haaah ...
ZUCK
Hah ...
ZUCK
Ah ...
Mmmh ...
D... Du bringst mich ... um den Verstand ...
ZUC
KEUCH
ZU
A... Asami ...
Keuch

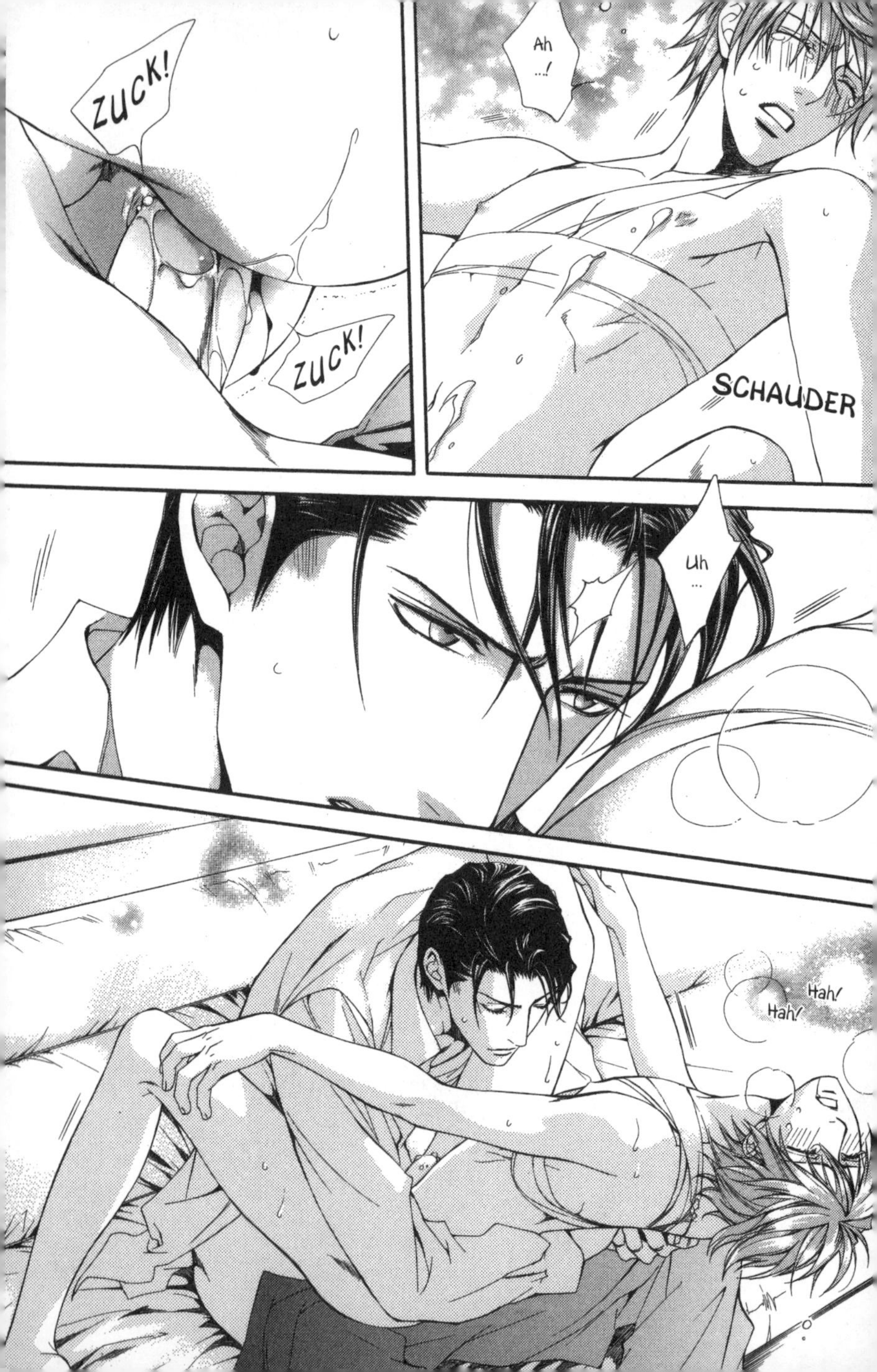
Ah ...!
SCHAUDER
ZUCK!
ZUCK!
Uh ...
Hah!
Hah!

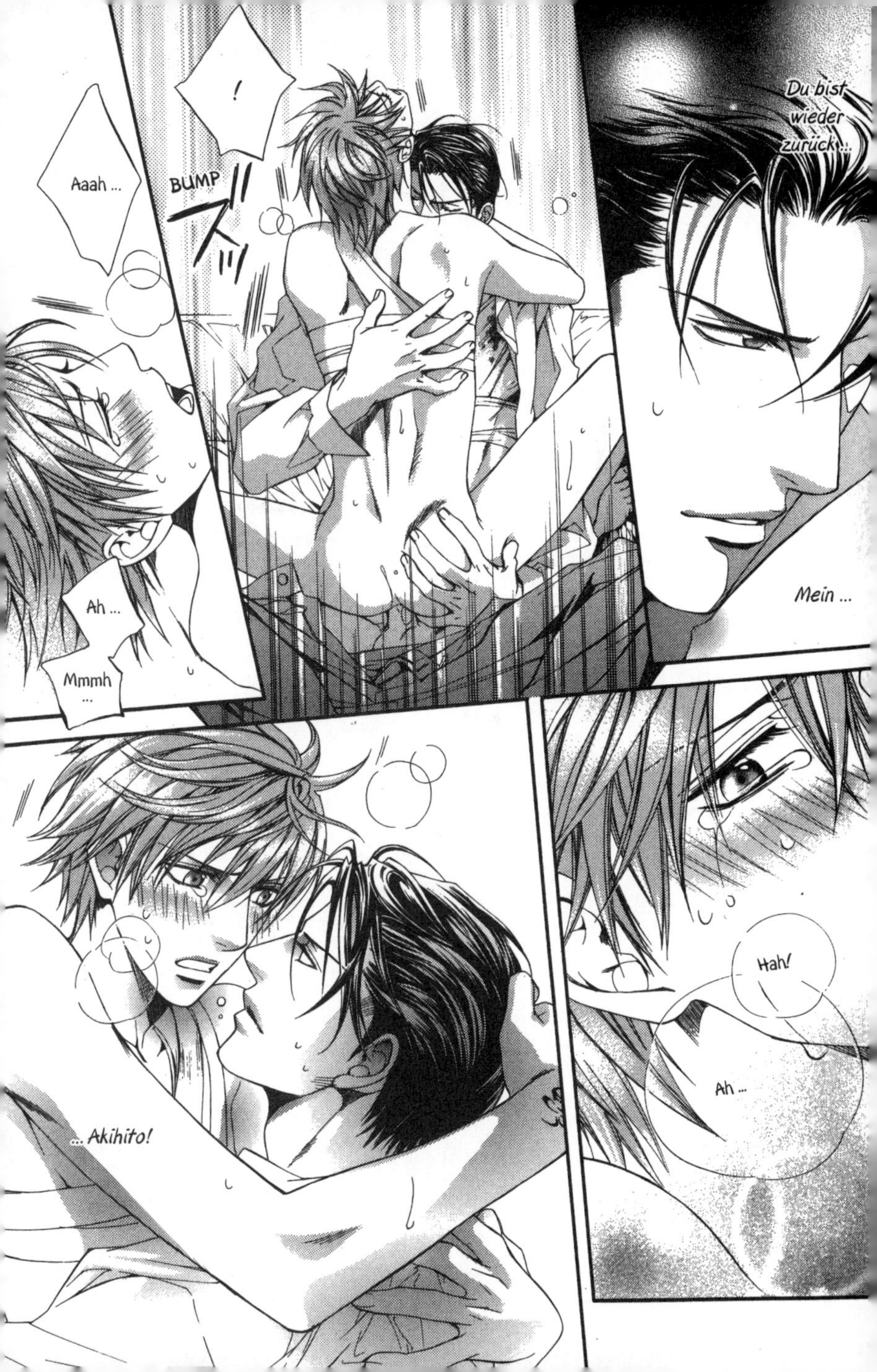
Du bist wieder zurück ...
Mein ...
!
BUMP
Aaah ...
Ah ...
Mmmh ...
Hah!
Ah ...
... Akihito!

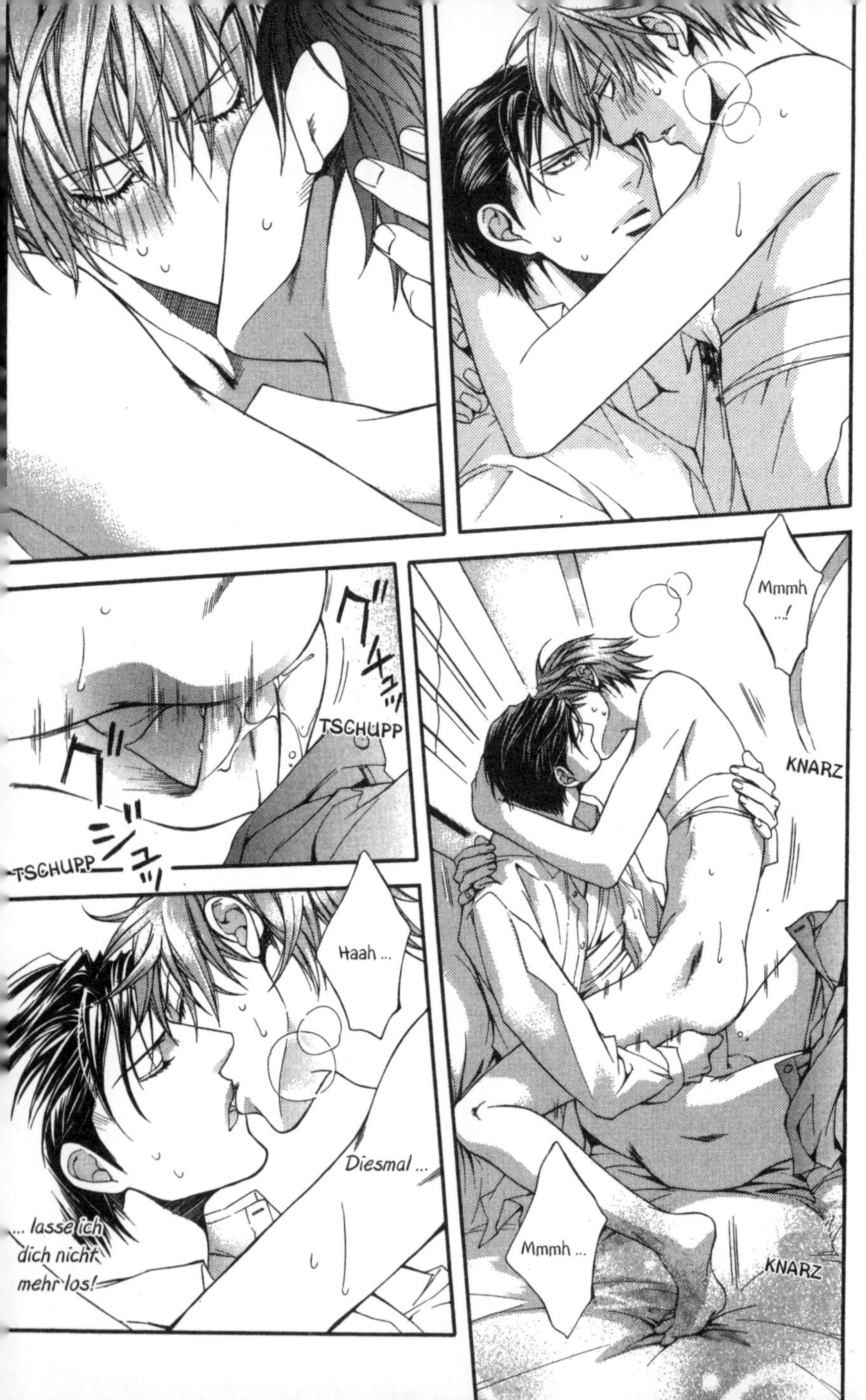
Mmmh ...!
KNARZ
Mmmh ...
KNARZ
TSCHUPP
TSCHUPP
Haah ...
Diesmal ...
... lasse ich dich nicht mehr los!

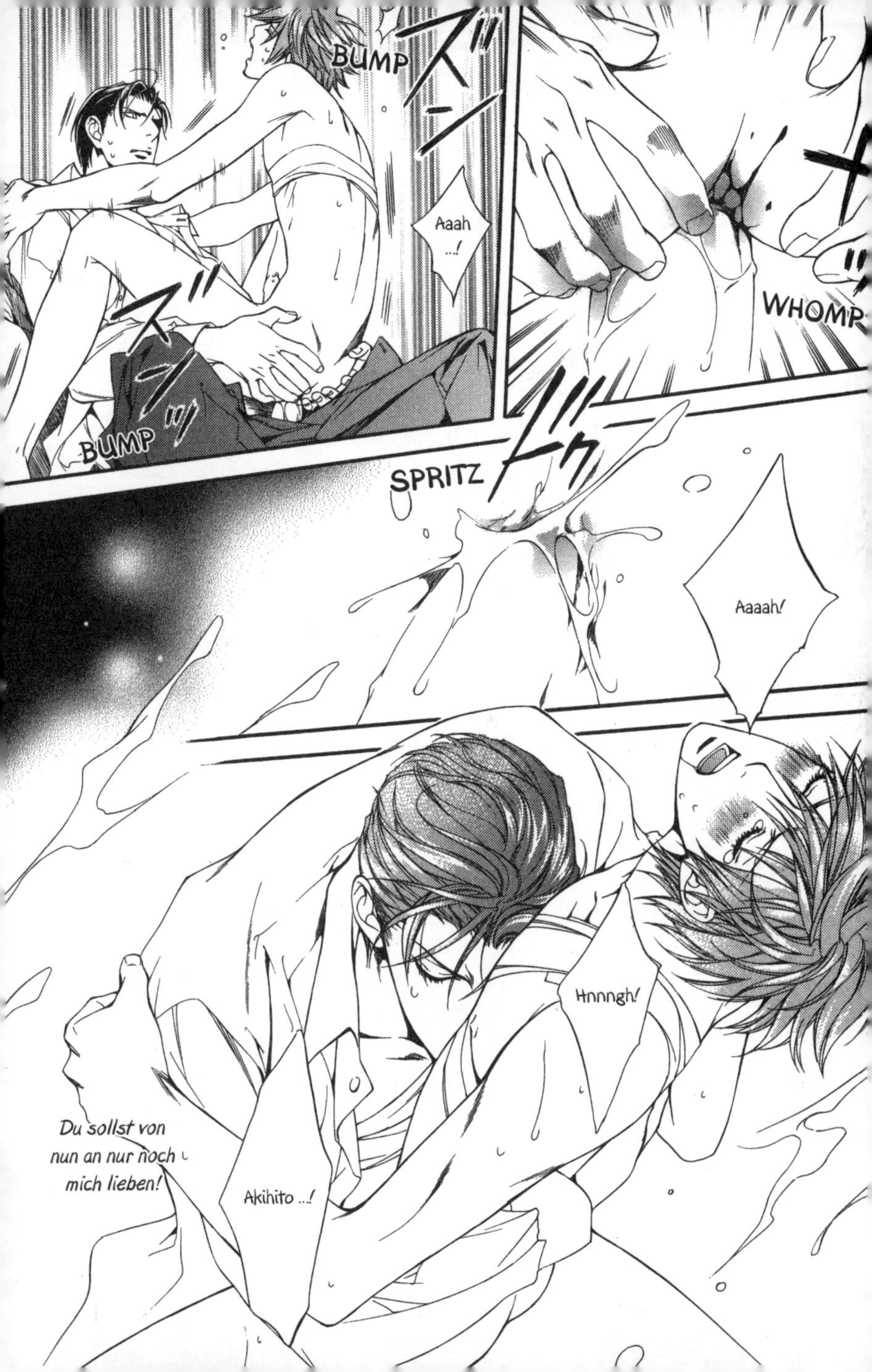
WHOMP
BUMP
Aaah ...!
BUMP
SPRITZ
Aaaah!
Hnnngh!
Akihito ...!
Du sollst von nun an nur noch mich lieben!

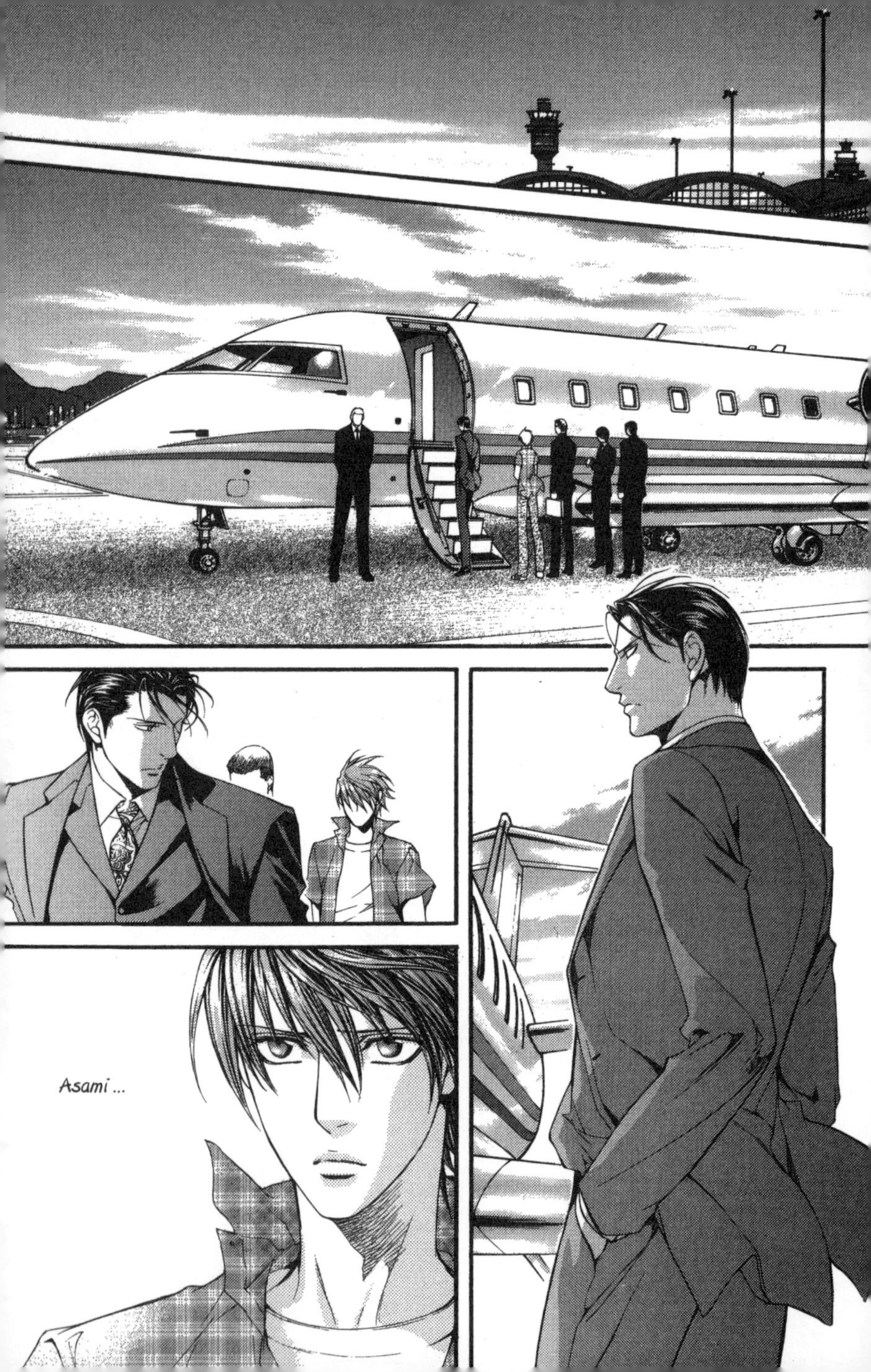
Asami ...

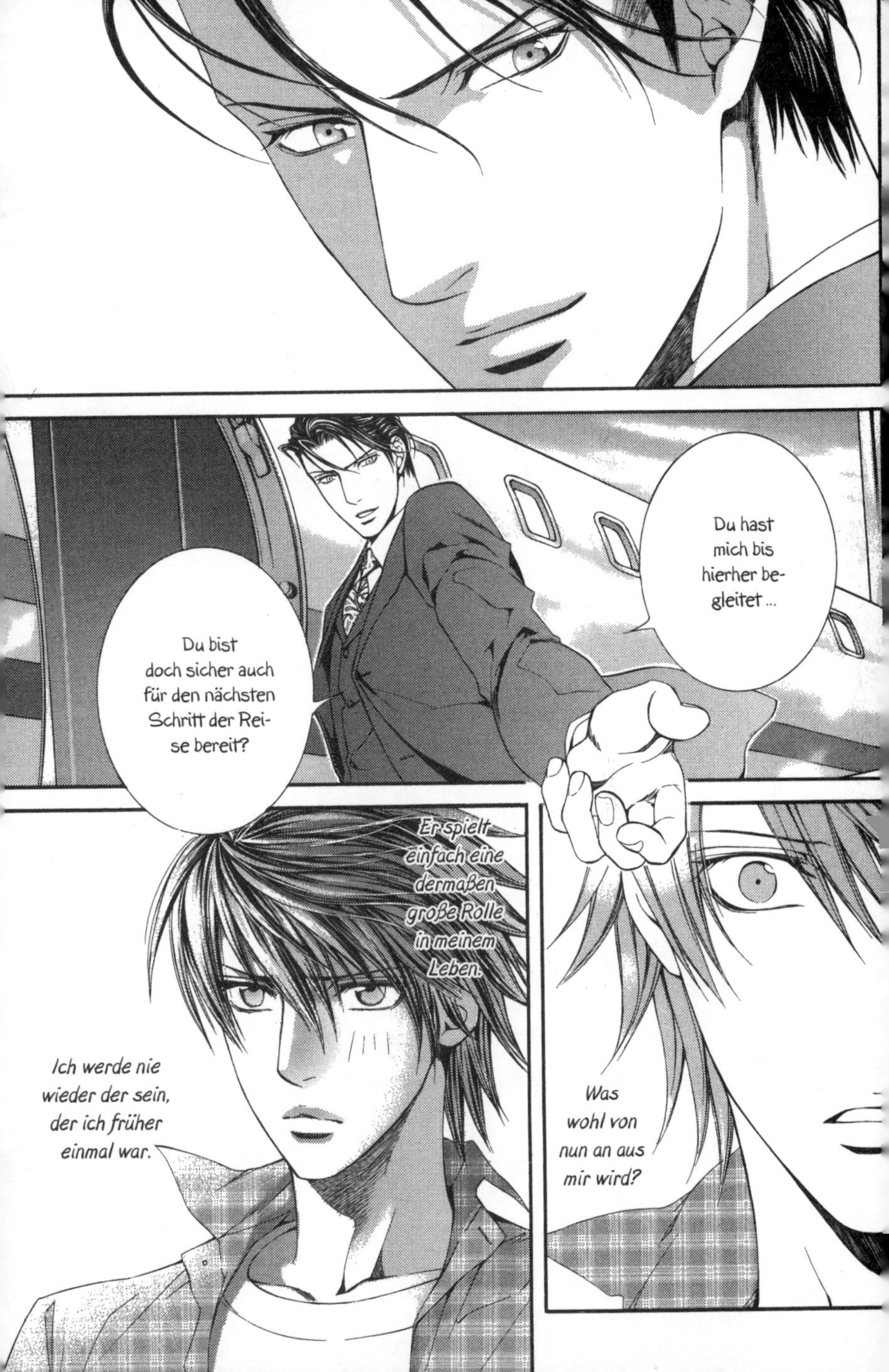

Du hast mich bis hierher begleitet ...
Du bist doch sicher auch für den nächsten Schritt der Reise bereit?
Was wohl von nun an aus mir wird?
Er spielt einfach eine dermaßen große Rolle in meinem Leben.
Ich werde nie wieder der sein, der ich früher einmal war.

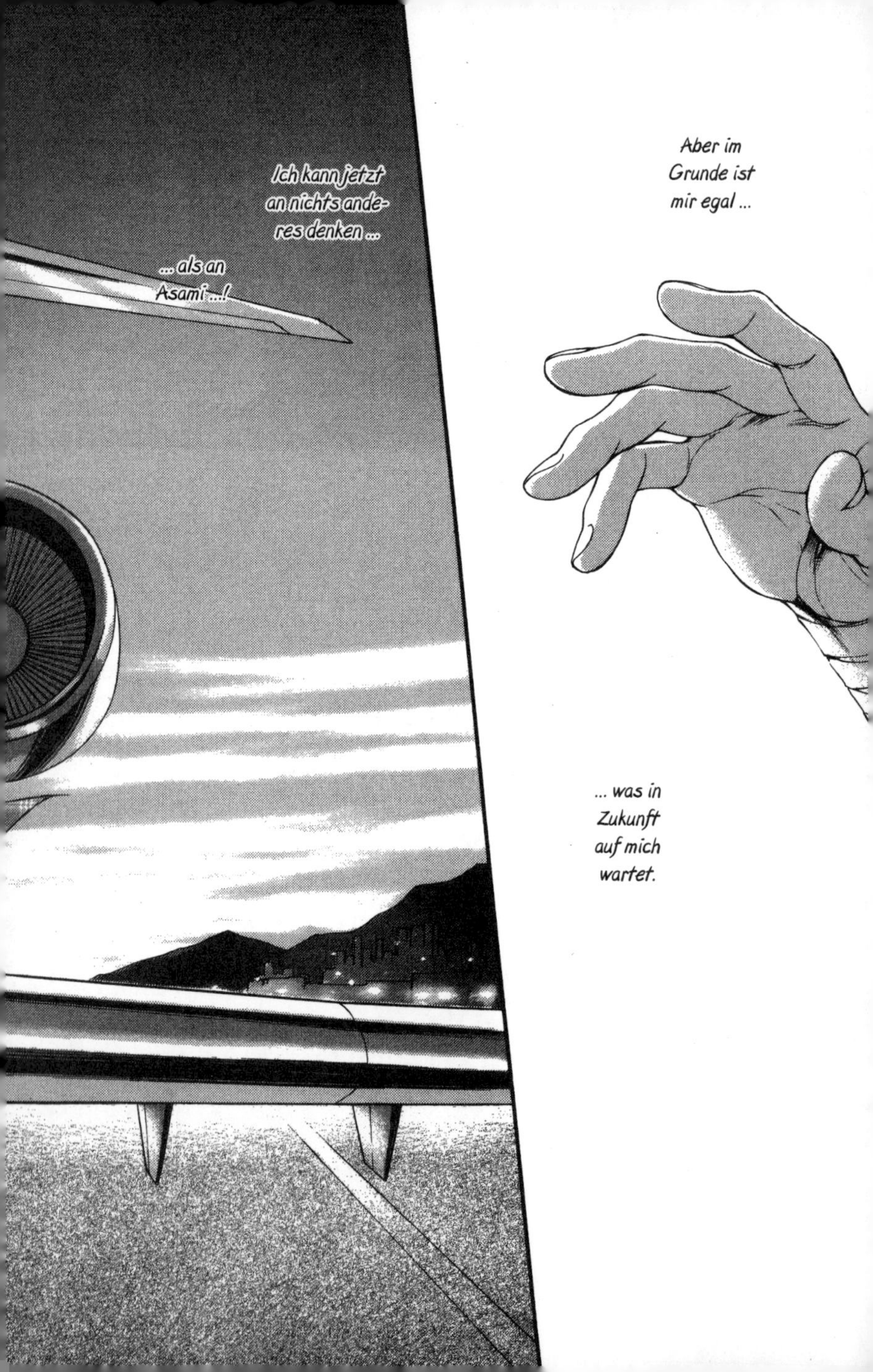

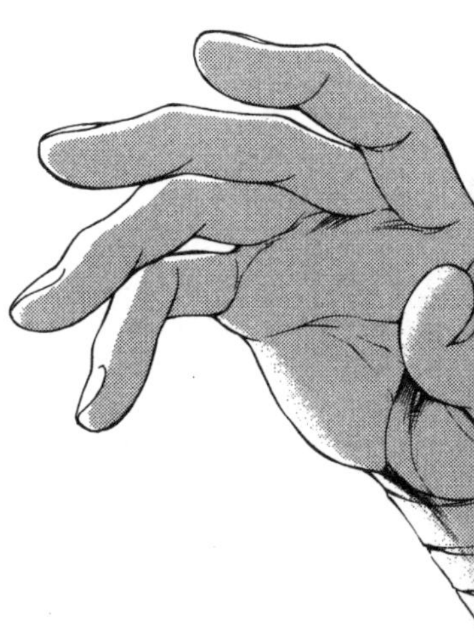

Ich kann jetzt an nichts anderes denken ...

... als an Asami ...!

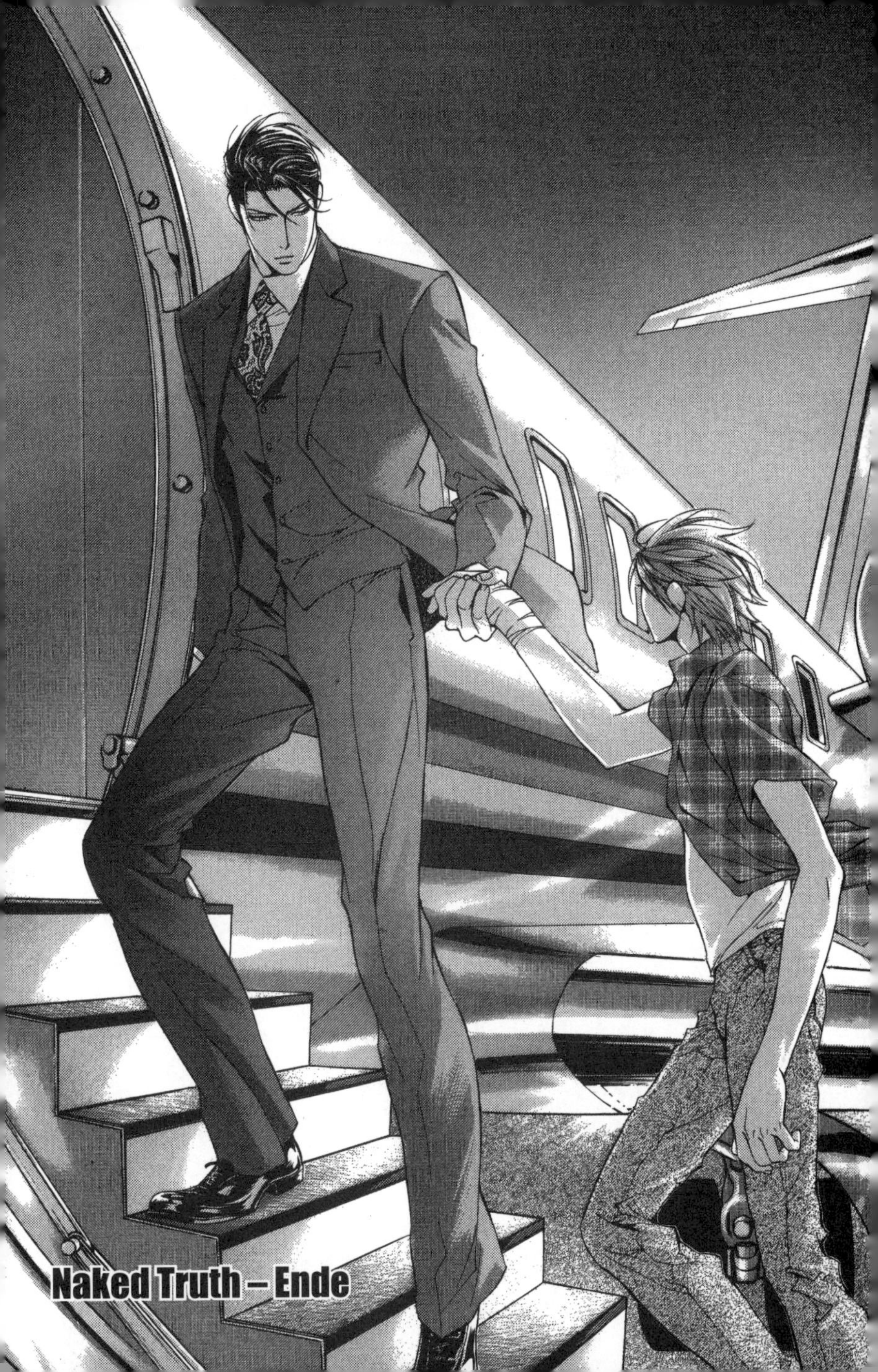
Naked Truth – Ende

Naked Truth

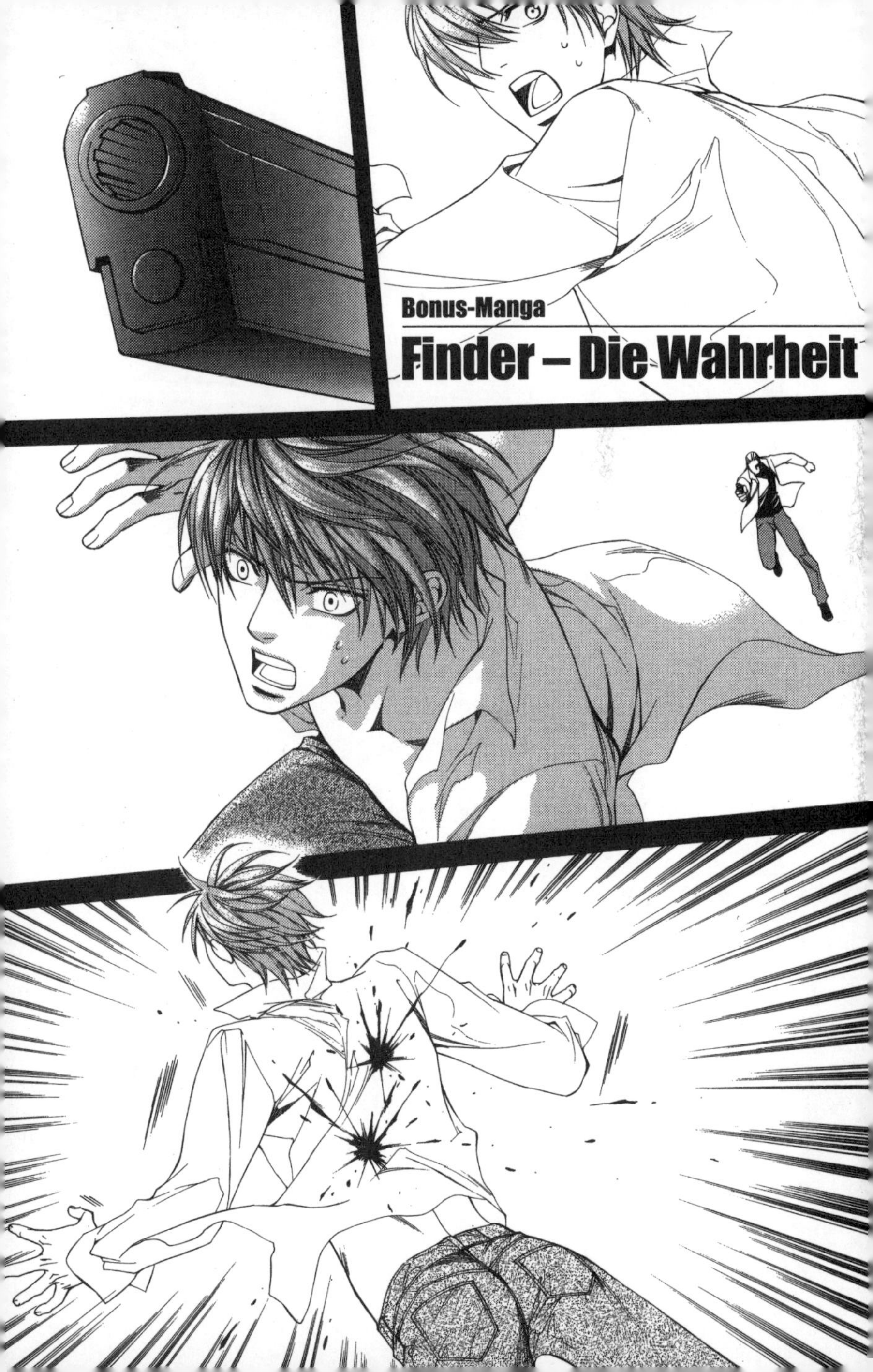
Bonus-Manga
Finder – Die Wahrheit

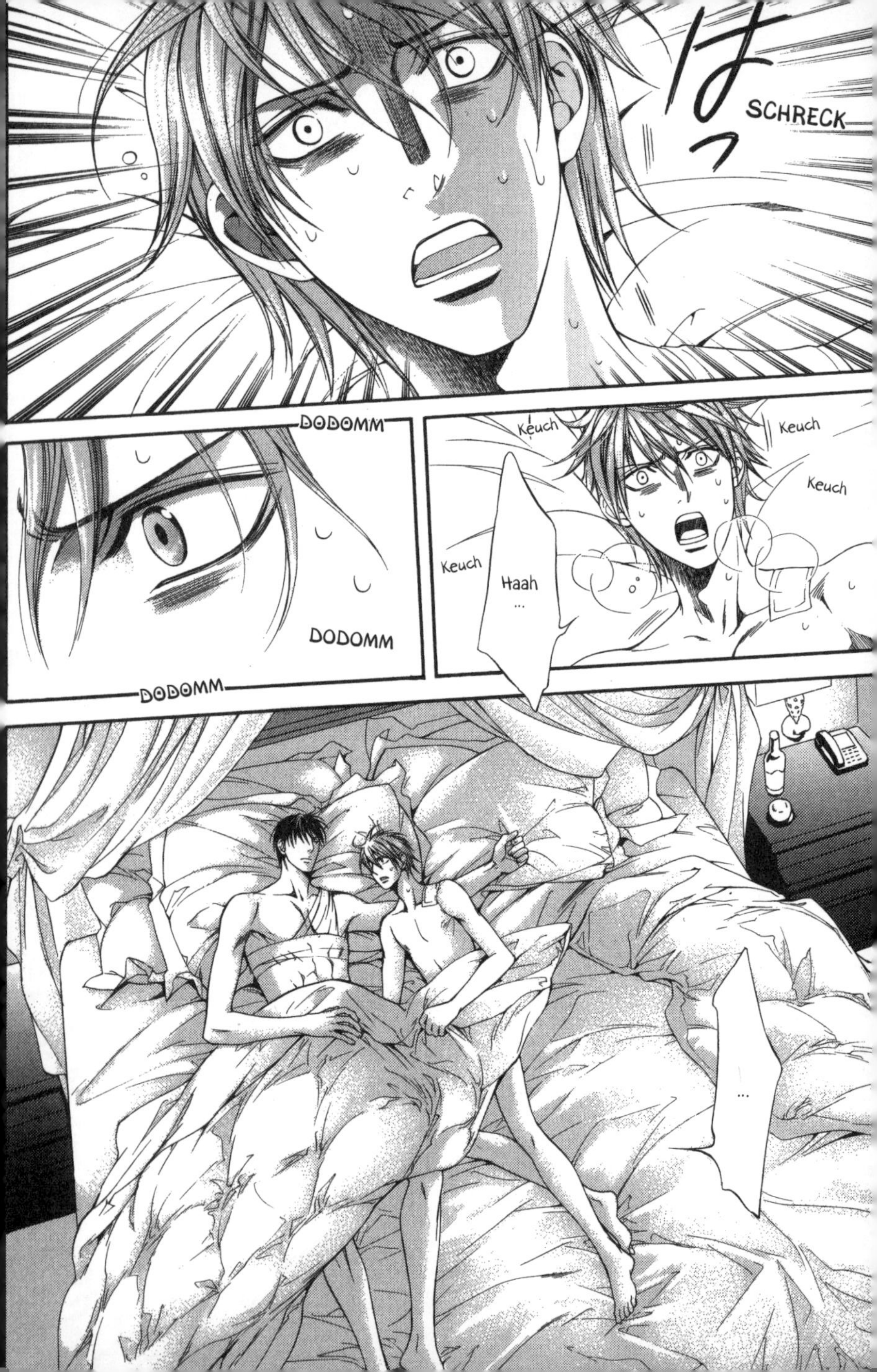

はっ
SCHRECK
Keuch
Keuch
Keuch
Keuch
Haah ...
DODOMM
DODOMM
DODOMM
...

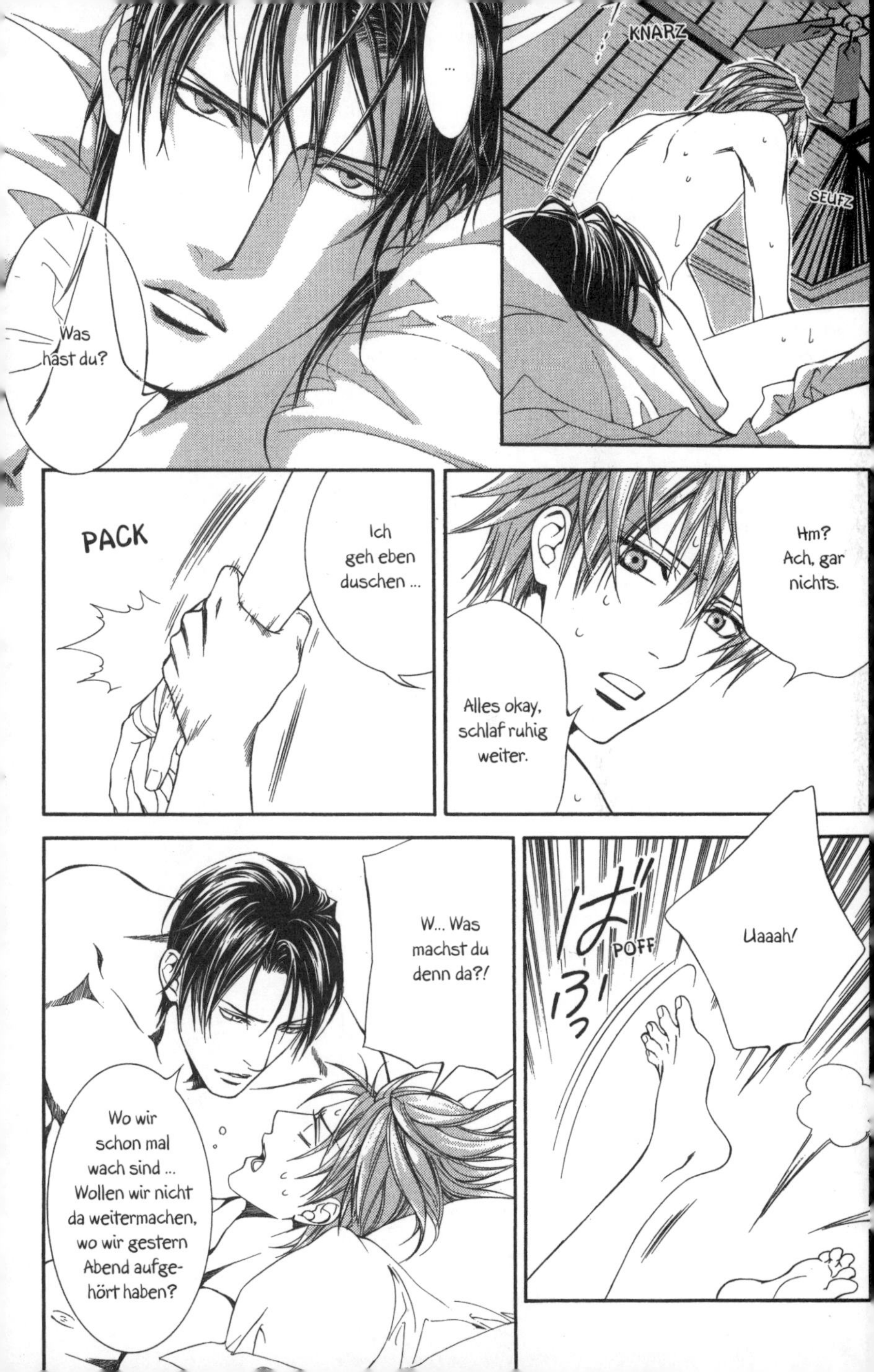
KNARZ
SEUFZ
...
Was hast du?
Hm? Ach, gar nichts.
Alles okay, schlaf ruhig weiter.
Ich geh eben duschen ...
PACK
Uaaah!
POFF
W... Was machst du denn da?!
Wo wir schon mal wach sind ... Wollen wir nicht da weitermachen, wo wir gestern Abend aufgehört haben?

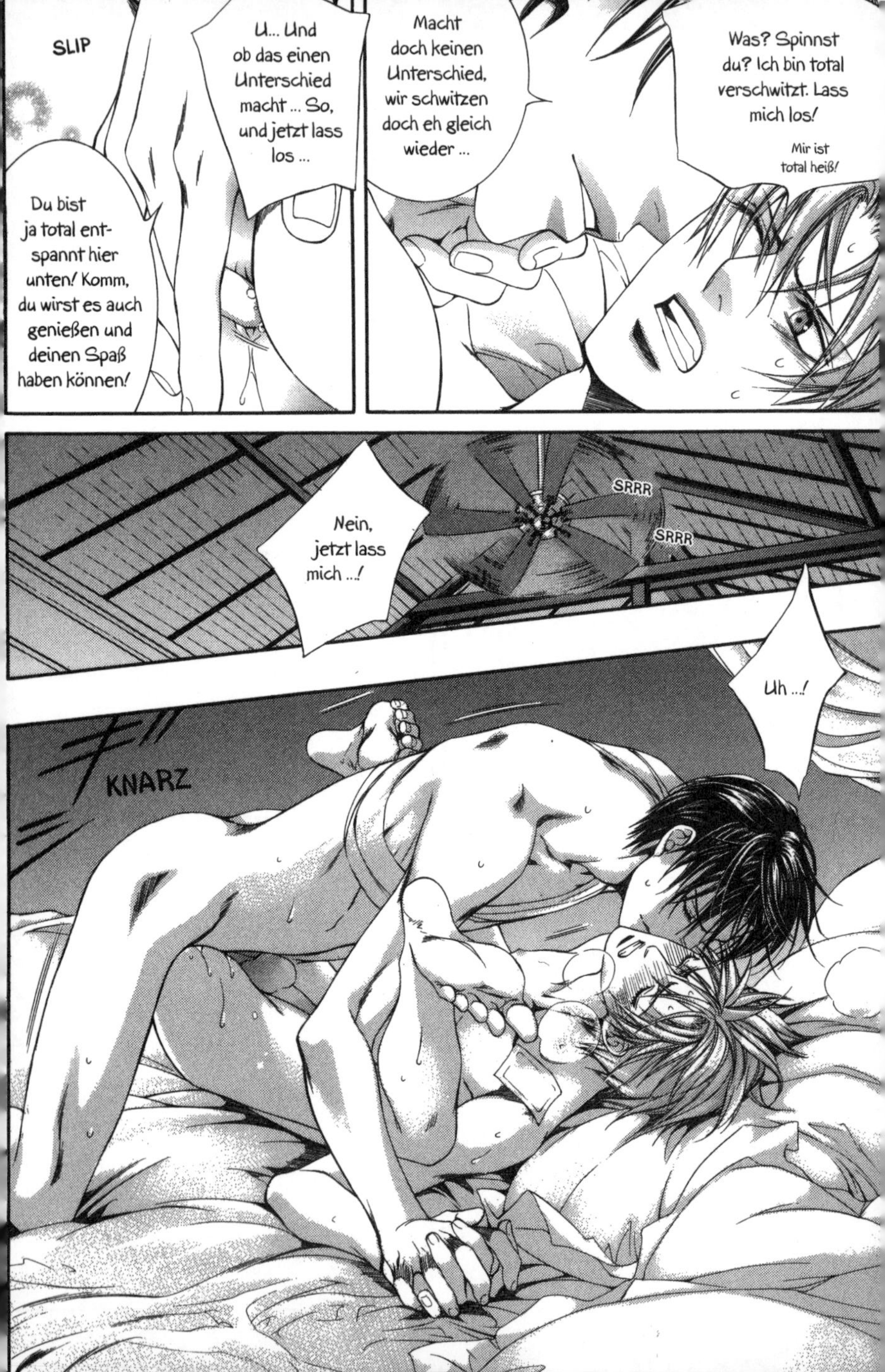
Was? Spinnst du? Ich bin total verschwitzt. Lass mich los!
Mir ist total heiß!
Macht doch keinen Unterschied, wir schwitzen doch eh gleich wieder ...
U... Und ob das einen Unterschied macht ... So, und jetzt lass los ...
SLIP
Du bist ja total entspannt hier unten! Komm, du wirst es auch genießen und deinen Spaß haben können!
SRRR
SRRR
Nein, jetzt lass mich ...!
Uh ...!
KNARZ

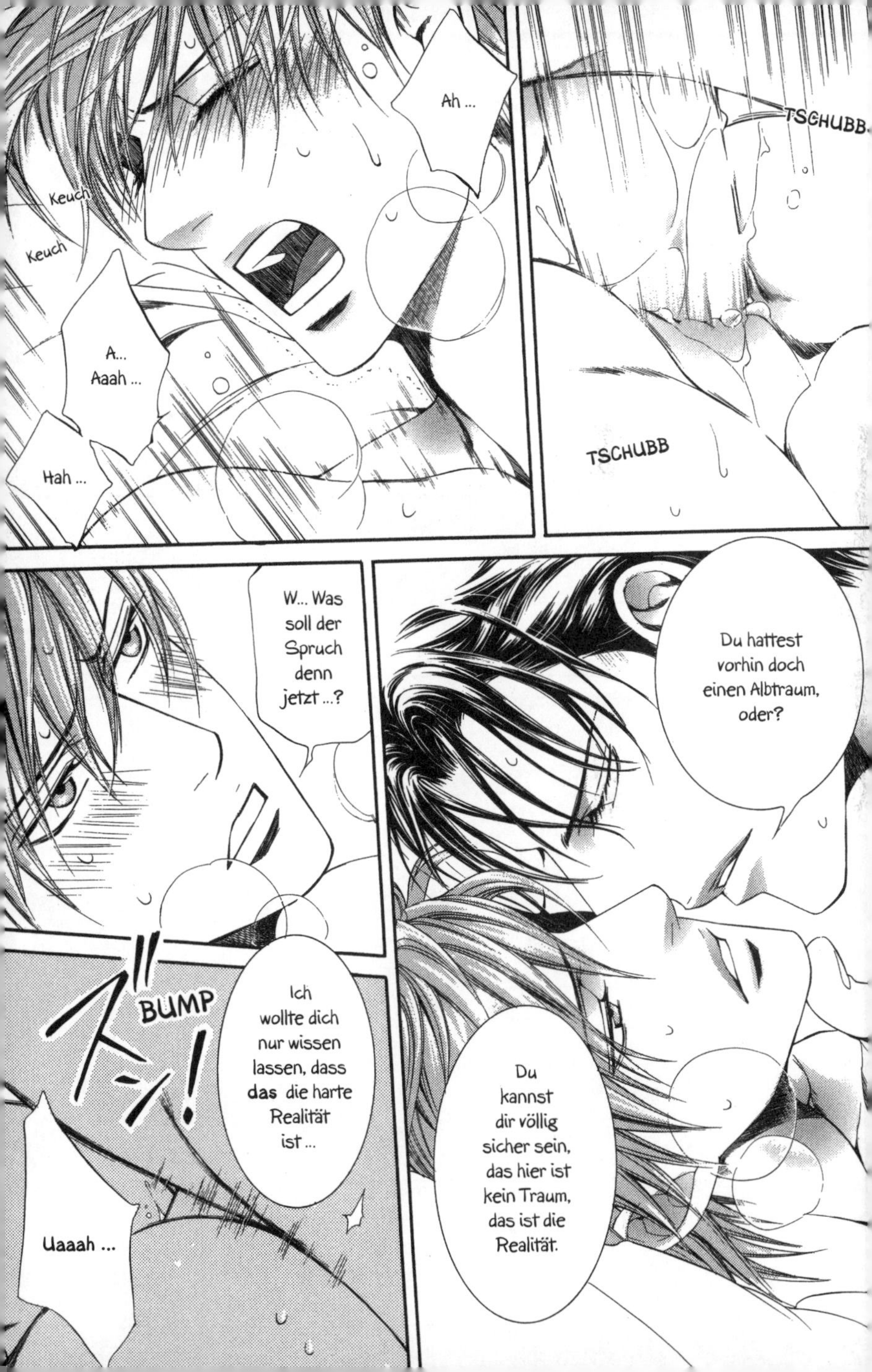
TSCHUBB
TSCHUBB
Ah ...
Keuch
Keuch
A... Aaah ...
Hah ...
Du hattest vorhin doch einen Albtraum, oder?
W... Was soll der Spruch denn jetzt ...?
Du kannst dir völlig sicher sein, das hier ist kein Traum, das ist die Realität.
Ich wollte dich nur wissen lassen, dass **das** die harte Realität ist ...
BUMP
Uaaah ...

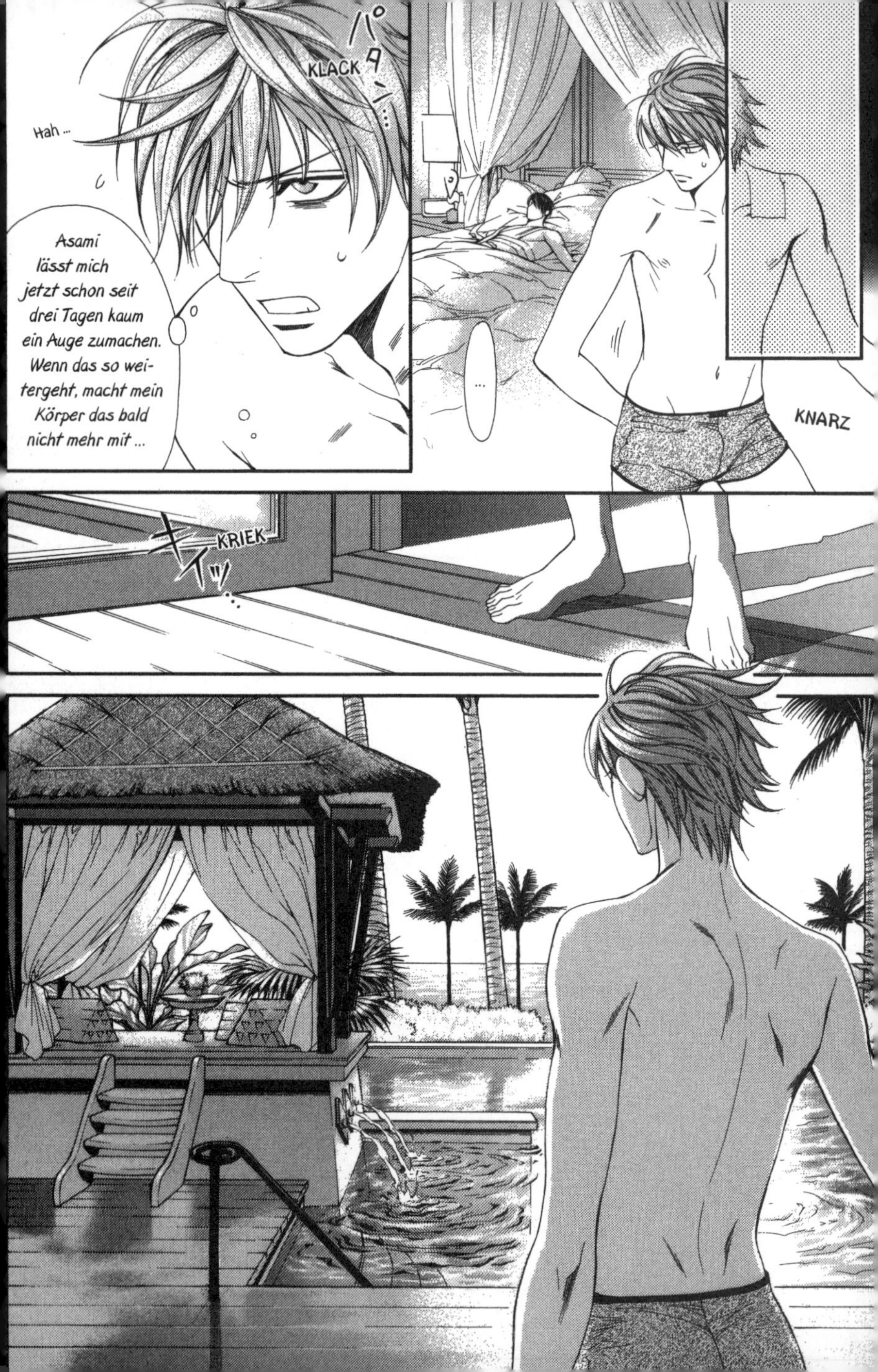
パタン…
KLACK
Hah ...
Asami lässt mich jetzt schon seit drei Tagen kaum ein Auge zumachen. Wenn das so weitergeht, macht mein Körper das bald nicht mehr mit ...
...
KNARZ
キイッ…
KRIEK

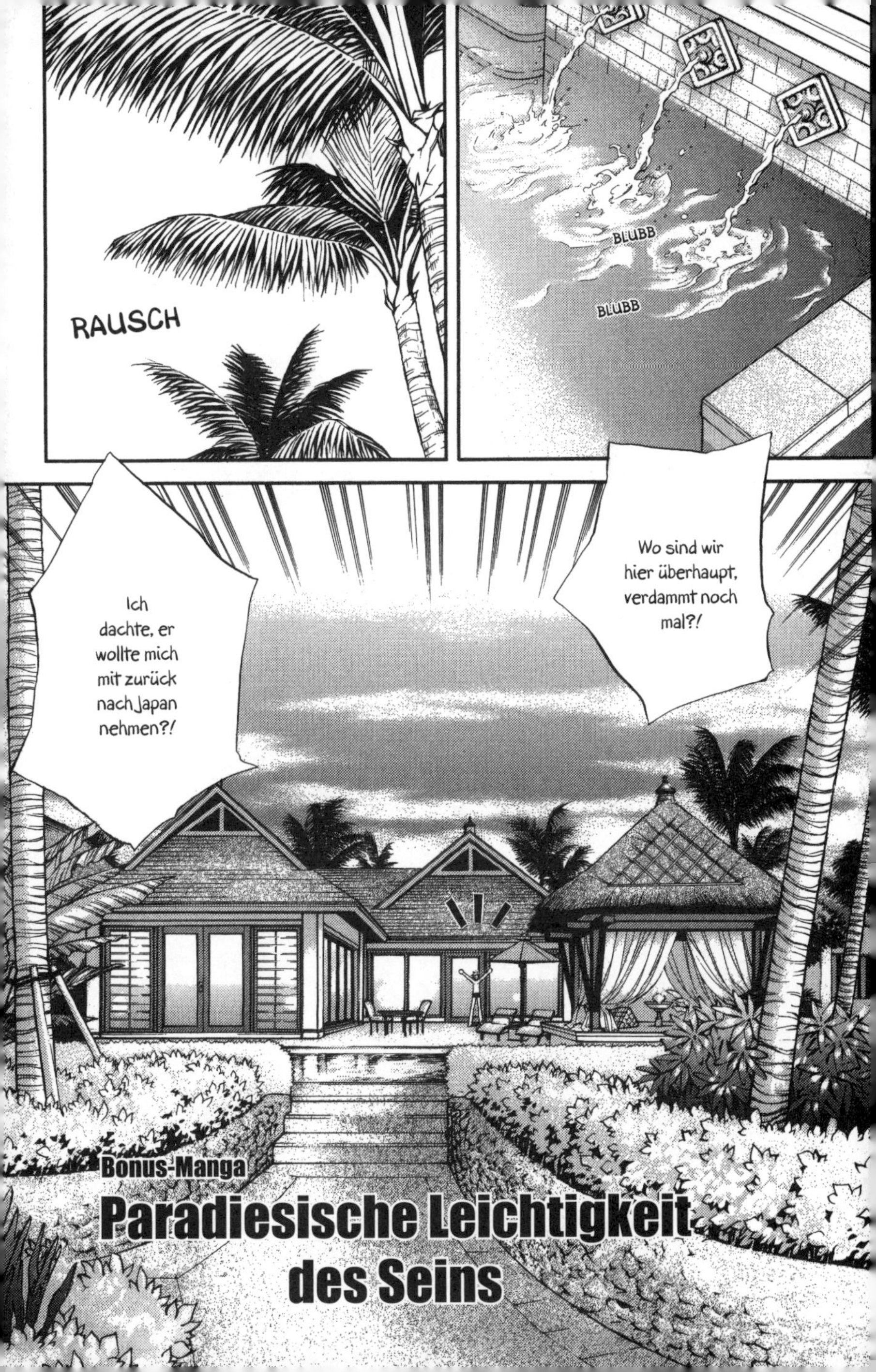
BLUBB
BLUBB
RAUSCH
Wo sind wir hier überhaupt, verdammt noch mal?!
Ich dachte, er wollte mich mit zurück nach Japan nehmen?!
Bonus-Manga
Paradiesische Leichtigkeit des Seins

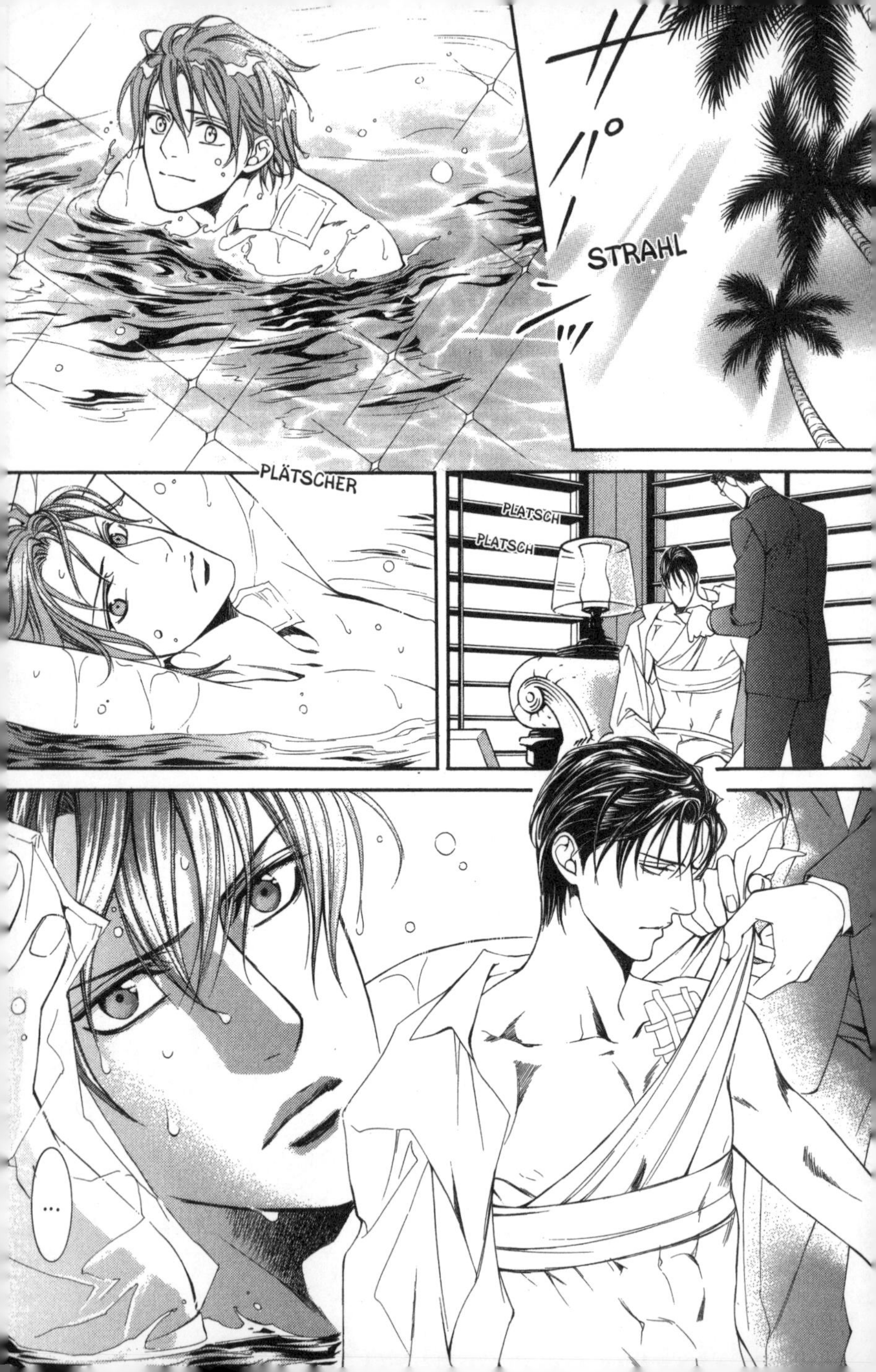
STRAHL
PLÄTSCHER
PLATSCH
PLATSCH
...

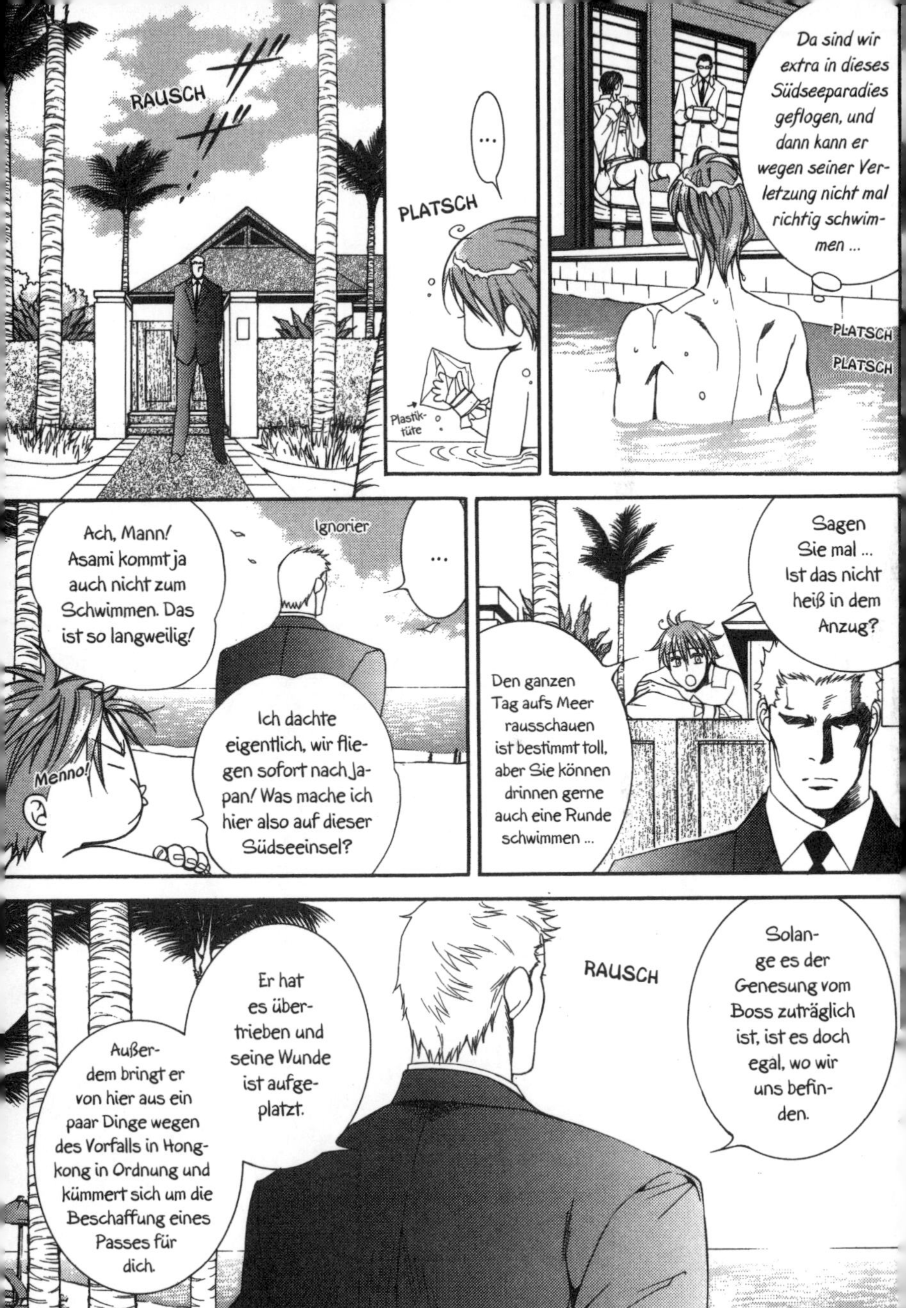
Da sind wir extra in dieses Südseeparadies geflogen, und dann kann er wegen seiner Verletzung nicht mal richtig schwimmen ...
PLATSCH
PLATSCH
...
PLATSCH
Plastiktüte
RAUSCH
Sagen Sie mal ... Ist das nicht heiß in dem Anzug?
Den ganzen Tag aufs Meer rausschauen ist bestimmt toll, aber Sie können drinnen gerne auch eine Runde schwimmen ...
...
Ignorier
Ach, Mann! Asami kommt ja auch nicht zum Schwimmen. Das ist so langweilig!
Ich dachte eigentlich, wir fliegen sofort nach Japan! Was mache ich hier also auf dieser Südseeinsel?
Menno!
Solange es der Genesung vom Boss zuträglich ist, ist es doch egal, wo wir uns befinden.
RAUSCH
Er hat es übertrieben und seine Wunde ist aufgeplatzt.
Außerdem bringt er von hier aus ein paar Dinge wegen des Vorfalls in Hongkong in Ordnung und kümmert sich um die Beschaffung eines Passes für dich.

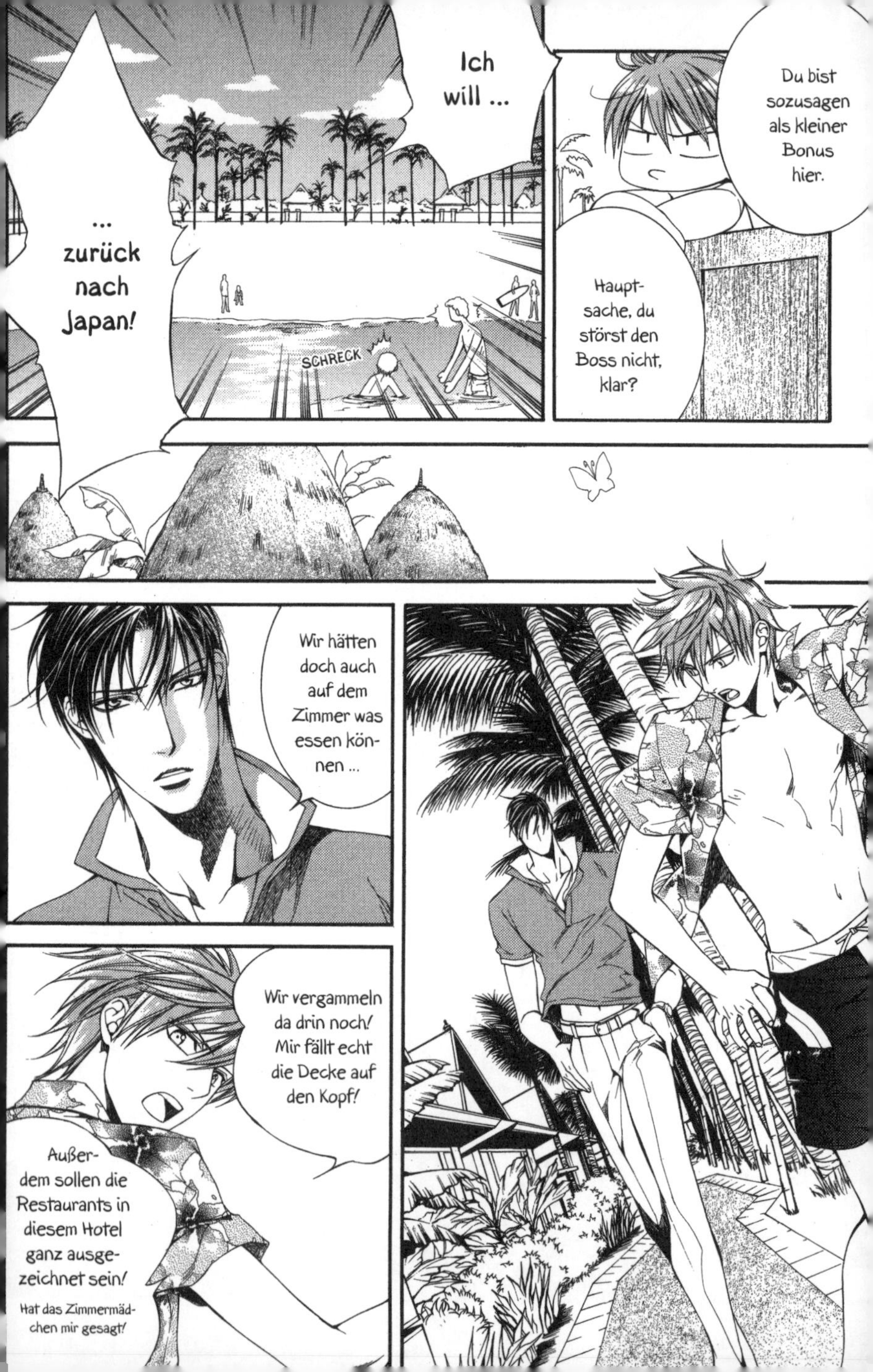
Du bist
sozusagen
als kleiner
Bonus
hier.
Haupt-
sache, du
störst den
Boss nicht,
klar?
Ich
will ...
... zurück
nach
Japan!
SCHRECK
Wir hätten
doch auch
auf dem
Zimmer was
essen kön-
nen ...
Wir vergammeln
da drin noch!
Mir fällt echt
die Decke auf
den Kopf!
Außer-
dem sollen die
Restaurants in
diesem Hotel
ganz ausge-
zeichnet sein!
Hat das Zimmermäd-
chen mir gesagt!

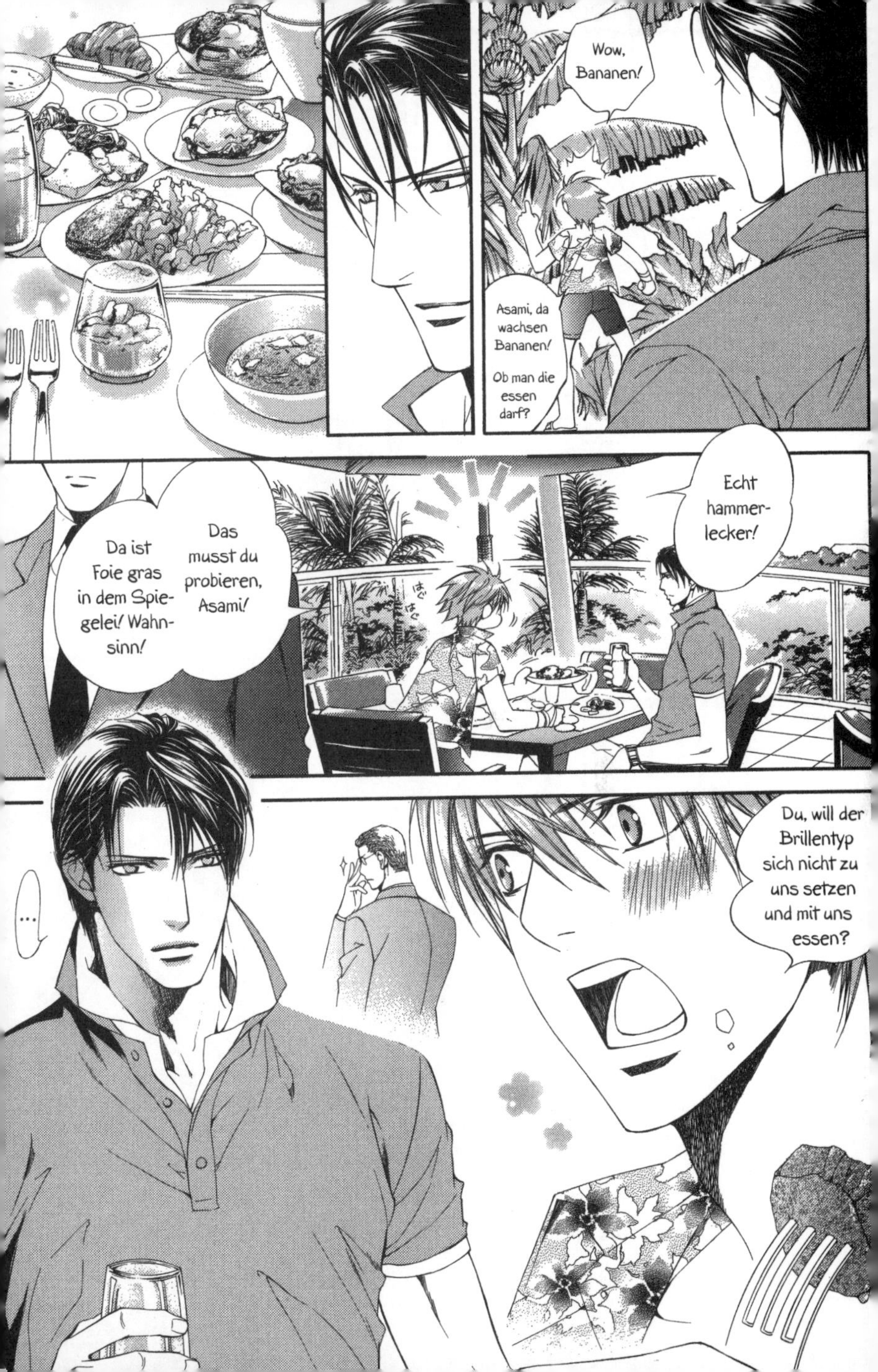
Wow, Bananen!
Asami, da wachsen Bananen!
Ob man die essen darf?
Echt hammerlecker!
はぐ はぐ
Das musst du probieren, Asami!
Da ist Foie gras in dem Spiegelei! Wahnsinn!
Du, will der Brillentyp sich nicht zu uns setzen und mit uns essen?
…

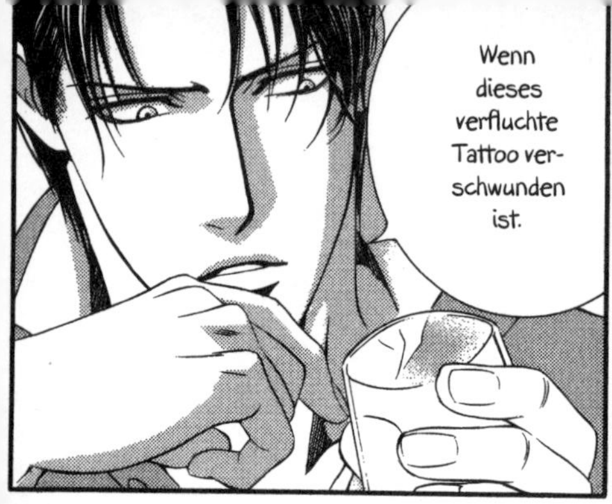
Wenn dieses verfluchte Tattoo verschwunden ist.

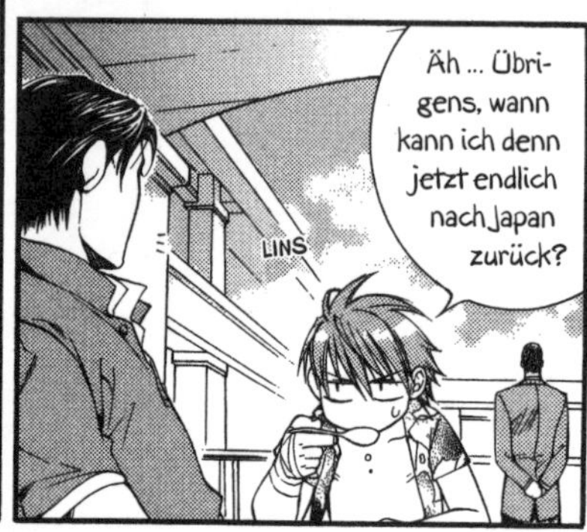
Äh ... Übrigens, wann kann ich denn jetzt endlich nach Japan zurück?
LINS

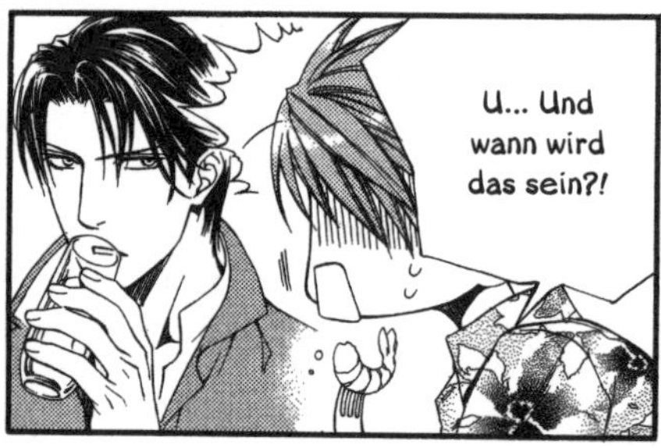
U... Und wann wird das sein?!

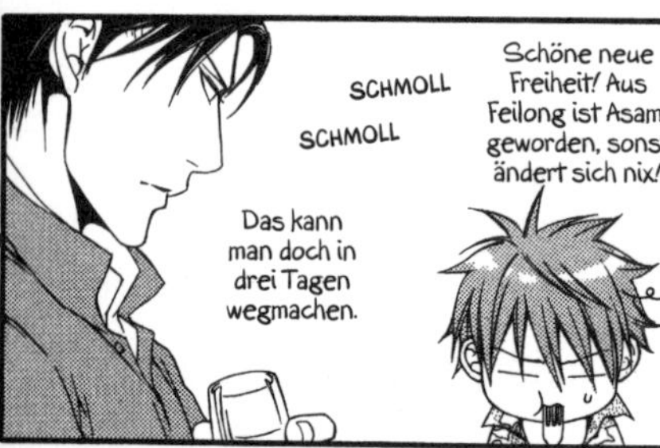
Schöne neue Freiheit! Aus Feilong ist Asami geworden, sonst ändert sich nix!
SCHMOLL
SCHMOLL
Das kann man doch in drei Tagen wegmachen.

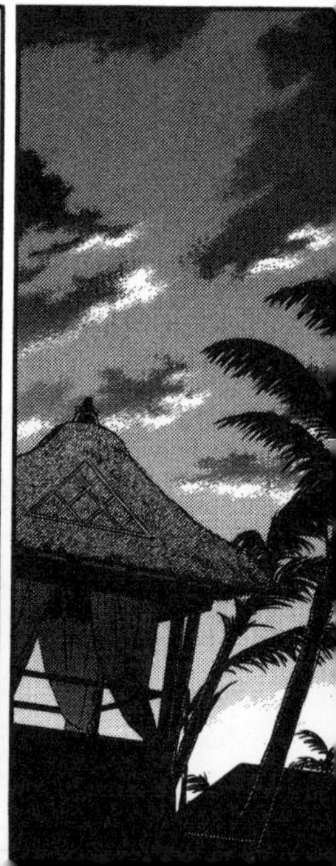

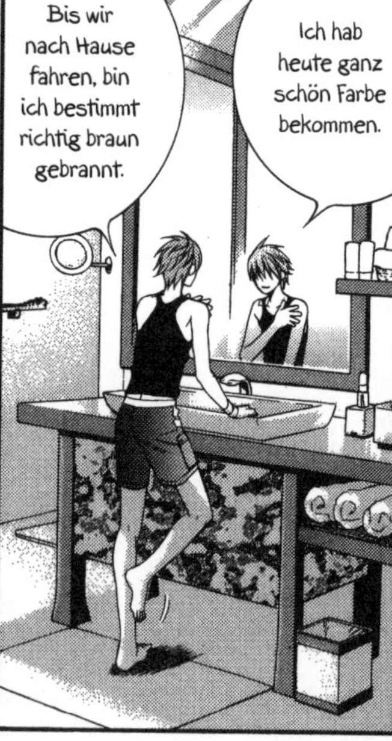
Ich hab heute ganz schön Farbe bekommen.
Bis wir nach Hause fahren, bin ich bestimmt richtig braun gebrannt.

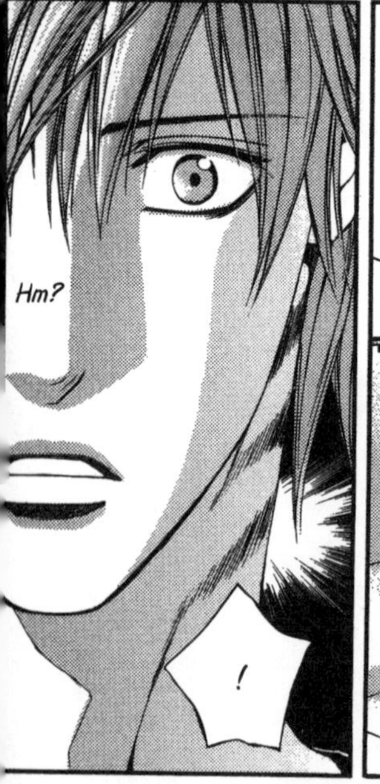
Hm?
!

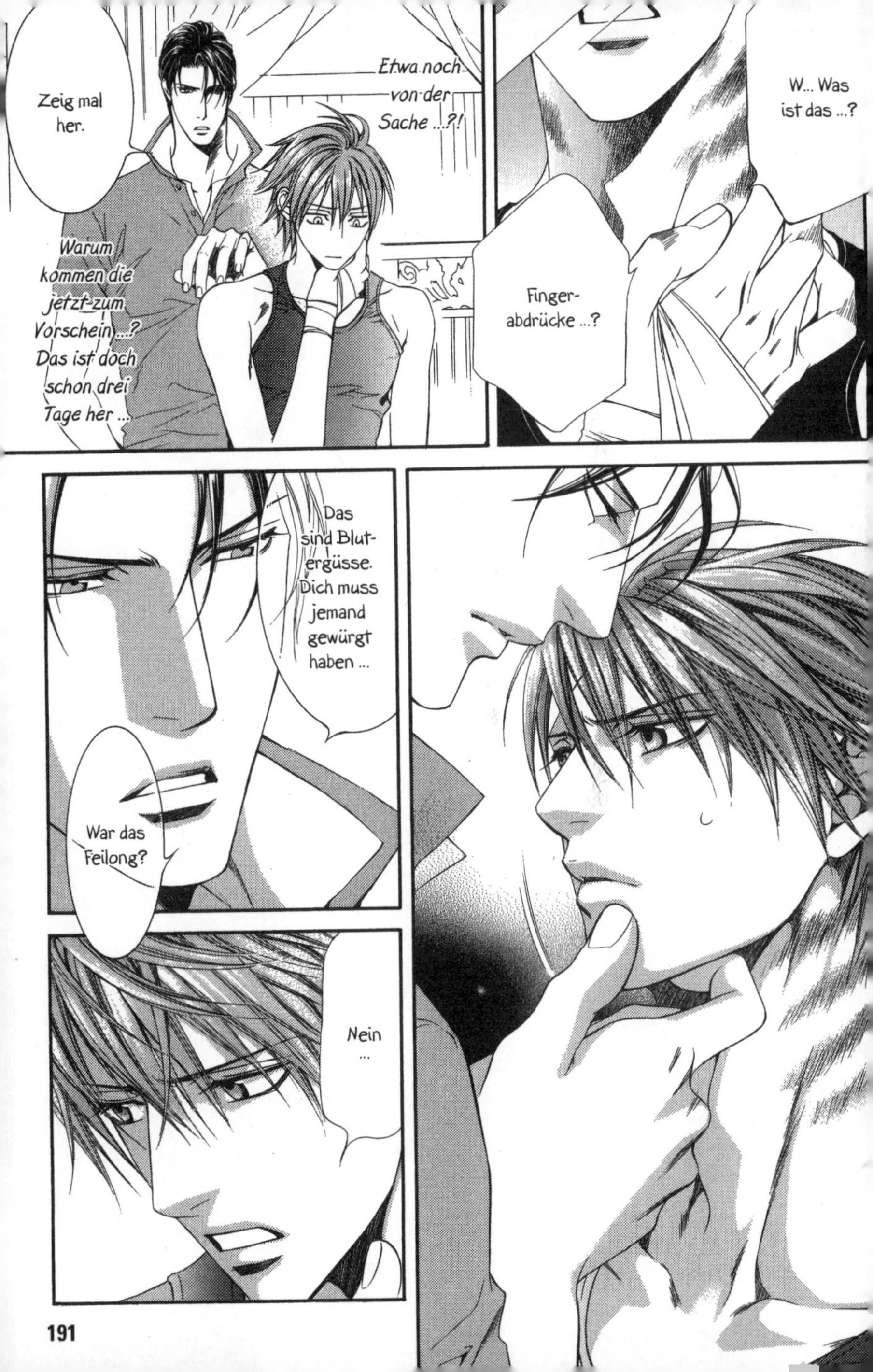

W... Was ist das ...?
Zeig mal her.
Etwa noch von der Sache ...?!
Warum kommen die jetzt zum Vorschein ...? Das ist doch schon drei Tage her ...
Finger-abdrücke ...?
Das sind Blut-ergüsse. Dich muss jemand gewürgt haben ...
War das Feilong?
Nein ...

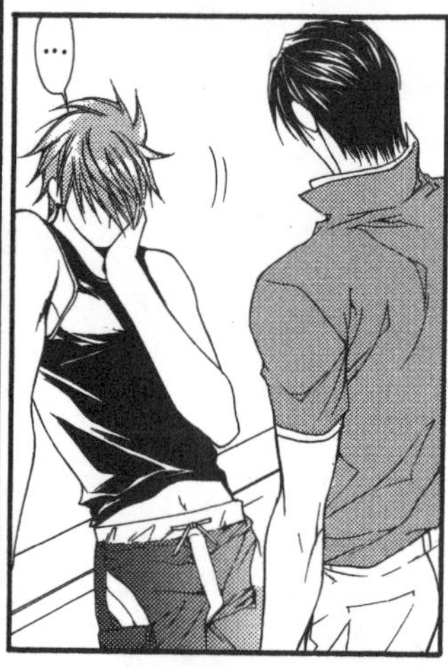
...

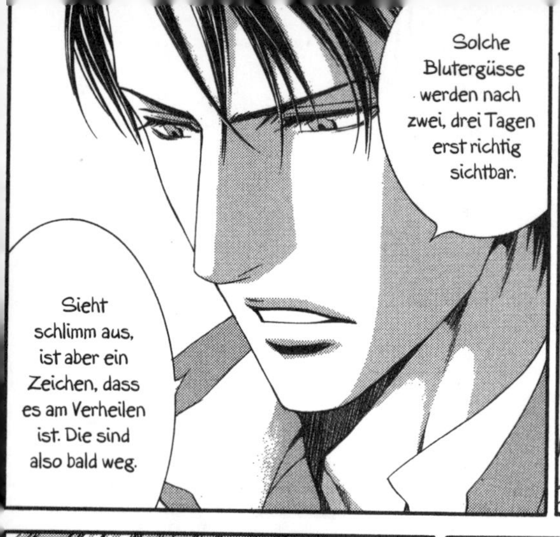
Solche Blutergüsse werden nach zwei, drei Tagen erst richtig sichtbar.
Sieht schlimm aus, ist aber ein Zeichen, dass es am Verheilen ist. Die sind also bald weg.

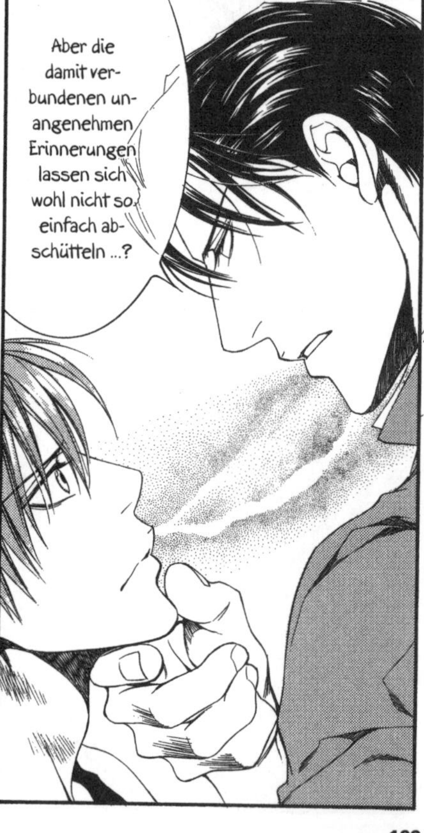
Aber die damit verbundenen unangenehmen Erinnerungen lassen sich wohl nicht so einfach abschütteln ...?

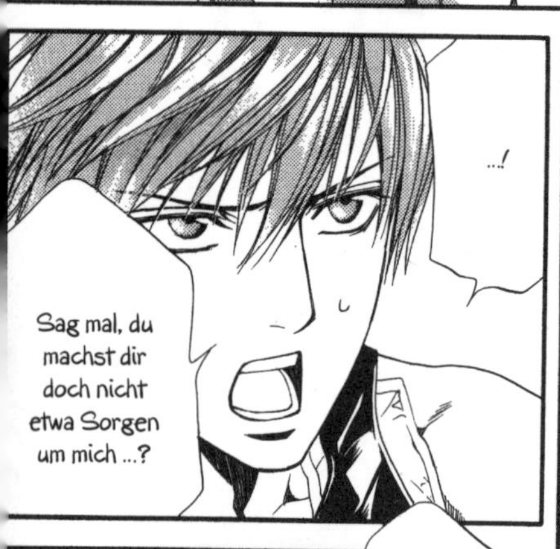
...!
Sag mal, du machst dir doch nicht etwa Sorgen um mich ...?

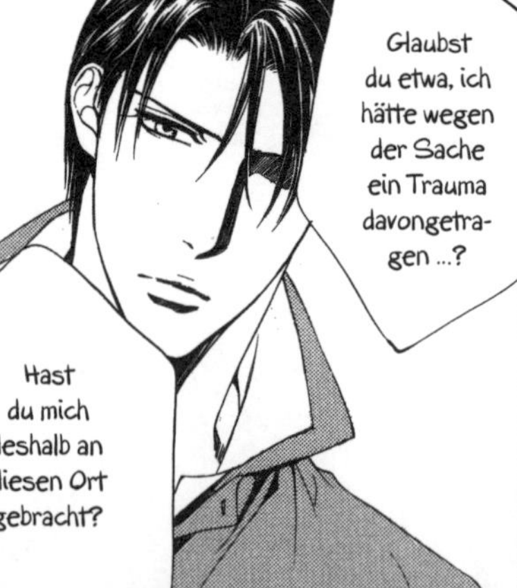
Glaubst du etwa, ich hätte wegen der Sache ein Trauma davongetragen ...?
Hast du mich deshalb an diesen Ort gebracht?

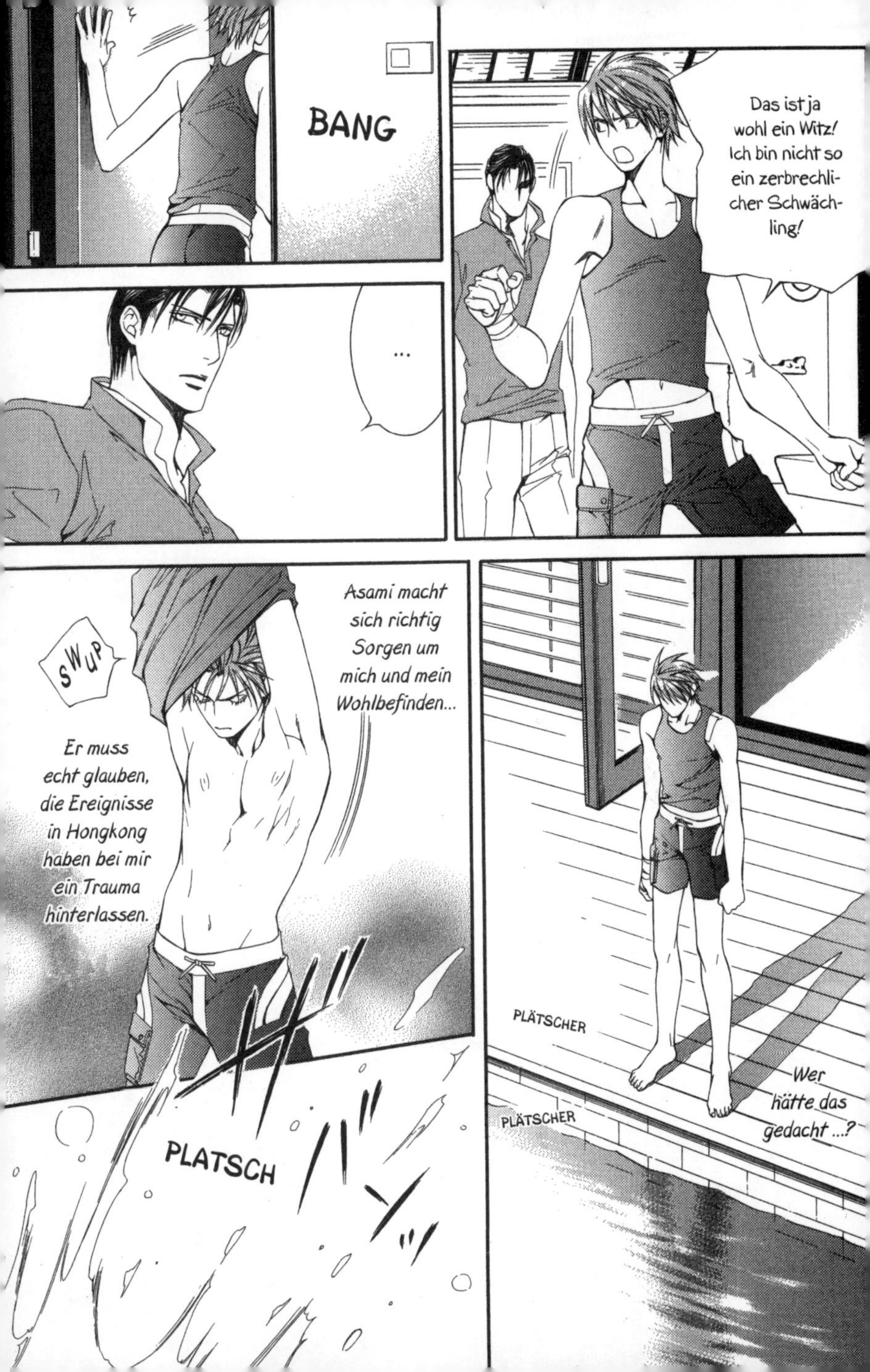

Das ist ja wohl ein Witz! Ich bin nicht so ein zerbrechlicher Schwächling!

BANG

...

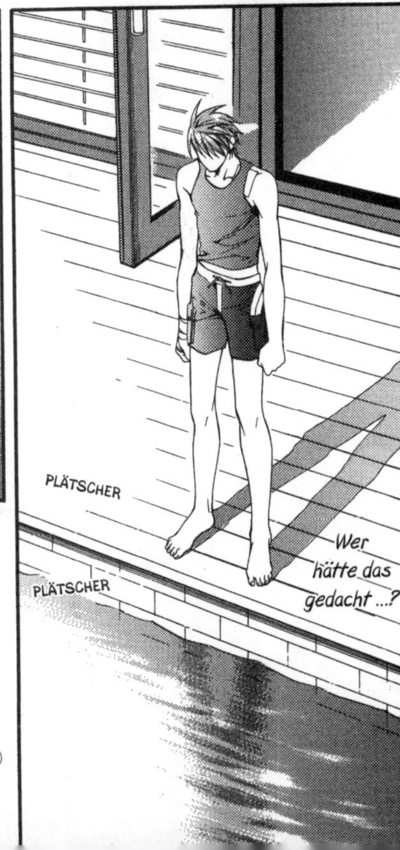

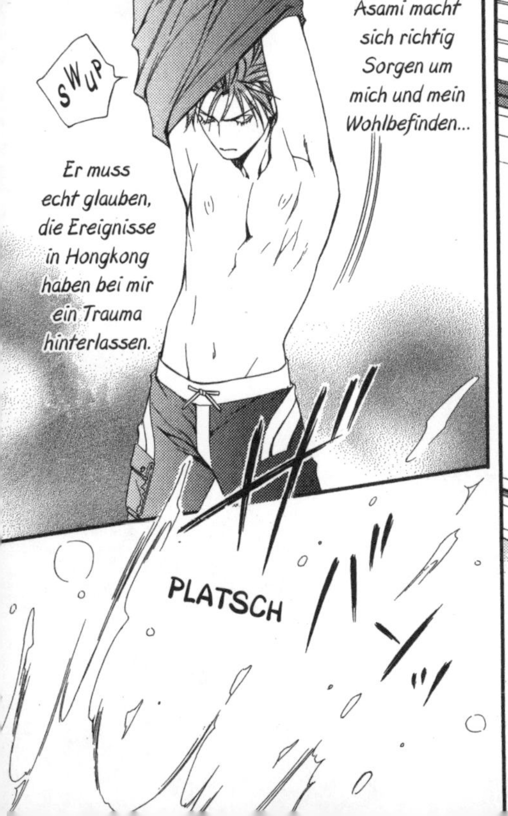

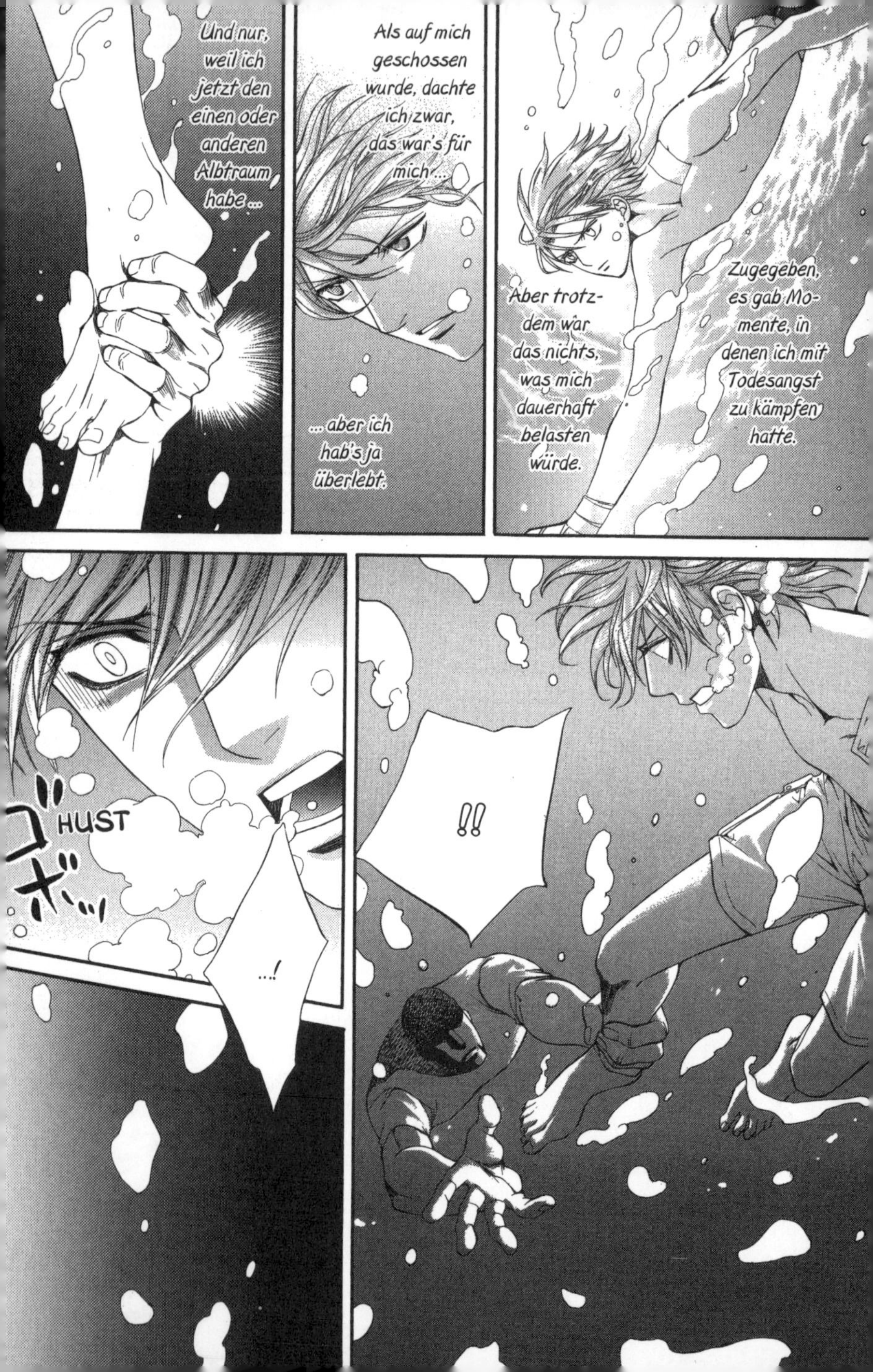

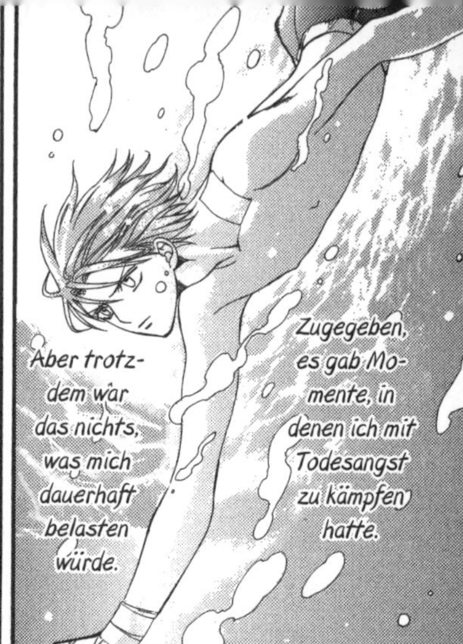
Zugegeben, es gab Momente, in denen ich mit Todesangst zu kämpfen hatte.
Aber trotzdem war das nichts, was mich dauerhaft belasten würde.

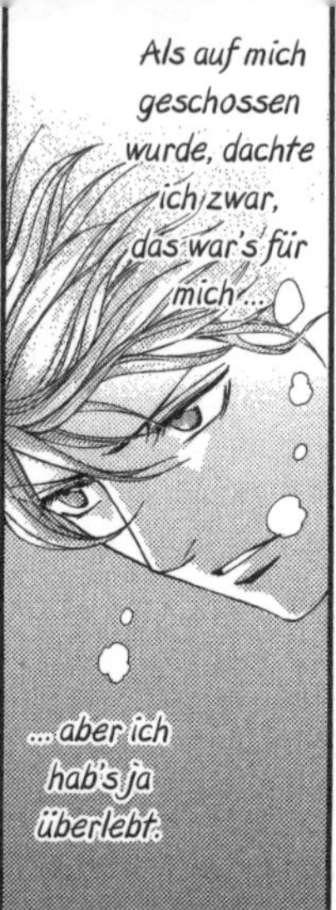
Als auf mich geschossen wurde, dachte ich zwar, das war's für mich ...
... aber ich hab's ja überlebt.

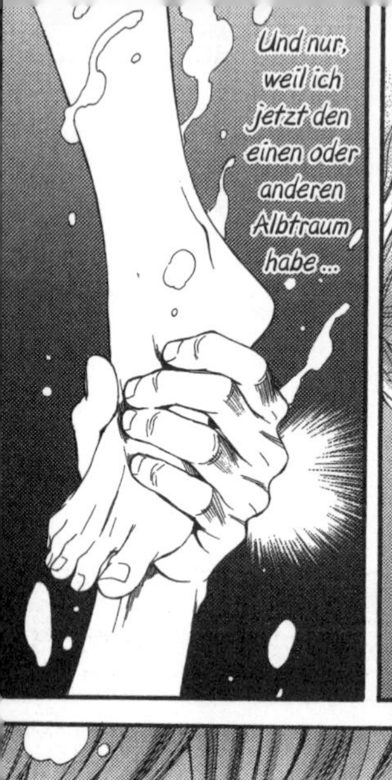
Und nur, weil ich jetzt den einen oder anderen Albtraum habe ...

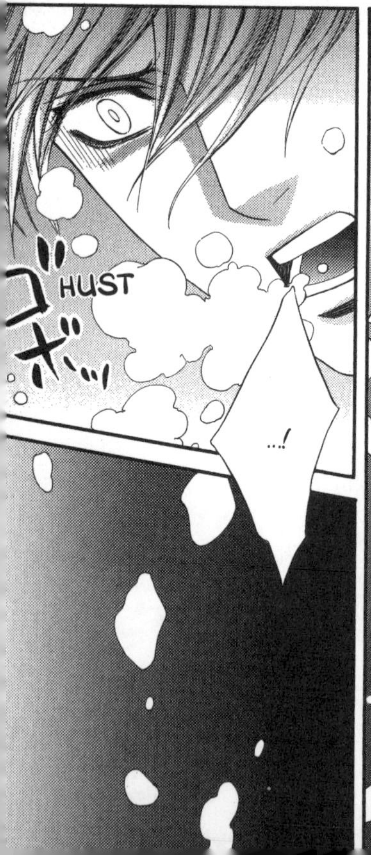
!!
HUST
...!

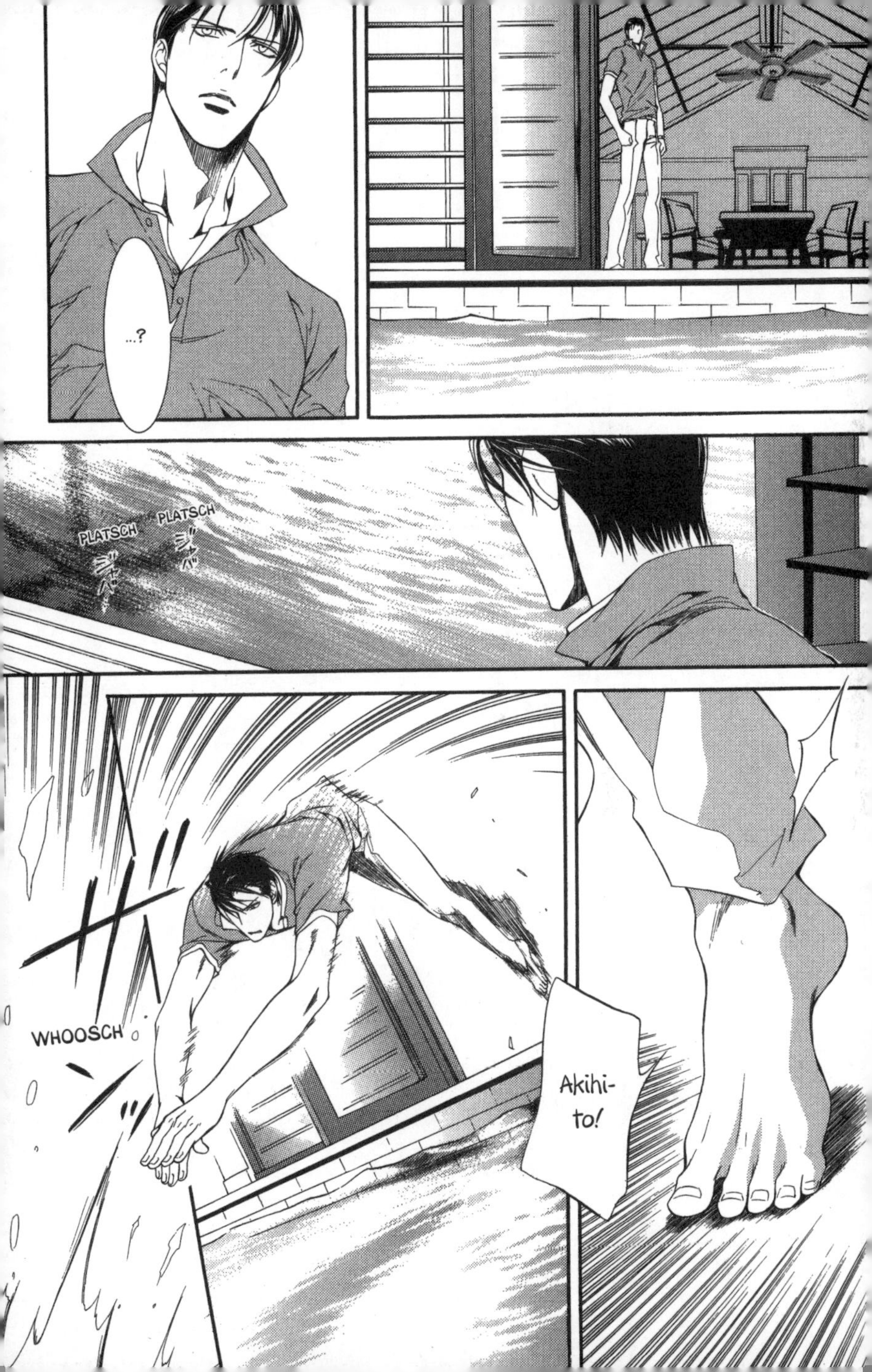
...?
PLATSCH
ジャバ
PLATSCH
ジャバ
Akihi-
to!
WHOOSCH

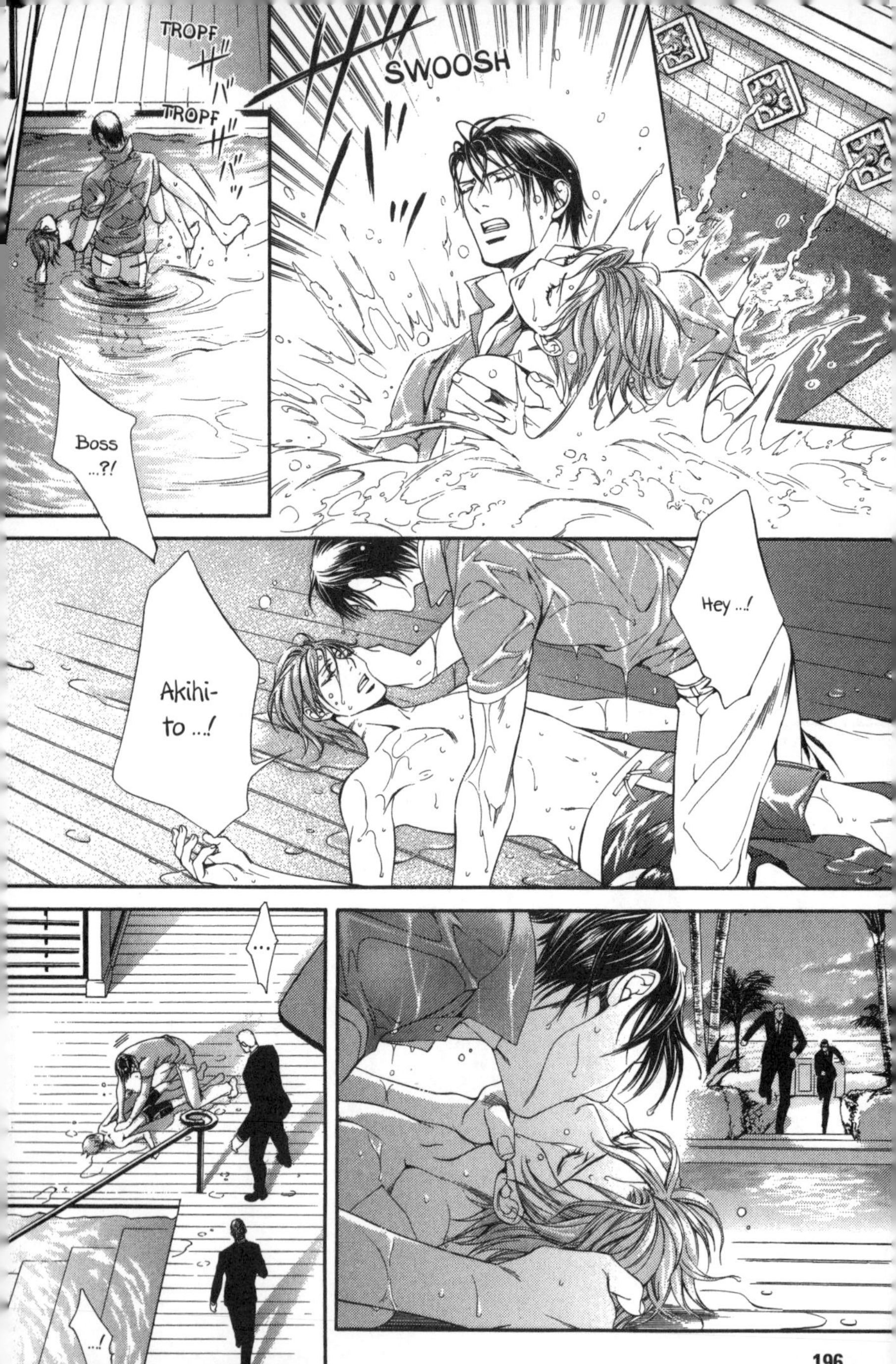

SWOOSH

TROPF

TROPF

Boss ...?!

Hey ...!

Akihi-to ...!

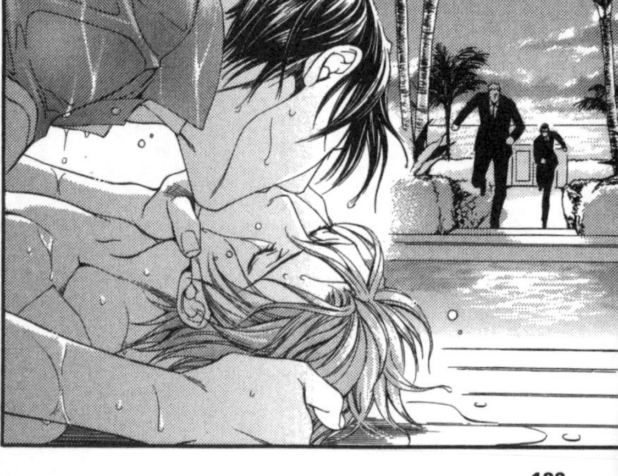

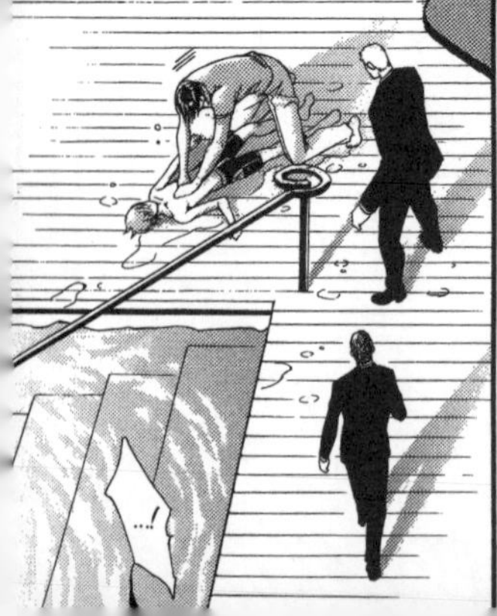

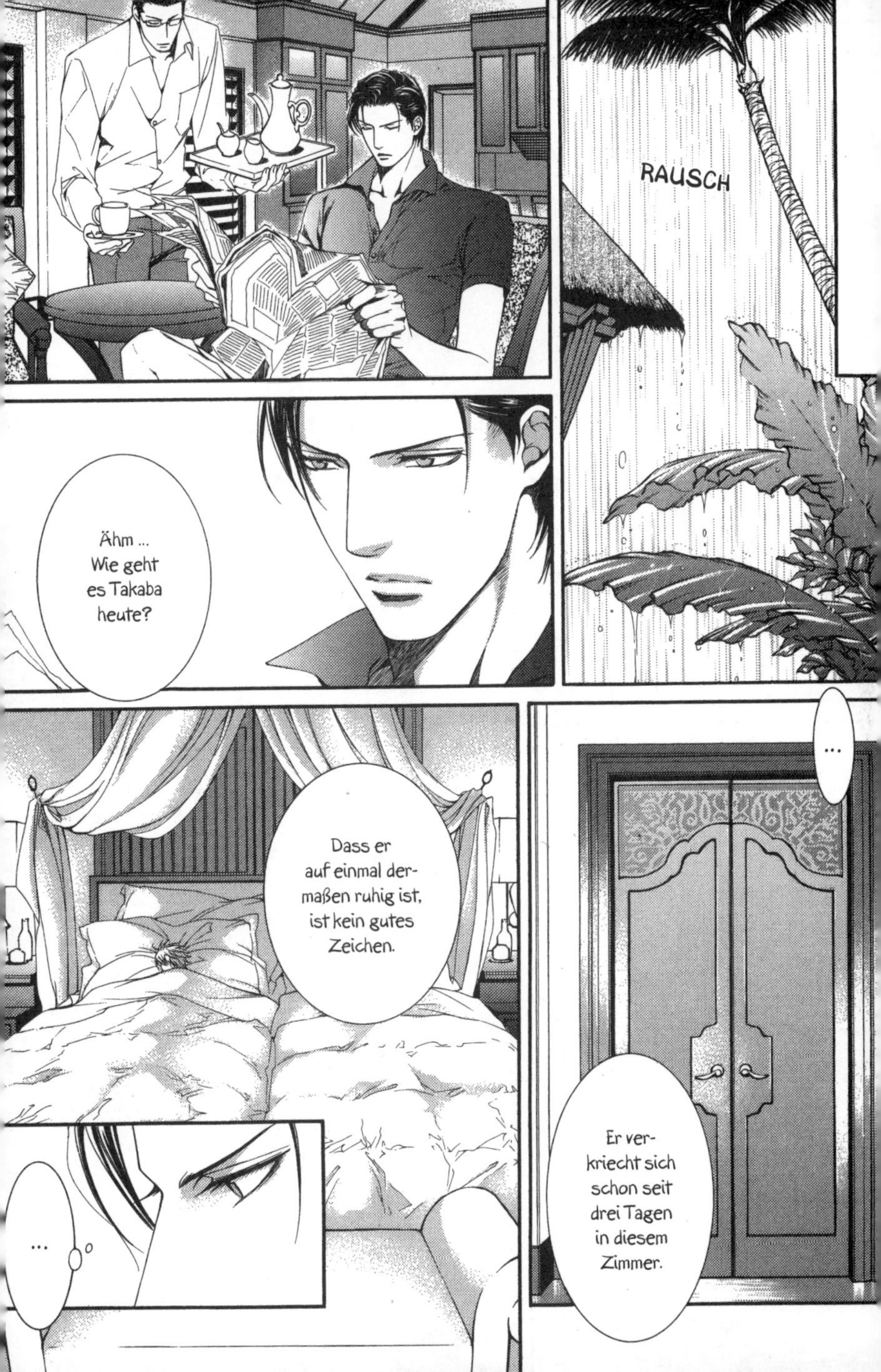
RAUSCH
Ähm ... Wie geht es Takaba heute?
...
Er verkriecht sich schon seit drei Tagen in diesem Zimmer.
Dass er auf einmal dermaßen ruhig ist, ist kein gutes Zeichen.
...

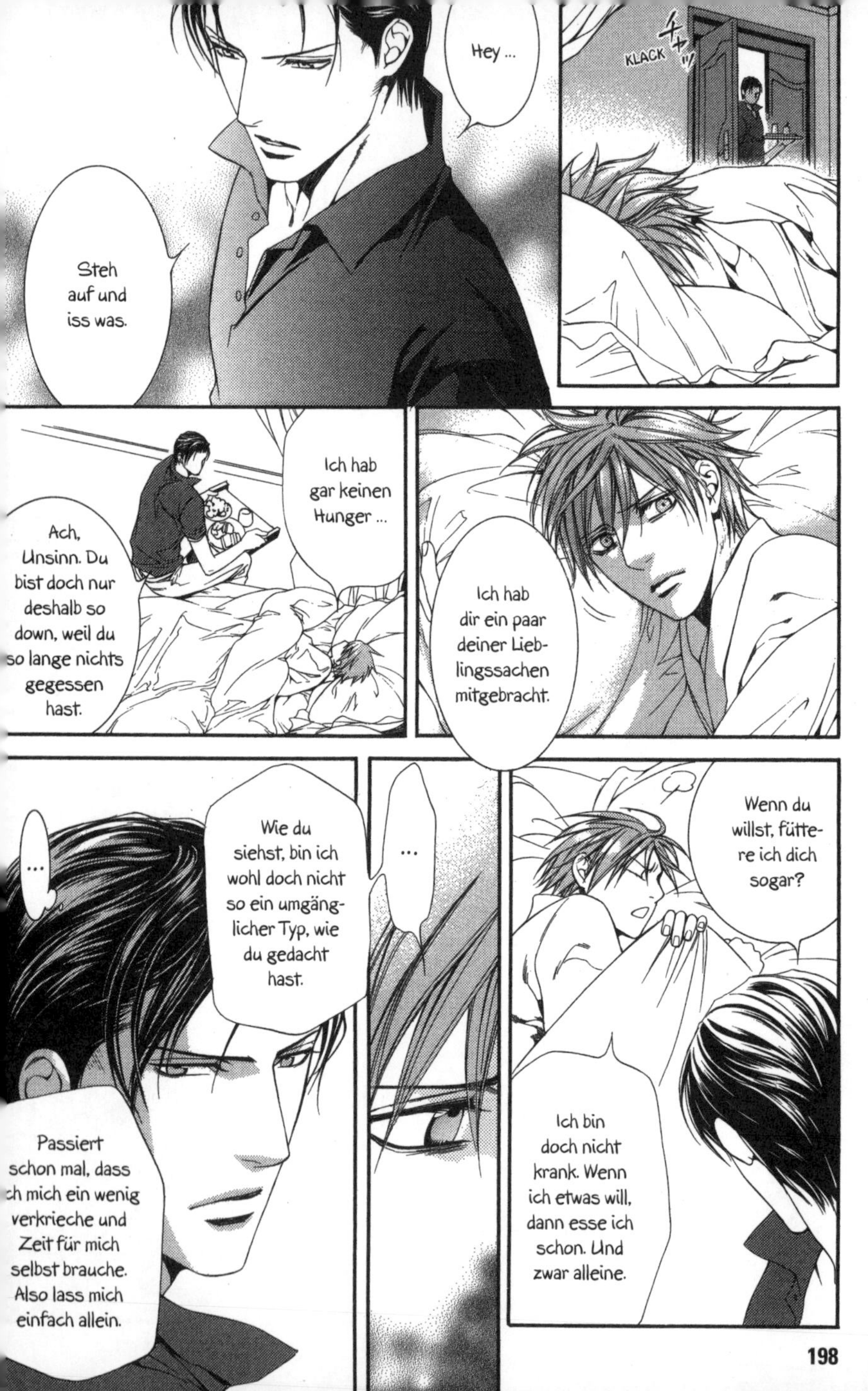
KLACK
Hey ...
Steh auf und iss was.
Ich hab dir ein paar deiner Lieblingssachen mitgebracht.
Ich hab gar keinen Hunger ...
Ach, Unsinn. Du bist doch nur deshalb so down, weil du so lange nichts gegessen hast.
Wenn du willst, füttere ich dich sogar?
Ich bin doch nicht krank. Wenn ich etwas will, dann esse ich schon. Und zwar alleine.
...
...
Wie du siehst, bin ich wohl doch nicht so ein umgänglicher Typ, wie du gedacht hast.
Passiert schon mal, dass ch mich ein wenig verkrieche und Zeit für mich selbst brauche. Also lass mich einfach allein.

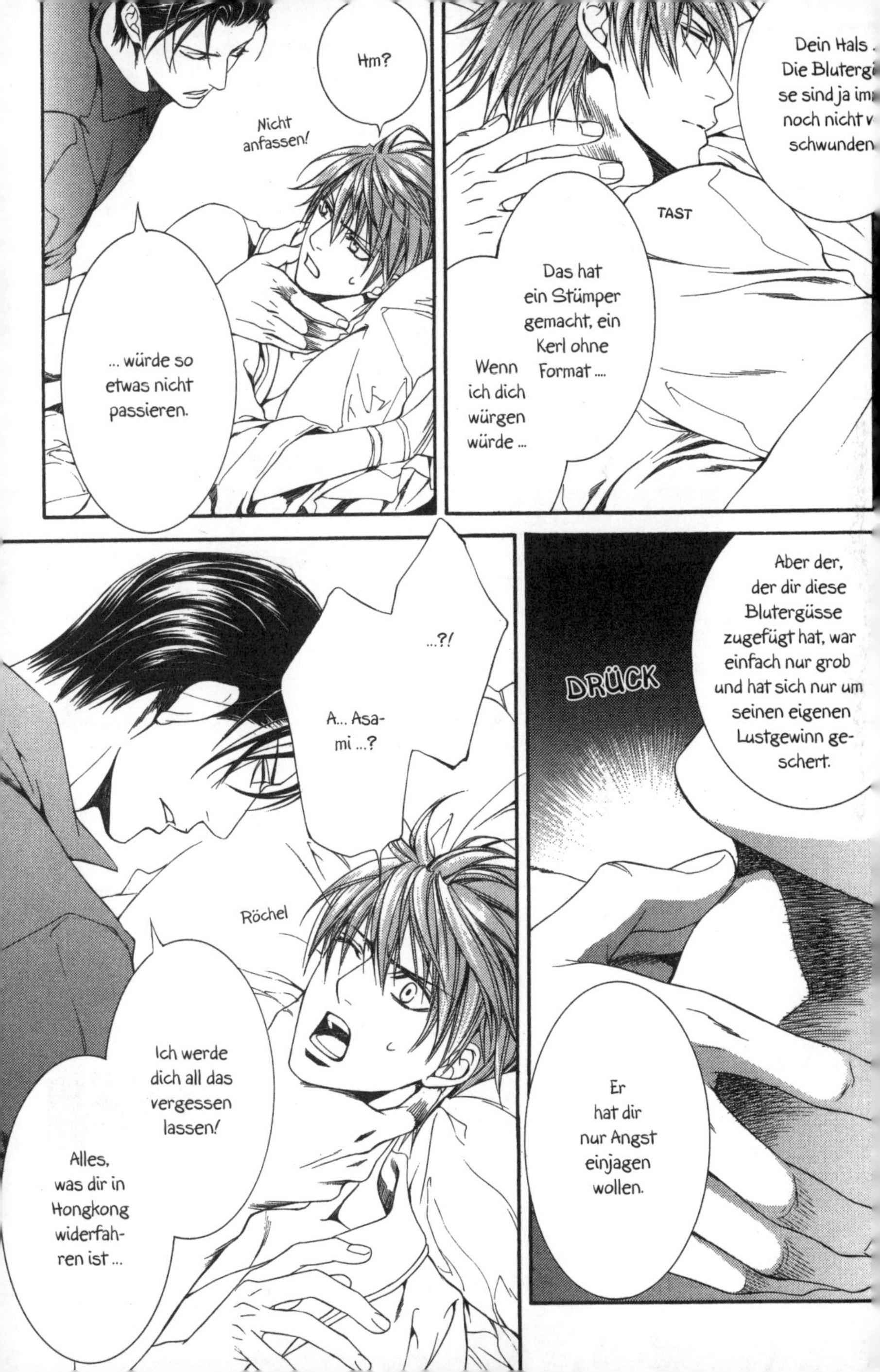
Dein Hals . Die Blutergi se sind ja im noch nicht v schwunden
TAST
Das hat ein Stümper gemacht, ein Kerl ohne Format ....
Wenn ich dich würgen würde ...
Hm?
Nicht anfassen!
... würde so etwas nicht passieren.
Aber der, der dir diese Blutergüsse zugefügt hat, war einfach nur grob und hat sich nur um seinen eigenen Lustgewinn geschert.
DRÜCK
Er hat dir nur Angst einjagen wollen.
...?!
A... Asami ...?
Röchel
Ich werde dich all das vergessen lassen!
Alles, was dir in Hongkong widerfahren ist ...

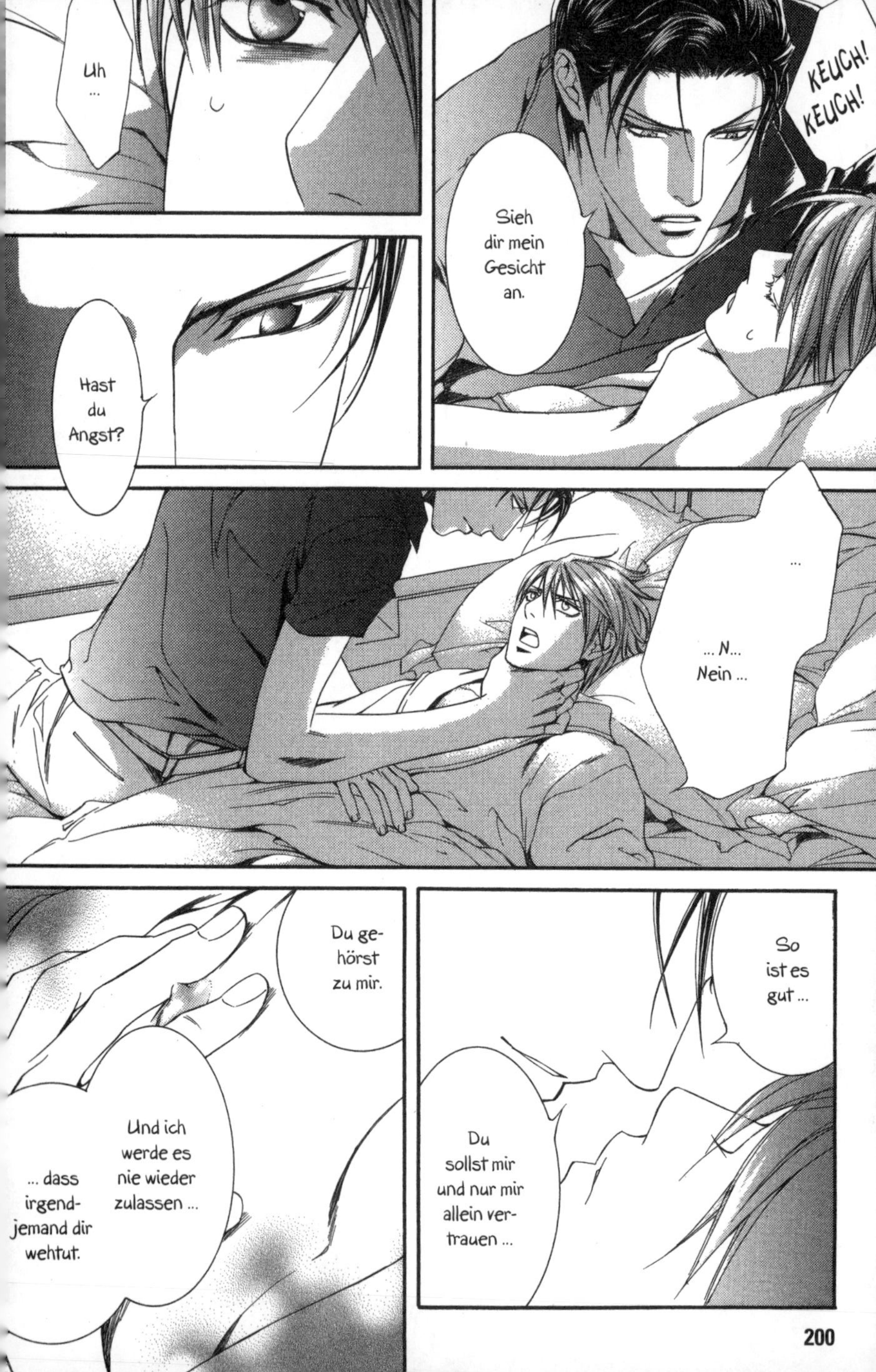
KEUCH! KEUCH!
Sieh dir mein Gesicht an.
Uh ...
Hast du Angst?
...
... N... Nein ...
So ist es gut ...
Du sollst mir und nur mir allein vertrauen ...
Du gehörst zu mir.
Und ich werde es nie wieder zulassen ...
... dass irgendjemand dir wehtut.

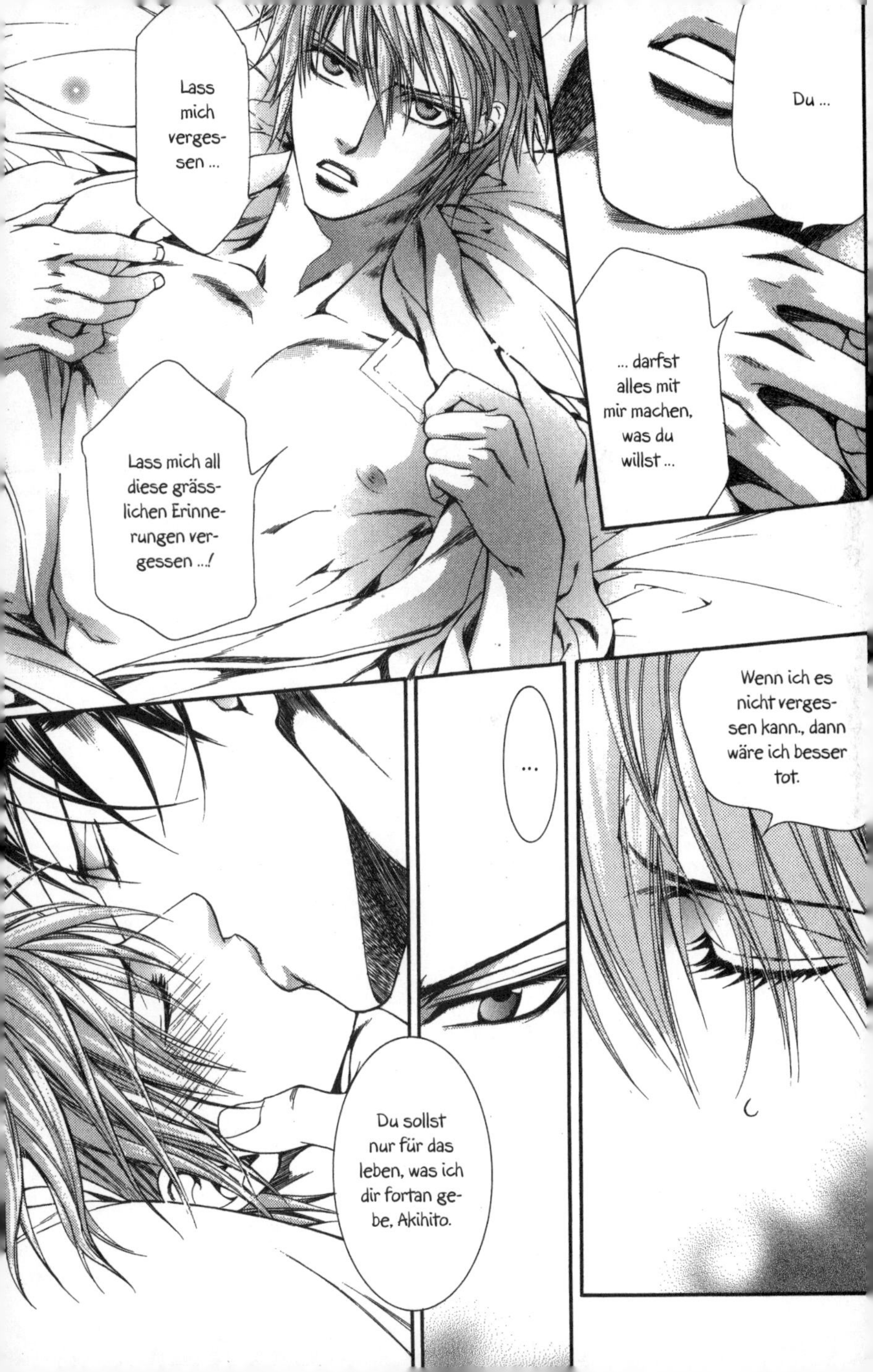
Du ...
... darfst alles mit mir machen, was du willst ...
Lass mich vergessen ...
Lass mich all diese grässlichen Erinnerungen vergessen ...!
Wenn ich es nicht vergessen kann., dann wäre ich besser tot.
...
Du sollst nur für das leben, was ich dir fortan gebe, Akihito.

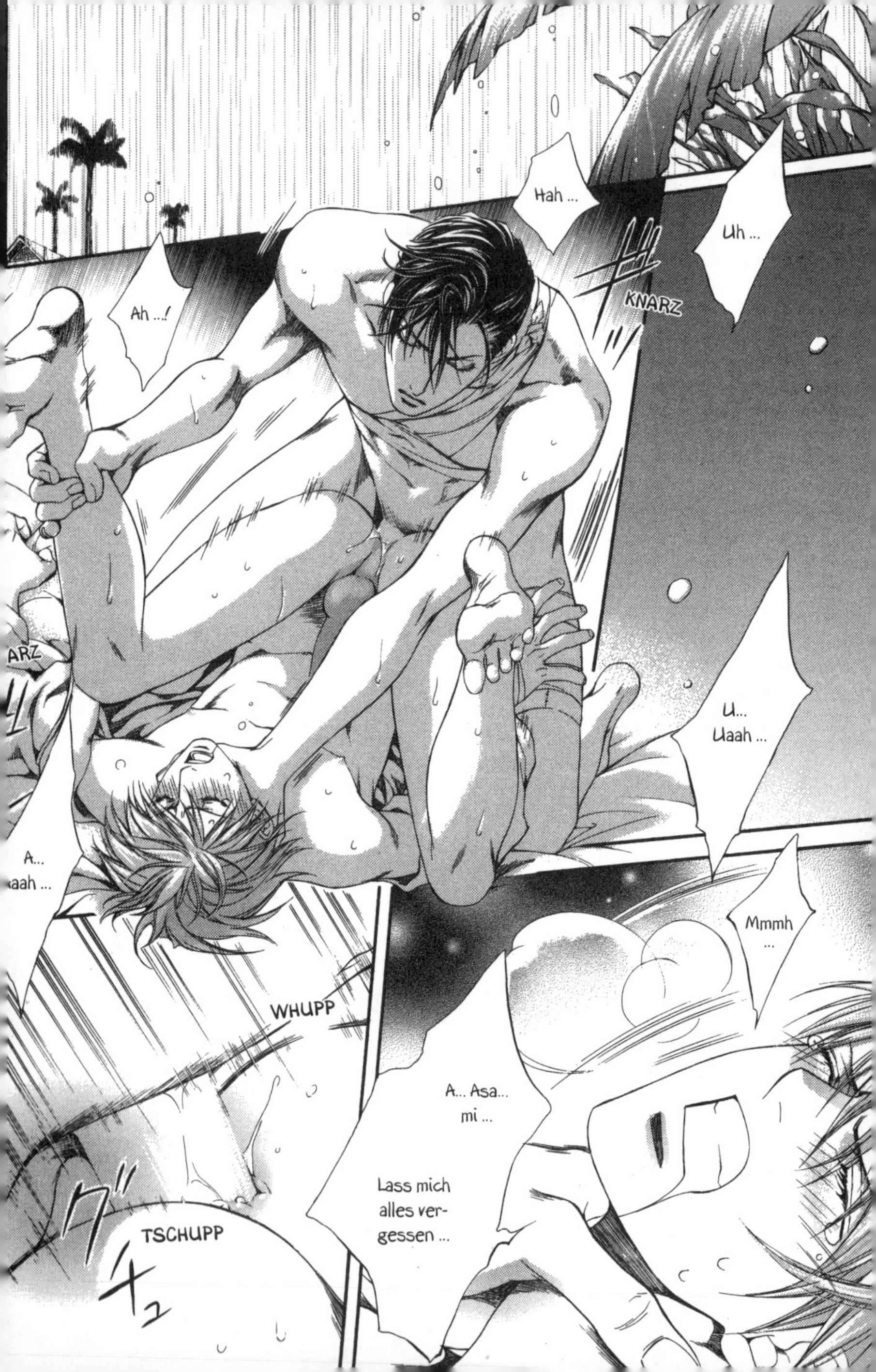
Uh ...
Hah ...
KNARZ
Ah ...!
ARZ
U...
Uaah ...
A...
aah ...
Mmmh
...
A... Asa...
mi ...
Lass mich
alles ver-
gessen ...
WHUPP
TSCHUPP

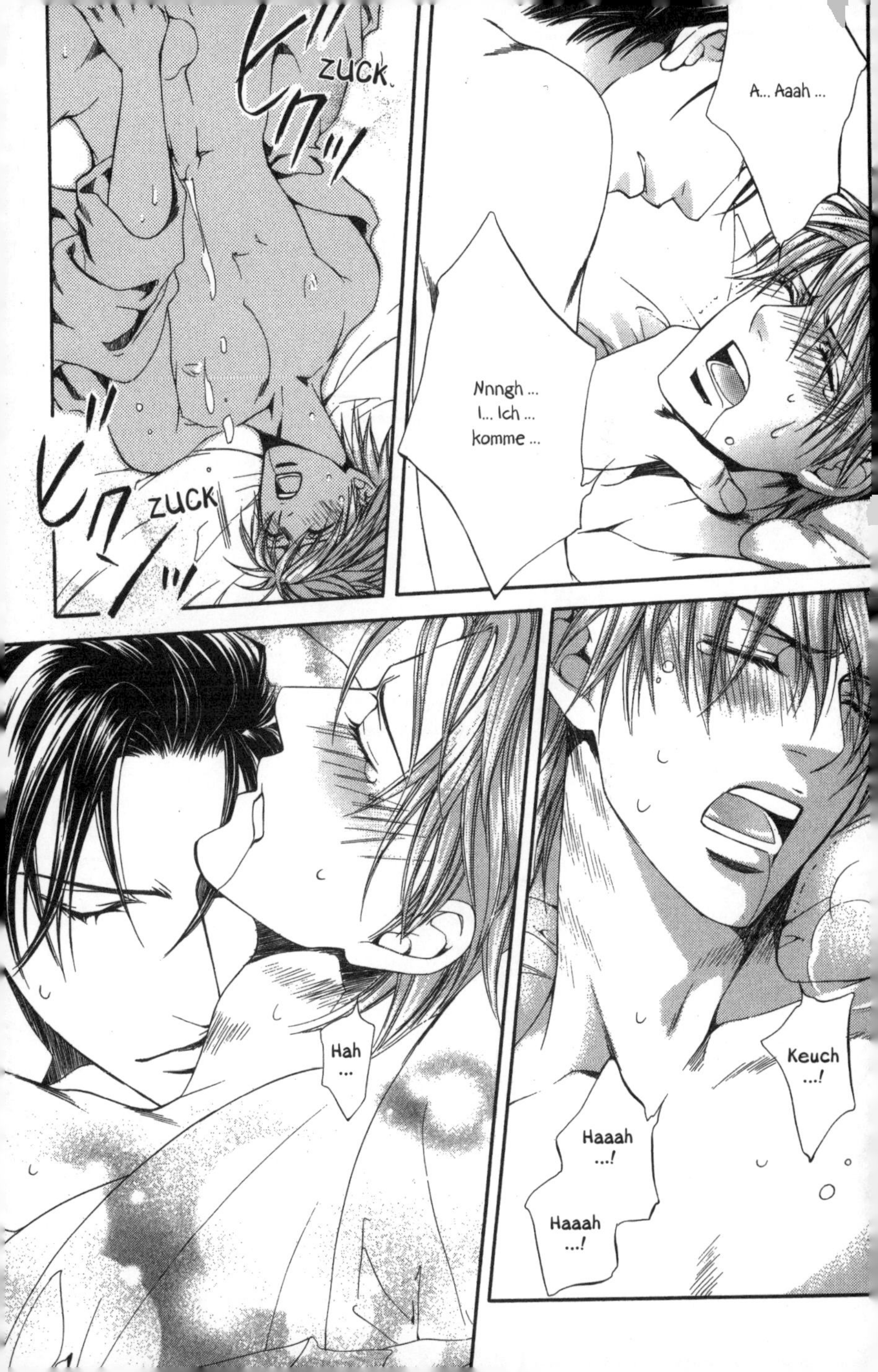
A... Aaah ...
Nnngh ... I... Ich ... komme ...
ZUCK
ZUCK
Keuch ...!
Haaah ...!
Haaah ...!
Hah ...

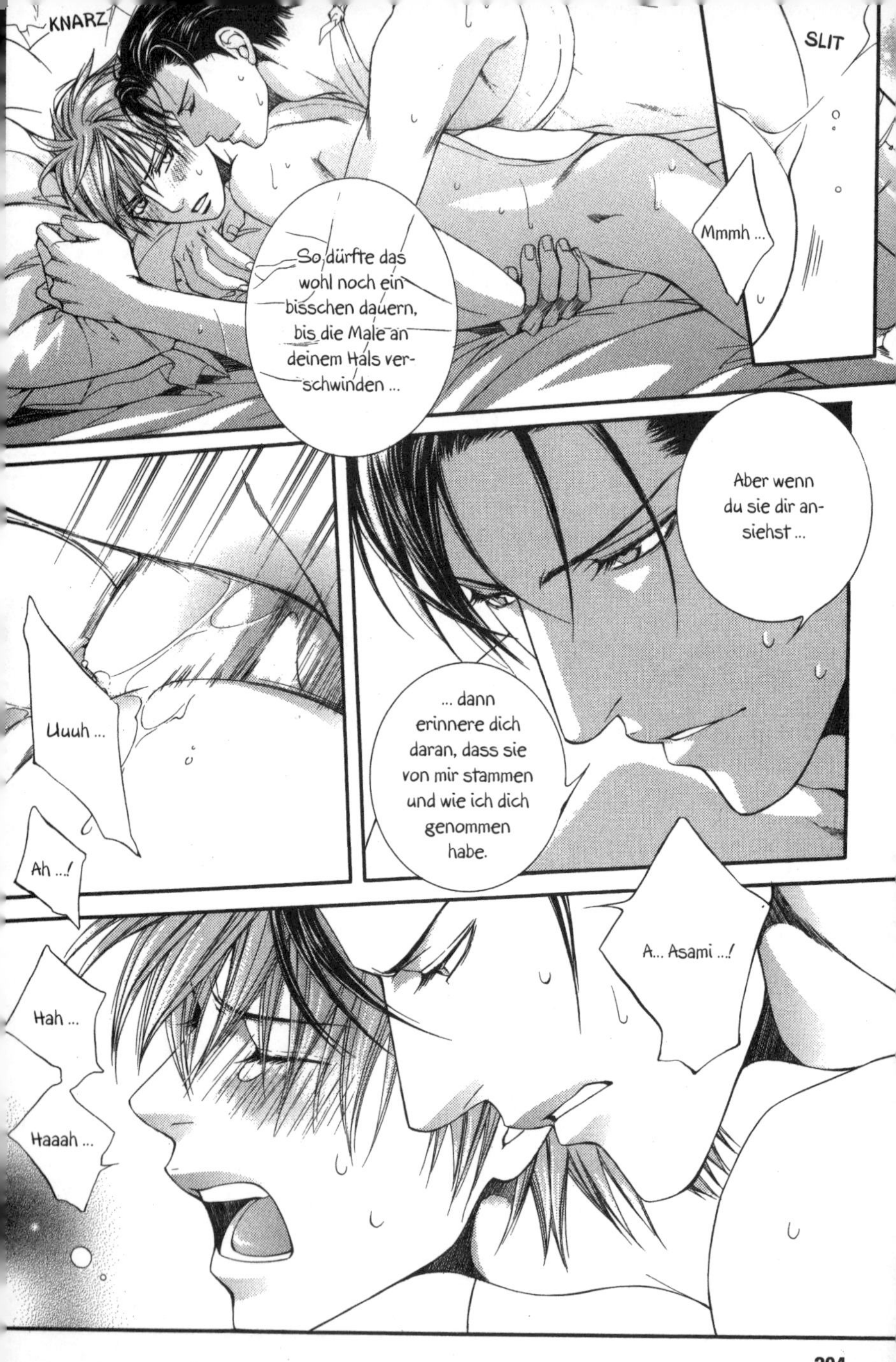
SLIT
KNARZ
Mmmh ...
So dürfte das wohl noch ein bisschen dauern, bis die Male an deinem Hals verschwinden ...
Aber wenn du sie dir ansiehst ...
... dann erinnere dich daran, dass sie von mir stammen und wie ich dich genommen habe.
Uuuh ...
Ah ...!
A... Asami ...!
Hah ...
Haaah ...

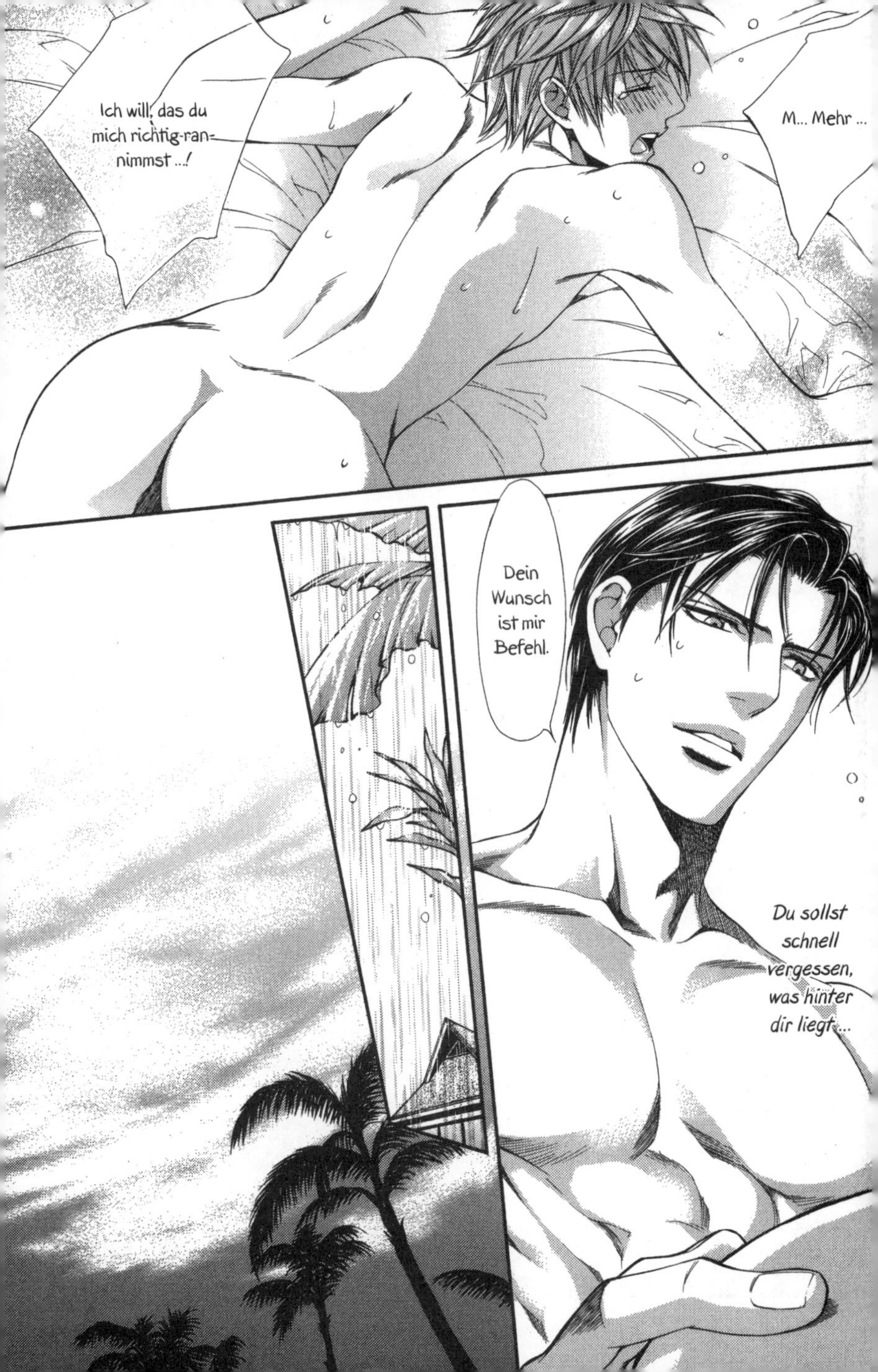
M... Mehr ...
Ich will, das du mich richtig-ran-nimmst ...!
Dein Wunsch ist mir Befehl.
Du sollst schnell vergessen, was hinter dir liegt ...

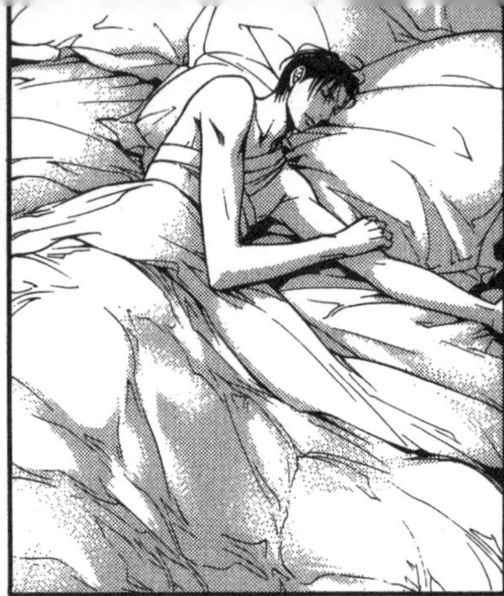
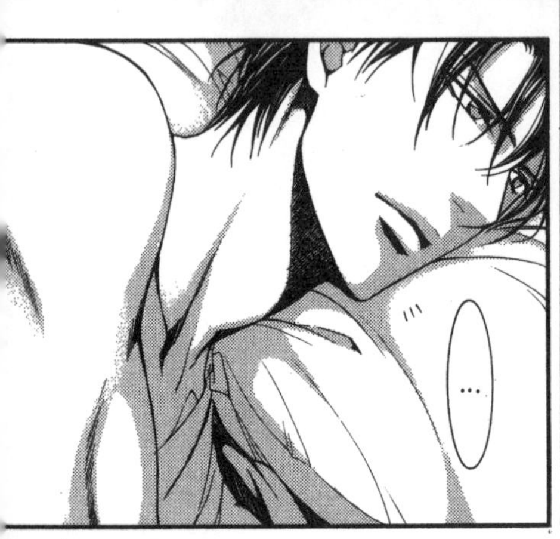
...
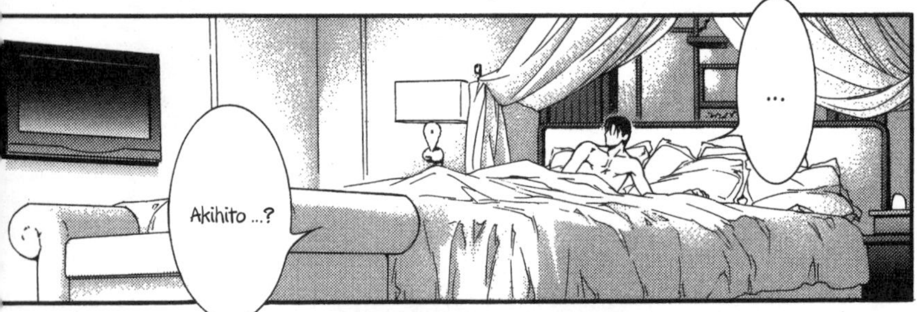
...
Akihito ...?
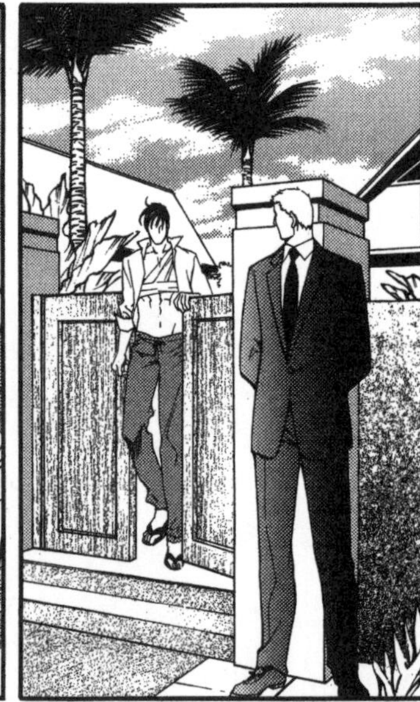
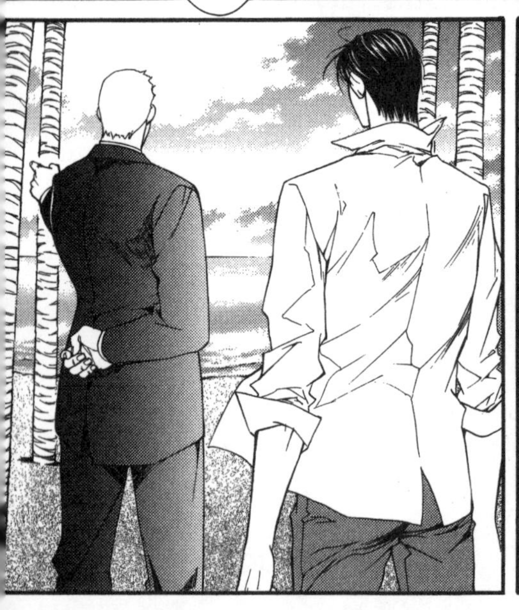

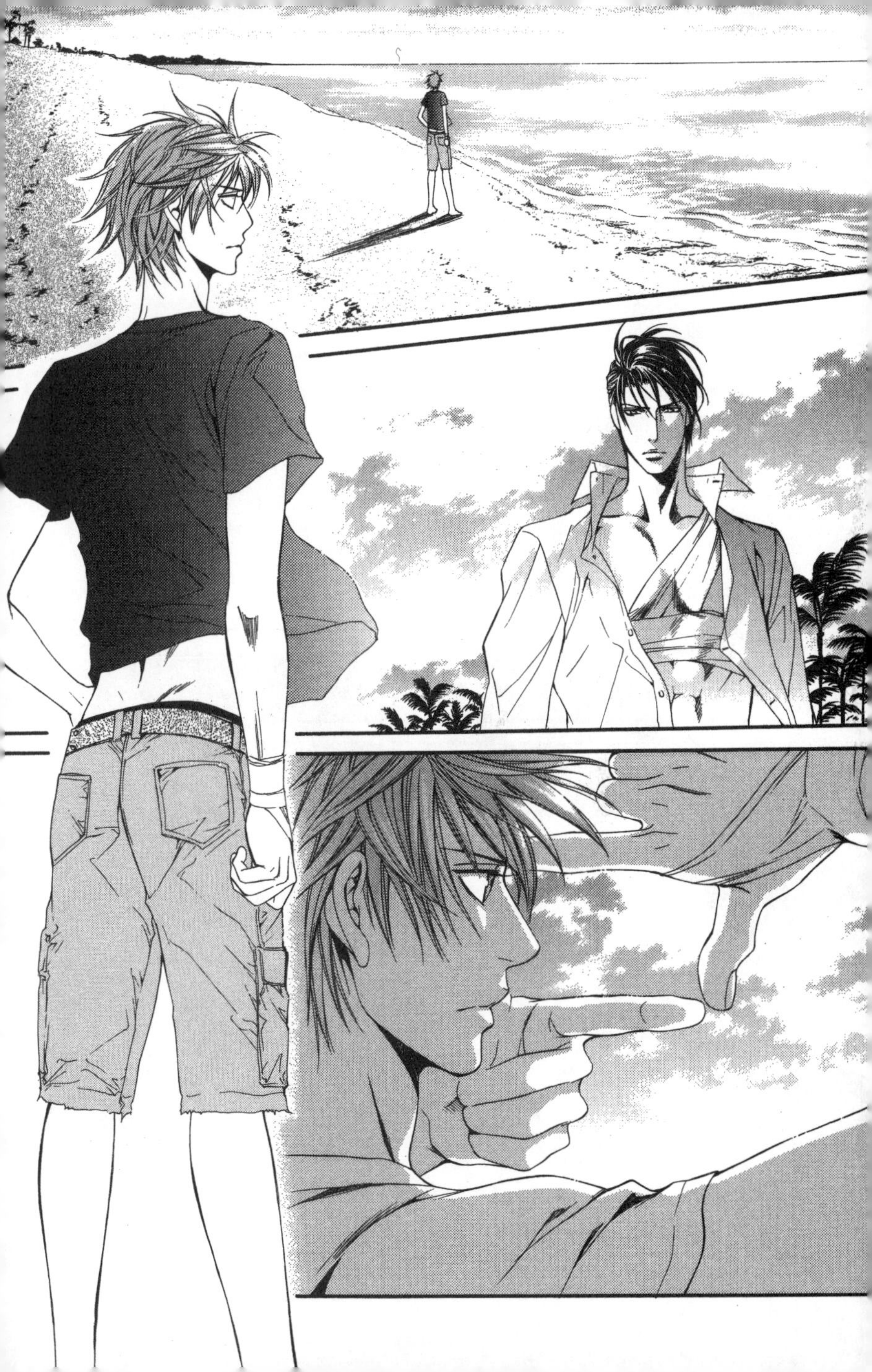

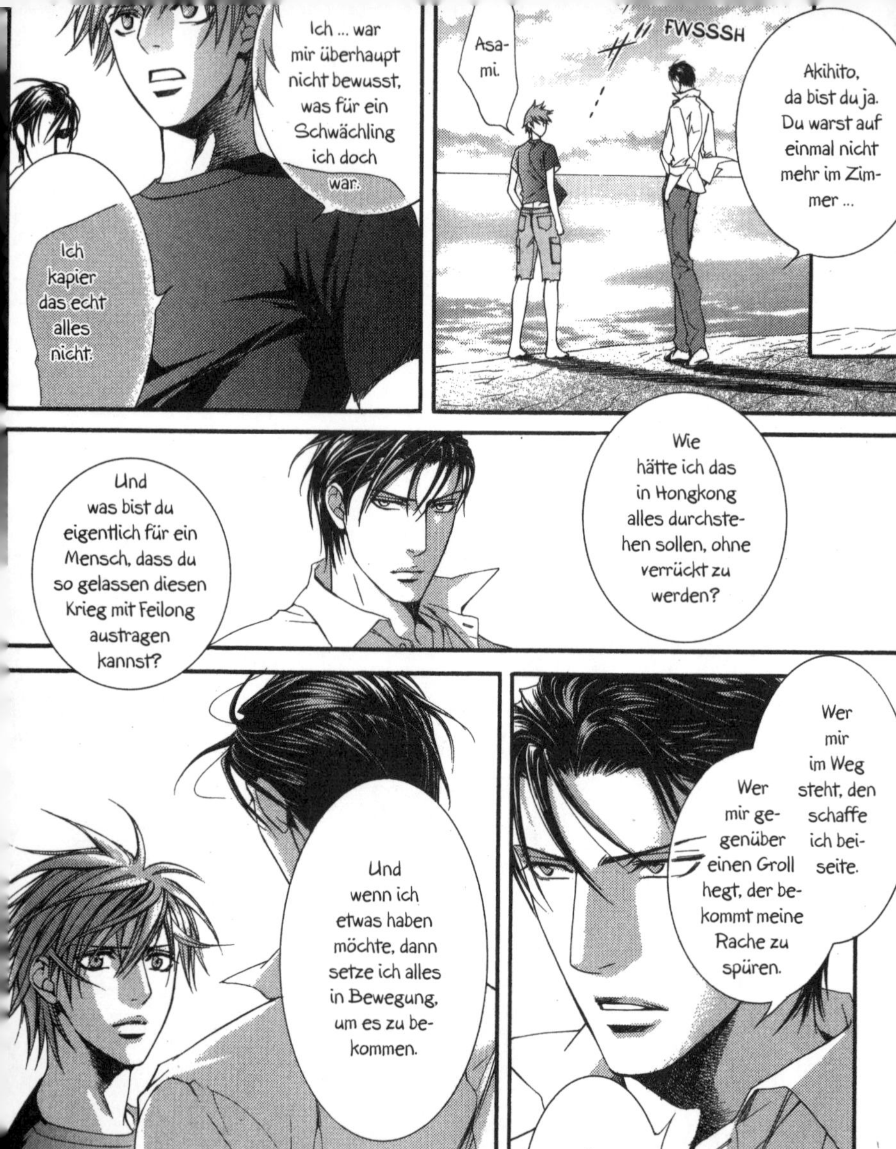
Akihito, da bist du ja. Du warst auf einmal nicht mehr im Zimmer ...
FWSSSH
Asami.
Ich ... war mir überhaupt nicht bewusst, was für ein Schwächling ich doch war.
Ich kapier das echt alles nicht.
Wie hätte ich das in Hongkong alles durchstehen sollen, ohne verrückt zu werden?
Und was bist du eigentlich für ein Mensch, dass du so gelassen diesen Krieg mit Feilong austragen kannst?
Wer mir im Weg steht, den schaffe ich beiseite.
Wer mir gegenüber einen Groll hegt, der bekommt meine Rache zu spüren.
So handhabe ich die Dinge.
Und wenn ich etwas haben möchte, dann setze ich alles in Bewegung, um es zu bekommen.

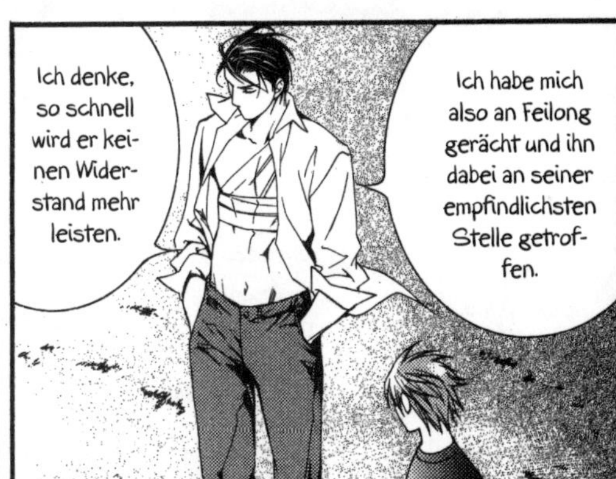
Ich habe mich also an Feilong gerächt und ihn dabei an seiner empfindlichsten Stelle getroffen.
Ich denke, so schnell wird er keinen Widerstand mehr leisten.

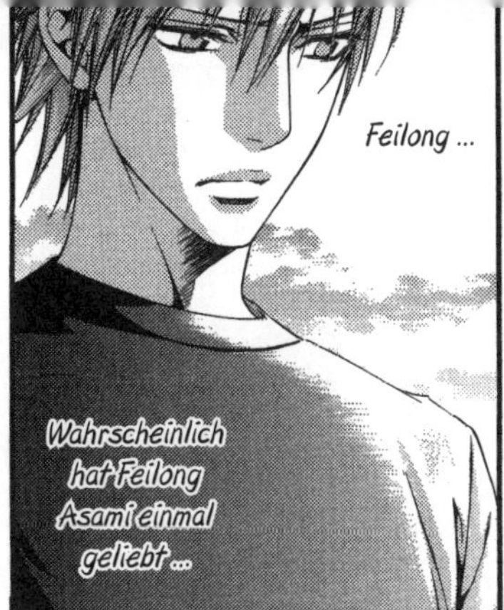
Feilong ...
Wahrscheinlich hat Feilong Asami einmal geliebt ...

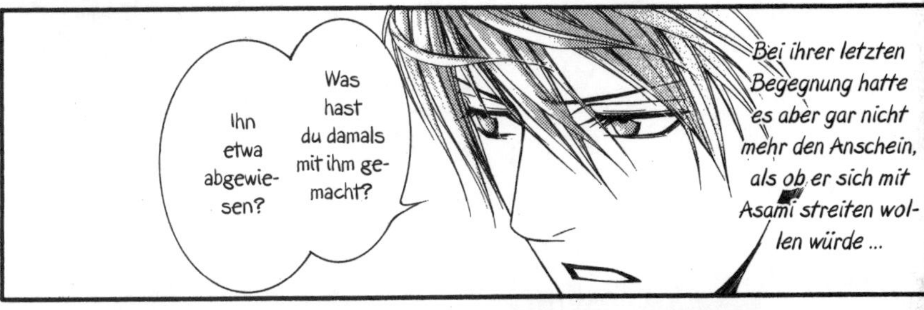
Bei ihrer letzten Begegnung hatte es aber gar nicht mehr den Anschein, als ob er sich mit Asami streiten wollen würde ...
Was hast du damals mit ihm gemacht?
Ihn etwa abgewiesen?

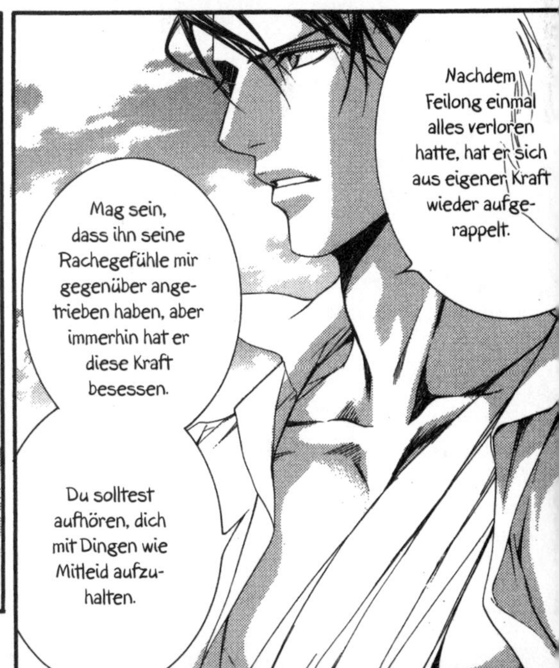
Nachdem Feilong einmal alles verloren hatte, hat er sich aus eigener Kraft wieder aufgerappelt.
Mag sein, dass ihn seine Rachegefühle mir gegenüber angetrieben haben, aber immerhin hat er diese Kraft besessen.
Du solltest aufhören, dich mit Dingen wie Mitleid aufzuhalten.

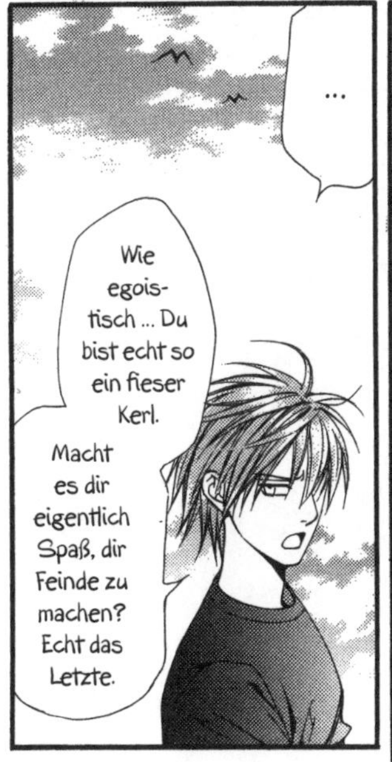
...
Wie egoistisch ... Du bist echt so ein fieser Kerl.
Macht es dir eigentlich Spaß, dir Feinde zu machen? Echt das Letzte.

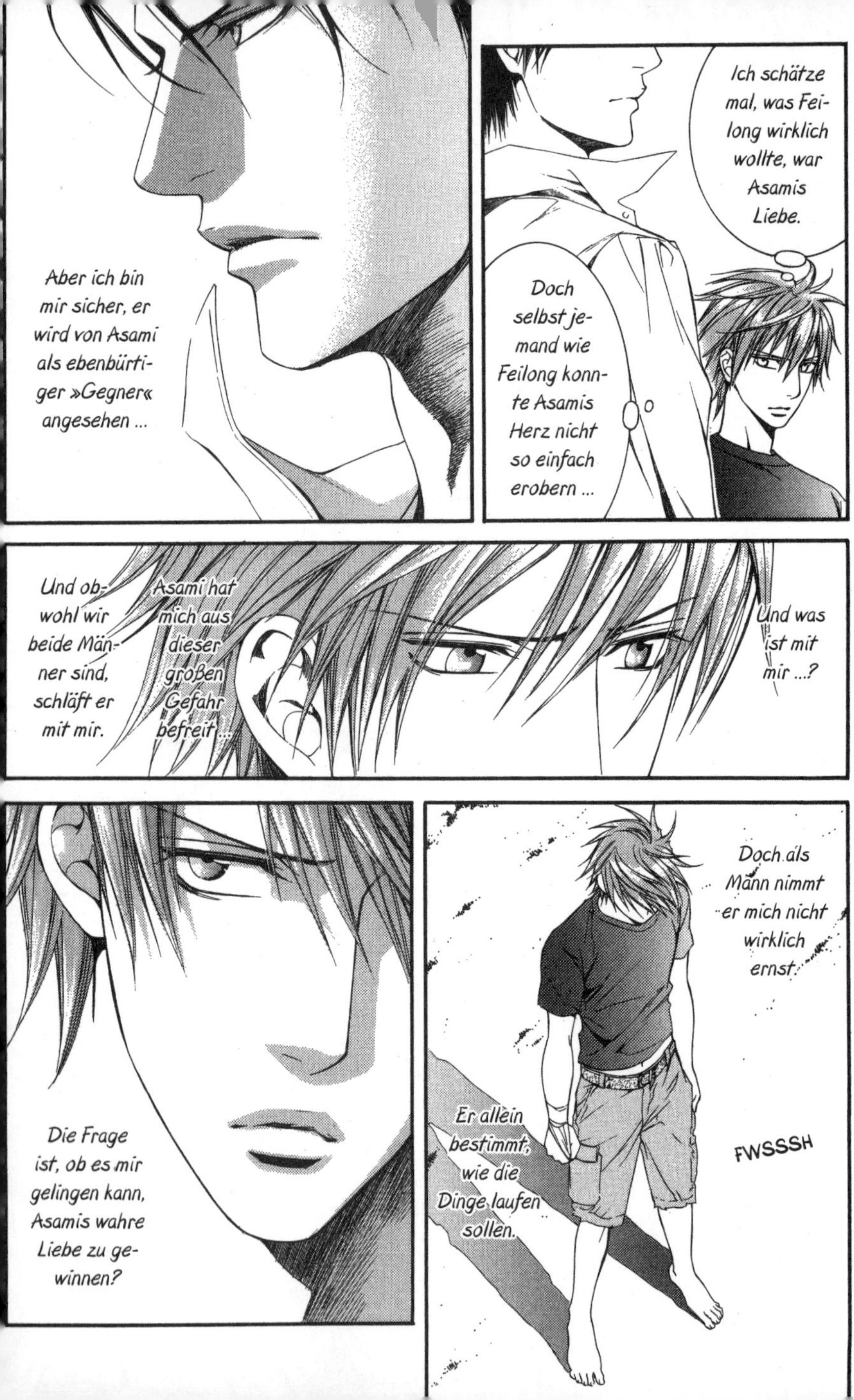

Ich schätze mal, was Feilong wirklich wollte, war Asamis Liebe.

Doch selbst jemand wie Feilong konnte Asamis Herz nicht so einfach erobern ...

Aber ich bin mir sicher, er wird von Asami als ebenbürtiger »Gegner« angesehen ...

Und was ist mit mir ...?

Asami hat mich aus dieser großen Gefahr befreit ...

Und obwohl wir beide Männer sind, schläft er mit mir.

Doch als Mann nimmt er mich nicht wirklich ernst.

Er allein bestimmt, wie die Dinge laufen sollen.

FWSSSH

Die Frage ist, ob es mir gelingen kann, Asamis wahre Liebe zu gewinnen?

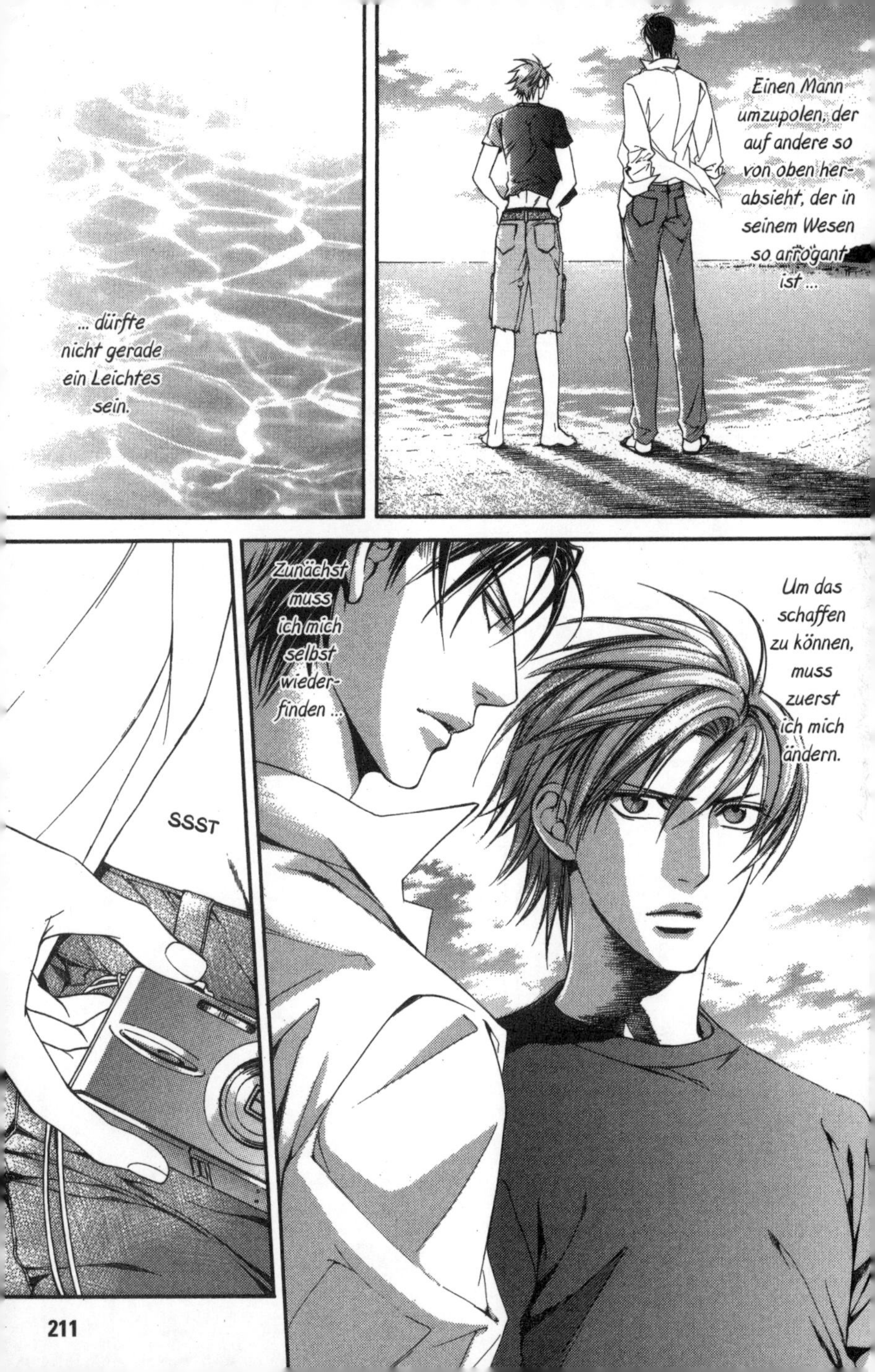

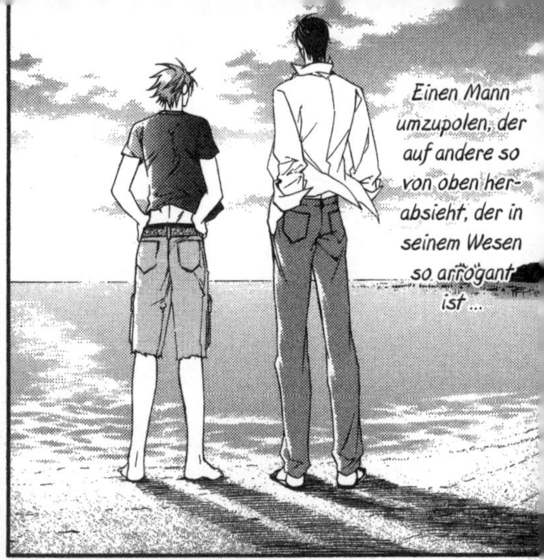

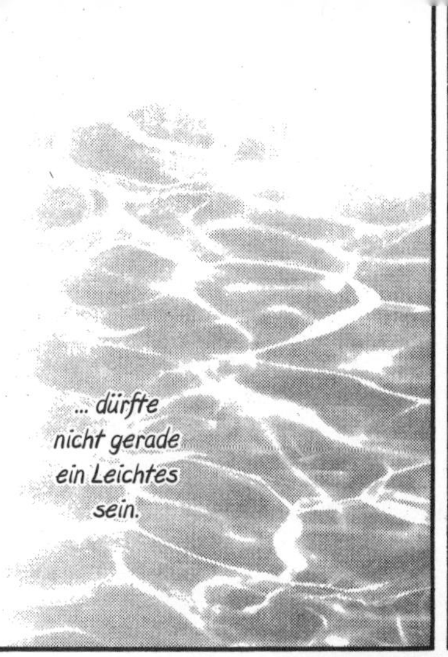

Um das schaffen zu können, muss zuerst ich mich ändern.

Zunächst muss ich mich selbst wiederfinden ...

SSST

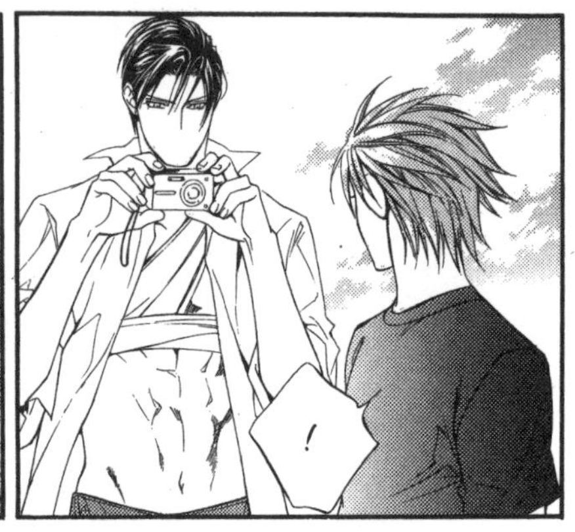
!

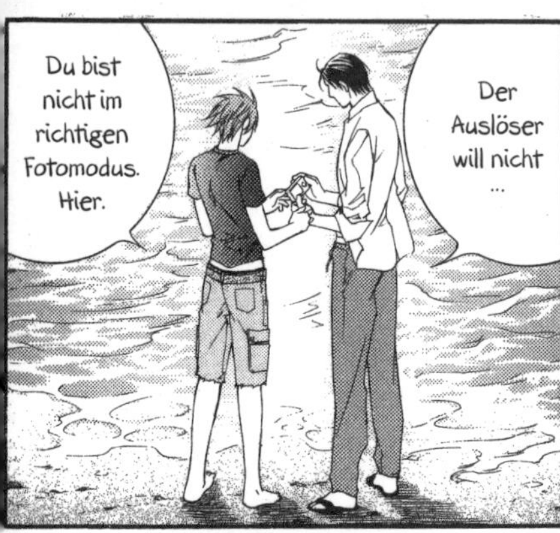
Der Auslöser will nicht ...
Du bist nicht im richtigen Fotomodus. Hier.

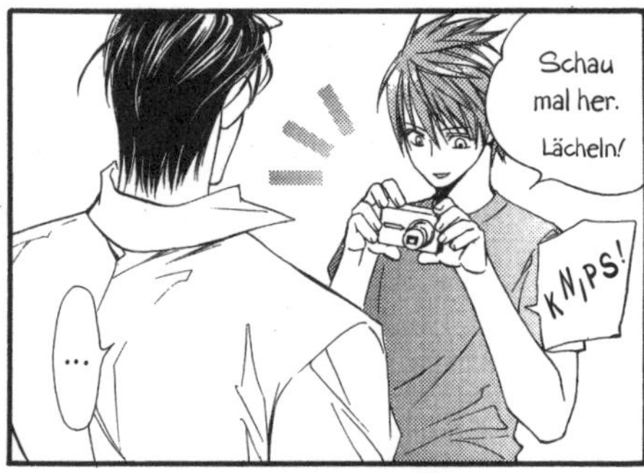
Schau mal her. Lächeln!
KNIPS!
...

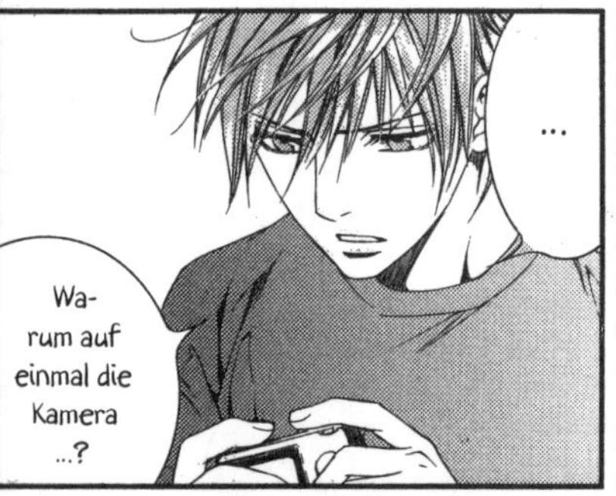
...
Warum auf einmal die Kamera ...?

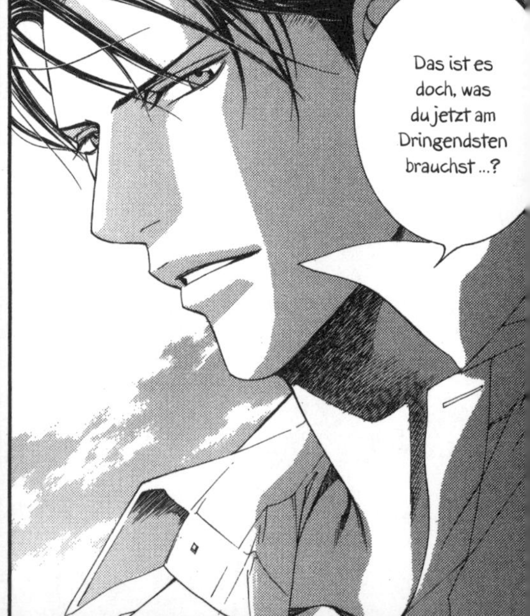
Das ist es doch, was du jetzt am Dringendsten brauchst ...?

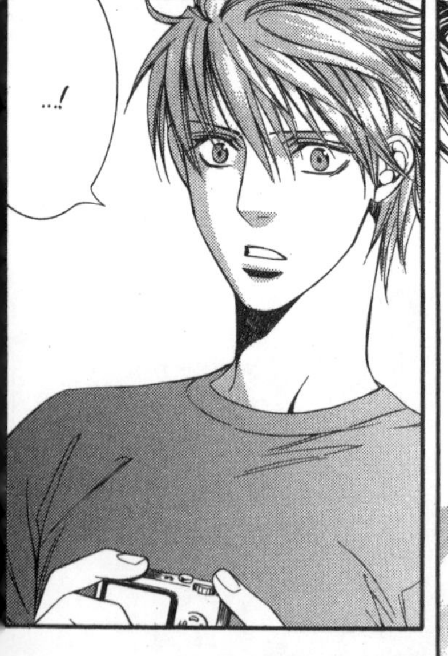
...!

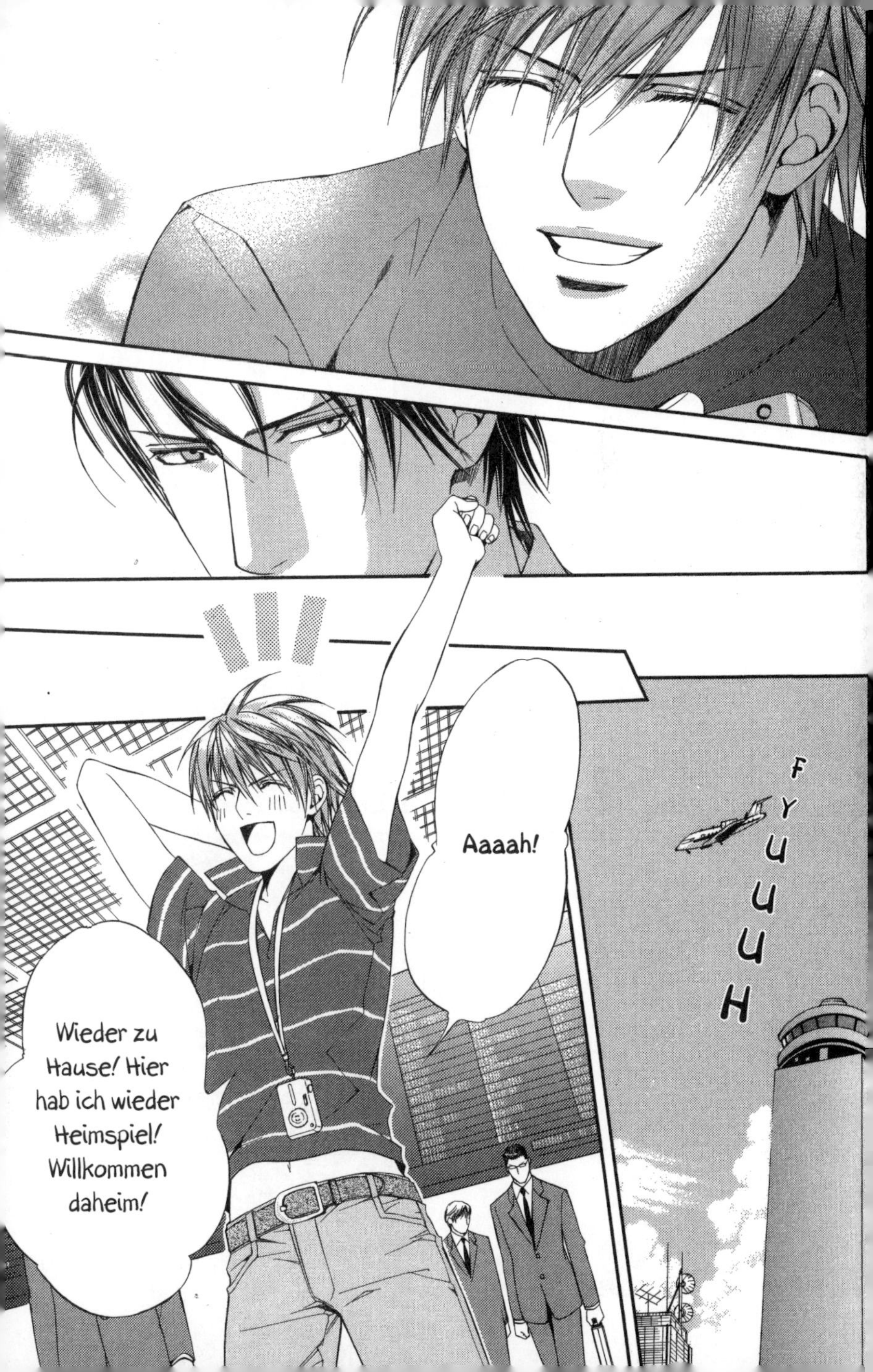
FYUUUH
Aaaah!
Wieder zu Hause! Hier hab ich wieder Heimspiel! Willkommen daheim!

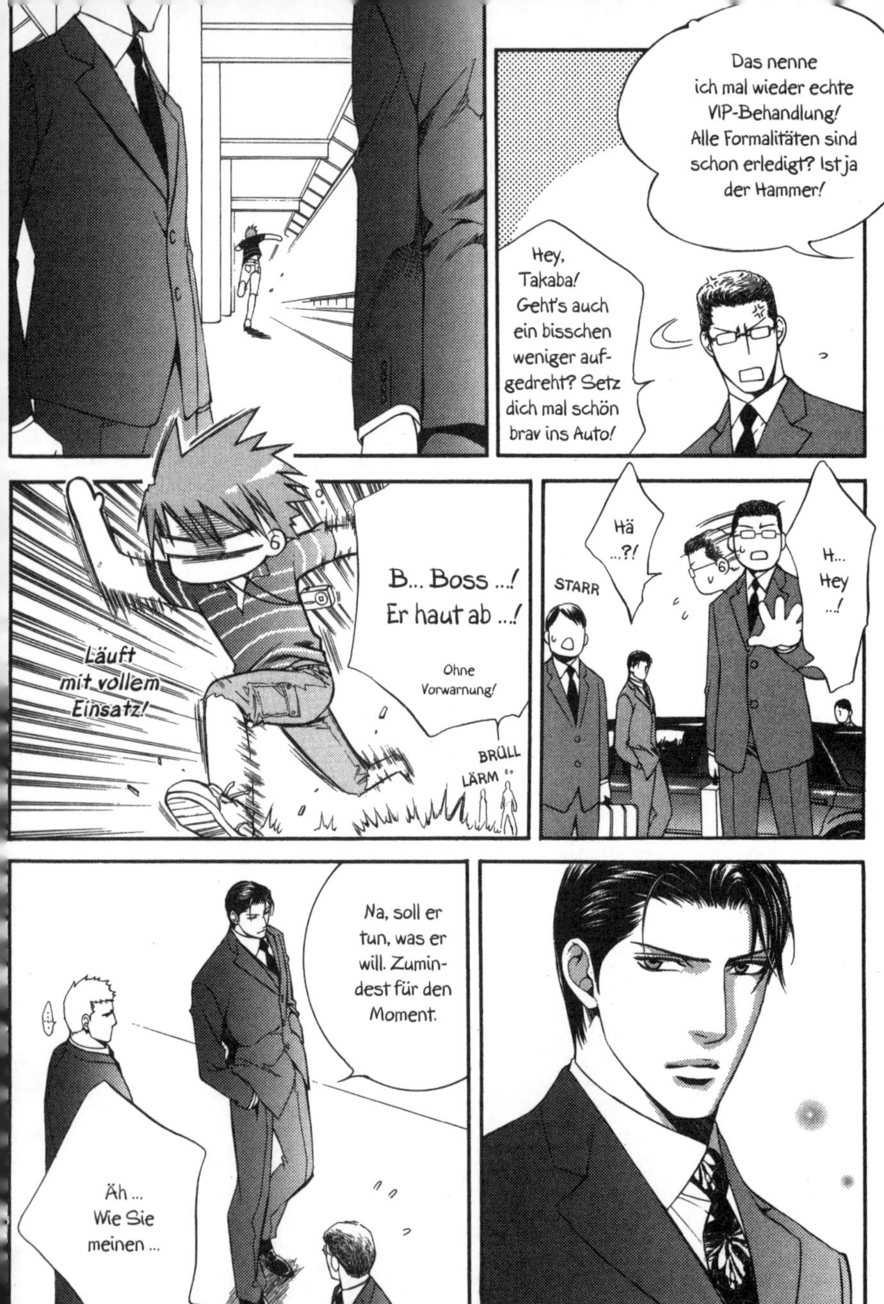
Das nenne ich mal wieder echte VIP-Behandlung! Alle Formalitäten sind schon erledigt? Ist ja der Hammer!
Hey, Takaba! Geht's auch ein bisschen weniger aufgedreht? Setz dich mal schön brav ins Auto!
H... Hey ...!
Hä ...?!
STARR
B... Boss ...! Er haut ab ...!
Ohne Vorwarnung!
BRÜLL
LÄRM
Läuft mit vollem Einsatz!
Na, soll er tun, was er will. Zumindest für den Moment.
Äh ... Wie Sie meinen ...

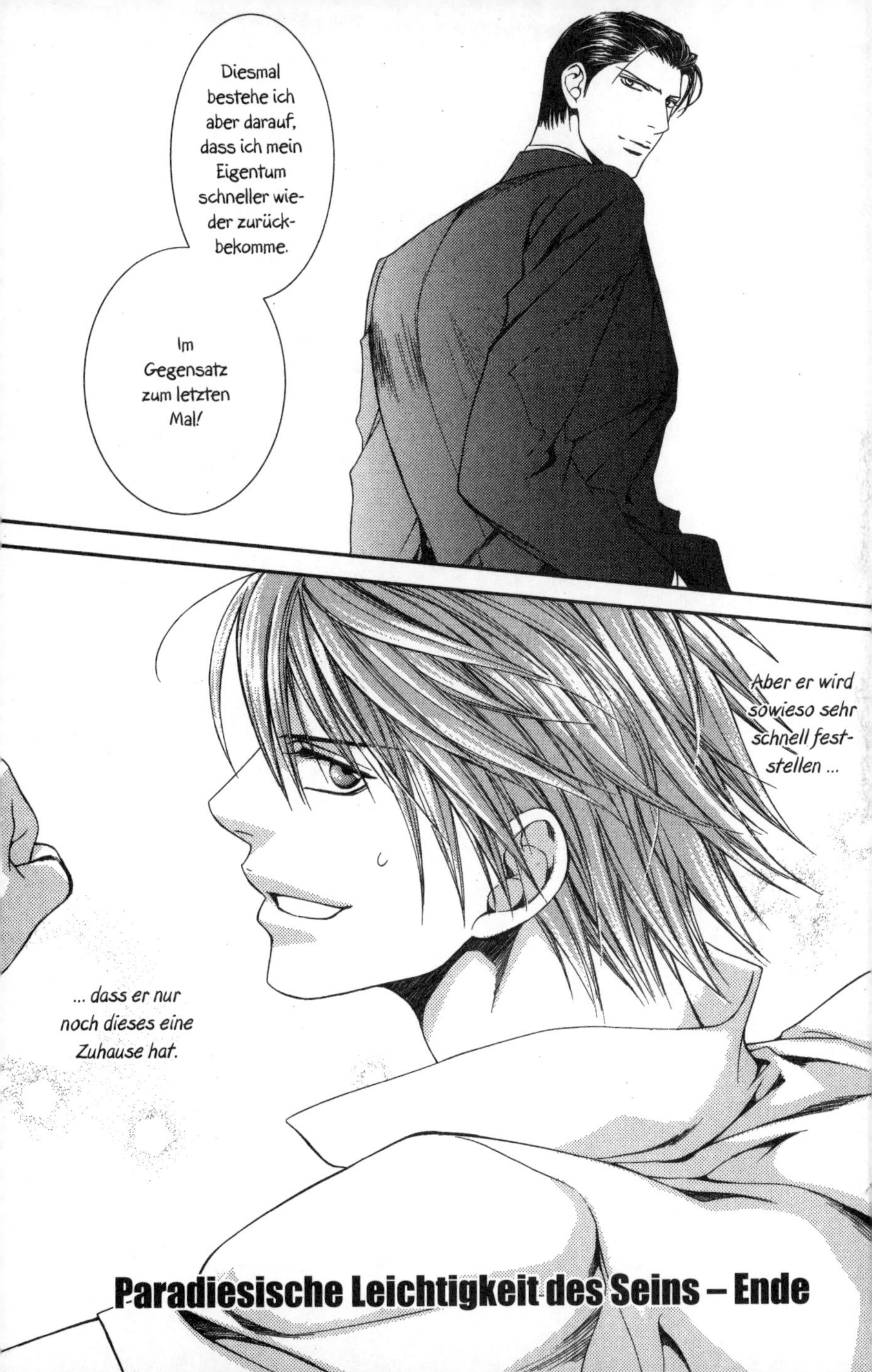
Diesmal bestehe ich aber darauf, dass ich mein Eigentum schneller wieder zurückbekomme.
Im Gegensatz zum letzten Mal!
Aber er wird sowieso sehr schnell feststellen ...
... dass er nur noch dieses eine Zuhause hat.
Paradiesische Leichtigkeit des Seins – Ende

Naked Truth

Nachwort

Guten Tag! Hier ist wieder einmal Ayano Yamane! Ich sage euch, ich bin fix und fertig, total ausgelaugt. Selbst mein Zahnfleisch ist angeschwollen, so erschöpft bin ich. Kaum zu glauben, was? Ich weiß nicht, wie ich es vollbracht habe, aber ich habe es tatsächlich geschafft, selbst den Bonus-Manga fertigzustellen! Und auch die Episode *Naked Truth*, die uns von Schauplätzen in Japan und Hongkong aus über viele Bände hinweg begleitet hat, hat tatsächlich ihr Ende gefunden. Hurra! Ein Grund zum Feiern!

Die Geschichte mag sich in Teilen anders entwickelt haben, als es zu Anfang geplant war, mir fällt jedoch ein riesengroßer Stein vom Herzen, dass sie so ein schönes Ende nehmen durfte. Ich habe es euch, meinen Lesern, und eurer unermüdlichen Unterstützung zu verdanken, dass ich bis hierhin durchgehalten und sowohl in guten wie in schlechten Tagen weiterzeichnen konnte. Ihr habt nicht nur Leserbriefe an Asami und Akihito, sondern auch an Feilong und Yoh gerichtet. Meine Charaktere können sich wirklich glücklich schätzen, so viel Fan-Liebe und Zuneigung zu erfahren. Eure Anregungen und Vorschläge waren stets eine Quelle der Inspiration, und einige davon haben die Charaktere sogar in spürbarem Maße beeinflusst. So war Feilong beispielsweise zu Beginn der Serie als reiner Bösewicht konzipiert und sollte bei den Geschehnissen in Hongkong quasi als Endgegner fungieren, was in dieser Form letztlich jedoch nicht stattgefunden hat.

Ich finde eine Geschichte faszinierend, wenn sie mit einem starken Bösewicht aufwarten kann. Wenn dieser dann auch noch außergewöhnlich schön ist und es schafft, eine bedrohliche Aura um sich herum aufzubauen und den Protagonisten regelrecht Angst macht, dann empfinde ich das als optimal. Manchmal wollte ich Feilong also ein deutlich böseres Image geben, aber da man mit so einer Entscheidung im Grunde schon von Anfang an ein Todesurteil für so einen Charakter fällt (lacht), habe ich das doch sein lassen. Auch ohne solch drastische Charakterzüge hat immer ein Damoklesschwert über seinem Kopf geschwebt. Für einen Boys-Love-Manga schien mir eine Entwicklung, bei der einer der wichtigsten Charaktere sterben muss, letzten Endes jedoch nicht angebracht. Auch Yoh war im Grunde immer mit der Möglichkeit eines tragischen Ablebens gebrandmarkt, aber obwohl er nur eine Nebenrolle spielt, bekam er von Leserseite sehr viel Zuspruch. Das war der Grund, weshalb ich mich am Ende dafür entschieden habe, auch ihn am Leben zu lassen. Als Yoh gegen Ende der Geschichte Feilong aufsucht, muss man sich bewusst sein, dass Asami ihn zu diesem Zeitpunkt nicht offiziell aus seinen Diensten entlassen hatte. Womöglich hat Asami sogar vor, ihn eines Tages erneut für seine Zwecke einzusetzen. Wie es scheint, kann sich Yoh nicht von Asamis absolutem Einfluss auf ihn lossagen.

Schon bevor der Schauplatz der Hauptgeschichte sich nach Hongkong verlagert hat, hatte ich einmal mit meiner Redakteurin darüber gesprochen, dass ich unbedingt mal eine Bonusgeschichte auf einer Südseeinsel inszenieren möchte. Ich fand wohl schon damals, dass meine Charaktere mal einen anständigen Urlaub verdient haben (lacht). Und diesmal war es nun endlich so weit. Übrigens, bei all denen, die sich gewünscht haben, Asami und Akihito wieder in japanischem Umfeld zu sehen, möchte ich mich deswegen hiermit entschuldigen. Aber nicht verzagen! Wer weiß? Was nicht ist, kann ja noch werden. Versprechen kann ich jedoch nichts!

Ist euch übrigens aufgefallen, dass aus dem Bonus-Manga anstatt eines »Tropische-Drinks-auf-einer-Südseeinsel-schlürfen-Manga« eher ein »Mund-zu-Mund-Beatmungs-Manga« geworden ist? Was zum Glück ja auch viel mehr der Vorstellung einer typischen Boys-Love-Leserin entspricht! Eigentlich sollte bereits in das letzte Kapitel von *Naked Truth* eine Szene mit Mund-zu-Mund-Beatmung Einzug halten, aber es ist dann doch nicht dazu gekommen. Der Grund dafür ist ein ganz einfacher: Wäre Akihito so schwer verletzt worden, dass er beinahe im Sterben liegt, wäre logischerweise die letzte Liebesszene auf der Strecke geblieben. Und das hätte ja wohl niemand gewollt, oder? Sex und Liebe über alles! Jawohl! Ha ha ha!

Wenn auch nicht unbedingt ängstlich, so ist Asami doch zumindest ein vorsichtiger Mensch, bei dem man nie so genau weiß, was er eigentlich gerade denkt. Jedenfalls macht er daraus oft ein großes Geheimnis. Das ist eine Charaktereigenschaft, die ihn definiert und die perfekt zu ihm passt. Und man darf auch nicht vergessen, dass er durch Akihitos Einfluss gegen Ende sogar etwas auftaut. Es war zweifelsohne die lange Zeit der Trennung von Akihito, die ihn dafür empfänglich gemacht hat. Auch bei mir hat es länger gedauert, bis ich ihn überhaupt so darstellen konnte. Manchmal denke ich, es ist mir gar erst auf der Südseeinsel gelungen.

Ich gedenke übrigens, einen Bonus-Manga zu dem Bonus-Manga zu zeichnen! Und diesmal soll es sich dann auch tatsächlich um einen »Tropische-Drinks-auf-einer-Südseeinsel-schlürfen-Manga« handeln! Freut euch schon mal auf geballte und knisternde Erotik!

Ich möchte noch einmal kurz auf meine einleitenden Worte zurückzukommen: Ich bin manchmal richtig erstaunt, wie lange die Geschichte für ihre Entstehung brauchte und über welch langen Zeitraum folglich auch die regelmäßige Veröffentlichung lief. Ich bin deshalb so erstaunt, weil das eigentlich gar nicht so geplant war. Aber weil ich im Laufe dieser langen Zeit so viele wertvolle Erfahrungen sammeln konnte, bin ich jetzt umso zuversichtlicher, Asami und Akihito in kommenden Abenteuern auch von ganz anderen Seiten beleuchten zu können. So gesehen kann es natürlich auch durchaus passieren, dass die Leute nach dem Betrachten der letzten Seite des Bonus-Manga auf mich zukommen und mir sagen, ich wäre mit meiner Darstellung der Charaktere wieder ganz am Anfang der Serie angelangt (lacht).

Wie man es auch sehen mag, auf Akihito wartet jetzt ein aufregendes neues Leben mit Asami. Wie wird Akihito sich gegen Asami behaupten, und wie werden die wohl unvermeidlichen Zänkereien zwischen den beiden aussehen? Seid gespannt darauf, wie Akihito diese Probleme meistern wird.

Abschließend möchte ich euch noch einmal meinen aufrichtigen Dank aussprechen, dass ihr mich auf dieser spannenden Reise bis zum Schluss begleitet habt! Ich kann mich glücklich schätzen, dass euch mein Manga bisher so gut gefallen hat.

Mein Dank gilt euch allen da draußen! Danke für eure Unterstützung und eure Treue!

Mai 2009, Ayano Yamane

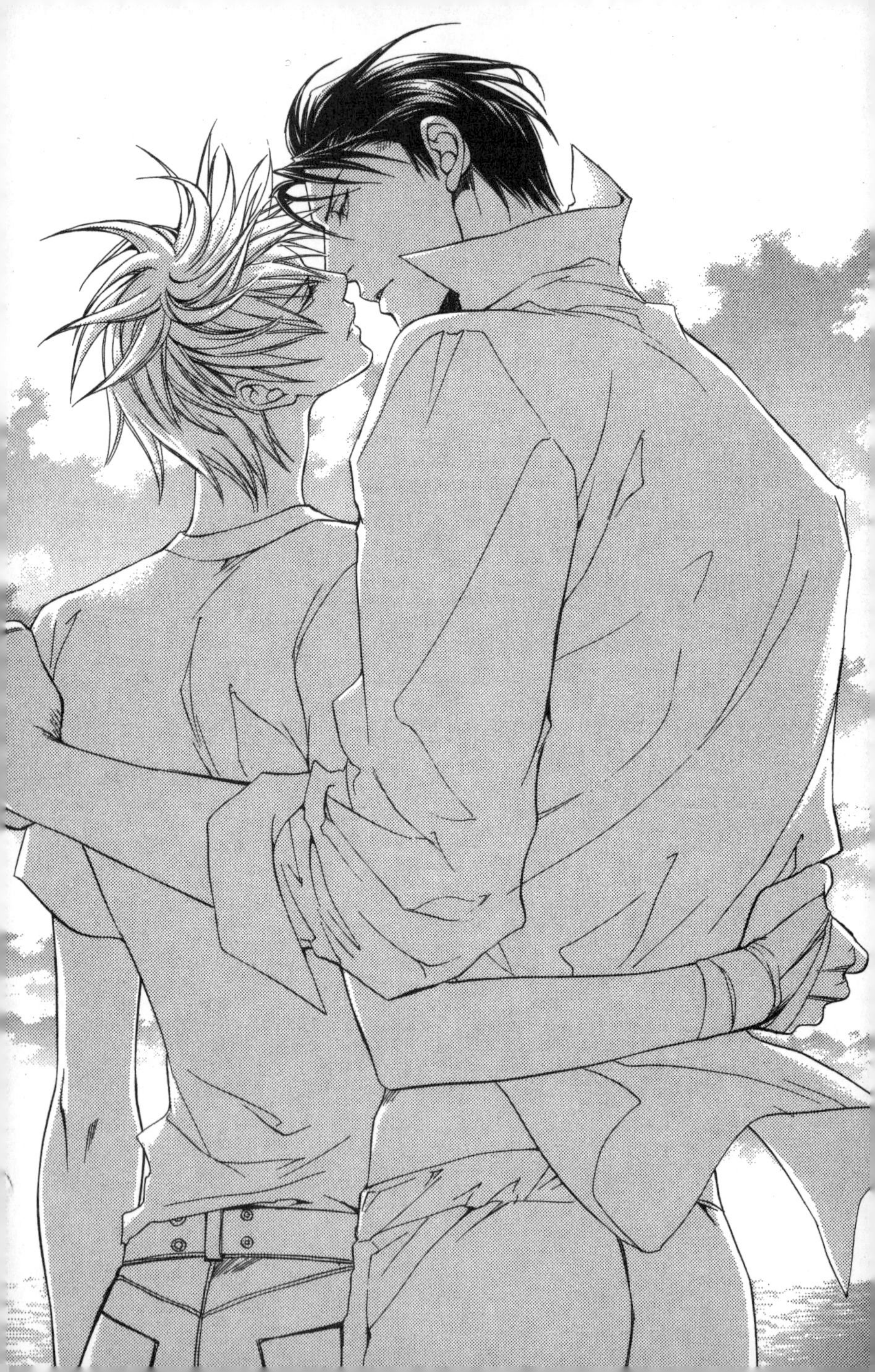

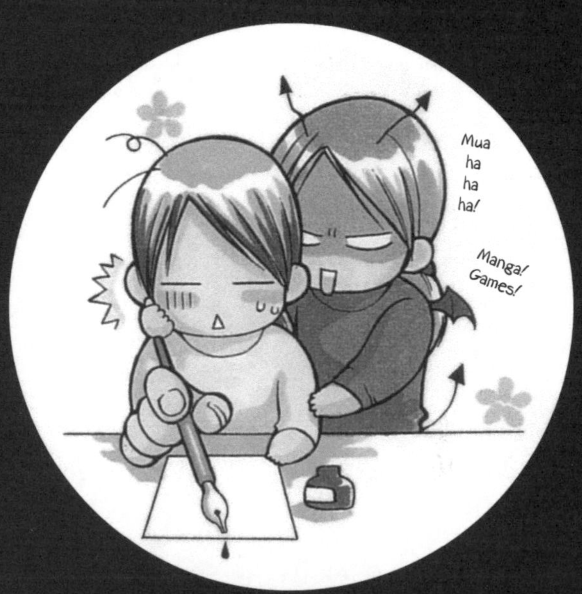

Geburtstag: 18. Dezember
Blutgruppe: A

Ayano Yamane wohnt nach wie vor in einem abgelegenen Winkel von Osaka. Sie mag fröhliche, aber etwas schüchterne Jungs. Doch auch Jungs, die rangehen, sind okay. Es spielt keine Rolle, ob sie dabei cool sind oder sich eher doof anstellen.

Was Ayano Yamane mag:
Manga, Videospiele, Frittiertes, Käse und sonst noch so allerlei. In letzter Zeit ist sie ganz verrückt nach Spitzenstickerei!

FINDER - BRANDMAL

Ai Satoko / Ayano Yamane

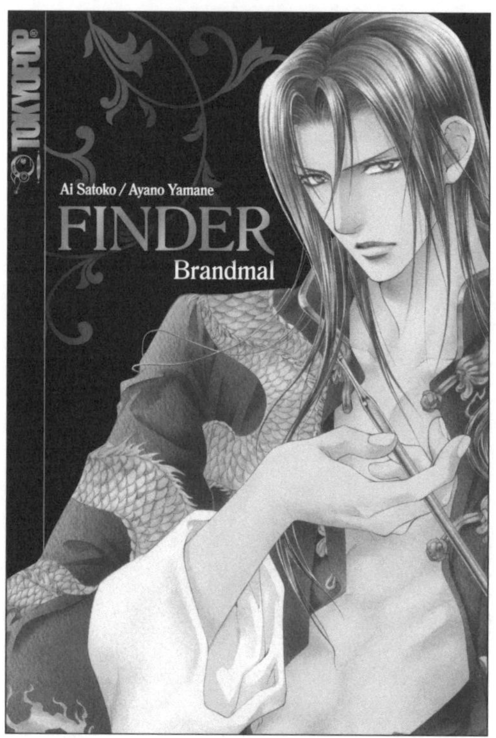

Die Light-Novel zum Manga-Hit *Finder*!

Feilong begibt sich nach Taiwan. Dort will er sich um seinen Stiefbruder Yan Tsui kümmern, der im Untergrund einen Klan gegründet hat und ihm ein Dorn im Auge ist. Er beauftragt Yoh, der nach seinem Verrat an dem Baishe-Klan nach Taiwan geflüchtet ist, seinen Stiefbruder zu ermorden. Vor Ort stellt sich heraus, dass Feilongs Untergebener Tao ihm heimlich nach Taiwan gefolgt ist und von Yan Tsui entführt wurde. Feilong muss sich seinem Bruder nun schneller stellen, als ihm lieb ist.

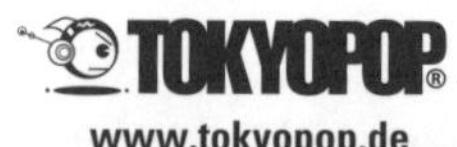

www.tokyopop.de

CRIMSON SPELL

Ayano Yamane

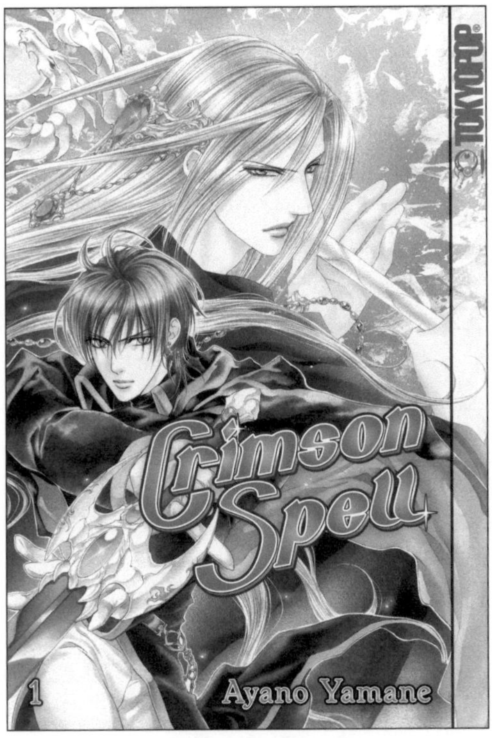

Ein Fantasy-Epos um den Fluch des magischen Schwerts ...

Prinz Valdrigue wurde vom Fluch des magischen Schwertes Yug Verund getroffen, das seit Generationen in der Königsfamilie weitergegeben wird. Daher beschließt er, sein Reich zu verlassen und nach einem Weg zu suchen, sein Schicksal zu ändern. Er begibt sich zum Hexenmeister Halvir, der sich bereit erklärt, ihm zu helfen. Noch in derselben Nacht findet Halvir heraus, dass Vald sich im Schlaf in eine schöne Bestie voller sexueller Begierde verwandelt ...

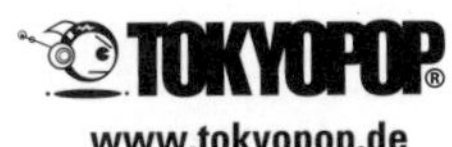

www.tokyopop.de

TEN COUNT

Rihito Takarai

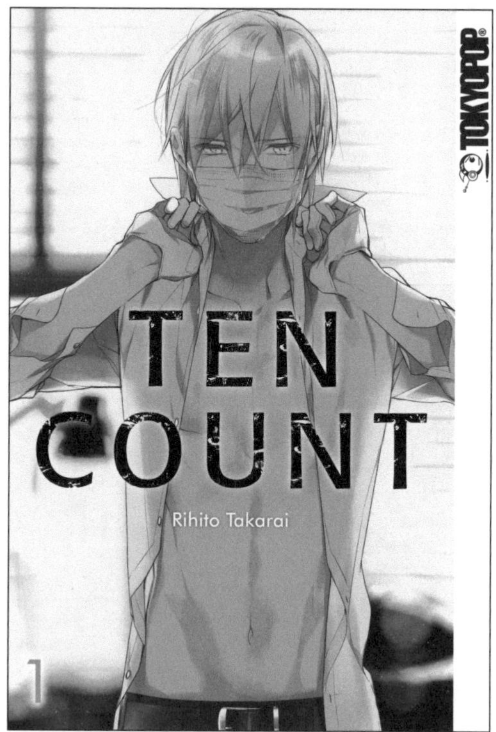

Überwinde deine Furcht vor dem Leben!

Shirotani ist psychisch krank. Seine größte Angst ist es, sich mit Bakterien anzustecken. Mehrmaliges Händewaschen und Handschuhe schützen ihn vor dem Schlimmsten, so glaubt er. Als eines Tages sein Chef einen Unfall hat und Shirotani aus Ekel nicht helfen kann, will er sich verändern. Er lernt den Psychologen Kurose kennen und baut zu ihm ein Vertrauensverhältnis auf, das plötzlich zu zerbrechen droht ...

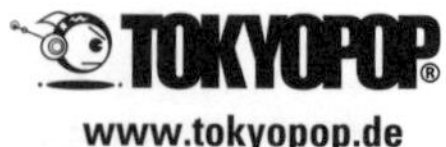

www.tokyopop.de

CASTE HEAVEN

Chise Ogawa

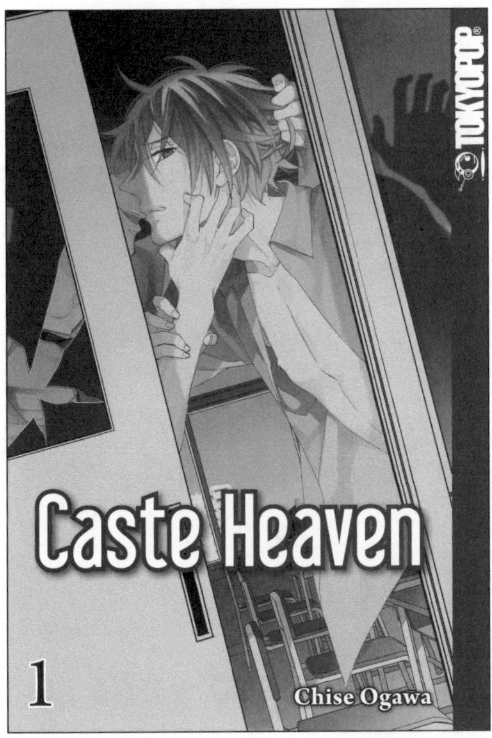

Pass auf, wem du vertraust!

Ein Spiel hält die Schüler in Atem: Wer auf dem Schulgelände die Spielkarte des Kings findet, wird über die Klasse herrschen. Azusa ist bereits seit einiger Zeit der King und hat es geschafft, sich Gefolgsleute heranzuzüchten. Doch sein treuester Zögling spielt plötzlich ein falsches Spiel. Karino hat genug von Azusas Schreckensherrschaft und reißt sich die Karte des Kings unter den Nagel ...

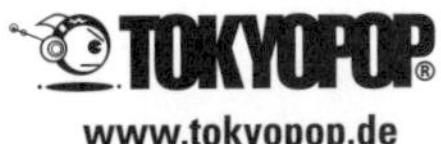

www.tokyopop.de

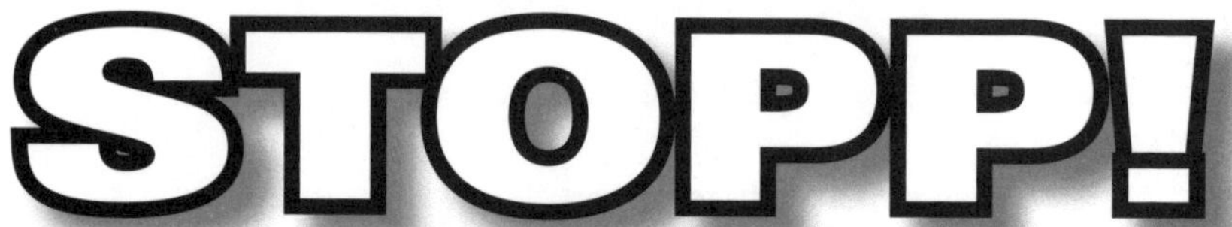

Dies ist die letzte Seite des Buches!
Du willst dir doch nicht den Spaß verderben und das Ende zuerst lesen, oder?

Um die Geschichte unverfälscht und originalgetreu mitverfolgen zu können, musst du es wie die Japaner machen und von rechts nach links lesen. Deshalb schnell das Buch umdrehen und loslegen!

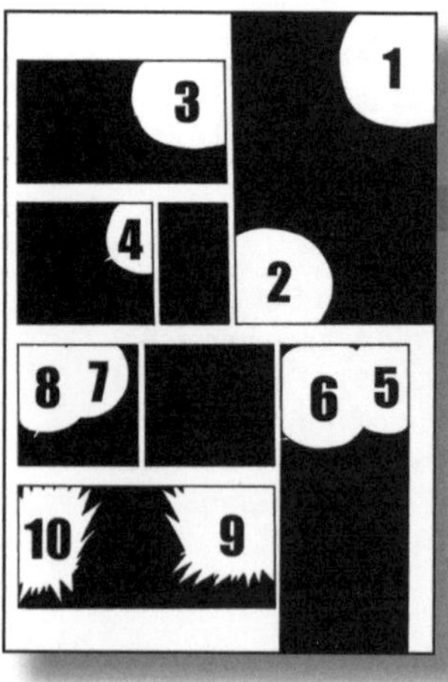

So geht's:

Wenn dies das erste Mal sein sollte, dass du einen Manga in den Händen hältst, kann dir die Grafik helfen, dich zurechtzufinden: Fang einfach oben rechts an zu lesen und arbeite dich nach unten links vor. Viel Spaß dabei wünscht dir TOKYOPOP®!